2

# Groß- und Außenhandel

## Arbeitsbuch mit Lernsituationen

### Lernfelder 5–8

**Autoren**

Hans-Peter von den Bergen · Christian Fritz
Ute Morgenstern · Michael Piek · Josef Schnettler

unter Mitarbeit der Verlagsredaktion

Cornelsen

**Dieses Buch wurde erstellt unter Verwendung von Materialien von:**
Sonja Achtzehn, Maria Auer, Wolfgang Duschek, Markus Fleitmann, Bettina Glania, Markus Hillebrand, Jörn Holbe, Franca Johannsen, Franz-Josef Kaiser, Antje Kost, Claudia Lang, Wolfgang Metzen, Achim Noffke, Klaus Otte, Roswitha Pütz, Dorothe Redeker, Dieter Schütte, Katrin Sossalla †, Alfons Steffes-lai, Gisbert Weleda, Mandy Viering, Ralf Wimmers, Petra Zedler.

*Verlagsredaktion:* Sabine Schneider
*Außenredaktion:* Stefanie Schmieding, Köln
*Bildredaktion:* Gertha Maly, Joscha Belling
*Gesamtgestaltung und technische Umsetzung:* SOFAROBOTNIK GbR, Augsburg und München



**www.cornelsen.de/cbb**

1. Auflage, 3. Druck 2019

Alle Drucke dieser Auflage können im Unterricht nebeneinander verwendet werden.



Druck: AZ Druck und Datentechnik GmbH, Kempten

ISBN 978-3-06-455831-1

PEFC/18-31-166

**PEFC zertifiziert**
Dieses Produkt stammt aus nachhaltig bewirtschafteten Wäldern und kontrollierten Quellen.
**www.pefc.de**

# Inhaltsverzeichnis

## Das Modellunternehmen

bpk Bergisches Papierkontor GmbH



## Lernsituationen **Lernfeld 5**



## Lernsituationen **Lernfeld 6**



## Lernsituationen **Lernfeld 7**



## Lernsituationen **Lernfeld 8**

# 1 Unternehmensporträt

bpk Bergisches Papierkontor GmbH

Die Papiergroßhandlung Bergisches Papierkontor GmbH ist geblieben, was sie seit 1870 ist: eine Großhandelsunternehmung mit weitreichenden Beziehungen zu Kunden im In- und Ausland und einem zuverlässigen Stamm von Lieferanten aus dem Bereich der Papierindustrie. Sitz des Unternehmens ist Wuppertal, im Städte-Dreieck Köln-Düsseldorf-Dortmund gelegen.

Für die stets nach soliden kaufmännischen Prinzipien geführte Papiergroßhandlung begann 1999 ein neuer Zeitabschnitt, denn in diesem Jahr hat Herr Dr. Peter Schönhauser die Geschäftsleitung übernommen. Herr Schönhauser arbeitet seitdem mit einem Team von weiteren 25 Mitarbeitern und drei Auszubildenden zusammen. Das Personal setzt sich teils aus erfahrenen und teils aus jüngeren Mitarbeitern zusammen, die nach dem Eindruck von Herrn Schönhauser mit viel Engagement und Motivation bei der Sache sind.

Das Unternehmen gliedert sich in die Abteilungen Einkauf, Verkauf, Lager/Versand und Allgemeine Verwaltung, wobei die letztgenannte Abteilung sehr verschiedene Tätigkeiten zusammenfasst (siehe Organigramm auf Seite 6). Eine Übersicht über wesentliche Firmendaten gibt die folgende Aufstellung.

**Firma**
Bergisches Papierkontor GmbH
Elberfelder Straße 85
42285 Wuppertal
Telefon: 0202 1236-0
Telefax: 0202 1236-1
E-Mail: info@bpkontor.de
Internet: www.bpkontor.de

**Rechtsform**
Gesellschaft mit beschränkter Haftung (GmbH)
Sitz: Wuppertal

**Handelsregister**
Amtsgericht Wuppertal
HRB 50086/314

**Gesellschafter**
Hubertus Oberberg
Rita Oberberg
Renate Roskamp

**Geschäftsführer**
Dr. Peter Schönhauser

**Bankverbindungen**
Stadtsparkasse Wuppertal
Konto-Nr. 600 521 98
BLZ 330 500 00
IBAN: DE81 3305 0000 0060 0521
BIC: WUPS DE33

Postbank Essen
Konto-Nr. 1800 64-303
BLZ 360 100 43
IBAN: DE85360100431800064303
BIC: PBNK DEFF360

**Finanzamt**
Wuppertal-Barmen
Unterdörnenstraße 96
42283 Wuppertal
Steuernummer 131/0878/678

**Krankenkassen**
Allgemeine Ortskrankenkasse Rheinland (AOK)
Bahnstr. 11
42327 Wuppertal

Barmer Ersatzkasse (BEK)
Geschwister-Scholl-Platz 9–11
42275 Wuppertal

Hamburg-Münchener Krankenkasse HMK
Regionalzentrum Essen
Kettwiger Str. 20
45127 Essen

**Betriebsnummer für die Sozialversicherung**
82 104 520

**Umsatzsteuer ID-Nr.**
DE 14577 7987

# 2 Gesellschaftsvertrag

**§ 1 Firma und Sitz der Gesellschaft**
(1) Die Firma der Gesellschaft lautet:
Bergisches Papierkontor
Großhandelsgesellschaft mit beschränkter Haftung
(2) Sitz der Gesellschaft ist Wuppertal.

**§ 2 Gegenstand des Unternehmens**
Gegenstand des Unternehmens ist der Handel mit Papieren und Folien jeder Art als Großhandelsunternehmen. Die Gesellschaft darf andere Unternehmen gleicher oder ähnlicher Art übernehmen, vertreten und sich an solchen beteiligen; sie darf auch Zweigniederlassungen errichten.

**§ 3 Stammkapital**
(1) Das Stammkapital der Gesellschaft beträgt 600.000 DM (in Worten: sechshunderttausend Deutsche Mark). Davon übernehmen:
a) Herr Hubertus Oberberg, Wuppertal, eine Stammeinlage von 300.000 DM
b) Frau Rita Oberberg, Wuppertal, eine Stammeinlage von 150.000 DM
c) Frau Renate Roskamp, geb. Oberberg, Lüdenscheid, eine Stammeinlage von 150.000 DM
(2) Die Gesellschafter leisten ihre Einlagen in Geld. Je 50 % der Stammeinlage sind sofort zur freien Verfügung der Gesellschaft einzuzahlen, die Restbeträge sind nach Aufforderung der Geschäftsführung zu leisten.

**§ 4 Dauer der Gesellschaft, Geschäftsjahr, Kündigung**
(1) Die Gesellschaft wird auf unbestimmte Zeit errichtet.
(2) Geschäftsjahr ist das Kalenderjahr.
(3) Jedem Gesellschafter steht ein Kündigungsrecht mit einjähriger Frist zum Jahresende zu.

**§ 5 Organe der Gesellschaft**
Die Organe der Gesellschaft sind
a) der Geschäftsführer,
b) die Gesellschaftsversammlung.

**§ 6 Geschäftsführer**
(1) Die Gesellschaft hat einen oder mehrere Geschäftsführer. Sind mehrere Geschäftsführer bestellt, so wird die Gesellschaft durch je zwei Geschäftsführer gemeinschaftlich vertreten.
(2) Zum Geschäftsführer wird bestellt:
Herr Hubertus Oberberg. Er ist von den Beschränkungen des § 181 BGB befreit.

**§ 7 Gesellschafterversammlung und Stimmrecht**
(1) Alljährlich findet innerhalb von 6 Monaten nach Schluss des vorangegangenen Rechnungsjahres eine ordentliche Gesellschafterversammlung statt.
Diese beschließt über die
- Feststellung des Jahresabschlusses für das vorangegangene Geschäftsjahr,
- Verwendung des Ergebnisses der Unternehmung,
- Entlastung der Geschäftsführer,
- Wahl eines eventuell zu bestellenden Abschlussprüfers.

(2) Je 1.000 DM eines Geschäftsanteils gewähren eine Stimme.

**§ 8 Jahresabschluss**
Innerhalb der ersten drei Monate nach Abschluss eines Geschäftsjahres hat die Geschäftsführung den Jahresabschluss und den Lagebericht aufzustellen und diese zusammen mit einem Vorschlag zur Ergebnisverwendung der ordentlichen Gesellschafterversammlung vorzulegen. Der Jahresabschluss ist nach den gesetzlichen Vorschriften und Gliederungen zu erstellen.

**§ 9 Bekanntmachungen**
Bekanntmachungen der Gesellschaft werden im Bundesanzeiger veröffentlicht.

Wuppertal, den 15.11.1985

| H. Oberberg | R. Oberberg | R. Roskamp |
|---|---|---|
| Hubertus Oberberg | Rita Oberberg | Renate Roskamp |

**Änderung des Gesellschaftsvertrages § 6 (2) durch die Gesellschafterversammlung am 17. Mai 1999:**
Zum Geschäftsführer ab dem 01. Juli 1999 wird Herr Dr. Peter Schönhauser bestellt und löst damit Herrn Hubertus Oberberg ab.

Wuppertal, den 17. Mai 1999

| H. Oberberg | R. Oberberg | R. Roskamp |
|---|---|---|
| Hubertus Oberberg | Rita Oberberg | Renate Roskamp |

Der Gesellschaftsvertrag samt Änderungen wurde von Rechtsanwalt und Notar Dr. Gregor Grüner, Wuppertal, notariell beglaubigt.

# 3 Organigramm

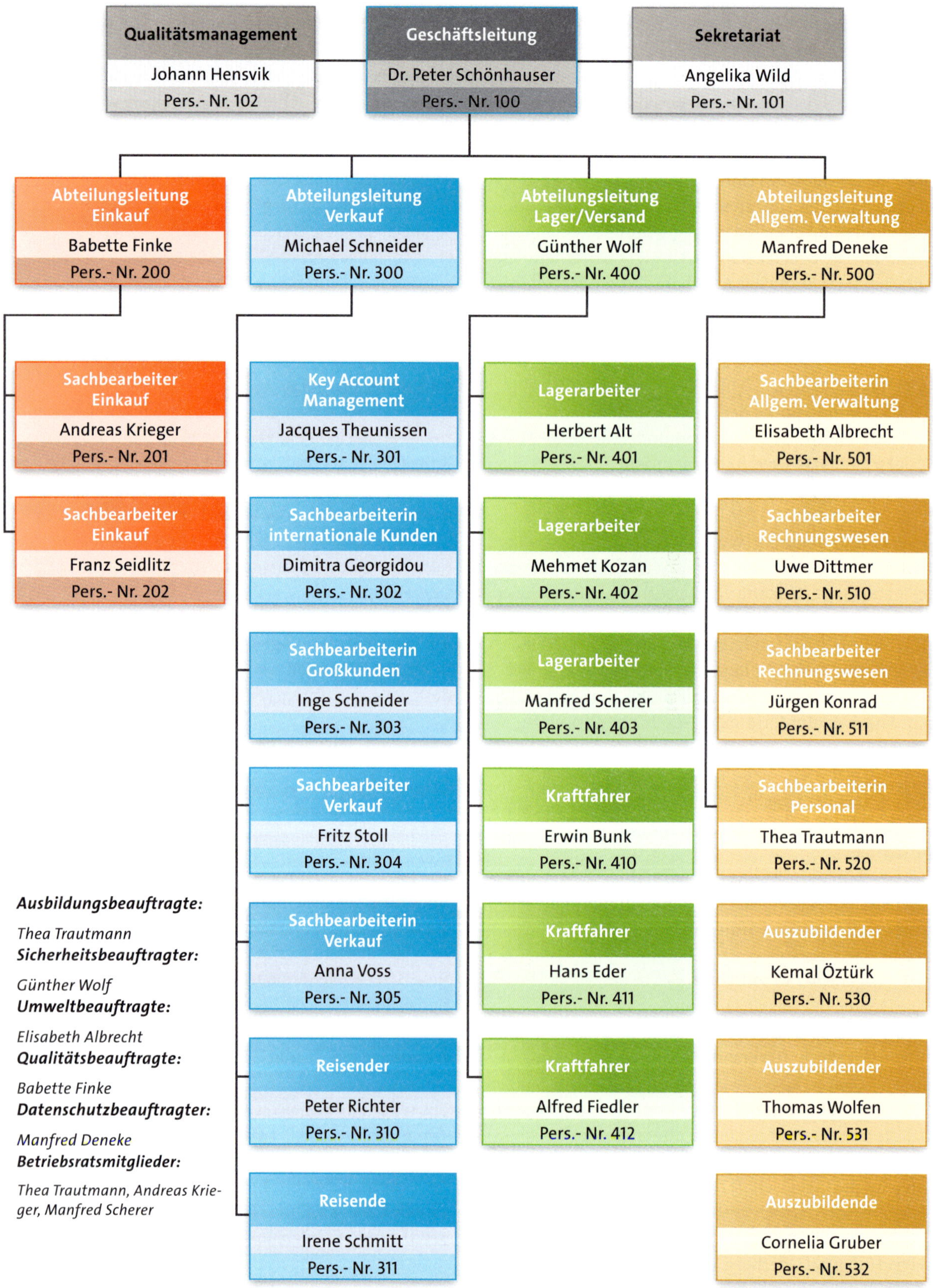


***Ausbildungsbeauftragte:***

*Thea Trautmann*

***Sicherheitsbeauftragter:***

*Günther Wolf*

***Umweltbeauftragte:***

*Elisabeth Albrecht*

***Qualitätsbeauftragte:***

*Babette Finke*

***Datenschutzbeauftragter:***

*Manfred Deneke*

***Betriebsratsmitglieder:***

*Thea Trautmann, Andreas Krieger, Manfred Scherer*

# 4 Personalliste

| Personal-nummer | Name | Vorname | Abteilung | Funktion | Status<br>LA = Leitende(r)<br>Angestellte(r)<br>ANG = Angestellte(r)<br>AR = Arbeiter(in) | Kranken-kasse | Berufliche Qualifikation |
|---|---|---|---|---|---|---|---|
| 100 | Schönhauser, Dr. | Peter | Geschäftsleitung | Geschäftsführer | LA | BEK | Diplomkaufmann |
| 101 | Wild | Angelika | Geschäftsleitung | Sekretärin | ANG | HMK | Kauffrau für Bürokommunikation |
| 102 | Hensvik | Johann | Assistenz der CL | Qualitätsmanagement | ANG | BEK | Diplomkaufmann |
| 200 | Finke | Eabette | Einkauf | Abteilungsleiterin | ANG | HMK | Betriebswirtin |
| 201 | Krieger | Andreas | Einkauf | Sachbearbeiter | ANG | BEK | Großhandelskaufmann |
| 202 | Seidlitz | Franz | Einkauf | Sachbearbeiter | ANG | BEK | Dreher |
| 300 | Schneider | Michael | Verkauf | Abteilungsleiter | LA | BEK | Diplomkaufmann |
| 301 | Theunissen | Jacques | Verkauf | Sachbearbeiter | ANG | BEK | Großhandelskaufmann |
| 302 | Georgidou | Dimitra | Verkauf | Sachbearbeiterin | ANG | HMK | Großhandelskauffrau |
| 303 | Schneider | Inge | Verkauf | Sachbearbeiterin | ANG | HMK | Bürokauffrau |
| 304 | Stoll | Fritz | Verkauf | Sachbearbeiter | ANG | HMK | Bürokaufmann |
| 305 | Voss | Anna | Verkauf | Sachbearbeiterin | ANG | HMK | Kauffrau f. Bürokommunikation |
| 310 | Richter | Peter | Verkauf | Reisender | ANG | BEK | Großhandelskaufmann |
| 311 | Schmitt | Irene | Verkauf | Reisende | ANG | BEK | Betriebswirtin |
| 400 | Wolf | Günther | Lager/Versand | Abteilungsleiter | ANG | AOK | Großhandelskaufmann |
| 401 | Alt | Herbert | Lager/Versand | Lagerarbeiter | AR | AOK | Handelsfachpacker |
| 402 | Kozan | Mehmet | Lager/Versand | Lagerarbeiter | AR | AOK | Kraftfahrer |
| 403 | Scherer | Manfred | Lager/Versand | Lagerarbeiter | AR | AOK | ungelernt |
| 410 | Bunk | Erwin | Lager/Versand | Kraftfahrer | AR | AOK | Kraftfahrer |
| 411 | Eder | Hans | Lager/Versand | Kraftfahrer | AR | AOK | Kfz-Mechaniker |
| 412 | Fiedler | Alfred | Lager/Versand | Kraftfahrer | AR | AOK | Elektroinstallateur |
| 500 | Deneke | Manfred | Allg. Verwaltung | Abteilungsleiter | ANG | BEK | Bilanzbuchhalter |
| 501 | Albrecht | Elisabeth | Allg. Verwaltung | Sachbearbeiterin | ANG | BEK | Bürokauffrau |
| 510 | Dittmer | Uwe | Allg. Verwaltung | Sachbearbeiter | ANG | BEK | Großhandelskaufmann |
| 511 | Konrad | Jürgen | Allg. Verwaltung | Sachbearbeiter | ANG | BEK | Bürokaufmann |
| 520 | Trautmann | Thea | Allg. Verwaltung | Sachbearbeiterin | ANG | BEK | Bürokauffrau |
| 530 | Öztürk | Kemal | – | Auszubildender | – | BEK | 3. Ausbildungsjahr |
| 531 | Wolfen | Thomas | – | Auszubildender | – | AOK | 2. Ausbildungsjahr |
| 532 | Gruber | Cornelia | – | Auszubildende | – | AOK | 1. Ausbildungsjahr |

# 5 Verzeichnis der Warengruppen/ Sortimentsbeispiele

| Warengruppe | Produktbeispiele aus dem Sortiment | | | | | |
|---|---|---|---|---|---|---|
| | Art.-Nr. | Produktbeschreibung | Nettopreis in € je Einheit | | kleinste Verpackungsmenge | kleinste lieferbare Menge |
| 01 Hochwertige Feinpapiere | 10 231 | BPK „Bankpost"-Qualität DIN-A4-Blätter, 80 g/m², hochfein, holzfrei, haderhaltig, weiß, matt, mit Wasserzeichen, im Wellpappkarton | 500 Blatt<br>ab 5 Kartons | 22,85<br>16,75 | Karton à 500 Blatt | 5 Kartons à 500 Blatt |
| | 10 331 | BPK „Bankpost"-Hüllen DIN-Lang-Hüllen, 110 × 220 mm, 110 g/m², hochfein, halbglatt, weiß, mit grauem Futter | 1 000 Stück<br>ab 5 000 Stück | 66,00<br>49,50 | 100 Stück | 1 Karton mit 10 Originalkartons à 100 Stück |
| 02 Kopierpapiere und Folien | 20 142 | BPK „Printomax" Spezial-Kopierpapier in gehobener Qualität, Format DIN A4, 80 g/m², holzfrei, weiß, matt, für Laserdrucker und Kleinoffset geeignet | 500 Blatt<br>ab 10 Kartons<br>ab 40 Kartons (1 Palette) | 5,85<br>4,70<br>4,30 | 500 Blatt | 1 Karton mit 5 × 500 Blatt |
| | 20 221 | Overheadfolie für Trockentonergeräte, antistatisch, glasklar, für Stapelverarbeitung, Format DIN A4 | 100 Folien<br>ab 5 Kartons<br>ab 10 Kartons | 24,70<br>19,80<br>18,10 | 100 Folien | 1 Karton mit 100 Folien |
| 03 Büropapiere | 30 211 | BPK „Mattpost-Extra" Qualitäts-Büropapier mit Wasserzeichen, Format DIN A4, 80 g/m², holzfrei, weiß, matt, hochgebleicht, für Laserdruck geeignet | 500 Blatt<br>ab 5 Kartons | 11,45<br>8,40 | 500 Blatt | 1 Karton mit 10 × 500 Blatt |
| | 30 321 | BPK „Favorit-SM" Büro-Offsetpapier für Kleinoffset, Format DIN A4, 80 g/m², holzfrei, weiß, matt | 500 Blatt<br>ab 5 Kartons<br>ab 20 Kartons (1 Palette) | 5,70<br>4,60<br>4,20 | 500 Blatt | 1 Karton mit 5 000 Blatt |
| 04 Großformatige Druckpapiere für das Druckereigewerbe | 40 111 | BPK „Prima-Offset-Professional" Universal-Offsetpapier für Handzettel, Preislisten etc., Format 61 × 86 cm, fast holzfrei, weiß, matt, oberflächengeleimt, druckfertig vorgereift | 500 Bogen<br>ab 3 000 Bogen<br>ab 10 000 Bogen (1 Palette) | 48,00<br>38,50<br>35,20 | 500 Bogen | 500 Bogen |
| | 40 411 | BPK „Phoenix-Ikono-Rex" Qualitäts-Kunstdruckpapier aus chlorfrei gebleichtem Faserstoff, für Bildbände, Bildkalender, hochwertige Kunstdrucke etc., vierseitig rechtwinklig geschnitten, holzfrei, weiß, beidseitig matt, Format 63 × 88 cm, 135 g/m², Riesinhalt 250 Bogen | 250 Bogen<br>ab 2 000 Bogen<br>ab 8 500 Bogen | 57,30<br>46,20<br>44,95 | 250 Bogen | 250 Bogen |
| 05 Aktionsware | 50 100 | Bierdeckel, Gestaltung nach Kundenwünschen | Preise und Mengen auf Anfrage | | | |
| | 50 200 | Servietten, Gestaltung nach Kundenwünschen | Preise und Mengen auf Anfrage | | | |

# 6 Auszug aus der Debitorenliste

| Kd.-Nr. | Name, Anschrift | Telefon | Bankverbindung | Ansprech-partner |
|---|---|---|---|---|
| 32 001 | Tagesanzeiger<br>Druck und Verlag<br>Habichtweg 20<br>32049 Herford | Tel. 05221 7941<br>Fax 05221 7900 | Kreissparkasse Herford<br>IBAN: DE54 4945 0120 0000 0145 63<br>BIC: WLAHDE44 | Felix<br>Selling |
| 33 001 | Druckzentrum Bielefeld<br>GmbH & Co KG<br>Am Stiehl 109<br>33604 Bielefeld | Tel. 0521 33348<br>Fax 0521 333400 | Bankhaus Lampe<br>IBAN: DE95 4802 0151 0000 9876 54<br>BIC: LAMPDEDD | Kurt<br>Finkernagel |
| 42 001 | Drogerie AG<br>Else-Lasker-Schüler-Straße 11<br>42107 Wuppertal | Tel. 0202 19904<br>Fax 0202 19905 | SEB Wuppertal<br>IBAN: DE54 3301 0111 0003 3445 55<br>BIC: ESSEDE5F330 | Georg<br>Schlüter |
| 44 001 | COPY SHOP<br>Michael Tiemeier<br>Haberlandstraße 4<br>44359 Dortmund | Tel. 0231 55647<br>Fax 0231 55640 | SEB Dortmund<br>IBAN: DE19 4401 0111 0000 6677 88<br>BIC: ESSEDE5F440 | Michael<br>Tiemeier |
| 45 001 | Stadt Essen<br>Beschaffungsamt<br>Hinterm Rathaus 1<br>45239 Essen | Tel. 0201 16532<br>Fax 0201 16539 | Sparkasse Essen<br>IBAN: DE77 3605 0105 0000 0600 05<br>BIC: SPESDE3E | Lisa<br>Lippens |
| 46 001 | Druck und Copy GmbH<br>Am Freistuhl 16<br>33100 Paderborn | Tel. 05254 12345<br>Fax 05254 12346 | DarLK Paderborn<br>IBAN: DE29 4726 0307 0978 1234 56<br>BIC: GENODEM1BKC | Martina<br>Schober |
| 48 001 | Klammer & Co<br>Bürobedarf OHG<br>Hansaring 108<br>48155 Münster | Tel. 0251 34831<br>Fax 0251 34835 | Sparda-Bank Münster<br>IBAN: DE08 4006 0560 0000 4455 66<br>BIC: GENODEF1S08 | Heribert<br>Tenhumberg |
| 50 001 | Tönnes Druckerei<br>Stolzestraße 10<br>50674 Köln | Tel. 0221 14323<br>Fax 0221 14324 | Stadtsparkasse Köln<br>IBAN: DE45 3705 0198 0010 0220 33<br>BIC: COLSDE33 | Carla<br>Berghaus |
| 52 001 | Hard- und Software GmbH<br>Antonisberg 134<br>52076 Aachen | Tel. 0421 57739<br>Fax 0421 57730 | AbN AMRO Bank<br>IBAN: DE53 3901 0200 0000 8899 11<br>BIC: FTSBDEFA | Kurt<br>Roß |
| 53 001 | Bürobedarf August GmbH<br>August-Macke-Platz 5<br>53119 Bonn | Tel. 0228 948117<br>Fax 0228 948100 | CC-Bank<br>IBAN: DE66 3101 0833 0000 3332 22<br>BIC: CCBADE31 | Helmut<br>Scharff |
| 54 001 | BESKA GmbH<br>Tauentzienstr. 60<br>10789 Berlin | Tel. 030 936183<br>Fax 030 93614 | Deutsche Bank Berlin<br>IBAN: DE31 1007 0000 0178 6044 23<br>BIC: DEUTDEBB | Konstantin<br>Romanos |
| 59 001 | Verlagshaus Bücher OHG<br>Buch- u. Offsetdruck<br>Bachstraße 102<br>59077 Hamm | Tel. 02381 55614<br>Fax 02381 55600 | Volksbank eG Hamm<br>IBAN: DE71 4106 0120 0123 4567 89<br>BIC: GENODEM1HMM | Bärbel<br>Holterhoff |
| 60 001 | Bestprint Ltd.<br>12 Upper Woburn Place<br>GB-London WC1H OHX | Tel. +44 171 3428946<br>Fax +44 171 3459264 | National Westminster Bank PLC<br>SWIFT-Code (BIC): NWBKGB2L<br>IBAN: GB77 NWBK 6073 0123 5034 67 | Patricia<br>Miller |
| 61 001 | Goed Reclame BV<br>Maliestraat 2<br>NL-Utrecht 3581 SL | Tel. +31 30 2354665<br>Fax +31 30 2341416 | Utrecht Bank NV<br>SWIFT-Code (BIC): UTRENL2U<br>IBAN: NL85 3456 0004 5827 16 | Harm<br>Boesveld |
| 62 001 | Fun & celebration Ltd.<br>315 W 94th ST<br>New York NY 10025-6829<br>USA | Tel. 001 221 3817592<br>Fax 001 221 3572946 | New York Middle Bank Inc.<br>SWIFT-Code (BIC): NYMBUS33<br>account number: 51894500368 | Jane<br>Fielding |

# 7 Liste der Kreditoren

| Lief.-Nr. | Name, Anschrift | Telefon | Bankverbindung | Ansprech-partner |
|---|---|---|---|---|
| 11 011 | Freiburger Papier AG<br>Käferweg 16<br>79110 Freiburg | Tel. 0761 167061-1<br>Fax 0761 167062 | GLS-Bank Freiburg<br>IBAN: DE94 4306 0967 0000 3330 00<br>BIC: GENODEM1GLS | Daniel Weber |
| 11 021 | A. Abraham & Söhne GmbH & Co. KG<br>Abrahamstraße 17<br>68305 Mannheim | Tel. 0621 967815<br>Fax 0621 967826 | Südwestdeutsche Landesbank Mannheim<br>IBAN: DE41 6705 0000 0000 5556 66<br>BIC: SOLADEST670 | Anna Bott |
| 11 031 | Allerweltspapiere AG<br>Wildstraße 18<br>50859 Köln-Lövenich | Tel. 0221 7890-10<br>Fax 0221 7890-01 | Norisbank Köln<br>IBAN: DE37 7602 6000 0006 0050 00<br>BIC: NORSDE71 | Philipp Mommsen |
| 11 041 | Papierimporte GmbH & Co. KG<br>Köhlerkoppel 1<br>22393 Hamburg | Tel. 040 445566-0<br>Fax 040 445567-7 | Den Danske Bank<br>IBAN: DE64 2032 0500 0000 7654 23<br>BIC: DABADEHH | Ellen Dorn |
| 11 051 | Ozean Papier AG<br>Quickbornweg 6<br>28755 Bremen | Tel. 0421 547-1<br>Fax 0421 547-7 | Bremer Bank<br>IBAN: DE43 2908 0010 0000 0211 21<br>BIC: DRESDEFF290 | Christian Bärwinkel |
| 11 061 | Dresdener Papiermanufactur AG<br>Hauptallee 50<br>01069 Dresden | Tel. 0351 47480<br>Fax 0351 47482 | Commerzbank AG, Dresden<br>IBAN: DE61 8508 0000 0000 0111 22<br>BIC: DRESDEFF850 | Silvia Hoffmann |
| 11 071 | Augsburger Papierverede-lungsgesellschaft mbH<br>Gumpelzhaimerstraße 3–5<br>86154 Augsburg | Tel. 0821 54666-0<br>Fax 0351 5466610 | Bayerische Hypo- und Vereinsbank AG<br>IBAN: DE94 7002 0270 0013 1956 87<br>BIC: HYVEDEMM | Peter Obermayr |
| 12 011 | Hans Müller Feinpapiere AG<br>Uhlandstraße 60<br>51429 Bergisch-Gladbach | Tel. 02202 123456/57<br>Fax 02054 123458 | Kölner Bank von 1867<br>IBAN: DE42 3716 0087 0000 3211 23<br>BIC: GENODED1CGN | Klaus Orthmüller |
| 21 011 | Essener Papier KG<br>Deipenbecktal 98<br>45289 Essen | Tel. 02054 123-0<br>Fax 02054 1234 | Bank für Gemeinwirtschaft<br>IBAN: DE24 3601 0111 0060 0708 00<br>BIC: ESSEDE5F360 | Martina Schober |
| 21 021 | Heinz Schmied Folien GmbH<br>Eupener Straße 18<br>32051 Herford | Tel. 05221 5152-0<br>Fax 05221 5152-535 | Stadtsparkasse Herford<br>IBAN: DE88 4905 0075 0000 0767 67<br>BIC: WLAHDE44 | Elisabeth Vermeer |
| 31 011 | Harald Dubb KG<br>Gabelsbergerstraße 19<br>53119 Bonn | Tel. 0228 76531<br>Fax 0228 76532 | Postbank Köln<br>IBAN: DE44 3701 0050 0111 1223 33<br>BIC: PBNKDEFF | Ulrike Herrmann |
| 31 021 | Papier & Folien GmbH & Co. KG<br>Niederkasseler Straße 29<br>40547 Düsseldorf | Tel. 0211 7654321<br>Fax 0211 7654322 | UBS Deutschland AG, Düsseldorf<br>IBAN: DE47 5022 0085 0000 4445 55<br>BIC: SMHBDEFF | Janette Weskamp |
| 31 511 | Cellulosa & Papper AB<br>Sten Sturegatan 23<br>SE-41 242 Göteborg | Tel +46 31 634909<br>Fax +46 31 7734660 | Gotabank AB<br>SWIFT-Code (BIC): GO TAS EGG<br>IBAN: SE71 3300 0000 0000 0453 7483 | Sten Halström |
| 31 611 | Toronto Paper & Cellulose Inc.<br>15 Richmond Street East<br>Toronto, Ontario M5C 1N2 | Tel. 001 800 4253458<br>Fax 001 800 42648491 | The Bank of Montreal<br>SWIFT-Code (BIC): BOFMCAT2<br>Transit No. 23762-001<br>Canadian Code: CC 000 123 762<br>account number: 4 385 591 | John Harris |

## Allgemeine Geschäftsbedingungen

bpk Bergisches Papierkontor GmbH

Die folgenden Bedingungen gelten für alle von und mit uns eingegangenen Rechtsgeschäfte; Abweichungen sind für uns nur bindend, wenn sie schriftlich vereinbart worden sind.

**(1) Angebot/Auftragsbestätigung**
Unsere Angebote sind freibleibend; maßgebend ist unsere schriftliche Auftragsbestätigung. Mündliche Absprachen und Nebenabreden bedürfen ebenfalls unserer schriftlichen Bestätigung.
Handelsübliche Abweichungen in der Menge, in den Maßen, in Färbung und Gewicht sind zulässig und berechtigen den Käufer nicht zu Beanstandungen.

**(2) Lieferungsbedingungen**
Lieferungen werden per Lkw oder Logistikdienstleister frei Haus durchgeführt; i. d. R. innerhalb von 48 Stunden. Wenn nichts anderes vereinbart wurde, behalten wir uns das Recht auf Teillieferung – sofern mehr als 50 % der Auftragsmenge sofort geliefert werden kann – ausdrücklich vor; Mehrkosten für den Auftraggeber entstehen dadurch nicht.
Eine Auftragsbestätigung erhält der Auftraggeber nur, wenn nicht innerhalb von 48 Stunden der gesamte Auftrag ausgeliefert werden kann.
Der Mindestauftragswert beträgt 500,00 €. Bei einem niedrigeren Rechnungsbetrag wird für die Lieferung ein pauschaler Zuschlag von 25,00 € in Rechnung gestellt.
Bei Lieferungen nach Orten, die nicht im gewöhnlichen Auslieferungsbereich liegen, müssen zu den Versandkosten Sonderregelungen getroffen werden. Der Käufer hat keinen Anspruch auf Frachtvergütung, wenn er die Ware abholt.
Die Ware wird in handelsüblicher Verpackung geliefert. Bei Sendungen mit einem Warenwert von bis zu 250,00 € ist eine Verpackungskosten-Pauschale in Höhe von 12,50 € vom Käufer zu tragen.
Wünscht der Käufer eine Schnellzustellung in weniger als 48 Stunden, so erfolgt diese über die Paketlinie unseres Logistikpartners DHL Express. Wir stellen dann die uns entstandenen Transportkosten gemäß jeweils gültiger Preistabelle von DHL Express in unsere Ausgangsrechnung mit ein.
Bei einer Auslieferung der Ware mit unseren eigenen Fahrzeugen tragen wir das Transportrisiko. In allen anderen Fällen reist die Ware auf Gefahr des Käufers. Bei Streckengeschäften geht das Transportrisiko mit der Verladung der Ware im Werk des Herstellers auf den Käufer über.

**(3) Zahlungsbedingungen/Eigentumsvorbehalt**
Unsere Rechnungen sind innerhalb von 30 Tagen nach Rechnungsdatum ohne Abzug bzw. innerhalb von 10 Tagen nach Rechnungsdatum mit 3 % Skonto zu bezahlen.
Erfolgt die Zahlung nicht innerhalb der genannten Frist, so sind wir berechtigt, Zinsen in Höhe von 5 % über dem Basiszinzsatz der Europäischen Zentralbank (EZB) zu berechnen.

**(4) Eigentumsvorbehalt**
Die gelieferte Ware bleibt so lange unser Eigentum, bis der Käufer alle gegen ihn bestehenden Forderungen beglichen hat. Veräußert der Käufer die Ware, so tritt er schon jetzt die ihm aus dem Verkauf zustehende Forderung an uns ab.
Kommt der Käufer mit seinen Zahlungen in Verzug, so können wir jederzeit die Herausgabe der Ware verlangen, ohne vom Vertrag zurückzutreten.

**(5) Lieferzeit/Lieferungsverzug**
Wird ein verbindlich zugesagter Liefertermin von uns nicht eingehalten, so hat der Käufer das Recht, uns eine angemessene Nachfrist für die Lieferung zu setzen. Liefern wir auch innerhalb dieser Nachfrist nicht, dann kann der Käufer schriftlich seinen Rücktritt vom Kaufvertrag erklären; Schadenersatzansprüche stehen ihm nicht zu.

**(6) Gewährleistungen bei mangelhafter Lieferung**
Reklamationen können nur anerkannt werden, wenn sie bei offenen Mängeln innerhalb von 14 Tagen nach Erhalt der Ware und bei versteckten Mängeln unverzüglich, spätestens 14 Tage nach Entdeckung, schriftlich vorgenommen werden. Transportschäden sind sofort auf den Begleitpapieren festzuhalten. Soweit Gewährleistungsansprüche gegen uns bestehen, sind wir verpflichtet, gegen Rücknahme der beanstandeten Ware eine mangelfreie Ersatzlieferung vorzunehmen; weitergehende Gewährleistungsansprüche bestehen nicht. Ist allerdings auch die Ersatzlieferung mangelhaft, so hat der Käufer das Recht auf Preisminderung oder Rückgängigmachung des Vertrages.

**(7) Erfüllungsort und Gerichtsstand**
Erfüllungsort und Gerichtsstand für alle Ansprüche ist Wuppertal, soweit nicht zwingende gesetzliche Vorschriften dem entgegenstehen.

Wuppertal, Januar 20XX

# Lernsituation 58
## Personalbedarfsplanung

FK ☞ *LF5 Kap. 1 bis 3*

**LERNSITUATION**

**Von:** Dr. Peter Schönhauser
**Betreff:** Personalbedarfsplanung
**Datum:** 15.12.20XX, 15.18 Uhr
**An:** Manfred Deneke, Elisabeth Albrecht

Liebe Mitarbeiter,

da Frau Trautmann derzeit in Urlaub ist, nehmen bitte Sie die Personalbedarfsrechnung für das kommende Wirtschaftsjahr vor. Dazu liegen Ihnen aus der Personalabteilung die bekannten Daten vor.

Der Personalbestand entspricht derzeit dem Sollbestand. Außerdem informiere ich Sie über Folgendes:

- Zwei Auszubildende (Personalnummer 530 und 531) werden im Juni ihre Ausbildung beenden. Personalnummer 530 hat sich so bewährt, dass zum 1. Juli eine Übernahme geplant ist.
- Der befristete Arbeitsvertrag der Mitarbeiterin Personalnummer 501 läuft zum 30.04. aus. Sie ist bereit, das Arbeitsverhältnis zu verlängern. Wir werden ihrem Wunsch entsprechen.
- Die Erfahrung zeigt, dass ca. 4 % des Personals im Laufe des Jahres kündigen.
  Ein Mitarbeiter wird seine Freistellungsphase beenden und voraussichtlich auf seinen Platz zurückkehren.
- Am 02.03. wird die Mitarbeiterin Personalnummer 305 in Mutterschutz gehen und danach zunächst für zwei Jahre in Elternzeit gehen.

Sollte sich für eine Abteilung Personalbedarf ergeben, erstellen Sie eine Anzeige für die externe Stellenausschreibung in der örtlichen Tagespresse und bereiten Sie eine Information für die interne Ausschreibung am schwarzen Brett vor.
Bitte reichen Sie die Unterlagen so bald wie möglich schriftlich ein.

P. Schönhauser

# Arbeitsblatt 58.1 Quantitative Personalbedarfsplanung

| Quantitative Personalplanung | | | | | | |
|---|---|---|---|---|---|---|
| Merkmale | Personalveränderungen | | Konsequenzen | | | Berechnungsschema |
| | planbare | nicht planbare | Ersatzbedarf | Neubedarf | Minderbedarf | |
| | | | | | | |

# Aufgaben

**1**

Als Personalsachbearbeiter der BPK GmbH planen Sie den Personalbedarf für das nächste Jahr. Erläutern Sie kurz, welche innerbetrieblichen und außerbetrieblichen Einflüsse in Ihre Planung einbezogen werden müssen.

**2**

Erläutern Sie den Begriff der qualitativen Personalplanung.

**3**

Die BPK GmbH kann die benötigten Mitarbeiter sowohl aus dem eigenen Unternehmen als auch von außen beschaffen. Stellen Sie die Vor- und Nachteile der der internen und der externen Stellenbesetzung gegenüber.

**4**

Bei der BPK GmbH ist die Stelle des Abteilungsleiters Verkauf neu zu besetzen. Am Ende des Bewerbungsverfahrens stehen folgende Bewerber zur Auswahl:

- Jürgen Konrad, 40 Jahre alt, seit 15 Jahren bei der BPK GmbH beschäftigt, davon die ersten fünf Jahre in der Abteilung Verkauf/Großkunden. Damals bewarb er sich um die Position des Abteilungsleiters, allerdings wurde ein externer Bewerber vorgezogen. Seitdem ist Herr Konrad als Sachbearbeiter Rechnungswesen eingesetzt.
- Frau Fröhlich, 33 Jahre alt, hat sich aufgrund einer Annonce in der Westfälischen Zeitung beworben. Sie hat die letzten fünf Jahre als stellvertretende Abteilungsleiterin in der Verkaufsabteilung eines internationalen Früchtegroßhandels gearbeitet.
- Herr Unkelbach, 52 Jahre alt, ist seit 20 Jahren als Handelsvertreter für einen namhaften Hersteller von Füllfederhaltern tätig und möchte nun vom Außendienst in den Verkauf wechseln.

Treffen Sie zwischen diesen Bewerbern eine begründete Entscheidung.

**5**

Für das nächste Ausbildungsjahr haben sich bei der BPK GmbH einige Bewerber um einen Ausbildungsplatz beworben, folgende Bewerber kommen in die engere Auswahl:

- Dana Willich, 15 Jahre alt, noch ohne Schulabschluss jedoch mit außergewöhnlich guten Schulnoten im letzten Zeugnis, interessiert sich sehr für Pferde (hat sogar zwei eigene Pferde), hat schon erste Erfolge als Teilnehmerin in der Sendung „Voice-Challenge" mit einigen Fernsehauftritten.
- Steve Bullit, 24 Jahre alt, lebt seit drei Jahren in Deutschland, ist in England aufgewachsen, nach seinem Studienabbruch möchte er eine solide Ausbildung machen. Er reist jedes zweite Wochenende nach England zu seiner Familie. Er möchte gern seinen Nebenjob als Kellner während der Ausbildung behalten, um seine eigene Wohnung und die Flüge nach England zu finanzieren.
- Marc Tetro, 20 Jahre alt, hat kurz vor dem Abitur die Schule verlassen, dann einige Monate als Pizzabote gearbeitet. Er spielt beim Wuppertaler SC in der Verbandsliga Fußball. Das BPK kennt er als Sponsor des Wuppertaler SC und fand die Idee attraktiv, Sport und Beruf zu verbinden.

Für welchen der Bewerber würden Sie sich entscheiden? Treffen Sie eine begründete Entscheidung.

**6**

Ordnen Sie die nachfolgenden Aussagen wie folgt:
1 = Vorteil der internen Personalbedarfsdeckung
2 = Nachteil der internen Personalbedarfsdeckung
3 = Vorteil der externen Personalbedarfsdeckung
4 = Nachteil der externen Personalbedarfsdeckung

( ) Motivation langjähriger Mitarbeiter
( ) Größerer Interessentenkreis
( ) Fortloben von unerwünschten Mitarbeitern
( ) Hohe Einstellungskosten
( ) Neue Ideen für das Unternehmen
( ) Fehlende „Betriebsblindheit"
( ) Unentbehrlichkeit von Mitarbeitern
( ) Verminderung der Fluktuation
( ) Erhaltung von betrieblichen Erfahrungen
( ) Keine innerbetrieblichen Konflikte
( ) Hohe Einarbeitungskosten
( ) Motivationsabfall bei Ablehnung
( ) Keine Einstellungskosten
( ) Geringere Einarbeitungskosten
( ) Schwierige Beurteilung
( ) Umfangreiche Kenntnisse über die Person

**7**

Führen Sie für ein Großhandelsunternehmen aufgrund der folgenden Daten die Personalbedarfsplanung für das erste Quartal durch.
Welche Maßnahmen müssen Sie auf der Basis der durchgeführten Planung treffen?

**Personalbedarfsplan 1. Quartal**

| | Abt. Einkauf | Abt. Verkauf | Abt. Versand | Abt. Verwaltung | Insgesamt |
|---|---|---|---|---|---|
| **Bestand zu Beginn der Periode** | 17 | 12 | 18 | 14 | |
| Bekannte Gründe für Abgänge in der Periode: | | | | | |
| Pensionierung | | 1 | | 1 | |
| Bereits wirksame Kündigungen des Arbeitgebers | | | 1 | | |
| Änderungskündigung/abgebende Abteilung | | | 1 | | |
| Kündigung durch Arbeitnehmer | 1 | | | | |
| Beförderung | 1 | | | | |
| Versetzung | | 1 | | | |
| Beginn Freistellungsphase | | | | | |
| Abstellung Fortbildung | | | | 1 | |
| Mutterschutz/Elternzeit | | | | | |
| Sonstige Gründe | | | | | |
| Summe der Abgänge | | | | | |
| Bestand nach Abgängen | | | | | |
| Bekannte Gründe für Zugänge in der Periode: | | | | | |
| Übernahme aus Lehrverhältnis | 1 | | | | |
| Beförderung | | 1 | | | |
| Versetzung | | | | 1 | |
| Änderungskündigung/aufnehmende Abteilung | | 1 | | | |
| Ende Freistellungsphase | 1 | | | | |
| Rückkehr Fortbildung | | | 1 | | |
| Rückkehr Mutterschutz/Elternzeit | | | 1 | 1 | |
| Sonstige Gründe | | | | | |
| Summe der Zugänge | | | | | |
| Bestand am Ende der Periode | | | | | |
| **Zu planende Personalfreisetzungen** | | | | | |
| **Zu planende Neueinstellungen** | | | | | |
| **Geplanter Personalbestand** | 14 | 14 | 16 | 10 | |

**8**

Lesen Sie das Interview mit dem ehemaligen Bundesbeauftragten für den Datenschutz und die Informationsfreiheit, Peter Schaar, und beantworten Sie folgende Fragen:

a) In welchem Fall ist die Videoüberwachung der Mitarbeiter gestattet?
b) Ist es gestattet, im Bewerbungsverfahren Informationen aus Sozialen Netzwerken (z. B. Facebook) zu verwenden?
c) Müssen Mitarbeiter einwilligen, dass Daten und Informationen über sie eingeholt und verwendet werden, die nicht öffentlich sind, wie z. B. von behandelnden Ärzten?
d) Welche Voraussetzungen gelten für das Mithören von Call-Center-Telefonaten der Mitarbeiter?

## Schaar zum Beschäftigtendatenschutzgesetz: «Kein großer Wurf»

Der Bundesbeauftragte für den Datenschutz und die Informationsfreiheit Peter Schaar hält den von den Koalitionsparteien vorgelegten Entwurf zum Beschäftigtendatenschutz nicht für ausreichend.

Peter Schaar: Der von der Bundesregierung beschlossene Entwurf enthielt viele Schwachstellen. Sie bringen Verbesserungen, überwiegend aber Verschlechterungen für den Datenschutz der Beschäftigten:

- Es ist erfreulich, dass es beim Verbot der heimlichen Videoüberwachung bleiben soll und dass nunmehr bei der offenen Videoüberwachung die Daten nicht für die allgemeine Leistungs- und Verhaltenskontrolle genutzt werden dürfen. Allerdings wird es auch nach dem Koalitionsentwurf gegenüber dem heutigen Recht zu deutlichen Erweiterungen der offenen Videoüberwachung im Arbeitsverhältnis kommen.
- Die im Regierungsentwurf vorgesehene Eingrenzung der Datenerhebung im Bewerbungsverfahren wird gelockert. So dürfen öffentlich zugängliche Daten über Bewerber generell genutzt werden, auch wenn sie aus sozialen Netzwerken stammen. Die im Regierungsentwurf enthaltene Vorgabe, Eignungstests grundsätzlich nach wissenschaftlich anerkannten Methoden durchzuführen, soll entfallen.
- Nicht akzeptabel ist auch, dass es auch im aktuellen Entwurf dem Arbeitgeber gestattet sein soll, nicht allgemein zugängliche Beschäftigtendaten bei Dritten zu erheben, wenn der Beschäftigte eingewilligt hat. Im Regelfall ist davon auszugehen, dass im Bewerbungsverfahren und im Beschäftigungsverhältnis derartige Zustimmungen nicht wirklich freiwillig sind. Diese Regelung bleibt hinter der von der Europäischen Kommission vorgeschlagenen Datenschutz-Grundverordnung zurück, die in solchen Fällen eine Einwilligungslösung ausschließt.
- Schon der Regierungsentwurf enthielt weitgehende Befugnisse für den Arbeitgeber, die telefonische Kommunikation von Call-Center-Mitarbeitern mitzuhören, aufzuzeichnen und zu nutzen. Die dort vorgesehene zeitliche Eingrenzung und die darauf bezogene Pflicht, den Mitarbeiter darüber vorab zu informieren, sollen nach dem Willen der Regierungsfraktionen nun entfallen. Damit wird für die Mitarbeiterinnen und Mitarbeiter ein nicht hinnehmbarer Überwachungsdruck erzeugt.

Der Bundesdatenschutzbeauftragte bedauert es, dass in dem Entwurf weiterhin wichtige für den Arbeitnehmerdatenschutz bedeutsame Regelungen fehlen, etwa zur automatisierten Personalaktenführung, zur privaten Nutzung von Telekommunikationsdiensten oder zum Beweisverwertungsverbot bei unzulässiger Datenerhebung und -verwendung. Zudem hält er es für ein schlechtes Signal, dass der Entwurf an verschiedenen Punkten hinter der von der Europäischen Kommission vorgeschlagenen Datenschutz-Grundverordnung zurück bleibt.

Quelle (gekürzt): http://www.bfdi.bund.de/DE/Oeffentlichkeitsarbeit/Pressemitteilungen/2013/02_KeinGrosserWurf.html?nn=408920

# Lernsituation 59
## Personalbeschaffung

FK ☞ *LF5 Kap. 4*

**LERNSITUATION**

Löschen | Ist Werbung | Antworten | An alle | Weiterleiten | Drucken | Aufgabe

**Von:** Dr. Peter Schönhauser
**Betreff:** Stellenausschreibung
**Datum:** 16.12.20XX, 8.19 Uhr
**An:** Babette Finke, Andreas Krieger, Franz Seidlitz

Liebe Mitarbeiter,

auf unsere Stellenannonce in der Wuppertaler Zeitung von Samstag, dem 24.11.20XX, und den bekannten Internetportalen meldeten sich insgesamt 107 Bewerber. Die meisten Bewerber haben leider keine Ausbildung im Großhandel absolviert oder verfügen nicht über ausreichende Englischkenntnisse, die für die ausgeschriebene Stelle dringend erforderlich sind. Schul- und Ausbildungszeugnisse der Bewerber waren für die Auswahl ebenfalls sehr wichtig, sodass nach intensiver Auswahl noch drei Interessenten, die für unsere Einkaufs-Abteilung infrage kommen, übrig bleiben. Diese drei Bewerber haben Englischkenntnisse und gute Schul- und Ausbildungszeugnisse.

Bitte helfen Sie mir dabei, den richtigen Bewerber/die richtige Bewerberin herauszufinden, denn schließlich müssen Sie mit dem neuen Mitarbeiter/der neuen Mitarbeiterin in Ihrer Abteilung harmonieren.

Ich erwarte noch heute Ihren begründeten Vorschlag eines Bewerbers. Erstellen Sie dazu bitte eine Pro-und-Kontra-Liste zu jedem Bewerber.

P. Schönhauser

bpk Bergisches Papierkontor GmbH

### Verstärkung gesucht!

**Sie sind freundlich und aufgeschlossen,**
... haben eine abgeschlossene Ausbildung im Großhandel?
... Verhandlungsgeschick?
... gute Englischkenntnisse?

**Dann passen Sie zu uns!** Wir suchen flexible, teamfähige
**Mitarbeiter/-innen für unsere Abteilung Einkauf.**

Wir bieten leistungsgerechte Bezahlung, einen modernen, abwechslungsreichen Arbeitsplatz und eine betriebliche Altersvorsorge.

Ihre vollständige Bewerbung richten Sie bitte an:
BPK Bergisches Papierkontor GmbH • Frau Thea Trautmann
Elberfelder Str. 85, 42285 Wuppertal • Tel: 0202 1236-40
oder an thea.trautmann@bpk.de

**Swetlana Axt** | Knesebeckstraße 17 | 40423 Düsseldorf | Tel.: 0211 8975870

Bergisches Papierkontor GmbH
Elberfelder Straße 85
42285 Wuppertal

25. November 20XX

**BEWERBUNG ALS SACHBEARBEITERIN EINKAUF**

Sehr geehrte Damen und Herren,

hiermit bewerbe ich mich um die Stelle Sachbearbeiterin im Einkaufs-Abteilung.
In den letzten drei Jahren absolvierte ich eine Ausbildung zur Kauffrau im Groß- und Außenhandel in der BMB-Niederlassung Düsseldorf. Eine Übernahme nach der Ausbildung war leider wegen „Schwierigkeiten" mit dem Abteilungsleiter nicht möglich.
Während meiner Schulzeit und in mehreren Volkshochschulkursen habe ich Englisch in Wort und Schrift gelernt und kann auch ein Verkaufsgespräch in Englisch führen. Außerdem beherrsche ich Russisch, da es meine Muttersprache ist.
Über eine Einladung zu einem persönlichen Gespräch würde ich mich sehr freuen.

Mit freundlichen Grüßen

*Swetlana Axt*
Swetlana Axt

Anlagen:
Lebenslauf
Arbeitszeugnis

**Swetlana Axt** | Knesebeckstraße 17 | 40423 Düsseldorf | Tel.: 0211 8975870

**LEBENSLAUF**

**Persönliche Daten**
Swetlana Axt
geboren in Düsseldorf,
am 28. Januar 1989,
verheiratet

**Berufsausbildung**

2010–2013 Dreijährige Ausbildung zur Kauffrau im Groß- und Außenhandel, in der BMB-Niederlassung

**Schulbildung**

2000–2006 Fachoberschulreife an der Willi-Brandt-Realschule in Düsseldorf-Bilk

1996–2000 Grundschule in Düsseldorf-Bilk

**Praktikum**

2006 Schulpraktikum im Warenhaus Herstadt, Büroartikelabteilung

**Aushilfstätigkeit**

2009–2010 Aushilfe in der BMB-Niederlassung

**Kenntnisse und Fähigkeiten**
- Englisch in Wort und Schrift
- Russisch in Wort und Schrift (Muttersprache)
- Internet-Benutzung
- Pkw-Führerschein

**Hobbys**
- Mode
- Jazztanz

Düsseldorf, 25. November 20XX
*Swetlana Axt*

**BMB**

BMB-Niederlassung
Bilker Landstr. 180
40552 Düsseldorf
Telefon 0211 7583209

Frau
Swetlana Axt
Knesebeckstr. 17
40423 Düsseldorf

Düsseldorf, 20. Juni 2006

## Arbeitszeugnis

Frau Swetlana Axt, geboren am 28. Januar 1989 in Düsseldorf, war in der Zeit vom 01. März 2009 bis zum 31. Juli 2010 in unserer Niederlassung zunächst als Aushilfe beschäftigt. Vom 1. August 2010 bis zum 20. Juni 2013 hat sie bei uns ihre Ausbildung als Kauffrau im Groß- und Außenhandel absolviert.

Während ihrer Ausbildung arbeitete Frau Axt stets zu unserer vollen Zufriedenheit. Ihre schnelle Auffassungsgabe und ihr selbstständiges Arbeiten sind hierbei besonders hervorzuheben.

Bei den Mitarbeitern war Frau Axt wegen ihrer großen Hilfs- und Kooperationsbereitschaft sehr beliebt; ihren Vorgesetzten gegenüber zeigte sie sich stets loyal.

Wir bedauern es sehr, dass Frau Axt uns aus beruflichen Gründen verlässt, da wir ihr in unserem Haus leider keine ihren Wünschen entsprechende Perspektive bieten können. Wir wünschen ihr und ihrer Familie alles Gute.

*Michaela Meier*
Michaela Meier
Abteilungsleiter Personal

---

**Charly Dombrovczik** | Moltkestraße 78 | 42285 Wuppertal | Tel.: 0202 6534768

Bergisches Papierkontor GmbH
Frau Thea Trautmann
Elberfelder Straße 85
42285 Wuppertal

27. November 20XX

**Bewerbung als Sachbearbeiter Einkauf**
*Ihre Annonce in der Wuppertaler Zeitung*

Sehr geehrte Frau Trautmann,

hiermit bewerbe ich mich um die von Ihnen ausgeschriebene Stelle Sachbearbeiter in der Einkaufs-Abteilung.

Diese Stelle passt genau zu meinen Qualifikationen und es würde mir sehr viel bedeuten, bei Ihnen arbeiten zu dürfen. In den letzten zwei Jahren nach Abschluss meiner Ausbildung zum Kaufmann im Groß- und Außenhandel arbeitete ich im Elektrogroßhandel Media-Quick, der im Sommer dieses Jahres wegen Insolvenz schließen musste. Seitdem bin ich auf der Suche nach einer neuen Stelle im Elektro- und Unterhaltungsmedienbereich.

Über eine Einladung zu einem persönlichen Gespräch würde ich mich sehr freuen.

Mit freundlichen Grüßen

*Charly Dombrovczik*

Anlagen:
Lebenslauf
Arbeitszuegnis

**Charly Dombrovczik** | Moltkestraße 78 | 42285 Wuppertal | Tel.: 0202 6534768

## LEBENSLAUF

**Von:**
Charly Dombrovczik
Moltkestraße 78
42285 Wuppertal
Geb. am 22. Juli 1992
in Hannover

**Ausbildung**

2010–2013 Ausbildung zum Kaufmann im Groß- und Außenhandel bei Media-Quick

**Schulbildung**

2003–2008 Hauptschulabschluss an der Gustav-Stresemann-Hauptschule in Wuppertal Ellerfeld

1997–2003 Grundschule in Wuppertal

**Aushilfstätigkeit**

2006–2010 Aushilfe im Getränkemarkt „Pittermännchen“

**Kenntnisse und Fähigkeiten**

- Englisch in Wort und Schrift
- Lkw und Pkw-Führerschein
- Computerkenntnisse

**Hobbys**

- Fußball (Wuppertaler SC)
- Computerspiele

---

MEDIA-QUICK
Elektrogroßhandel OHG
Schillerstr. 102
42285 Wuppertal

Herrn
Charly Dombrovczik
Moltkestr. 78
42285 Wuppertal

**Arbeitszeugnis**

Herr Charly Dombrovczik, geboren am 22. Juli 1992 in Hannover, hat vom 01.09.2010 bis zum 02.07.2013 in unserem Unternehmen seine Ausbildung zum Kaufmann im Groß- und Außenhandel absolviert.

Herr Dombrovczik hat neben den üblichen Arbeiten im Zusammenhang mit seiner Ausbildung die Verkaufsstatistiken selbstständig geführt und ausgewertet.

Herr Dombrovczik, mit dessen Leistungen wir voll zufrieden sind, hat die ihm übertragenen Aufgaben pflichtbewusst und termingerecht ausgeführt. Wegen seiner sehr umgänglichen und zuvorkommenden Art ist Herr Dombrovczik bei allen Kollegen und den Kunden sehr beliebt.

Leider ist es uns aufgrund unserer Insolvenz nicht möglich, Herrn Dombrovczik einen festen Arbeitsplatz anzubieten. Wir wünschen Herrn Dombrovczik alles Gute für seinen weiteren beruflichen Werdegang.

Wuppertal, 02. Juli 2013

*Christian Müller*
Sales Manager

**SABRINA SCHREINER** · GOETHESTRASSE 49 · 45326 RECKLINGHAUSEN

Bergisches Papierkontor GmbH
Elberfelder Straße 85
42285 Wuppertal

27. November 20XX

**Bewerbung als Sachbearbeiterin Einkauf**
*Ihre Annonce in der Wuppertaler Rundschau*

Sehr geehrte Damen und Herren,

hiermit bewerbe ich mich um die von Ihnen ausgeschriebene Stelle Sachbearbeiterin in der Einkaufs-Abteilung.

Meine Qualifikationen entsprechen genau Ihren Anforderungen. Ich habe Spaß im Umgang mit Kunden, Erfahrungen im Verkauf von Verpackungsmaterialien und natürlich eine abgeschlossene Ausbildung als Kauffrau im Groß- und Außenhandel. Solide Englischkenntnisse bringe ich ebenso mit. Zwar wäre die Anfahrt von Recklinghausen zur Elberfelder Straße ein kleines Problem, für das ich aber noch eine Lösung suchen könnte.

Für ein Vorstellungsgespräch stehe ich gern zur Verfügung.

Mit freundlichen Grüßen
*Sabrina Schreiner*
Sabrina Schreiner

Anlagen:
Lebenslauf
Arbeitszeugnis
Teilnahmebescheinigung
VHS Recklinghausen

**SABRINA SCHREINER** · GOETHESTRASSE 49 · 45326 RECKLINGHAUSEN

**Lebenslauf**

Sabrina Schreiner
Goethestraße 49
45326 Recklinghausen
Geb. am 14. Juni 1995
in Potsdam

**Ausbildung**

2011 - 2013 Ausbildung zur Kauffrau im Groß- und Außenhandel bei Meinzel Verpackungs GmbH

**Schulbildung**

2005 - 2011 Hauptschulabschluss an der Heinrich-Hertz-Hauptschule

2001 - 2005 Grundschule in Recklinghausen

**Schulpraktikum**

2010 Tierheim Recklinghausen

2006 Wuppertaler Zoo

**Sonstiges**

- Gute Englischkenntnisse
- Besuch des VHS-Kurses „Das moderne Verkaufsgespräch"
- Gute Computerkenntnisse

**Hobbys**

- Lesen
- Pferde

Recklinghausen, 27. November 20XX
*Sabrina Schreiner*

MEINZEL

Meinzel Verpackungs GmbH
Moltkestr. 176
45326 Recklinghausen

Frau
Sabrina Schreiner
Goethestr. 49
45326 Recklinghausen

**Arbeitszeugnis**

Frau Sabrina Schreiner, geboren am 14. Juni 1995 in Potsdam, hat vom 01. August 2011 bis zum 29. Juni 2013 in unserem Unternehmen ihre Ausbildung als Kauffrau im Groß- und Außenhandel absolviert.

Frau Schreiner zeigte großes Interesse für ihre Ausbildung und war stets mit vollem Eifer bei der Sache. Die in sie gesteckten Erwartungen wurden erfüllt.

Den Mitarbeitern war Frau Schreiner eine umgängliche Kollegin; ihr Verhalten gegenüber den Vorgesetzten war insgesamt nicht zu beanstanden. Großes Verständnis zeigte Frau Schreiner für alle Anliegen der Kunden.

Es ist uns bekannt, dass Frau Schreiner nach ihrer Ausbildung ein Betätigungsfeld sucht, das ihren besonderen Neigungen und Fähigkeiten stärker entspricht. Wir sind leider nicht in der Lage, ihr ein solches Betätigungsfeld anzubieten.

Wir wünschen Frau Schreiner für ihren weiteren beruflichen Werdegang in einem anderen Unternehmen alles Gute.

Recklinghausen, 29. Juni 2013

Nicole Schmidt

Nicole Schmidt
Geschäftsführerin

VHS RECKLINGHAUSEN

Schillerstraße 27, 45329 Recklinghausen

**Teilnahmebescheinigung**

Frau Sabrina Schreiner hat vom 12. bis zum 15. April 2013 an unserem ganztätigen Seminar „Das moderne Verkaufsgespräch" erfolgreich teilgenommen.

Die Fortbildung richtete sich an Arbeitnehmer und Auszubildende im Bereich Handel und beinhaltete folgende Themen:

Grundlagen der Kommunikation
Erfolgreich verkaufen am Telefon
Phasen des Verkaufsgesprächs
Begrüßung
Bedarfsermittlung und Verkaufsargumentation
Kundeneinwände behandeln
Verabschiedung

Recklinghausen, 15.04.2013

Sandy Schmitz

Seminarleiterin

# Arbeitsblatt 59.1 Bewerbungsunterlagen und Vorstellungsgespräch

**Checkliste Bewerbungsunterlagen**

| Bestandteile der Bewerbung | Bestandteile des Anschreibens | Bestandteile des Lebenslaufs |
|---|---|---|
| | | |

**Mögliche Fragen an den Bewerber während des Vorstellungsgesprächs**

Swetlana Axt: ______________________________

______________________________

______________________________

______________________________

______________________________

Charly Dombrovczik: ______________________________

______________________________

______________________________

______________________________

______________________________

Sabrina Schreiner: ______________________________

______________________________

______________________________

______________________________

______________________________

# Arbeitsblatt 59.2 Arbeitsvertrag

| **Checkliste Arbeitsvertrag** |
|---|
| **Bestandteile des Arbeitsvertrages** |
| ▪ |
| ▪ |
| ▪ |
| ▪ |
| ▪ |
| ▪ |
| ▪ |
| ▪ |
| ▪ |
| ▪ |
| ▪ |
| ▪ |

Bringen Sie die folgenden Tätigkeiten bei der Personalbeschaffung in eine sinnvolle Reihenfolge.
Vorstellungsgespräch führen – Stellenanzeige schreiben – Arbeitsvertrag unterschreiben – Bewerberunterlagen sichten – Kriterien für die Bewerberauswahl festlegen – neuen Mitarbeiter vorstellen – Bewerber auswählen – neuen Mitarbeiter in der Personalabteilung anmelden

**1.** ______________________________

**2.** ______________________________

**3.** ______________________________

**4.** ______________________________

**5.** ______________________________

**6.** ______________________________

**7.** ______________________________

**8.** ______________________________

# Aufgaben

**Bundesagentur für Arbeit**

**Stellenangebot an Ihre Agentur für Arbeit melden**

Füllen Sie bitte dieses Formular aus und bestätigen Sie den Auftrag durch die Nutzung des Links "An die Agentur für Arbeit senden".

**NAME UND HAUSANSCHRIFT DES UNTERNEHMENS / ARBEITGEBERS**

Firma *

Straße, Hausnummer *

Postleitzahl *

Ort *

Land *

Deutschland

Betriebs-, Fertigungsart/Branche

**INFORMATIONEN ZUM STELLENANGEBOT**

Berufsbezeichnung / Titel des Stellenangebots *

Anzahl der Angebote *

Eintrittstermin (TT.MM.JJJJ) *

Führerschein erwünscht für Klasse

Veröffentlichung (auf www.arbeitsagentur.de und bei weiteren Kooperationspartnern der Bundesagentur für Arbeit) *

- ○ veröffentlicht
- ○ anonym veröffentlicht (mit den Kontaktinformationen der Agentur für Arbeit)
- ○ nicht veröffentlicht

**AUSÜBUNGSORT DER STELLE**

Postleitzahl *

Ort *

Land *

Deutschland

Stellenbeschreibung und weitere Informationen zum Stellenangebot (z.B. Befristung, Arbeitszeit, Lohn/Gehalt, Schulbildung, besondere Führerscheine, sonstige Qualifikationen) (Maximal 2000 Zeichen)

**ANSPRECHPARTNER / KONTAKT**

Anrede *

Vorname

Nachname *

Telefon * (Land / Vorwahl / Rufnummer)

+49

Fax ° (Land / Vorwahl / Rufnummer)

E-Mail °

Zusatzinformationen zur Kontaktaufnahme (Maximal 400 Zeichen)

**1**

Entwerfen Sie eine Stellenanzeige für die örtliche Tageszeitung, in der Sie eine(n) neue(n) Mitarbeiter(in) für Ihren Ausbildungsbetrieb suchen.

**2**

Melden Sie die offene Stelle aus Aufgabe 1 der Arbeitsagentur.

# Lernsituation 60
## Assessment-Center

FK ☞ *LF5 Kap. 4*

### LERNSITUATION

Löschen | Ist Werbung | Antworten | An alle | Weiterleiten | Drucken | Aufgabe

**Von:** Dr. Peter Schönhauser
**Betreff:** Personalauswahl für aktuelle Stellenausschreibung „Kaufmännischer Sachbearbeiter"
**Datum:** 12.01.20XX, 13.20 Uhr
**An:** Manfred Deneke

Lieber Herr Deneke,

bei der Personalauswahl für unsere aktuelle Stellenausschreibung „Kaufmännischer Sachbearbeiter" steht demnächst das Personalauswahlverfahren an. Es sind bereits einige interessante, offenbar geeignete Bewerbungen eingegangen. Wie Sie wissen, sind uns außer den fachlichen Anforderungen Teamgeist, Belastbarkeit, Ehrlichkeit und Kompromissbereitschaft besonders wichtig – das gilt natürlich auch für die ausgeschriebene Stelle. Die erfolgreichen Bewerber, unsere neuen Mitarbeiter, sollten sich genauso wie wir mit unserem Unternehmen identifizieren können.

Um das zu gewährleisten, überlegen Herr Hensvik vom Qualitätsmanagement und ich, ein Assessment-Center-Verfahren zur Personalauswahl durchzuführen. Allerdings interessiert uns zuerst Ihre Meinung hinsichtlich der Eignung des Verfahrens für unser Unternehmen.

Zur Orientierung habe ich einige Informationen zu AC-Verfahren beigefügt. Falls Sie das Verfahren als geeignet für unsere Personalauswahl halten: Gestalten Sie einen Vorschlag zur Durchführung eines Assessment-Centers in unserem Hause.

Vielen Dank vorab für Ihre Mithilfe

P. Schönhauser

Anlagen: Informationen zu Assessment-Center-Verfahren

### ARBEITSAUFTRÄGE

1. Informieren Sie sich anhand der folgenden Fachinformationen zu Assessment-Center-Verfahren. Bilden Sie 3er- bis 5er-Teams und fassen Sie Ihre Ergebnisse in Stichwörtern zusammen. Nutzen Sie hierfür das Arbeitsblatt 60.1.
2. Gestalten Sie auf Basis Ihrer Ergebnisse ein Flipchart (Plakat) als Basis für die Entscheidungsfindung bei der nächsten Besprechung der BPK GmbH.
3. Gestalten Sie ein Assessment-Center unter Berücksichtigung der folgenden Hinweise:
   a) Legen Sie zunächst fest, welche Kompetenzen Sie von einem kaufmännischen Sachbearbeiter erwarten.
   b) Internetrecherche: Suchen Sie aufgrund von a) geeignete AC-Übungen aus (z. B. Postkorb, Gruppendiskussion).
   c) Legen Sie fest, nach welchen Kriterien Sie die Bewerber beobachten und beurteilen wollen.
   d) Stellen Sie das notwendige Material für eine AC-Übung her.
   e) Führen Sie die Übung mit einem der benachbarten Teams Ihrer Klasse durch.
   f) Diskutieren Sie in Ihrer Gruppe das Ergebnis des Tests.
   g) Erklären Sie ihr Ergebnis dem getesteten benachbarten Klassenteam.

## Assessment-Center:
# Weder täuschen noch tarnen

Unternehmen wollen die Idealbesetzung finden, Bewerber einen begehrten Job ergattern. Damit das Auswahlverfahren nicht zur Stressfalle wird, sollte man sich gründlich vorbereiten.

Authentizität statt einstudierten Verhaltens: Wer zu einem Assessment-Center eingeladen ist, sollte dort niemals der Versuchung verfallen vorzuspielen, „etwas zu sein oder zu können, was man nicht ist oder kann". Das Ziel eines Coachings vor einem Assessment-Center ist es daher auch, „die Nervosität zu nehmen und daran zu arbeiten, sich selbst gut und authentisch zu präsentieren", sagt Verena Irrschik, Geschäftsführerin der Karrieremanufaktur, die sowohl für Unternehmen Assessment-Center konzipiert und durchführt als auch Bewerber auf dieses Verfahren vorbereitet. „Es wäre vollkommen kontraproduktiv, sich gezielt auf spezifische Übungen vorzubereiten."

### Kompetenzen zeigen

Für Margit Kanka, Wifi-Expertin für Assessment-Center, lautet die wichtigste Botschaft an Kandidaten: „Es gibt keine richtigen oder falschen Antworten." Denn das Verfahren sei dazu da, auszuloten, wie gut die Bewerber zum Unternehmen passen. Und grundsätzlich gleiche kein Assessment-Center dem anderen, denn es werde immer individuell und bedarfsorientiert zusammengestellt. „Die einzelnen Übungen werden aus jenem Arbeitsbereich ausgewählt, der die Bewerber in der angestrebten Position erwartet." Kanka sagt daher: Die beste Vorbereitung ist, „einfach man selbst zu sein". Denn wer sich verstelle, nehme sich und den Beobachtern die Möglichkeit, richtig eingeschätzt zu werden.

Zu wissen, wie man seine Persönlichkeit und seine Kompetenzen ins beste Licht rückt, kann allerdings bei einem Assessment-Center doch von Nutzen sein. Selbstpräsentation ist daher ein Element, das Mark Bogen in seinen Assessment-Center-Trainings immer einbaut. Diese bietet er für den Alumni Club der Universität Salzburg an. „Der größte Fehler ist das Nacherzählen des Lebenslaufes." Wichtig sei vielmehr, die Kompetenzen und Erfahrungen, über die man verfüge, den Bedürfnissen des Unternehmens zuzuordnen. In jedem Fall anzuraten ist es daher auch, sich im Vorfeld über das Unternehmen selbst, die Leistung, die es bietet, beziehungsweise das Produkt, welches es herstellt, genau zu informieren. „Informationen über das Unternehmen einzuholen, zeugt von Respekt und Interesse gegenüber dem potenziellen Arbeitgeber sowie Kollegen", betont Kanka. „Zudem bietet es dem Bewerber auch die Möglichkeit zu prüfen, ob er sich mit dem Produkt identifizieren kann beziehungsweise möchte."

Quelle: Die Presse (Wien) Print-Ausgabe, 29.01.2011, Autorin: Alexia Weiss http://diepresse.com/home/bildung/weiterbildung/629392/AssessmentCenter_Weder-taeuschen-noch-tarnen

### Wirkung beobachten

Das Assessment-Center ist ein sehr aufwendiges und kostenintensives Instrument der Personalauswahl. Eingesetzt wird es vorrangig bei der Auswahl von Nachwuchsführungskräften (etwa Teilnehmern von Trainee-Programmen) und von Führungspersonal, erklärt Ingrid Laschke-Doubek, beim bfi Wien für Personalauswahl zuständig. Größere Unternehmen führen es meist selbst durch, vielfach wird das Assessment-Center aber auch ausgelagert und von einem Personalberatungsunternehmen abgewickelt. Manchmal dient es auch dazu, firmenintern die Potenziale bereits beschäftigter Mitarbeiter auszuloten. Grundsätzlich bestehen alle Assessment-Center aus der Kombination verschiedener Elemente, so Laschke-Doubek: etwa Selbstpräsentation, Präsentationen und Vorträge, Gruppendiskussion, Rollenspiele (zum Beispiel Kundengespräche, Mitarbeitergespräche), Fallstudien, Planspiele oder die bewährte Postkorbübung. Der Teilnehmer findet sich in der Situation eines Urlaubsrückkehrers, bei dem sich eine Menge Arbeit angehäuft hat. Nun muss er entscheiden: Was erledigt er gleich, was später, was wird delegiert? Dazu kommen noch Tests (Intelligenz, Konzentration und Leistung, Persönlichkeit, Fachkönnen und Wissen), Konstruktionsübungen, (Stress-)Interviews, sowie Selbst- und Fremdeinschätzungen. Bei international tätigen Unternehmen wird häufig ein Fremdsprachentest durchgeführt.

Das Gros der Assessment-Center dauert einen Tag, den Bewerbern wird ein Beobachterteam gegenübergestellt. Dieses kann aus Mitarbeitern und Führungskräften des Fachbereiches, Mitarbeitern der Personalabteilung, Psychologen und externen Personalberatern bestehen. Bogen baut in seinen Trainings auch diese Jury-Position ein: Wer sich mit ihm auf ein Assessment-Center vorbereitet, durchläuft verschiedenste Übungen sowohl als potenzieller Bewerber als auch als Beobachter. So kann man sehen, wie das Verhalten anderer auf einen selbst wirkt – und auch Rückschlüsse darauf ziehen, welchen Eindruck man selbst auf andere macht.

### Erfahrung sammeln

Falsche Personalentscheidungen seien teuer, betont Laschke-Doubek. „Unternehmen erhoffen sich daher durch den Einsatz eines Assessment-Centers möglichst viel über das Potenzial, die Fähigkeiten der Bewerber und ihre sozialen Kompetenzen zu erfahren." Bei einem professionell aufgebauten Assessment-Center profitierten auch jene Bewerber, die nicht für den ausgeschriebenen Job genommen würden, sagt Irrschik. Denn es bekomme jeder Teilnehmer ein ausführliches Feedback zu den Ergebnissen der einzelnen Übungen, den Stärken und Schwächen. „Somit kann ich als Bewerber aus jedem Assessment-Center etwas für mich persönlich mitnehmen, mich weiterentwickeln, meine Stärken weiter ausbauen und an meinen Schwächen arbeiten."

# Personalauswahl und Personalentwicklung durch Assessment Center

Bei vielen größeren Unternehmen hat sich die Durchführung von Assessment Centern im Hinblick auf eine zielführende Personalauswahl sowie Personalentwicklung etabliert. Aufwand und Nutzen sollten dabei jedoch in jedem Fall gegenüber gestellt werden.

Einen wesentlichen – wenn nicht sogar den signifikantesten – Wettbewerbsvorteil gegenüber der Konkurrenz stellen mittlerweile die Mitarbeiter eines Unternehmens dar, wodurch der Personalauswahl auf der einen sowie der Personalentwicklung auf der anderen Seite zentrale Rollen im Unternehmen zukommen. Aufgrund dieser Tatsache erfreuen sich Assessment Center – trotz des in der Regel nicht zu vernachlässigenden zeitlichen und monetären Aufwands – zunehmender Beliebtheit.

Bei einem Assessment Center handelt es sich um ein systematisches personelles Auswahlverfahren, welches letztlich zwei Zielsetzungen hat:

- Die Prüfung einer Auswahl an Kompetenzen und Fertigkeiten der Teilnehmer sowie deren Fähigkeit mit Stress umzugehen.
- Die Rechtfertigung von Personalentscheidungen, da die Auswahlverfahren transparente und nachvollziehbare Entscheidungskriterien liefern.

Um ein Assessment Center zu einem erfolgreichen Abschluss bringen zu können, bedarf es der Beachtung und Einhaltung von gewissen Grundregeln.

Eine detaillierte Vorbereitung des Assessments – mittels genauer Festlegung der Ziele und Inhalte – stellt zum Beispiel eine Grundvoraussetzung für eine erfolgreiche Durchführung dar. Darüber hinaus gilt es als unverzichtbar, dass im Laufe des Assessments gezielt reale und typische Anforderungen aus dem Unternehmensalltag simuliert werden. Des Weiteren sollte jeder Teilnehmer individuell beobachtet und bewertet werden – auch wenn Gruppenarbeiten im Assessment zum Einsatz kommen.

Üblicherweise gilt es für den Teilnehmerkreis – bestehend aus fünf bis maximal 12 Personen – eines Assessment Centers, über einen Zeitraum von einem bis drei Tagen, verschiedene Übungen und Tests zu absolvieren. Das Verhalten der Teilnehmer wird hierbei von so genannten Assessoren analysiert und bewertet. Um möglichst zielführende und belastbare Ergebnisse aus einem Assessment Center zu generieren, sollten die im Einsatz befindlichen Assessoren – unabhängig davon ob es sich hierbei um externe Berater oder auch Mitarbeiter des Unternehmens handelt – für ihre Aufgabe speziell geschult sein.

Häufig werden Assessments ausschließlich als Auswahlverfahren für neue Mitarbeiter/ Bewerber angesehen, was jedoch nicht den Tatsachen entspricht, da diese durchaus auch als Bewertungsverfahren für im Unternehmen bereits angestellte Mitarbeiter genutzt werden können. So handelt es sich beispielsweise bei Management Audits auch um einen Assessment-Typen. So wird durch Management Audits ein umfassender Überblick über die Kompetenzen und Leistungspotenziale sowohl von einzelnen Führungskräften, als auch von ganzen Managementbereichen in Bezug auf den strategischen Erfolg des Unternehmens geschaffen.

Unabhängig davon, ob ein Assessment im Sinne der Personalauswahl oder der Personalentwicklung durchgeführt wird, gilt es in jedem Fall die Ergebnisse möglichst ressourcenschonend festzuhalten. Dies geschieht in der Regel mit Hilfe von geeigneten Softwarelösungen.

So können die Erkenntnisse aus Assessment Centern beispielsweise für jeden Bewerber individuell in dessen digitaler Bewerberakte hinterlegt werden, so dass die Entscheidung für oder gegen einen Bewerber für alle Beteiligten einsehbar und dadurch auch nachvollziehbar ist.

Quelle: BITE GmbH, Pressemitteilung vom 6.11.2012
http://pressemitteilung.ws/node/417347

# Beispielübung zum Assessment-Center

**Übung: Planungsaufgaben**

Es wird geprüft, ob der Teilnehmer die wesentlichen Informationen systematisch suchen und sammeln kann, diese in eine sinnvolle Reihenfolge bringt, die Prioritäten richtig setzt und Teilaufgaben richtig verknüpft werden.

**Beispielaufgabe: Spontanparty**

Es ist Samstag, 11.00 Uhr – gerade hat der Briefträger die Post gebracht und die Lotteriegesellschaft hat Ihnen mitgeteilt, dass Sie 74.000 € gewonnen haben. Sie beschließen für Ihre Freunde eine Party zu organisieren.

Die folgende Liste zeigt die Tätigkeiten, die zu tun sind. Erstellen Sie einen Arbeitsplan, damit die Party möglichst früh starten kann.

Zu beachten ist, dass die Geschäfte um 14.00 Uhr schließen und der Partyservice ab 13.00 Uhr keine Bestellungen mehr entgegennimmt.

- Platten und CDs auswählen (20 min)
- Musikanlage im Garten aufbauen und testen (35 min)
- Partyservice anrufen; sich nach dem Essen erkundigen und bestellen (15 min)
- Zu Hause auf die Lieferung des Partyservice warten (90 min)
- Das vom Partyservice gelieferte Essen überprüfen (5 min)
- Vom Partyservice geliefertes Essen im Garten aufstellen (15 min)
- Liste der benötigten Getränke erstellen (15 min)
- Getränke im Handel einkaufen (60 min)
- Getränke im Garten aufstellen (15 min)
- Gartenbeleuchtung vom Dachboden holen (15 min)
- Gartenbeleuchtung im Garten aufbauen und testen (20 min)
- Stühle und Tische holen und im Garten aufstellen (60 min)
- Gläser, Teller, Besteck und Servietten im Garten bereitlegen und die Tische dekorativ schmücken (60 min)

J. Hankes/J. Ollenik, aktualisiert April 2012

Quelle: R+V Versicherung http://www.ruv.de/de/r_v_ratgeber/ausbildung_berufseinstieg/bewerbung/2_bewerbungactestaufgaben_4.jsp

## Arbeitsblatt 60.1 Assessment-Center (AC) zur Personalauswahl und Personalentwicklung

**Zielsetzung von AC-Verfahren:**

- Prüfung von Kompetenzen, Fertigkeiten und wie sie mit Stress umgehen
- Rechtfertigung von Personalentscheidungen

**Vorgehensweise bei der Durchführung:**

- 5-12 Personen ca. 1 Tag lang verschiedene Aufgaben und Tests absolvieren.

**Vorteile für den Bewerber:**

- Ausführliches feedback
- gute möglichkeiten für selbstpräsentation

**Nachteile für den Bewerber:**

- Zeitaufwendig
- hohes Stresslevel
- erst am ende feedback

**Vorteile für das Unternehmen:**

- Personal entscheidungen werden gerechtfertig
- Komplexe einschätzung des Bewerber

**Nachteile für das Unternehmen:**

- hohe Kosten
- hoher Aufwand

# Lernsituation 61
## Arbeitsvertrag

FK ☞ LF5 Kap. 5.1

**LERNSITUATION**

In einem Ordner auf dem Dachboden ihrer Großeltern ist Cornelia Gruber auf einen alten Arbeitsvertrag ihres Großvaters gestoßen.

Herrn/~~Frau/Fräulein~~ **Willy Gruber, Poststraße 37, Bonn**
wird folgender Arbeitsvertrag geschlossen:

1.) Herr/~~Frau/Fräulein~~ **Willy Gruber**
geboren am: **29.3.1919** in: **Bonn-Endenich**
steht ab: **1.1.1954** als: **Buchhalter**
in einem Arbeitsverhältnis mit der VEREINIGUNG DER PAPIERDRUCKEREIEN E.V., Bonn/Rhein.

2.) Eine Kündigung ist nur zum Ende des Kalender-Monats möglich und muss spätestens am Schluss des vorangegangenen Monats erfolgen.

3.) Das Arbeitsverhältnis kann von beiden Seiten ohne Einhaltung einer Kündigungsfrist gekündigt werden, wenn ein wichtiger Grund hierfür vorliegt.

4.) Die Arbeitszeit beträgt wöchentlich 48 Stunden,
montags - freitags von 8.15 - 12.45 Uhr, 14.00 - 18.00 Uhr
sonnabends von 8.00 - 13.30 Uhr.
Ein Anspruch auf Vergütung von Ueberstunden besteht nicht.

5.) Die Bezüge richten sich nach freier Vereinbarung von beiden Seiten und sind Jahresbezüge, die in 12 gleichbleibenden monatlichen Zahlungen postnumerando per ultimo eines jeden Monats zahlbar sind. Ein Anspruch auf besondere Urlaubs- oder Weihnachtsgelder besteht nicht.
Sie haben ein Jahresgehalt von DM **4680.--** brutto
Monatsgehalt von DM **390.--** brutto

6.) Anspruch auf Urlaub besteht nach 6 monatiger Beschäftigung. Ihr Urlaub beträgt **12** Arbeitstage für 1 Jahr Arbeitsleistung.

7.) Sie verpflichten sich, auch nach Beendigung eines Arbeitsverhältnisses mit der VEREINIGUNG DER PAPIERDRUCKEREIEN E.V. zum strengsten Stillschweigen gegenüber dritten Personen. Dieses Stillschweigen umfasst alle persönlichen und geschäftlichen Angelegenheiten, von denen Sie im Verlauf Ihrer Tätigkeit bei der VEREINIGUNG DER PAPIERDRUCKEREIEN E.V. Kenntnis bekommen haben.

8.) Aenderung und Ergänzung dieses Vertrages bedürfen zu ihrer Gültigkeit der schriftlichen Bestätigung, die auch einseitig erfolgen kann und wirksam wird, sobald von der anderen Seite innerhalb einer Frist von 10 Tagen kein Einspruch erfolgt.

Arbeitgeber:
VEREINIGUNG DER PAPIERDRUCKEREIEN E.V.

Arbeitnehmer:
Willy Gruber
........................

Bonn / Rhein, den **11. Januar 1954**

**ARBEITSAUFTRÄGE**

1. Sammeln Sie Gründe dafür, warum Cornelia nach Lektüre des Vertrages einigermaßen erschüttert ist.
2. Ermitteln Sie mithilfe der entsprechenden Rechtsquellen (z. B. Tarifvertrag, Arbeitsschutzgesetze), wie ein Arbeitsvertrag mit einem 35-jährigen Buchhalter, der in einem Groß- und Außenhandelsunternehmen mit 25 Mitarbeitern tätig ist, heute aussehen könnte.

# Arbeitsblatt 61.1 Rechte und Pflichten des Arbeitnehmers aus dem Arbeitsvertrag

| Recht | Bedeutung |
|---|---|
| Vergütung der Arbeit | Der Arbeitnehmer wird für seine Arbeitsleistung angemessen entlohnt. |
| Urlaub | Dem Arbeitnehmer steht Urlaub zu |
| Beschäftigung | Arbeitnehmer steht zu dem Arbeitgeber eine Beschäftigungsanspruch |
| Agg | Kein Arbeitnehmer darf aufgrund seines Geschlechtes, seiner Religion, seines Alters o. Ä. bevorzugt oder benachteiligt werden. |
| Fürsorge | Der Arbeitgeber hat vermeidbare Schäden abzuwehren |
| Entgeltfortzahlung | Anspruch auf Entgelt im Krankheitsfall bis zu einer Dauer von 6 Wochen |
| Datenschutz | Persönliche Daten des Arbeitnehmers dürfen nicht ohne dessen Einwilligung an andere weitergegeben werden. |
| Erhalt eines Arbeitszeugnisses | Der Arbeitnehmer hat ein Anrecht auf eine schriftliche Beurteilung seiner Arbeitsleistung. |

| Pflicht | Bedeutung |
|---|---|
| Dienstleistung | Die Hauptleistungspflicht des Arbeitnehmers Arbeit zu leisten. |
| Befolgung von Anweisungen | Der Arbeitnehmer ist verpflichtet den Weisungen des Arbeitgebers zu folgen |
| Verschwiegenheitspflicht | Der Arbeitnehmer darf keine Betriebsinterna an andere weitergeben. |
| Wettbewerbsverbot | Das Arbeitnehmer ist der Arbeitgeber nicht ohne dem wissen des Arbeitgebers Konkurrenz machen dürfen |
| keine Rufschädigung | Keine Verbreitung von schädlichen Lügen oder Rufschädigung gegenüber dem Arbeitgeber |

## Aufgaben

**1** Der Schriftliche Arbeitsvertrag schützt vor der Beweislaststelle

Begründen Sie, warum Arbeitsverträge grundsätzlich schriftlich abgefasst werden sollten.

**2** Damit der Vertrag fair für alle ist.

Erklären Sie, warum bei Arbeitsverträgen eine Vielzahl von gesetzlichen Regelungen beachtet werden muss, obwohl damit der Grundsatz der Vertragsfreiheit deutlich eingeschränkt ist. Welche Risiken sind damit für den Arbeitsmarkt verbunden?

**3** Um eine Freistellung wegen fehlender Beschäftigung zu vermeiden

Überlegen Sie, wieso es für den Arbeitnehmer wichtig ist, dass er aus seinem Arbeitsvertrag das Recht auf Beschäftigung ableiten kann.

**4**

Erkundigen Sie sich in Ihrem Unternehmen, ob der Arbeitsvertrag an einen Tarifvertrag gebunden ist. An welchen?

**5**

In Kapitel 5.1 Ihres Fachbuches finden Sie mögliche Inhalte eines Arbeitsvertrages. Welche Inhalte enthält Ihr Ausbildungsvertrag?

**6**

Wie lange muss die Ruhezeit nach einem Arbeitstag mindestens sein?

**7**

Welche Regelung sieht der Gesetzgeber für die Pausenzeiten während eines Arbeitstages vor? Vergleichen Sie diese mit der Pausenregelung in Ihrem Ausbildungsbetrieb.

**8**

Begründen Sie die Notwendigkeit, den Arbeitgeber möglichst frühzeitig über eine Schwangerschaft zu informieren. Welche Maßnahmen muss der Arbeitgeber ergreifen? Inwiefern hilft es auch dem Arbeitgeber, frühzeitig zu wissen, dass eine Mitarbeiterin schwanger ist?

**9**

Wie lange vor und wie lange nach der Entbindung darf eine Frau nicht arbeiten?

**10**

Was versteht der Gesetzgeber unter einem Schwerbehinderten?

**11**

Welche Betriebe müssen schwerbehinderte Menschen beschäftigen und wie wird ein solcher Betrieb „bestraft“, wenn er dies nicht tut?

**12**

Welche Person bzw. Institution überwacht die Einhaltung des gesetzlichen Arbeitsschutzes in Ihrem Ausbildungsunternehmen?

**13**

Neben den Inhalten aus dem Arbeitsvertrag können für den Arbeitnehmer weitere Bestimmungen im Rahmen einer Betriebsvereinbarung Gültigkeit besitzen.

a) Erläutern Sie, wie eine Betriebsvereinbarung zustande kommt.

b) Welche Regelungen können durch eine Betriebsvereinbarung getroffen werden? Nennen Sie drei.

**14**

Erläutern Sie die Fürsorge- und Beschäftigungspflicht des Arbeitgebers, die sich aus dem Abschluss eines Arbeitsvertrages ergibt.

**15**

Erläutern Sie die Verschwiegenheitspflicht und das Wettbewerbsverbot des Arbeitnehmers aus den Inhalten eines abgeschlossenen Arbeitsvertrages.

# Lernsituation 62
## Gehaltsabrechnung

FK ☞ ***LF5*** *Kap. 5.2*

**LERNSITUATION**

**Von:** Dr. Peter Schönhauser
**Betreff:** Gehaltsabrechnungen
**Datum:** 08.09.20XX, 9.15 Uhr
**An:** Manfred Deneke, Elisabeth Albrecht

Liebe Mitarbeiter,

irgendetwas stimmt mit unserer Personalbuchhaltung nicht. Diverse Mitarbeiter waren heute bei mir und haben sich über eine fehlerhafte Gehaltsabrechnung beschwert. Es wurde überwiegend zu wenig ausbezahlt. Da muss etwas bei der Umstellung auf unser neues EDV-System in der Personalbuchhaltung falsch gelaufen sein.

Prüfen Sie bitte auf der Grundlage unserer korrekten Personalstammdaten die Abrechnung von Frau Georgidou, sie fordert 494,28 € nach, und finden Sie heraus, welche grundsätzlichen Fehler wir im System haben. Das muss schnellstens bereinigt werden!

P. Schönhauser

Auszug aus der Personalstammdatei:

**Personal Nr. 302**

| | | | |
|---|---|---|---|
| Name | Georgidou | Konfession | keine |
| Vorname | Dimitra | Nationalität | Griechenland |
| PLZ | 42329 | Bruttogehalt | 2.430,00 € |
| Ort | Wuppertal | VL | 26,00 € |
| Straße | Zur Waldesruh 4 | VL-Sparbetrag | 40,00 € |
| Telefon | 0202 12679 | Weihnachtsgeld | 62,5 % des Monatsgehalts |
| Bankverbindung | Stadtsparkasse Wuppertal | Urlaubsgeld | 50,0 % des Monatsgehalts |
| BLZ | 330 500 00 | Steuerfreibetrag | 0,00 |
| Kontonummer | 664898 | Eintritt | 01.10.20XX |
| Krankenkasse | DAK (Zusatzbeitrag 1,5 %) | Ausbildung | Großhandelskauffrau |
| Geburtsdatum | 12.01.1982 | Stelle | Sachbearbeiterin Verkauf |
| Familienstand | verheiratet | Gehaltsgruppe | G5 |
| Kinder | keine | tägliche Arbeitszeit | 7,70 Stunden |
| Steuerklasse | III | Urlaubstage | 30 Werktage |

## Gehaltsabrechnung

bpk Bergisches Papierkontor GmbH

| **Personalnummer:** 302 | **Abrechnung:** September 20XX |
|---|---|

Dimitra Georgidou
Zur Waldesruh 4
42329 Wuppertal

**Lohnsteuermerkmale**

| Steuerklasse | Kinderfreibetrag | Konf. |
|---|---|---|
| III | 0 | rk |

**Sozialversicherungsmerkmale**

| KV[1] | PV | RV | AV |
|---|---|---|---|
| 14,6 % | 3,05 % | 18,6 % | 2,5 % |

[1] ohne Zusatzbeitrag; dieser beträgt bei der DAK 1,5 %.

| | EUR |
|---|---|
| **Monatsentgelt** | 2.430,00 |
| + Sonderzahlungen | – |
| + vermögenswirksame Leistungen (AG-Anteil) | 26,00 |
| = sozialversichungspflichtiges Bruttoentgelt | 2.456,00 |
| – Steuerfreibetrag | – |
| = steuerpflichtiges Bruttoentgelt | 2.456,00 |
| – Lohnsteuer | 68,83 |
| – Solidaritätszuschlag | – |
| – Kirchensteuer | 6,19 |
| Summe steuerliche Abzüge | 75,02 |
| – Krankenversicherung | 395,42 |
| – Pflegeversicherung | 81,05 |
| – Rentenversicherung | 456,82 |
| – Arbeitslosenversicherung | 61,40 |
| Summe Sozialversicherungen | 994,69 |
| = Nettoentgelt | 1.386,29 |
| – VL-Sparbetrag (AG- + AN-Anteil) | 40,00 |
| – Vorschuss | – |
| Summe privater Abzüge | 40,00 |
| = **Nettoauszahlungsbetrag** | 1.346,29 |

**MONAT bis 2.474,99 €**

| Lohn/ Gehalt bis | Steuerklasse | Lohn-steuer | ohne Kinderfreibetrag | | | 0,5 | | | 1,0 | | |
|---|---|---|---|---|---|---|---|---|---|---|---|
| | | | SolZ 5,5% | Kirchensteuer 8% | Kirchensteuer 9% | SolZ 5,5% | Kirchensteuer 8% | Kirchensteuer 9% | SolZ 5,5% | Kirchensteuer 8% | Kirchensteuer 9% |
| 2.450,99 | I | 284,16 | 15,62 | 22,73 | 25,57 | 10,87 | 15,82 | 17,79 | 6,41 | 9,32 | 10,49 |
| | II | 240,25 | 13,21 | 19,22 | 21,62 | 8,60 | 12,51 | 14,07 | 0,00 | 6,23 | 7,01 |
| | III | 67,83 | 0,00 | 5,42 | 6,10 | 0,00 | 1,10 | 1,24 | 0,00 | 0,00 | 0,00 |
| | IV | 284,16 | 15,62 | 22,73 | 25,57 | 13,21 | 19,22 | 21,62 | 10,87 | 15,82 | 17,79 |
| | V | 552,66 | 30,39 | 44,21 | 49,73 | | | | | | |
| | VI | 586,00 | 32,23 | 46,88 | 52,74 | | | | | | |
| 2.453,99 | I | 284,83 | 15,66 | 22,78 | 25,63 | 10,91 | 15,87 | 17,85 | 6,44 | 9,38 | 10,55 |
| | II | 240,91 | 13,25 | 19,27 | 21,68 | 8,63 | 12,56 | 14,13 | 0,00 | 6,28 | 7,06 |
| | III | 68,33 | 0,00 | 5,46 | 6,14 | 0,00 | 1,14 | 1,28 | 0,00 | 0,00 | 0,00 |
| | IV | 284,83 | 15,66 | 22,78 | 25,63 | 13,25 | 19,28 | 21,69 | 10,91 | 15,87 | 17,85 |
| | V | 553,66 | 30,45 | 44,29 | 49,82 | | | | | | |
| | VI | 587,00 | 32,28 | 46,96 | 52,83 | | | | | | |
| 2.456,99 | I | 285,58 | 15,70 | 22,84 | 25,70 | 10,94 | 15,92 | 17,91 | 6,48 | 9,42 | 10,60 |
| | II | 241,58 | 13,28 | 19,32 | 21,74 | 8,67 | 12,62 | 14,19 | 0,00 | 6,32 | 7,11 |
| | III | 68,83 | 0,00 | 5,50 | 6,19 | 0,00 | 1,17 | 1,31 | 0,00 | 0,00 | 0,00 |
| | IV | 285,58 | 15,70 | 22,84 | 25,70 | 13,29 | 19,33 | 21,74 | 10,94 | 15,92 | 17,91 |
| | V | 554,50 | 30,49 | 44,36 | 49,90 | | | | | | |
| | VI | 588,16 | 32,34 | 47,05 | 52,93 | | | | | | |

Auszug: Rehm Monats-Lohnsteuertabelle 2019, Verlagsgruppe Hüthig Jehle Rehm, Heidelberg

# Gehaltsabrechnung

bpk Bergisches Papierkontor GmbH

| **Personalnummer:** 302 | **Abrechnung:** September 20XX |
|---|---|

Dimitra Georgidou
Zur Waldesruh 4
42329 Wuppertal

**Lohnsteuermerkmale**

| Steuerklasse | Kinderfreibetrag | Konf. |
|---|---|---|
| III | 0 | rk |

**Sozialversicherungsmerkmale**

| KV | PV | RV | AV |
|---|---|---|---|
| 14,6 | 3,05 | 18,6 | 2,5 |

DAK 1,5

| | EUR |
|---|---|
| **Monatsentgelt** | 2.430,00 |
| + Sonderzahlungen | — |
| + vermögenswirksame Leistungen (AG-Anteil) | 26,00 |
| = sozialversichungspflichtiges Bruttoentgelt | 2.456,00 |
| – Steuerfreibetrag | — |
| = steuerpflichtiges Bruttoentgelt | 2.456,00 |
| – Lohnsteuer | 68,83 |
| – Solidaritätszuschlag | — |
| – Kirchensteuer | — |
| Summe steuerlicher Abzüge | 68,83 |
| – Krankenversicherung | 395,42 |
| – Pflegeversicherung | 74,97 |
| – Rentenversicherung | 456,82 |
| – Arbeitslosenversicherung | 61,40 |
| Summe Sozialversicherungen | 988,55 |
| = Nettoentgelt | 1.467,45 |
| – VL-Sparbetrag (AG- + AN-Anteil) | 40,00 |
| – Vorschuss | |
| Summe privater Abzüge | 40,00 |
| = **Nettoauszahlungsbetrag** | 1.427,45 |

# Arbeitsblatt 62.1 Schema einer Lohn- und Gehaltsabrechnung

Verbinden Sie die Begriffe der Gehaltsabrechnung mit den richtigen Erläuterungen, indem Sie rechts die jeweils richtige Zahl eintragen. (AN = Arbeitnehmer, AG = Arbeitgeber)

| Gehaltsabrechnung | |
|---|---|
| Bruttogehalt | 1 |
| + Prämien, Sonderzahlungen | 2 |
| + vermögenswirksame Leistungen des Arbeitgebers | 3 |
| = sozialversicherungspflichtiges Bruttoentgelt | 4 |
| – Steuerfreibetrag | 5 |
| = steuerpflichtiges Bruttoentgelt | 6 |
| – Lohnsteuer | 7 |
| – Solidaritätszuschlag | 8 |
| – Kirchensteuer | 9 |
| – Krankenversicherung | 10 |
| – Pflegeversicherung | 11 |
| – Rentenversicherung | 12 |
| – Arbeitslosenversicherung | 13 |
| = Nettoentgelt | 14 |
| – vermögenswirksame Sparleistung des Arbeitnehmers | 15 |
| – Vorschuss | 16 |
| = Auszahlungsbetrag | 17 |

| Erläuterungen | |
|---|---|
| Beitragssatz 3,05 % des SV-Bruttoentgelts (Kinderlose zahlen Zuschlag von 0,25 %[1]), Arbeitgeber 50 %, Arbeitnehmer 50 % + 0,25 %-Punkte[2] | 11 |
| Grundlage für die Berechnung der Sozialversicherungsbeiträge des AN/AG | 4 |
| freiwillige oder tarifvertragliche Zahlungen des Arbeitgebers zur Vermögensbildung der Arbeitnehmer | 3 |
| arbeitsvertraglich festgelegtes monatliches Entgelt | 1 |
| Einkommensteuer abhängig Beschäftigter, die vom Arbeitgeber einbehalten wird | 5 |
| Beitragssatz 2,5 % des SV-Bruttoentgelts, AG 50 %, AN 50 %[2] | 13 |
| vor Fälligkeit durch den AN beanspruchte Gehaltsanteile | 16 |
| Beitragssatz 14,6 % + Zusatzbeitrag[2]; Grundlage: sozialversicherungspflichtiges (SV) Bruttoentgelt, AG 50 % des Beitragssatzes, AN 50 % des Beitragssatzes | 10 |
| Beitragssatz 18,6 % des SV-Bruttoentgelts, AG 50 %, AN 50 %[2] | 12 |
| Sparrate, die vom Arbeitgeber einbehalten und an das Sparinstitut weitergeleitet wird | 15 |
| prozentualer Zuschlag auf die Lohnsteuer für den Aufbau Ost | 8 |
| Bruttoentgelt minus gesetzliche Pflichtabgaben | 14 |
| Abzüge nur für Mitglieder von steuererhebenden Religionsgemeinschaften | 9 |
| Grundlage für die Berechnung der steuerlichen Abzüge | 4 |
| arbeits- oder tarifvertragliche Vergütungen, die über das vereinbarte Gehalt hinausgehen | 2 |
| Überweisungsbetrag an den AN | 17 |
| Abzugsbeträge (nur) für das steuerpflichtige Bruttoentgelt | 7 |

[1] gilt nicht im Bundesland Sachsen [2] Die Angaben zu den Beitragssätzen gelten für das Jahr 2019.

# Arbeitsblatt 62.2 Steuerklassen und steuerliche Abzüge

**Eine Steuerklassen-„Liebes- und Lebensgeschichte“.**
Geben Sie an, welche Steuerklasse jeweils zugeordnet wird oder gewählt werden sollte.

Rosi und Klaus sind beide berufstätig und unendlich verliebt – natürlich. Sie sind noch nicht verheiratet und wollen bald eine eigene Wohnung anmieten.

Steuerklasse Rosi: 1 Steuerklasse Klaus: 1

Es ist geschafft: Die Wohnung ist gemietet, bezogen und die Hochzeitsglocken haben schon geläutet. Die Bruttoentgelte? Beide bringen in etwa gleich viel oder besser gesagt wenig „nach Hause“.

Steuerklasse Rosi: 4 Steuerklasse Klaus: 4

Die Jahre vergehen. Der Kinderwunsch ist „übermächtig“ geworden. Der kleine Paul wird geboren und Rosi übernimmt für die nächsten Jahre die Erziehung von Paul – ohne einer Berufstätigkeit nachzugehen.

Steuerklasse Rosi: 5 Steuerklasse Klaus: 3

Die Mietwohnung wird mit Paul und der zweitgeborenen Paula etwas zu klein. Ein eigenes Haus muss her. Rosis Mutter übernimmt täglich für einige Stunden die Aufsicht über die Kinder. Rosi geht wieder halbtags arbeiten.

Steuerklasse Rosi: 6 Steuerklasse Klaus: 3

Das Haus wird gekauft, aber das Geld reicht nicht so ganz. Klaus hat jetzt einen Zweitjob angenommen. Mehr geht nicht.

Steuerklasse von Klaus für den Zweitjob: 6

Es funktioniert auf Dauer alles nicht. Nicht die Finanzierung für das Haus und die Ehe auch nicht. Klaus zieht aus. Das Haus wird verkauft. Die Ehe wird geschieden. Die Kinder bleiben (wohnen) bei ihrer Mutter und Klaus wohnt allein. Beide gehen ganztags arbeiten.

Steuerklasse Rosi: 2 Steuerklasse Klaus: 1

Hinweis: Die Geschichte ist natürlich frei erfunden und hat mit der Lebenswirklichkeit nur in Ausnahmefällen zu tun. Es geht tatsächlich nur um die Steuerklassen!

Während der Ehe haben Rosi und Klaus erhebliche Ausgaben getätigt. Ordnen Sie zu, ob die unten genannten Beispiele zu 1 = den Werbungskosten, 2 = den Sonderausgaben (beschränkt oder unbeschränkt abzugsfähig), 3 = den außergewöhnlichen Belastungen oder 4 = den Kosten der privaten Lebensführung ohne Auswirkung auf die Steuerbelastung gehören.

| Ziffer | Beschreibung der Ausgaben (Beispiele) | Ziffer | Beschreibung der Ausgaben (Beispiele) |
|---|---|---|---|
| 4 | Ausgaben für die Mietwohnung | 1 | Aufwendungen für Arbeitsmittel |
| 3 | Kirchensteuer | 1 | Spenden an gemeinnützige Einrichtungen |
| 3 | Beiträge zu Berufsverbänden | 4 | Kinderbetreuungskosten |
| 1 | Aufwendungen für eine Berufsfortbildung | 3 | Fahrten zwischen Wohnung und Arbeitsstätte |
| 3 | Krankenversicherung (Basisversorgung) | 4 | Krankheitskosten |
| 4 | Kleidung für die Kinder | 4 | Haushaltshilfe (krankheitsbedingt) |
| 4 | Schulgeld für die Kinder | 4 | Unterhaltsleistungen an geschiedenen Ehegatten |

# Arbeitsblatt 62.3 Abzugsgrundlagen für eine Entgeltabrechnung

Recherchieren Sie die Werte für das aktuelle Kalenderjahr.

| **Abzüge I** | **Berechnung vom steuerpflichtigen Entgelt** |
|---|---|
| ▪ Lohnsteuer (LSt) | Grundfreibetrag = 9244 €<br>Spitzensteuersätze ab ______ € = 42 %<br>ab ______ € = 45 % |
| ▪ Solidaritätszuschlag (SolZ) | 5,5 % der Lohnsteuer<br>(bei ledigen Steuerpflichtigen ohne Kinderfreibeträge) |
| ▪ Kirchensteuer (KiSt) | 8 % (Bayern, BaWü) oder 9 % (alle anderen Bundesländer)<br>der Lohnsteuer bei ledigen Kirchensteuerpflichtigen ohne Kinderfreibeträge |

| **Abzüge II** | **Berechnung vom sozialversicherungspflichtigen Entgelt** |
|---|---|
| ▪ Krankenversicherung (KV) | Beitragssatz gesamt = 7,3 %<br>Arbeitnehmer = 14 %<br>Arbeitgeber = 7,3 %<br>Beitragsbemessungsgrenze = 58050 € |
| ▪ Pflegeversicherung (PV) | Beitragssatz gesamt = 3,05 % 1)<br>Arbeitnehmer = 3,3 %<br>(Kinderlose über 23 Jahre zahlen einen Zuschlag von 2,8 %-Punkten)<br>Arbeitgeber = 1,525 %<br>Beitragsbemessungsgrenze = 4837,51 € |
| ▪ Rentenversicherung (RV) | Beitragssatz gesamt = 18,6 %<br>Arbeitnehmer = 4,2 %<br>Arbeitgeber = 18,6 %<br>Beitragsbemessungsgrenzen:<br>alte Bundesländer = 6700 €<br>neue Bundesländer = 7100 € |
| ▪ Arbeitslosenversicherung (AV) | Beitragssatz gesamt = 2,4 %<br>Arbeitnehmer = 2,4 %<br>Arbeitgeber = 2,4 %<br>Beitragsbemessungsgrenzen:<br>alte Bundesländer = 7700 €<br>neue Bundesländer = 8250 € |

1) Ausnahmefall Sachsen, da dort der Buß- und Bettag als Feiertag nicht entfallen ist:

Beitragssatz gesamt = ______ %, Arbeitnehmer = ______ %

(ggf. ______ % - Punkte- Zuschlag für Kinderlose), Arbeitgeber ______ %

# Aufgaben

## 1

Man unterteilt Personalaufwendungen in gesetzliche und freiwillige Personalaufwendungen.

a) Nennen Sie je vier Beispiele für
- gesetzliche Personalaufwendungen und
- freiwillige Personalaufwendungen.

b) Welchen Zweck haben freiwillige Personalaufwendungen?

## 2

Stellen Sie bei den unten stehenden Abzügen vom Bruttogehalt die Leistungen fest, die

**1.** vom Arbeitgeber allein,
**2.** anteilig vom Arbeitgeber und vom Arbeitnehmer,
**3.** vom Arbeitnehmer allein,
**4.** weder vom Arbeitgeber noch vom Arbeitnehmer zu tragen sind.

a) Lohnsteuer
b) Beitrag zur gesetzlichen Pflegeversicherung
c) Lebensversicherungsprämie
d) Beitrag zur gesetzlichen Unfallversicherung
e) Solidaritätszuschlag
f) private Altersvorsorge

## 3

a) Ordnen Sie den folgenden Fällen die richtige Steuerklasse zu.
b) Welche Alternativen bestehen für Ehegatten bei der Steuerklassenwahl?

| Fall | Steuerklasse |
|---|---|
| allein verdienender, verheirateter Angestellter mit einem Kind | |
| unverheiratete Frau, 34 Jahre alt, mit einem Kind (wohnt bei der Mutter) | |
| berufstätiger Ehemann mit Ehefrau in Steuerklasse V | |
| verheirateter Angestellter mit vier Kindern und nicht berufstätiger Ehefrau für seinen genehmigten Nebenjob | |

## 4

In einer einfachen Gehaltsabrechnung für Klaus Müller, einen unverheirateten, kirchensteuerpflichtigen und kinderlosen Arbeitnehmer, der 26 Jahre alt ist und in Nordrhein-Westfalen lebt und arbeitet, gelten im Januar 2019 folgende Berechnungen (Steuerklasse I, Zusatzbeitrag Krankenkasse 0,9 %).

| | | | |
|---|---|---|---|
| | **Bruttogehalt** | | **2.400,00 €** |
| + | vermögenswirksame Leistungen (VL) des Arbeitgebers | | 13,00 € |
| + | Sonderzahlungen (z. B. Prämien oder Überstundenvergütung) | | 200,00 € |
| = | **Bruttoentgelt** | | **2.613,00 €** |
| – | Lohnsteuer (LSt) | | 323,50 € |
| – | Solidaritätszuschlag (SolZ) | 5,5 % der Lohnsteuer | 17,79 € |
| – | Kirchensteuer (KiSt) | 9,0 % der Lohnsteuer | 29,11 € |
| – | Rentenversicherung | 9,3 % des Bruttoentgelts | 243,01 € |
| – | Arbeitslosenversicherung | 1,25 % des Bruttoentgelts | 32,66 € |
| – | Krankenversicherung | 7,75 % des Bruttoentgelts | 202,51 € |
| – | Pflegeversicherung | 1,775 % des Bruttoentgelts | 46,38 € |
| – | **Nettoentgelt** | | **1.718,04 €** |
| – | vermögenswirksame Sparrate des Arbeitnehmers | | 40,00 € |
| = | **Auszahlungsbetrag** | | **1.678,04 €** |

a) Nennen Sie drei mögliche Bestandteile des Bruttoentgelts eines Gehaltsempfängers.
b) Welche gesetzlichen Pflichtabgaben sind von Gehaltsempfängern zu leisten?
c) Wie wird der Auszahlungsbetrag für einen Gehaltsempfänger ermittelt?
d) Wie hoch ist das Nettoentgelt von Klaus Müller in Prozent seines Bruttoentgelts?
e) Wie hoch sind die gesetzlichen Pflichtabgaben in Euro und in Prozent des Bruttoentgelts?

**5**

Die Personalkosten für Klaus Müller auf Basis der Gehaltsabrechnung aus Aufgabe 4 setzen sich für den Arbeitgeber wie folgt zusammen:

| | | |
|---|---|---|
| | **Bruttogehalt** | **2.400,00 €** |
| + | vermögenswirksame Leistungen (VL) des Arbeitgebers | 13,00 € |
| + | Sonderzahlungen (z. B. Prämien oder Überstundenvergütung) | 200,00 € |
| + | Arbeitgeberanteil zur Rentenversicherung | 243,01 € |
| + | Arbeitgeberanteil zur Arbeitslosenversicherung | 32,66 € |
| + | Arbeitgeberanteil zur Krankenversicherung | 202,51 € |
| + | Arbeitgeberanteil zur Pflegeversicherung | 39,85 € |
| = | **gesamte Personalkosten (aus dieser Gehaltsabrechnung)** | **3.131,03 €** |

Berechnen Sie das Nettoentgelt in Prozent der Personalkostensumme unter Beachtung der Gehaltsabrechnung aus Aufgabe 4.

**6**

Hinweis: Lösen Sie die Aufgaben 6 und 7 mit den Beitragssätzen des aktuellen Kalenderjahres (siehe Arbeitsblatt 62.3) unter Verwendung aktueller Steuerabzugstabellen oder mithilfe von Ergebnissen einer Internetrecherche auf http://www.abgabenrechner.de.

Frau Maria Merzig, verheiratet, evangelisch, geboren am 17.04.1970, Steuerklasse IV, 1 Kinderfreibetrag, kein Steuerfreibetrag, wohnt und arbeitet in Berlin (West) und verdient im Monat 2.200,00 €. Der Arbeitgeber zahlt zusätzlich 26,00 € vermögenswirksame Leistungen. Frau Merzig hat einen Bausparvertrag abgeschlossen, die monatliche Sparrate beträgt 40,00 €. Der Zusatzbeitrag der Krankenkasse beträgt 0,9 %

a) Erstellen Sie eine Gehaltsabrechnung für den Monat Februar 20XX für Frau Merzig.
b) Wie hoch ist das Nettoentgelt von Maria Merzig in Prozent ihres Bruttoentgelts?
c) Begründen Sie die unterschiedliche Höhe des Nettoentgelts in Prozent bei Klaus Müller (Aufgabe 4) und Maria Merzig.
d) Ermitteln Sie die Summe der Personalkosten für den Arbeitgeber aufgrund dieser Gehaltsabrechnung.
e) Geben Sie das Nettoentgelt von Frau Merzig in Prozent der Personalkosten des Arbeitgebers an.

**7**

Ermitteln Sie für Herrn Werner Klausen, verheiratet, evangelisch, geboren am 17.04.1979, 2 Kinder (10 und 8 Jahre alt) alle notwendigen Daten für eine vollständige Gehaltsabrechnung für den Abrechnungsmonat November 20XX (Erstellungsdatum = 30.11.20XX). Seine Ehefrau, römisch-katholisch, ist nicht berufstätig. Daten für die Gehaltsabrechnung für Herrn Klausen, der in Bonn wohnt und arbeitet, sind:

| | |
|---|---|
| Monatsentgelt | 3.600,00 € |
| Steuerfreibetrag/Monat | 300,00 € |
| Vermögenswirksame Leistungen (VL) des Arbeitgebers | 13,00 € |
| Überstundenvergütung | 200,00 € |
| Vermögenswirksame Sparrate des Arbeitnehmers | 40,00 € |
| Einbehaltung Barvorschuss | 400,00 € |
| Zusatzbeitrag der Krankenkasse | 1,0 % |

a) Ergänzen Sie die fehlenden Ergebnisse:

**1.** die Steuerklasse des Arbeitnehmers = ........................................

**2.** die Anzahl der Kinderfreibeträge des Arbeitnehmers = ........................................

**3.**

| Begriffe zur Entgeltabrechnung | | Beträge in € |
|---|---|---|
| Sozialversicherungspflichtiges Bruttoentgelt | | |
| Steuerpflichtiges Bruttoentgelt | | |
| Lohnsteuer | | |
| Solidaritätszuschlag | | |
| Kirchensteuer | | |
| Rentenversicherung | % | |
| Arbeitslosenversicherung | % | |
| Krankenversicherung | % | |
| Pflegeversicherung | % | |
| Summe gesetzliche Pflichtabgaben | | |
| Nettoentgelt | | |
| sonstige Abzüge | | |
| Auszahlungsbetrag | | |

b) Ermitteln Sie nachfolgende Werte:

| Werteermittlung für die Buchungen und die Auswertung | Werte in € oder % |
|---|---|
| Sozialversicherungsvorauszahlung (AG- und AN-Anteil) | |
| Überweisungsbetrag an die Finanzbehörde | |
| gesamte Personalkosten des Arbeitgebers (durch diese Gehaltszahlung) | |
| Nettoentgelt in % der gesamten Personalkosten für diese Gehaltszahlung | |

# Lernsituation 63

FK ☞ *LF5 Kap. 6–11*

## Gehaltsabrechnungen erstellen, analysieren und buchen

### LERNSITUATION

In der Personalabteilung der BPK GmbH gibt es viel zu tun: Bei der Umstellung der Personalbuchhaltung auf ein neues EDV-System sind Probleme aufgetreten, die Gehaltsabrechnungen für den Monat Oktober sind fehlerhaft. Damit allen Mitarbeitern pünktlich ihre Gehälter ausbezahlt werden und die Zahlungen an das Finanzamt und die Sozialversicherungsträger termingerecht erfolgen, müssen die Gehaltsabrechnungen für diesen Monat teilweise manuell erstellt und gebucht werden.
Frau Trautmann, die Personalsachbearbeiterin der BPK GmbH, bittet Sie um Unterstützung.

### ARBEITSAUFTRAG

**1.** Helfen Sie Frau Trautmann und erstellen Sie die Gehaltsabrechnungen für die Mitarbeiter Elisabeth Albrecht, Mehmet Kozan und Herbert Alt (Schema auf der nächsten Seite). Den Personalunterlagen von Frau Albrecht können Sie die folgenden Informationen entnehmen:

Frau Albrecht ist verheiratet und hat einen Kinderfreibetrag. Ihre Konfession ist katholisch. Ihr Ehemann verdient in etwa gleich viel. Frau Albrecht ist 35 Jahre alt und verdient monatlich 2.027,50 € brutto. Im Oktober erhält sie 5 Überstunden zu je 15,20 € vergütet und 26,00 € vermögenswirksame Leistungen des Arbeitgebers. Sie kann einen Steuerfreibetrag in Höhe von 120,00 € geltend machen. Ihr Sparbeitrag für eine Bausparkasse beträgt 40,00 €. Im Rahmen eines Sonderverkaufs an das Personal hat sie Waren im Wert von 119,00 € inkl. Umsatzsteuer eingekauft, die mit dieser Gehaltsabrechnung einbehalten werden.

**MONAT bis 1.664,99 €** — **Allgemeine Tabelle**

| Lohn/Gehalt bis | Steuerklasse | Lohnsteuer | ohne Kinderfreibetrag | | | Anzahl Kinderfreibeträge (nur Steuerklassen I–IV): 0,5 | | | 1,0 | | | 1,5 | | | 2,0 | | | 2,5 | | | 3,0 | | |
|---|---|---|---|---|---|---|---|---|---|---|---|---|---|---|---|---|---|---|---|---|---|---|---|
| | | | SolZ 5,5% | Kirchensteuer 8% | Kirchensteuer 9% | SolZ 5,5% | Kirchensteuer 8% | Kirchensteuer 9% | SolZ 5,5% | Kirchensteuer 8% | Kirchensteuer 9% | SolZ 5,5% | Kirchensteuer 8% | Kirchensteuer 9% | SolZ 5,5% | Kirchensteuer 8% | Kirchensteuer 9% | SolZ 5,5% | Kirchensteuer 8% | Kirchensteuer 9% | SolZ 5,5% | Kirchensteuer 8% | Kirchensteuer 9% |
| 1.622,99 | I | 98,75 | 3,55 | 7,90 | 8,88 | 0,00 | 2,34 | 2,63 | 0,00 | 0,00 | 0,00 | 0,00 | 0,00 | 0,00 | 0,00 | 0,00 | 0,00 | 0,00 | 0,00 | 0,00 | 0,00 | 0,00 | 0,00 |
| | II | 61,25 | 0,00 | 4,90 | 5,51 | 0,00 | 0,26 | 0,29 | 0,00 | 0,00 | 0,00 | 0,00 | 0,00 | 0,00 | 0,00 | 0,00 | 0,00 | 0,00 | 0,00 | 0,00 | 0,00 | 0,00 | 0,00 |
| | III | 0,00 | 0,00 | 0,00 | 0,00 | 0,00 | 0,00 | 0,00 | 0,00 | 0,00 | 0,00 | 0,00 | 0,00 | 0,00 | 0,00 | 0,00 | 0,00 | 0,00 | 0,00 | 0,00 | 0,00 | 0,00 | 0,00 |
| | IV | 98,75 | 3,55 | 7,90 | 8,88 | 0,00 | 4,90 | 5,51 | 0,00 | 2,34 | 2,63 | 0,00 | 0,26 | 0,29 | 0,00 | 0,00 | 0,00 | 0,00 | 0,00 | 0,00 | 0,00 | 0,00 | 0,00 |
| | V | 282,41 | 15,53 | 22,59 | 25,41 | | | | | | | | | | | | | | | | | | |
| | VI | 318,66 | 17,52 | 25,49 | 28,67 | | | | | | | | | | | | | | | | | | |
| 1.625,99 | I | 99,41 | 3,68 | 7,95 | 8,94 | 0,00 | 2,38 | 2,68 | 0,00 | 0,00 | 0,00 | 0,00 | 0,00 | 0,00 | 0,00 | 0,00 | 0,00 | 0,00 | 0,00 | 0,00 | 0,00 | 0,00 | 0,00 |
| | II | 61,83 | 0,00 | 4,94 | 5,56 | 0,00 | 0,29 | 0,32 | 0,00 | 0,00 | 0,00 | 0,00 | 0,00 | 0,00 | 0,00 | 0,00 | 0,00 | 0,00 | 0,00 | 0,00 | 0,00 | 0,00 | 0,00 |

**Allgemeine Tabelle** — **MONAT bis 1.889,99 €**

| Lohn/Gehalt bis | Steuerklasse | Lohnsteuer | ohne Kinderfreibetrag | | | Anzahl Kinderfreibeträge (nur Steuerklassen I–IV): 0,5 | | | 1,0 | | | 1,5 | | | 2,0 | | | 2,5 | | | 3,0 | | |
|---|---|---|---|---|---|---|---|---|---|---|---|---|---|---|---|---|---|---|---|---|---|---|---|
| | | | SolZ 5,5% | Kirchensteuer 8% | Kirchensteuer 9% | SolZ 5,5% | Kirchensteuer 8% | Kirchensteuer 9% | SolZ 5,5% | Kirchensteuer 8% | Kirchensteuer 9% | SolZ 5,5% | Kirchensteuer 8% | Kirchensteuer 9% | SolZ 5,5% | Kirchensteuer 8% | Kirchensteuer 9% | SolZ 5,5% | Kirchensteuer 8% | Kirchensteuer 9% | SolZ 5,5% | Kirchensteuer 8% | Kirchensteuer 9% |
| 1.862,99 | I | 152,08 | 8,36 | 12,16 | 13,68 | 0,00 | 5,91 | 6,65 | 0,00 | 0,93 | 1,04 | 0,00 | 0,00 | 0,00 | 0,00 | 0,00 | 0,00 | 0,00 | 0,00 | 0,00 | 0,00 | 0,00 | 0,00 |
| | II | 112,25 | 6,17 | 8,98 | 10,10 | 0,00 | 3,18 | 3,57 | 0,00 | 0,00 | 0,00 | 0,00 | 0,00 | 0,00 | 0,00 | 0,00 | 0,00 | 0,00 | 0,00 | 0,00 | 0,00 | 0,00 | 0,00 |
| | III | 0,00 | 0,00 | 0,00 | 0,00 | 0,00 | 0,00 | 0,00 | 0,00 | 0,00 | 0,00 | 0,00 | 0,00 | 0,00 | 0,00 | 0,00 | 0,00 | 0,00 | 0,00 | 0,00 | 0,00 | 0,00 | 0,00 |
| | IV | 152,08 | 8,36 | 12,16 | 13,68 | 6,17 | 8,98 | 10,10 | 0,00 | 5,91 | 6,65 | 0,00 | 3,18 | 3,58 | 0,00 | 0,93 | 1,04 | 0,00 | 0,00 | 0,00 | 0,00 | 0,00 | 0,00 |
| | V | 372,33 | 20,47 | 29,78 | 33,50 | | | | | | | | | | | | | | | | | | |
| | VI | 405,33 | 22,29 | 32,42 | 36,47 | | | | | | | | | | | | | | | | | | |

**MONAT bis 2.024,99 €** — **Allgemeine Tabelle**

| Lohn/Gehalt bis | Steuerklasse | Lohnsteuer | ohne Kinderfreibetrag | | | Anzahl Kinderfreibeträge (nur Steuerklassen I–IV): 0,5 | | | 1,0 | | | 1,5 | | | 2,0 | | | 2,5 | | | 3,0 | | |
|---|---|---|---|---|---|---|---|---|---|---|---|---|---|---|---|---|---|---|---|---|---|---|---|
| | | | SolZ 5,5% | Kirchensteuer 8% | Kirchensteuer 9% | SolZ 5,5% | Kirchensteuer 8% | Kirchensteuer 9% | SolZ 5,5% | Kirchensteuer 8% | Kirchensteuer 9% | SolZ 5,5% | Kirchensteuer 8% | Kirchensteuer 9% | SolZ 5,5% | Kirchensteuer 8% | Kirchensteuer 9% | SolZ 5,5% | Kirchensteuer 8% | Kirchensteuer 9% | SolZ 5,5% | Kirchensteuer 8% | Kirchensteuer 9% |
| 2.009,99 | I | 183,91 | 10,11 | 14,71 | 16,55 | 4,51 | 8,28 | 9,32 | 0,00 | 2,64 | 2,97 | 0,00 | 0,00 | 0,00 | 0,00 | 0,00 | 0,00 | 0,00 | 0,00 | 0,00 | 0,00 | 0,00 | 0,00 |
| | II | 143,08 | 7,86 | 11,44 | 12,87 | 0,00 | 5,26 | 5,91 | 0,00 | 0,49 | 0,55 | 0,00 | 0,00 | 0,00 | 0,00 | 0,00 | 0,00 | 0,00 | 0,00 | 0,00 | 0,00 | 0,00 | 0,00 |
| | III | 1,66 | 0,00 | 0,13 | 0,14 | 0,00 | 0,00 | 0,00 | 0,00 | 0,00 | 0,00 | 0,00 | 0,00 | 0,00 | 0,00 | 0,00 | 0,00 | 0,00 | 0,00 | 0,00 | 0,00 | 0,00 | 0,00 |
| | IV | 183,91 | 10,11 | 14,71 | 16,55 | 7,86 | 11,44 | 12,87 | 4,51 | 8,28 | 9,32 | 0,00 | 5,26 | 5,91 | 0,00 | 2,64 | 2,97 | 0,00 | 0,50 | 0,56 | 0,00 | 0,00 | 0,00 |
| | V | 418,16 | 22,99 | 33,45 | 37,63 | | | | | | | | | | | | | | | | | | |
| | VI | 448,16 | 24,64 | 35,85 | 40,33 | | | | | | | | | | | | | | | | | | |
| 2.012,99 | I | 184,58 | 10,15 | 14,76 | 16,61 | 4,65 | 8,34 | 9,38 | 0,00 | 2,68 | 3,01 | 0,00 | 0,00 | 0,00 | 0,00 | 0,00 | 0,00 | 0,00 | 0,00 | 0,00 | 0,00 | 0,00 | 0,00 |
| | II | 143,66 | 7,90 | 11,49 | 12,92 | 0,00 | 5,30 | 5,96 | 0,00 | 0,52 | 0,59 | 0,00 | 0,00 | 0,00 | 0,00 | 0,00 | 0,00 | 0,00 | 0,00 | 0,00 | 0,00 | 0,00 | 0,00 |

Auszug: Rehm Monats-Lohnsteuertabelle 2019, Verlagsgruppe Hüthig Jehle Rehm, Heidelberg bpk Bergisches Papierkontor GmbH

| | Elisabeth Albrecht | Mehmet Kozan | Herbert Alt |
|---|---|---|---|
| Familienstand | | verheiratet | ledig |
| Alter | | 35 | 24 |
| Steuerklasse | | III | I |
| Kinderfreibeträge | | 2 | – |
| Konfession | | – | katholisch |
| Zusatzbeitrag Krankenkasse | 0,9 % | 0,9 % | 0,9 % |
| **Bruttogehalt/-lohn** | | 1.836,50 € | 1.596,50 € |
| Provision/Prämien | | – | – |
| VL Arbeitgeber | | 26,00 € | 26,00 € |
| Zulagen/Sonderzahlungen | | – | – |
| Bruttoentgelt | | | |
| Steuerfreibetrag | | – | – |
| steuerpflichtiges Bruttoentgelt | | | |
| Lohnsteuer | | | |
| Kirchensteuer | | | |
| Solidaritätszuschlag | | | |
| Summe steuerliche Abzüge | | | |
| sozialversicherungspflichtiges Bruttoentgelt | | | |
| Krankenversicherung | | | |
| Pflegeversicherung | | | |
| Rentenversicherung | | | |
| Arbeitslosenversicherung | | | |
| Summe Sozialversicherungen | | | |
| Nettoentgelt | | | |
| Sparbeitrag Arbeitnehmer | | 26,00 € | 40,00 € |
| Vorschuss | | | |
| sonstige Abzüge | | | |
| Summe privater Abzüge | | | |
| **Nettoauszahlungsbetrag** | | | |

## ARBEITSAUFTRÄGE

**2.** Ermitteln Sie den Arbeitnehmeranteil für die Sozialversicherungen.

| | RV in € | AV in € | KV in € | PV in € |
|---|---|---|---|---|
| Elisabeth Albrecht | | | | |
| Mehmet Kozan | | | | |
| Herbert Alt | | | | |
| **Summen** | | | | |

**3.** Ermitteln Sie den Arbeitgeberanteil für die Sozialversicherungen.

| | RV in € | AV in € | KV in € | PV in € |
|---|---|---|---|---|
| Elisabeth Albrecht | | | | |
| Mehmet Kozan | | | | |
| Herbert Alt | | | | |
| **Summen** | | | | |

**4.** Ermitteln Sie für die Gehaltsempfänger die buchungsrelevanten Beträge (AG = Arbeitgeber, AN = Arbeitnehmer).

| | Brutto-entgelt + Zulagen | VL AG | Steuern | Sozialversicherung | | Abzüge für VL | Aus-zahlungs-betrag |
|---|---|---|---|---|---|---|---|
| | | | | AN | AG | | |
| E. Albrecht | | | | | | | |
| M. Kozan | | | | | | | |
| H. Alt | | | | | | | |
| **Summen** | | | | | | | |

**5.** Ordnen Sie die Summen den nachfolgenden Buchungen zu.

a) Buchung der Sozialversicherungsvorauszahlung

| Nr. | Soll | € | Haben | € |
|---|---|---|---|---|
| 1 | 116 SV-Vorauszahlung | | 131 Kreditinstitute | |

b) Buchung der Gehaltsabrechnung

| Nr. | Soll | € | Haben | € |
|---|---|---|---|---|
| 2 | 402 Gehälter<br>407 VL Arbeitgeberanteil | | 191 Verbindlichkeiten aus Steuern<br>116 SV-Vorauszahlung<br>195 Verbindlichk. aus Vermögensbildung<br>131 Kreditinstitute<br>113 Sonstige Forderungen | |

c) Buchung des Arbeitgeberanteils zur Sozialversicherung

| Nr. | Soll | € | Haben | € |
|---|---|---|---|---|
| 3 | 404 Gesetzliche soziale Aufwendungen | | 116 SV-Vorauszahlung | |

d) Buchungen für die Überweisungen an die Institutionen

| Nr. | Soll | € | Haben | € |
|---|---|---|---|---|
| 4 | 191 Verbindlichkeiten aus Steuern | | 131 Kreditinstitute | |
| 5 | 195 Verbindlichk. aus Vermögensbildung | | 131 Kreditinstitute | |

# Arbeitsblatt 63.1 Sozialversicherungen im Überblick

| | Rentenversicherung | Arbeitslosenversicherung | Krankenversicherung | Pflegeversicherung | gesetzliche Unfallversicherung |
|---|---|---|---|---|---|
| Wer ist Versicherungsträger? | | | | | |
| Welche Leistungen zahlt der Versicherungsträger? | | | | | |
| Wer zahlt wie viel Beitrag? | | | | | |
| Wie hoch ist die Beitragsbemessungsgrenze? | | | | | |

## Arbeitsblatt 63.2 Eine einfache Gehaltsabrechnung erstellen und buchen

Berechnen und buchen Sie nachfolgende einfache Gehaltsabrechnung für einen unverheirateten, kirchensteuerpflichtigen und kinderlosen Arbeitnehmer, der 26 Jahre alt ist und in Nordrhein-Westfalen lebt und arbeitet (Steuerklasse I, 0 Kinderfreibeträge, Zusatzbeitrag Krankenkasse 0,9 %) im Jahr 2017:

| | | | |
|---|---|---|---|
| | **Bruttogehalt** | | **2.600,00 €** |
| + | vermögenswirksame Leistungen (VL) des Arbeitgebers | | 26,00 € |
| + | Überstundenvergütung | | 300,00 € |
| = | **Bruttoentgelt** | | **2.926,00 €** |
| – | Lohnsteuer (LSt) | | 400,58 € |
| – | Solidaritätszuschlag (SolZ) | 5,5 % der Lohnsteuer | 22,03 |
| – | Kirchensteuer (KiSt) | 9,0 % der Lohnsteuer | 36,05 |
| – | Rentenversicherung | 9,3 % des Bruttoentgelts | 272,12 |
| – | Arbeitslosenversicherung | 1,25 % des Bruttoentgelts | 36,58 |
| – | Krankenversicherung | 7,75 % des Bruttoentgelts | 226,77 |
| – | Pflegeversicherung | 1,775 % des Bruttoentgelts | 57,94 |
| = | **Nettoentgelt** | | 7879,93 |
| – | vermögenswirksame Sparrate des Arbeitnehmers | | 40,00 € |
| = | **Auszahlungsbetrag** | | 7839,93 |

Buchung der SV-Vorauszahlung

| Nr. | Soll | € | Haben | € |
|---|---|---|---|---|
| 1 | SV-Beitragsvorauszahlung | 1.167,50 | Kreditinstitute | 1.167,50 |

Buchung der Gehaltsabrechnung

| Nr. | Soll | € | Haben | € |
|---|---|---|---|---|
| 2 | Gehälter | 2900,00 | Verb. an Steuern | 458,66 |
| | Vermögenswirksame | 26,00 | Verb. an SV | 587,49 |
| | | | Verb. an Vermögensbildung | 40,00 |
| | | | Kreditinstitute | 1.839,93 |

Buchung des Arbeitgeberanteils zur Sozialversicherung

| Nr. | Soll | € | Haben | € |
|---|---|---|---|---|
| 3 | Soz. Aufwendungen | 580,09 | SV-Vorauszahlung | 580,09 |

Buchung der Überweisungen an die Institutionen

| Nr. | Soll | € | Haben | € |
|---|---|---|---|---|
| 4 | Verb. aus Steuern | 458,66 | Kreditinstitute | 458,66 |
| 5 | Verb. aus Vermögensbildung | 40,00 | Kreditinstitute | 40,00 |

# Aufgaben

**1**

Man spricht im Zusammenhang mit der gesetzlichen Sozialversicherung von den „fünf Säulen des Sozialstaats". Was ist damit gemeint?

**2**

Beantworten Sie die folgenden Fragen zum Thema Sozialversicherungen durch Ankreuzen.

| **1. Welche Personengruppe ist in keiner Sozialversicherung erfasst?** | |
|---|---|
| a) Arbeiter | |
| b) Angestellte | |
| c) Auszubildende | |
| d) Rentner | |
| e) Selbstständige | |

| **2. Wodurch werden die Leistungen der Sozialversicherung finanziert?** | |
|---|---|
| a) Steuern | |
| b) Versicherungsbeiträge | |
| c) freiwillige Vorsorge | |
| d) allgemeine Staatsausgaben | |
| e) Aktienfonds | |

| **3. Welche der genannten Ereignisse werden durch die gesetzliche Unfallversicherung abgedeckt?** | |
|---|---|
| a) Freizeitunfall | |
| b) Arbeitsunfähigkeit wegen Drogensucht | |
| c) Berufskrankheit | |
| d) Unfall durch Ausrutschen in der eigenen Badewanne | |
| e) allgemeine Alterserscheinungen des Arbeitnehmers | |

| **4. Wer zahlt für einen Arbeitslosen die Beiträge zur gesetzlichen Krankenversicherung?** | |
|---|---|
| a) er selbst | |
| b) seine private Versicherung | |
| c) die Rentenversicherung | |
| d) der bisherige Arbeitgeber und der Arbeitslose 50/50 | |
| e) Arbeitsagentur | |

| **5. Welche Beiträge muss der AG nicht vom Bruttolohn abziehen und dem entsprechenden Versicherungsträger überweisen?** | |
|---|---|
| a) gesetzliche Rentenversicherung | |
| b) Arbeitslosenversicherung | |
| c) gesetzliche Pflegeversicherung | |
| d) Lebensversicherung | |
| e) gesetzliche Krankenversicherung | |

| **6. Ein Angestellter verdient 5.200,00 € brutto im Monat. In welcher Versicherungsart ist er pflichtversichert?** | |
|---|---|
| a) Krankenversicherung | |
| b) Lebensversicherung | |
| c) Haftpflichtversicherung | |
| d) Rentenversicherung | |
| e) private Unfallversicherung | |

**3**

Ergänzen Sie die fehlenden Begriffe.
Die Höhe der Sozialversicherungsabgaben ist von den familiären Verhältnissen weitgehend unabhängig.

Maßgeblich ist allein die Höhe des ..........................................................................................

Nur bei der ................................................ spielt es eine Rolle, ob Kinder berücksichtigt werden müssen.

Kinderlose zahlen einen Zuschlag von .................. Prozentpunkten, wenn sie älter als .................. Jahre sind.

## 4

Beantworten Sie zu folgenden Fällen jeweils die folgenden Fragestellungen.

a) Welcher Versicherungsträger erbringt eine Leistung?

b) Welche Leistung wird vom Sozialversicherungsträger erbracht?

| Fall | Sozialversicherungsträger | Leistung |
|---|---|---|
| Der Angestellte Schröder wird wegen Darmgrippe vom Arzt fünf Tage krankgeschrieben. | | |
| Ein 48-jähriger Angestellter stirbt und hinterlässt seine Frau und zwei Kinder. | | |
| Der 22-jährige Angestellte Schlupf rutscht auf dem Heimweg von der Arbeit auf einer Bananenschale aus, fällt und bricht sich dabei den Fuß. Er wird in eine Unfall-Notaufnahme gebracht. | | |
| Ein 65-jähriger Arbeiter geht in den Ruhestand. | | |

## 5

Ermitteln Sie die Werte und bilden Sie die Buchungssätze für nachfolgende Geschäftsvorfälle. Für beide Arbeitnehmer erhebt die Krankenkasse einen Zusatzbeitrag von 0,9 %.

| **Geschäftsvorfälle** | **€** |
|---|---|
| **1.** Herr Abel erhält einen Vorschuss in bar. Der Vorschuss wird mit der nächsten Gehaltsabrechnung einbehalten. | 200,00 |
| **2.** Frau Berger kauft Erzeugnisse im Personalverkauf, Nettowert der Waren 200,00 € zzgl. 19 % USt. Der Rechnungsbetrag wird mit der nächsten Gehaltsabrechnung einbehalten. | 238,00 |
| **3.** Buchen Sie die Gehaltsabrechnungen der folgenden zwei Mitarbeiter als Sammelbuchung (Auszahlung der Beträge an die Arbeitnehmer zum Monatsabschluss). | |
| **Gehaltsabrechnung für Herrn Abel: Bruttogehalt** | **1.850,00** |
| Steuerklasse III/2, ev., VL 26,00 €, Sparrate 40,00 €, Vorschusseinbehalt 200,00 € | |
| **Gehaltsabrechnung für Frau Berger: Bruttogehalt** | **2.270,00** |
| Überstundenvergütung 150,00 €, Steuerklasse I/0, rk., 28 Jahre alt, VL 26,00 €, Sparrate 26,00 €, Einbehaltung des Rechnungsbetrages aus dem Personalverkauf | |
| **4.** Buchen Sie als Sammelbuchung den Arbeitgeberanteil zur Sozialversicherung der Arbeitnehmer für die Gehaltsabrechnungen der Mitarbeiter. | ??? |
| **5.** Buchen Sie die Überweisung/Abbuchung der noch abzuführenden Abgaben als Sammelbuchung für die Gehaltsabrechnungen der Mitarbeiter. | ??? |
| **6.** Überweisung des Unfallversicherungsbeitrages an die Berufsgenossenschaft | 300,00 |

| | Bruttoentgelt + Zulagen | VL AG | Steuern | Sozialversicherung | | Abzüge für VL | Sonstige Abzüge | Auszahlungsbetrag |
|---|---|---|---|---|---|---|---|---|
| | | | | AN | AG | | | |
| Herr Abel | | | | | | | | |
| Frau Berger | | | | | | | | |
| **Summen** | | | | | | | | |

**Allgemeine Tabelle** — **MONAT bis 1.889,99 €**

| Lohn/ Gehalt bis | Steuerklasse | Lohn-steuer | ohne Kinderfreibetrag | | | Anzahl Kinderfreibeträge (nur Steuerklassen I–IV) | | | | | | | | | | | | | | | | | |
|---|---|---|---|---|---|---|---|---|---|---|---|---|---|---|---|---|---|---|---|---|---|---|---|
| | | | | | | 0,5 | | | 1,0 | | | 1,5 | | | 2,0 | | | 2,5 | | | 3,0 | | |
| | | | SolZ 5,5% | Kirchensteuer 8% | Kirchensteuer 9% | SolZ 5,5% | Kirchensteuer 8% | Kirchensteuer 9% | SolZ 5,5% | Kirchensteuer 8% | Kirchensteuer 9% | SolZ 5,5% | Kirchensteuer 8% | Kirchensteuer 9% | SolZ 5,5% | Kirchensteuer 8% | Kirchensteuer 9% | SolZ 5,5% | Kirchensteuer 8% | Kirchensteuer 9% | SolZ 5,5% | Kirchensteuer 8% | Kirchensteuer 9% |
| 1.877,99 | I | 155,25 | 8,53 | 12,42 | 13,97 | 0,00 | 6,14 | 6,91 | 0,00 | 1,10 | 1,23 | 0,00 | 0,00 | 0,00 | 0,00 | 0,00 | 0,00 | 0,00 | 0,00 | 0,00 | 0,00 | 0,00 | 0,00 |
| | II | 115,33 | 6,34 | 9,22 | 10,37 | 0,00 | 3,38 | 3,80 | 0,00 | 0,00 | 0,00 | 0,00 | 0,00 | 0,00 | 0,00 | 0,00 | 0,00 | 0,00 | 0,00 | 0,00 | 0,00 | 0,00 | 0,00 |
| | III | 0,00 | 0,00 | 0,00 | 0,00 | 0,00 | 0,00 | 0,00 | 0,00 | 0,00 | 0,00 | 0,00 | 0,00 | 0,00 | 0,00 | 0,00 | 0,00 | 0,00 | 0,00 | 0,00 | 0,00 | 0,00 | 0,00 |
| | IV | 155,25 | 8,53 | 12,42 | 13,97 | 6,34 | 9,23 | 10,38 | 0,00 | 6,14 | 6,91 | 0,00 | 3,38 | 3,80 | 0,00 | 1,10 | 1,23 | 0,00 | 0,00 | 0,00 | 0,00 | 0,00 | 0,00 |
| | V | 377,66 | 20,77 | 30,21 | 33,98 | | | | | | | | | | | | | | | | | | |
| | VI | 409,66 | 22,53 | 32,77 | 36,86 | | | | | | | | | | | | | | | | | | |

**MONAT bis 2.474,99 €** — **Allgemeine Tabelle**

| Lohn/ Gehalt bis | Steuerklasse | Lohn-steuer | ohne Kinderfreibetrag | | | Anzahl Kinderfreibeträge (nur Steuerklassen I–IV) | | | | | | | | | | | | | | | | | |
|---|---|---|---|---|---|---|---|---|---|---|---|---|---|---|---|---|---|---|---|---|---|---|---|
| | | | | | | 0,5 | | | 1,0 | | | 1,5 | | | 2,0 | | | 2,5 | | | 3,0 | | |
| | | | SolZ 5,5% | Kirchensteuer 8% | Kirchensteuer 9% | SolZ 5,5% | Kirchensteuer 8% | Kirchensteuer 9% | SolZ 5,5% | Kirchensteuer 8% | Kirchensteuer 9% | SolZ 5,5% | Kirchensteuer 8% | Kirchensteuer 9% | SolZ 5,5% | Kirchensteuer 8% | Kirchensteuer 9% | SolZ 5,5% | Kirchensteuer 8% | Kirchensteuer 9% | SolZ 5,5% | Kirchensteuer 8% | Kirchensteuer 9% |
| 2.447,99 | I | 283,41 | 15,58 | 22,67 | 25,50 | 10,83 | 15,76 | 17,73 | 6,38 | 9,28 | 10,44 | 0,00 | 3,42 | 3,84 | 0,00 | 0,00 | 0,00 | 0,00 | 0,00 | 0,00 | 0,00 | 0,00 | 0,00 |
| | II | 239,58 | 13,17 | 19,16 | 21,56 | 8,57 | 12,46 | 14,02 | 0,00 | 6,18 | 6,95 | 0,00 | 1,12 | 1,26 | 0,00 | 0,00 | 0,00 | 0,00 | 0,00 | 0,00 | 0,00 | 0,00 | 0,00 |
| | III | 67,33 | 0,00 | 5,38 | 6,05 | 0,00 | 1,08 | 1,21 | 0,00 | 0,00 | 0,00 | 0,00 | 0,00 | 0,00 | 0,00 | 0,00 | 0,00 | 0,00 | 0,00 | 0,00 | 0,00 | 0,00 | 0,00 |
| | IV | 283,41 | 15,58 | 22,67 | 25,50 | 13,17 | 19,16 | 21,56 | 10,83 | 15,76 | 17,73 | 8,57 | 12,47 | 14,03 | 6,38 | 9,28 | 10,44 | 0,00 | 6,19 | 6,96 | 0,00 | 3,42 | 3,84 |
| | V | 551,66 | 30,34 | 44,13 | 49,64 | | | | | | | | | | | | | | | | | | |
| | VI | 585,00 | 32,17 | 46,80 | 52,65 | | | | | | | | | | | | | | | | | | |

Auszug: Rehm Monats-Lohnsteuertabelle 2017, Verlagsgruppe Hüthig Jehle Rehm, Heidelberg (2019)

## 6

Ergänzen Sie die fehlenden Begriffe:

Die Höhe der ................................................... ist unabhängig von Kinderfreibeträgen, ausschließlich die Höhe des ....................................................... und die ............................................................ sind entscheidend für die Lohnsteuerhöhe. Nur die Kirchensteuer und der Solidaritätszuschlag berücksichtigen die Anzahl der .................................................. .

## 7

Die Schüller OHG sieht schwierigen Zeiten entgegen. Um seinen Gesellschaftern doch noch „schwarze Zahlen" vorlegen zu können, beschließt Herr Schüller, Inhaber und Geschäftsführer des Unternehmens, u.a. dieses Jahr kein Weihnachtsgeld an seine Mitarbeiter zu entrichten. Die Belegschaft ist entrüstet. Auf Anfragen hin entschuldigt sich Herr Schüller damit, dass Weihnachtsgeld weder eine gesetzliche noch eine tarifliche Leistung sei.
Ist die Zahlung von Weihnachtsgeld vom guten Willen des Arbeitsgebers abhängig oder muss er sich an bestimmte Spielregeln halten? Begründen Sie Ihre Beurteilung.

## 8

In einer Talkshow fordert der Bundeswirtschaftsminister maßvolle Tarifabschlüsse als Voraussetzung für neue Arbeitsplätze. Ein Gewerkschaftsvertreter merkt hierzu an, dass der Staat nicht die Möglichkeit einer direkten Einwirkung auf die Tarifparteien hat und fordert, dass sich Politiker bei aktuellen Tarifauseinandersetzungen mit Stellungnahmen zurückhalten sollen.

a) Wer schließt Tarifverträge ab?
b) Warum hat der Staat keine Möglichkeit, auf die Tarifabschlüsse der Tarifparteien einzuwirken?

## 9

Die Tarifparteien haben einen neuen Gehaltstarifvertrag Großhandel ausgehandelt. Die Gehälter sollen um 2 % steigen. Überprüfen Sie, unter welchen Voraussetzungen die BPK GmbH nun ihren Mitarbeitern 2 % mehr Gehalt zahlen muss bzw. unter welchen Voraussetzungen die BPK-Mitarbeiter Anspruch auf eine 2 %ige Gehaltssteigerung haben.

## 10

Die technischen Zeichner von Karlstadt haben sich zur Verbesserung der Bedingungen ihres Berufsstandes in einem „Verband der technischen Zeichner" zusammengeschlossen, um wirksamer auftreten zu können. Sogar die Inhaber einiger Architekten- und Baufirmen sind Mitglieder. Auf der letzten Versammlung ist eine Resolution verabschiedet worden, nach der ein Fortbildungsurlaub zu erkämpfen ist. Der Vorsitzende des Verbandes spricht den zuständigen Arbeitgeberverband an, wird von diesem aber nicht als Verhandlungspartner akzeptiert. Warum nicht?

## 11

Wer hat an der Allgemeinverbindlichkeitserklärung des Tarifvertrages ein besonderes Interesse?

**12**

Welchen Sinn hat die Unterscheidung zwischen Mantel- und Lohntarifvertrag?

**13**

Im Bewusstsein der Öffentlichkeit gelten Gewerkschaften – mit Recht – als Sozialpartner und Gegenspieler der Arbeitgeber, mit denen sie um Löhne, Sozialleistungen und Arbeitszeit ringen. Die Gewerkschaften sind aber auch selbst Unternehmer und Arbeitgeber, weil ihnen z. B. große Banken, Baugesellschaften und Versicherungen gehören. Welches Problem entsteht dadurch für den Gedanken der Tarifautonomie?

**14**

Ein Streik betrifft nicht nur den bestreikten Arbeitgeber. Welche Auswirkungen hat ein Streik auf
a) die streikenden Arbeitnehmer,
b) andere Arbeitnehmer im selben Betrieb,
c) Arbeitnehmer in anderen Betrieben,
d) andere Unternehmen,
e) die Volkswirtschaft?

**15**

Wer zahlt was? Geben Sie für die folgenden Fälle jeweils den relevanten Sozialversicherungsträger und die Art der Leistung(en) an.
a) Frau Klein stolpert auf dem direkten Weg zu ihrer Arbeitsstätte und erleidet einen Beinbruch.
b) Frau Sonne, verheiratet, hat ihren Arbeitsplatz gekündigt, um ihre 87-jährige Mutter zu Hause pflegen zu können. Die Mutter ist erheblich pflegebedürftig.
c) Der Arzt von Herrn Sollner (60 Jahre alt) ist auf seinen langjährigen Patienten sauer. Er kommt nur dann in die Praxis, wenn er krank ist. Das soll sich ab sofort ändern!
d) Klaus Adam ist verzweifelt: Seine Ehefrau liegt für mindestens 14 Tage im Krankenhaus. Wer soll sich jetzt um die Kinder (2, 4 und 6 Jahre alt) kümmern? Er muss doch ins Büro!
e) Werner Klein hat es geschafft. Nach 45 Arbeitsjahren kann er mit 63 Jahren und ein paar Monaten „abschlagsfrei“ seinen Job aufgeben.

**16**

Herr Claasen, 56 Jahre alt und von Beruf Dachdecker, „kann nicht mehr“: Probleme mit der Wirbelsäule ermöglichen ihm – ärztlich bescheinigt – nur noch weniger als 3 Stunden Arbeit pro Tag, natürlich nicht mehr auf Dächern! Wer kann Herrn Claasen jetzt helfen?

**17**

Der Gesetzgeber hat zahlreiche Vorschriften für den Schutz des Arbeitnehmers in den Betrieben erlassen.
a) Nennen und begründen Sie die Vorschriften
   - zum sozialen Arbeitsschutz,
   - zum Betriebs- und Gefahrenschutz.
b) Überlegen Sie, ob und ggf. warum die Geschäftsleitung der BPK GmbH großes Interesse daran haben muss, diese Vorschriften auch einzuhalten.

**18**

Der Staat erbringt für seine Bürger eine Vielzahl von Leistungen. Diese finanziert er aus unterschiedlichen Quellen. Erläutern Sie in diesem Zusammenhang die Begriffe
- Steuern,
- Beiträge und
- Gebühren.

**19**

Erläutern Sie im System der Sozialversicherungen das sogenannte Versicherungsprinzip.

**20**

Die Pflegeversicherung wird ebenso wie die Krankenversicherung durch Beiträge des Arbeitgebers und des Arbeitnehmers finanziert. Erläutern Sie, wie diese Beiträge berechnet werden.

**21**

Erläutern Sie die Leistungsbereiche der gesetzlichen Unfallversicherung.

**22**

Der Einkommensteuer unterliegen verschiedene Einkunftsarten. Nennen und erläutern Sie vier dieser Einkunftsarten.

**23**

Der Einkommensteuertarif ist in eine Proportional- und in eine Progressionszone aufgeteilt. Erläutern Sie diese beiden Begriffe.

**24**

Nennen Sie alle Angaben, die im Rahmen der Einkommensteuererklärung gemacht werden müssen, damit die Steuerschuld ermittelt werden kann.

# Lernsituation 64
## Einkommensteuererklärung

FK ☞ *LF5 Kap. 8*

**LERNSITUATION**

Aushang am Schwarzen Brett der BPK GmbH:

### Eventuell auch zu viel Lohnsteuern gezahlt?

Liebe Mitarbeiterinnen und Mitarbeiter!

Wie auch in den Jahren zuvor, bieten wir Ihnen Hilfe und Unterstützung bei der „Durchquerung des Steuerdschungels" an.

Alle Mitarbeiterinnen und Mitarbeiter, die ihr gutes Recht in Anspruch nehmen und sich zu viel gezahlte Lohnsteuer vom Staat zurückholen möchten, laden wir zum Workshop

„Wie funktioniert das eigentlich mit der Einkommensteuererklärung?"

herzlich ein!

Ziel des Workshops: Das grundsätzliche Verfahren der Einkommensteuererklärung verstehen und anwenden.

gez. Betriebsrat der BPK GmbH

## ARBEITSAUFTRAG

Uwe Dittmer, ehemaliger Auszubildender der BPK GmbH, hat es geschafft. Im Juni 20XY hat er seine Abschlussprüfung zum Kaufmann im Groß- und Außenhandel erfolgreich bestanden. Uwe hatte Glück, die BPK GmbH hat ihn aufgrund seiner guten Prüfungsergebnisse übernommen und ihm eine Stelle angeboten. Anfang des folgenden Jahres erhält Uwe von der Personalabteilung die Bescheinigung über seine Lohnsteuerdaten:

**Uwe Dittmer, geb. 21.05.1992, Steuerklasse I, katholisch**

| Beschäftigungsdauer | Bruttoverdienst | Einbehaltene Lohnsteuer | Einbehaltener Soli-Zuschlag | Einbehaltene Kirchensteuer | AN-Anteil am Sozialversicherungsbeitrag |
|---|---|---|---|---|---|
| 01.01.20XY – 31.05.20XY | 2.850,00 | 0,00 | 0,00 | 0,00 | 466,50 |
| 01.06.20XY – 31.12.20XY | 13.300,00 | 1.416,31 | 77,84 | 127,40 | 2.689,89 |
| – | – | – | – | – | |

Uwe hat über folgende Sachverhalte Belege aufbewahrt und bringt diese mit zum Workshop des Betriebsrates:

- Uwe wohnt 30 km von seinem Arbeitsplatz entfernt. Im Jahr 20XY fuhr er an 240 Arbeitstagen mit seinem Auto zur Arbeit.
- Beiträge zur Hausratversicherung: 89,00 €
- Gewerkschaftsbeiträge: 150,00 €
- Kfz-Steuern: 270,00 €
- Fachliteratur: 60,00 €
- Sozialversicherungsbeiträge
- Spende an Greenpeace: 50,00 €
- Nicht erstattete Zahnarztkosten: 250,00 €

**Einkommensteuer-Grundtabelle 20XY**

| zvE | ESt | zvE | ESt | zvE | ESt | zvE | ESt | zvE | ESt | zvE | ESt |
|---|---|---|---|---|---|---|---|---|---|---|---|
| 9.980 | 312 | 10.045 | 323 | 10.110 | 335 | 10.175 | 346 | 10.240 | 358 | 10.305 | 370 |
| 9.981 | 312 | 10.046 | 323 | 10.111 | 335 | 10.176 | 347 | 10.241 | 358 | 10.306 | 370 |
| 9.982 | 312 | 10.047 | 324 | 10.112 | 335 | 10.177 | 347 | 10.242 | 359 | 10.307 | 370 |
| 9.983 | 312 | 10.048 | 324 | 10.113 | 335 | 10.178 | 347 | 10.243 | 359 | 10.308 | 370 |
| 9.984 | 312 | 10.049 | 324 | 10.114 | 336 | 10.179 | 347 | 10.244 | 359 | 10.309 | 371 |
| 9.985 | 313 | 10.050 | 324 | 10.115 | 336 | 10.180 | 347 | 10.245 | 359 | 10.310 | 371 |
| 9.986 | 313 | 10.051 | 324 | 10.116 | 336 | 10.181 | 348 | 10.246 | 359 | 10.311 | 371 |
| 9.987 | 313 | 10.052 | 324 | 10.117 | 336 | 10.182 | 348 | 10.247 | 359 | 10.312 | 371 |
| 9.988 | 313 | 10.053 | 325 | 10.118 | 336 | 10.183 | 348 | 10.248 | 360 | 10.313 | 371 |
| 9.989 | 313 | 10.054 | 325 | 10.119 | 336 | 10.184 | 348 | 10.249 | 360 | 10.314 | 372 |
| 9.990 | 314 | 10.055 | 325 | 10.120 | 337 | 10.185 | 348 | 10.250 | 360 | 10.315 | 372 |
| 9.991 | 314 | 10.056 | 325 | 10.121 | 337 | 10.186 | 348 | 10.251 | 360 | 10.316 | 372 |
| 9.992 | 314 | 10.057 | 325 | 10.122 | 337 | 10.187 | 349 | 10.252 | 360 | 10.317 | 372 |
| 9.993 | 314 | 10.058 | 326 | 10.123 | 337 | 10.188 | 349 | 10.253 | 360 | 10.318 | 372 |
| 9.994 | 314 | 10.059 | 326 | 10.124 | 337 | 10.189 | 349 | 10.254 | 361 | 10.319 | 372 |

# Arbeitsblatt 64.1 Berechnung des zu versteuernden Einkommens und der Steuererstattung

**1. Ermittlung der Werbungskosten für die Einkünfte aus nicht selbstständiger Arbeit**

| Art der Werbungskosten | Bemerkung/Berechnung | Betrag |
|---|---|---|
| | | |
| | | |
| | | |
| | | |
| | | |
| | Summe | |

Übersteigt die Summe der Werbungskosten den Arbeitnehmer-Pauschbetrag in Höhe von 1.000,00 €? Wenn ja, wirkt sich der Nachweis dieser Aufwendungen steuermindernd aus!

**2. Berechnung des zu versteuernden Einkommens**

| | |
|---|---|
| Einkünfte aus nicht selbstständiger Arbeit | |
| – Werbungskosten der nicht selbstständigen Arbeit | |
| + sonstige Einkünfte | |
| – Werbungskosten der sonstigen Einkünfte | |
| = Summe der Einkünfte | |
| – Sonderausgaben | |
| – außergewöhnliche Belastungen | |
| = zu versteuerndes Einkommen | |

**3. Berechnung der Steuererstattung**

| | Gezahlte Steuern laut Bescheinigung | Zu zahlende Steuern | Erstattung |
|---|---|---|---|
| Einkommensteuer | | | |
| Kirchensteuer | | | |
| Soli-Zuschlag | | | |
| **Summe** | | | |

# Arbeitsblatt 64.2 Werbungskosten

**Werbungskosten § 9 EStG =**

**Voraussetzungen für die Anrechnung:**

**Beispiele für Werbungskosten bei Einkünften aus nicht selbstständiger Arbeit:**

**Werbungskostenpauschbetrag § 9 a EStG =**

# Arbeitsblatt 64.3 Sonderausgaben

**Allgemeine Sonderausgaben:**

**Altersvorsorgeaufwendungen:**

**Sonderausgaben § 10 EStG =**

**Sonstige Vorsorgeaufwendungen:**

**Sonderausgaben-Pauschbetrag § 10 c EStG:**

# Arbeitsblatt 64.4 Außergewöhnliche Belastungen

**Außergewöhnliche Belastungen**

Ein Steuerpflichtiger hat nur dann außergewöhnliche Belastungen, wenn ihm zwangsläufig größere Aufwendungen entstehen, die außergewöhnlich sind und ihn belasten!

| Grundsatz | Das bedeutet ... |
|---|---|
| Zwangsläufigkeit | |
| Aufwendung | |
| Außergewöhnlichkeit | |
| Belastung | |

**Beispiele für außergewöhnliche Belastungen:**

- 
- 
- 
- 
- 

# Aufgaben

**1**

Wonach richtet sich die Höhe der tatsächlich zu zahlenden Einkommensteuer?

**2**

Welche Einkunftsarten unterliegen der Einkommensteuer?

**3**

Stellen Sie das Schema zur Berechnung des zu versteuernden Einkommens dar.

**4**

Wie bekommt der Arbeitnehmer zu viel gezahlte Steuern vom Finanzamt zurück?

**5**

Wann lohnt sich ein Antrag zur Erstattung der Einkommensteuer für den Arbeitnehmer? Erläutern Sie vier Punkte.

**6**

Erläutern Sie den Begriff der Werbungskosten und beschreiben Sie fünf Kosten, die vom Finanzamt als Werbungskosten anerkannt werden.

**7**

Welche Bedeutung hat der sogenannte Arbeitnehmer-Pauschbetrag für die Anerkennung von Werbungskosten?

**8**

Erläutern Sie den Begriff der Sonderausgaben und beschreiben Sie fünf Ausgaben, die vom Finanzamt als Sonderausgaben anerkannt werden.

**9**

Erläutern Sie den Begriff der außergewöhnlichen Belastungen und beschreiben Sie fünf Tatbestände, die vom Finanzamt als außergewöhnliche Belastung anerkannt werden.

**10**

Erklären Sie den Begriff des Steuerfreibetrages und erläutern Sie, wie der Arbeitnehmer mit diesem Freibetrag jeden Monat Steuern sparen kann.

**11**

Interpretieren Sie nachfolgende Grafik.

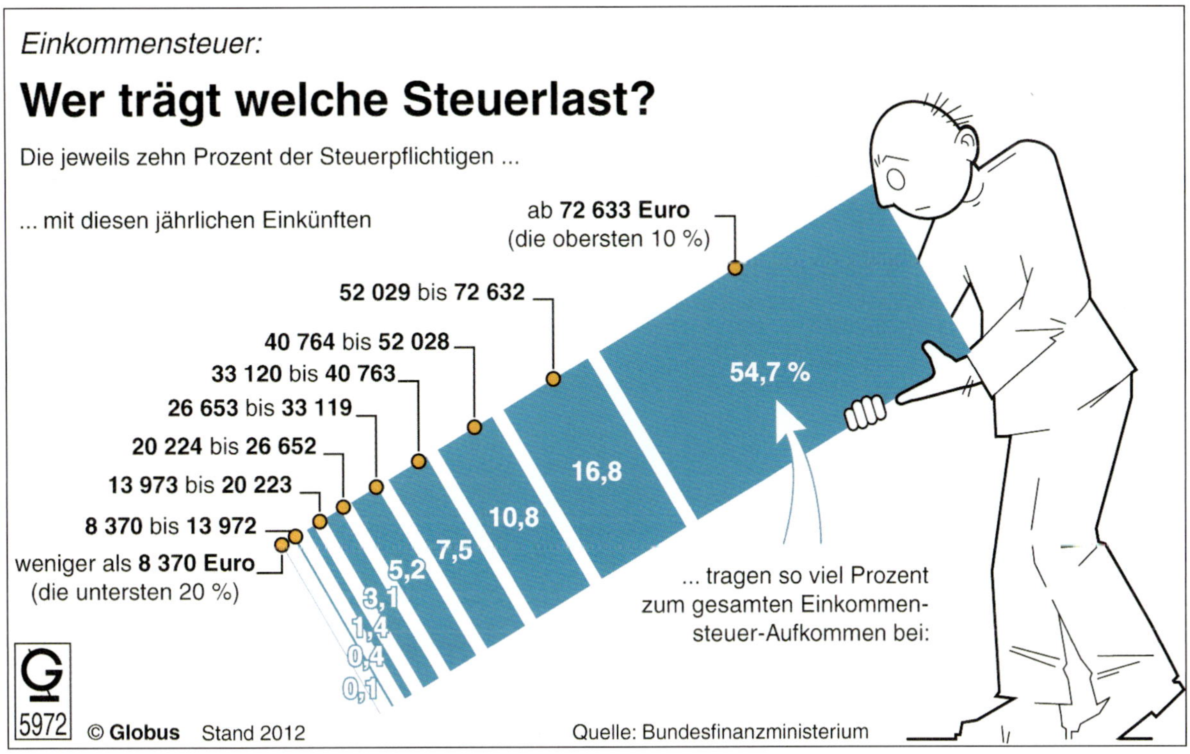

# Lernsituation 65
## Betriebliche Mitbestimmung

FK ☞ *LF 5 Kap. 10*

**LERNSITUATION**

bpk Bergisches Papierkontor GmbH

### Einladung

zur Wahlversammlung zur Wahl des Betriebsrats
im Personalraum im Obergeschoss
am 14. März 20XX, 14:00 Uhr

Liebe Kolleginnen und Kollegen!

In diesem Jahr wird ein neuer Betriebsrat gewählt. Wir danken unseren langjährigen Betriebsratsmitgliedern für ihre Tätigkeit in den vergangenen vier Jahren. Sie haben sich entschlossen, für eine weitere Kandidatur nicht mehr zur Verfügung zu stehen. Wir freuen uns aber, dass sie andere Kolleginnen und Kollegen von einer Kandidatur überzeugen konnten.

Die Kandidatenliste für den nächsten Betriebsrat steht jetzt fest – Sie finden die Wahlvorschläge im Foyer der Kantine im EG. Am 14. März möchten sich diese Kandidaten in zwei Teams persönlich bei Ihnen vorstellen. Anschließend entscheiden Sie dann in geheimer Wahl, welchen Kollegen Sie Ihre Stimme geben wollen und wer somit Ihre Interessen in der BPK GmbH vertreten soll.

Tagesordnung:
1. Begrüßung und Feststellung der Tagesordnung
2. Genehmigung des letzten Protokolls
3. Vorstellung der Wahlkandidaten
4. Wahl des Betriebsrats

Es lädt ein:
Der Wahlvorstand

Zwei Teams stehen für den nächsten Betriebsrat der BPK GmbH zur Wahl. Auf der folgenden Seite stellen sie sich den Kolleginnen und Kollegen vor.

**Wählt das 5er-Team**

- denn 10 Augen sehen mehr -

Franz Seidlitz
Inge Schneider
Fritz Stoll
Elisabeth Albrecht
Jürgen Konrad

Mit uns wird alles besser, wir kümmern uns um Ihre Sorgen!

**Wir stehen für:**

- Gleitzeit
- Urlaub, wann immer Sie möchten
- sichere Arbeitsplätze
- Freitags ist grundsätzlich um 13 Uhr Feierabend!

**Macht uns stark im Kampf gegen die Geschäftsführung - dann seid auch ihr stark!**

**Die 3**

**– jung, dynamisch, belastbar –**

Angelika Wild
Manfred Deneke
Irene Schmitt

- Wir verstehen uns als Vermittler zwischen Ihren Interessen und den Zielen der Geschäftsführung.
- Wir kämpfen für Sie und damit für die BPK GmbH, denn wir alle sind die BPK GmbH!
- Wir führen die bewährte Arbeit des bisherigen Betriebsrates weiter!

**Für eine starke BPK GmbH!**

## ARBEITSAUFTRÄGE

**1.** Informieren Sie sich über die Wahl und die Aufgaben des Betriebsrats, indem Sie folgende Fragen schriftlich beantworten:
   a) Aus wie vielen Personen besteht der Betriebsrat in der BPK GmbH?
   b) Wer kann den Betriebsrat wählen?
   c) Wer kann in den Betriebsrat gewählt werden?
   d) Wann und wie oft wird der Betriebsrat in einem Unternehmen gewählt?
   e) Welche Aufgaben hat der Betriebsrat?
   f) Welche Rechte hat der Betriebsrat im Betrieb?

**2.** Nachdem Sie sich nun allgemein über den Betriebsrat informiert haben, sind Sie in der Lage, die einzelnen Wahlversprechen der Kandidaten zu beurteilen. Welche Bewerber würden Sie als Mitarbeiter der BPK GmbH wählen? Begründen Sie Ihre Wahl.

**3.** Informieren Sie sich über die Wahl und die Aufgaben der Jugend- und Auszubildendenvertretung, indem Sie folgende Fragen schriftlich beantworten:
   a) Kann in der BPK GmbH eine Jugend- und Auszubildendenvertretung (JAV) gebildet werden?
   b) Wer wählt die JAV?
   c) Wer kann zur JAV gewählt werden?
   d) Wann und wie oft wird die JAV gewählt?
   e) Welche allgemeinen Aufgaben hat die JAV?

# Arbeitsblatt 65.1 Betriebsrat

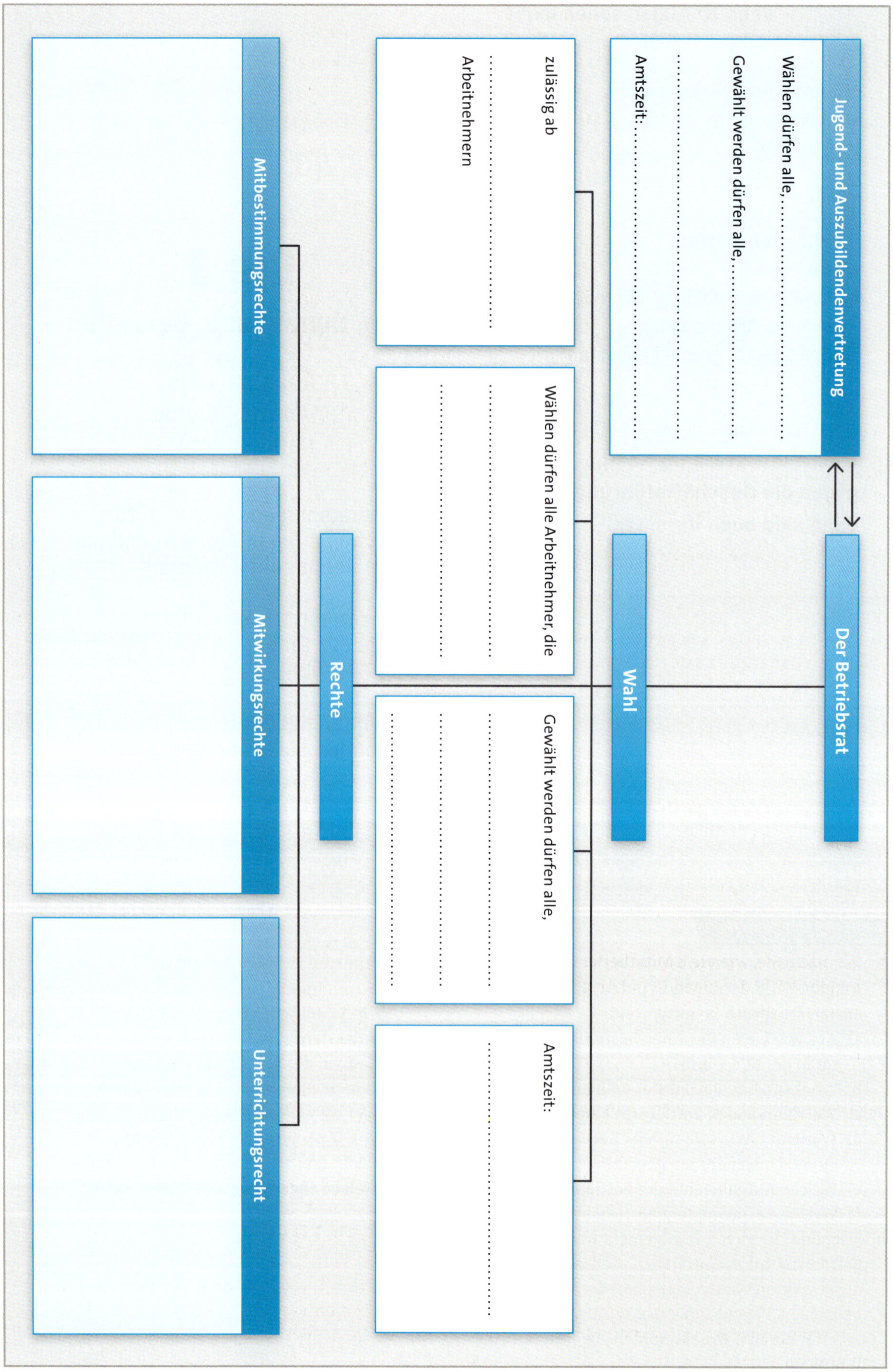

# Aufgaben

**1**

a) Erklären Sie mit eigenen Worten die Grafik zur betrieblichen Mitbestimmung.
b) Woran liegt es Ihrer Meinung nach, dass es bei kleineren Betrieben so wenige Betriebsräte gibt?

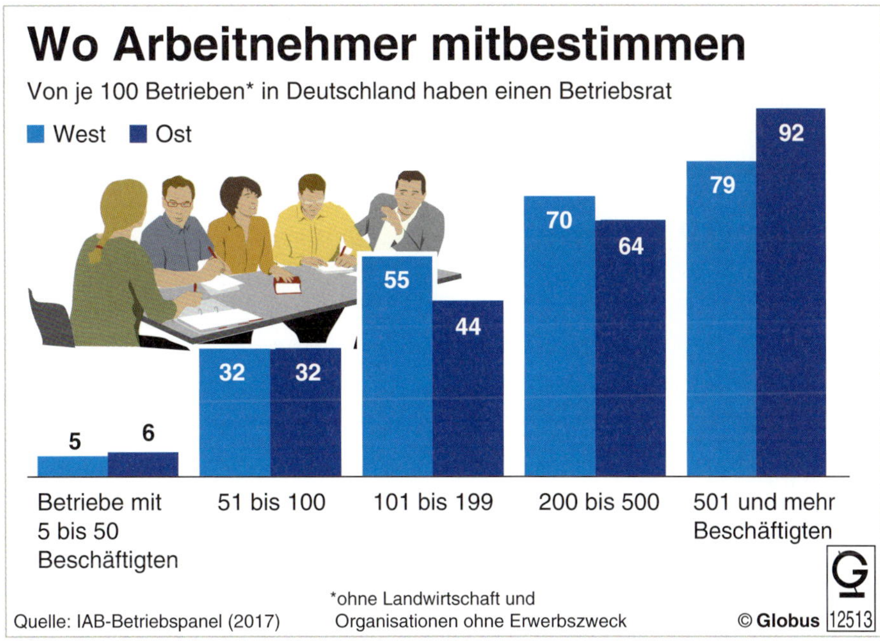


**2**

In dem Warenhaus Kaufrausch sind Mitarbeiter mit folgender Altersstruktur beschäftigt:

- 5 Mitarbeiter im Alter von 16 bis unter 18 Jahren, davon 4 Auszubildende
- 10 Mitarbeiter im Alter von 18 bis unter 25 Jahren, davon 3 Auszubildende
- 30 Mitarbeiter im Alter von 25 bis unter 40 Jahren
- 11 Mitarbeiter im Alter von 40 bis unter 50 Jahren
- 5 Mitarbeiter im Alter von 50 bis unter 65 Jahren

a) Ermitteln Sie, wie viele Mitarbeiter bei der anstehenden Wahl zum Betriebsrat wahlberechtigt sind!
b) Ermitteln Sie, wie viele Mitarbeiter bei der anstehenden Wahl der Jugend- und Auszubildendenvertretung wahlberechtigt sind!

**3**

Was ist eine Betriebsversammlung und was ist eine Betriebsvereinbarung? Erläutern Sie diese Begriffe und grenzen Sie die Begriffe voneinander ab!

**4**

Welche innerbetrieblichen Regelungen würden Sie als JAV-Vertreter/in einem Betrieb durchsetzen wollen? Begründen Sie!

**5**

Können Mitarbeiter gegen den Willen der Geschäftsleitung einen Betriebsrat gründen? Argumentieren Sie!

**6**

Beurteilen Sie die unten aufgeführten Fälle. Welche werden erst durch Zustimmung des Betriebsrats wirksam? Begründen Sie Ihre Entscheidung.

a) Die Geschäftsführung der Badewelt OHG beschließt, die Entgeltfortzahlung im Krankheitsfall von 100 % auf 85 % zu senken.
b) Im nächsten Monat werden aufgrund gestiegener Kosten die Preise in der Personalkantine um 1,00 € erhöht.
c) Zwei Mitarbeiter der Badewelt OHG haben eine Kündigung erhalten. Grund: Sie haben unerlaubterweise Personalrabatte an Freunde weitergegeben.

**7**

Die Geschäftsleitung entschließt sich in Absprache mit den Abteilungsleitern, die Öffnungszeiten für die Kaufrausch AG zu ändern. Im Rahmen der für die Kaufrausch AG geltenden gesetzlich vorgeschriebenen Ladenschlusszeiten beabsichtigt sie, die Öffnungszeiten vor den vier Adventssonntagen zu verlängern. Das Geschäft soll jeweils von Freitag 6:00 Uhr bis Samstag 24:00 Uhr durchgehend geöffnet bleiben. Diese Entscheidung wird in einem Rundschreiben den Beschäftigten mitgeteilt.

Welchen Einfluss haben die Arbeitnehmer, wenn
a) ein Betriebsrat vorhanden ist?
b) kein Betriebsrat vorhanden ist?

# Lernsituation 66
## Mitarbeitermotivation

FK ☞ LF 5 Kap. 12

### LERNSITUATION

Aushang am schwarzen Brett der BPK GmbH:

**Betriebsrat der BPK GmbH**

Wuppertal, 05. 11. 20XX

am 25. November 20XX, 15.00 Uhr im Personalraum im Obergeschoss

Liebe Kolleginnen und Kollegen,

die Geschäftsführung hat uns mitgeteilt, dass sie die bisherigen an alle Mitarbeiter gezahlten übertariflichen Leistungen abschaffen will. An deren Stelle soll ein am Umsatz orientiertes Prämiensystem treten; damit soll die Leistung des einzelnen Mitarbeiters belohnt werden.

Über diese geplanten einschneidenden Veränderungen wollen wir mit allen Kolleginnen und Kollegen in einer Betriebsversammlung beraten und haben hierzu auch die Geschäftsleitung eingeladen, um uns deren Vorstellungen erläutern zu lassen.

Anregungen, Wünsche, Ergänzungen hierzu teilen Sie uns bitte mit.

Der Betriebsrat

### ARBEITSAUFTRÄGE

1. Erarbeiten Sie in kleinen Gruppen Argumente für und gegen die Einführung eines am Umsatz orientierten Prämiensystems.
2. Entscheiden Sie, ob ein solches Prämiensystem auch bei Auszubildenden eingesetzt werden soll.
3. Machen Sie andere Vorschläge für Maßnahmen der Mitarbeitermotivation.
4. Gestalten Sie mithilfe Ihrer Erarbeitung (Aufträge 1–3) ein Rollenspiel mit folgenden Rollen:

**Rollenkarten**

| Fritz Stoll, Sachbearbeiter Verkauf und Betriebsratsmitglied | Peter Schönhauser, Geschäftsführer der BPK GmbH |
|---|---|
| • macht 5–10 Überstunden pro Woche<br>• ist seit 20 Jahren im Unternehmen, kennt seinen Kundenstamm entsprechend gut<br>• hat die bisherige übertarifliche Zulage immer fest eingeplant, die anderen Mitarbeiter ebenfalls<br>• sorgt sich um die Kollegen, die wenig Einfluss auf den Umsatz haben (z. B. Lagerarbeiter, Kraftfahrer) | • verlangt von den Mitarbeitern grundsätzlich flexiblen und motivierten Arbeitseinsatz<br>• steht unter Druck, weil sich ein neuer Konkurrent in der Nähe angesiedelt hat<br>• der Umsatz der BPK GmbH ist rückläufig, wichtige Investitionen werden in den nächsten Wochen durchgeführt<br>• arbeitet selbst bis zu 70 Stunden pro Woche<br>• kennt alle Mitarbeiter persönlich |

# Arbeitsblatt 66.1 Mitarbeiter motivieren

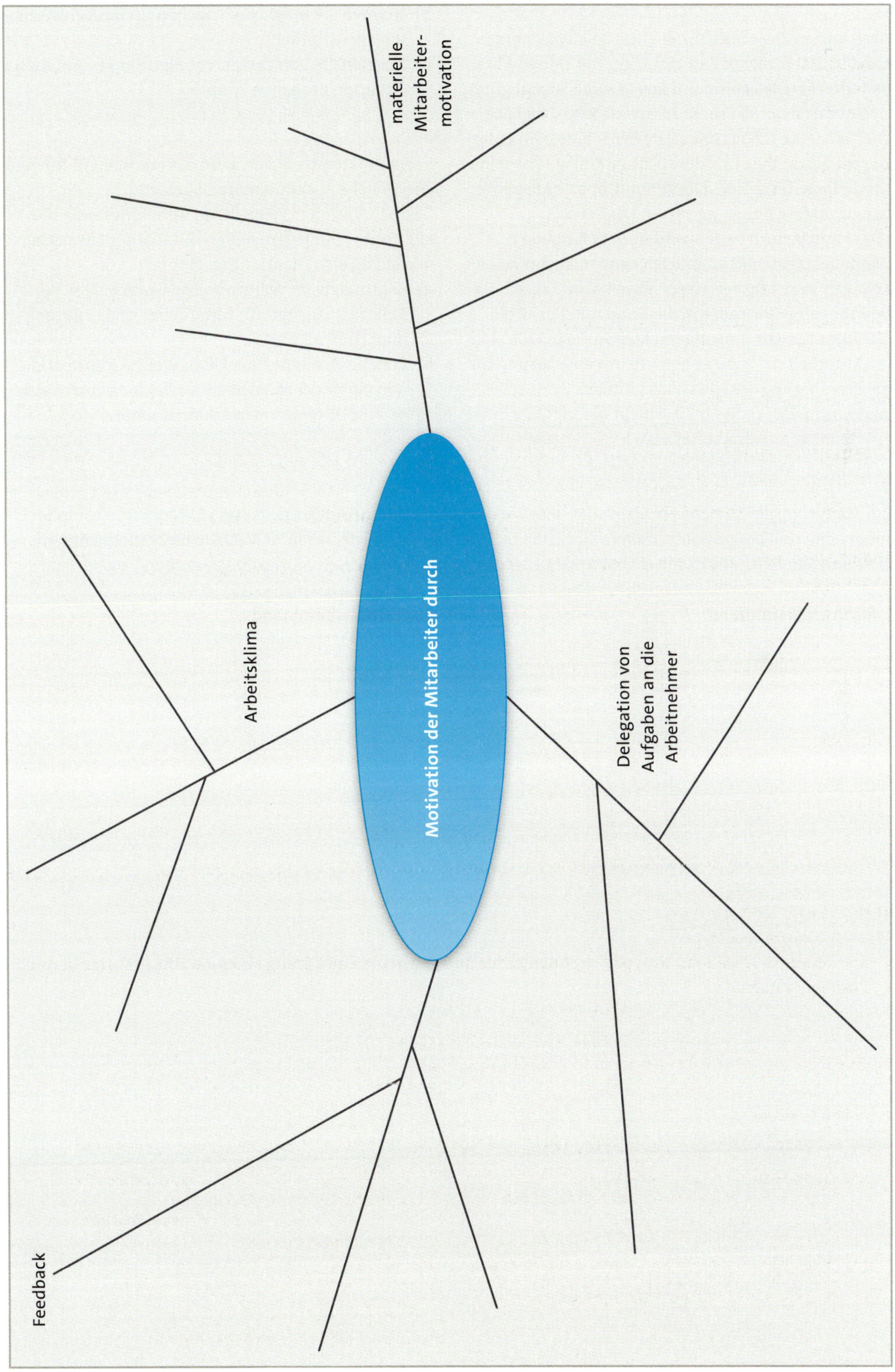

# Aufgaben

**1**

Arno Jansen, Geschäftsführer eines Spielwarengroßhandels, hat in letzter Zeit viel Ärger mit seinen Mitarbeitern. Theresa Trautmohn und Claudia Schugt giften sich nur noch an, der sonst so zuverlässige Ernst Ebersbach ist heute schon zum vierten Mal hintereinander zu spät gekommen und der tüchtige Kollege Kornelius Kronenberg teilte Herrn Jansen mit, er möchte gerne in eine andere Abteilung versetzt werden.
„Das kann ja noch heiter werden, bald fängt das Weihnachtsgeschäft an und ich kann mich auf keinen Kollegen so richtig verlassen", denkt Arno Jansen. Da fällt ihm eine Broschüre in die Hand mit dem Titel: „20 Tipps für den Umgang mit komplizierten und faulen Mitarbeitern", und er hofft, hierin eine Lösung für die Bewältigung der Situation zu finden.

a) Warum drückt dieser Titel nicht die „richtige Einstellung" zu Mitarbeitern aus?
b) Nennen Sie mögliche Ursachen für das Fehlverhalten der Mitarbeiter.
c) Machen Sie Vorschläge, wie Herr Jansen mit dieser Situation umgehen könnte.

**2**

In der Einarbeitungszeit wird das Fundament für eine erfolgreiche Zusammenarbeit gelegt.
Deshalb führen die jeweiligen Abteilungsleiter der BPK GmbH mit jedem neuen Mitarbeiter am ersten Arbeitstag ein Orientierungsgespräch.

a) Begründen Sie, warum solche Gespräche in der Einarbeitungszeit für Mitarbeiter und Unternehmen sinnvoll sind.
b) Erstellen Sie eine Checkliste, welche Informationen ein neuer Mitarbeiter zu Beginn seiner Tätigkeit im Unternehmen erhalten sollte.

**3**

Zur Förderung der Mitarbeitermotivation möchte die BPK GmbH die Aufenthalts- und Sozialräume komplett renovieren und umgestalten. Dabei will sie die realisierbaren Bedürfnisse ihrer Mitarbeiter berücksichtigen. Notieren Sie, welche Faktoren sich motivationsfördernd und welche sich motivationshemmend auswirken.

| motivationsfördernd | motivationshemmend |
| --- | --- |
| | |

# Lernsituation 67
## Beendigung des Arbeitsverhältnisses

FK ☞ *LF 5 Kap. 13*

**LERNSITUATION**

Löschen | Ist Werbung | Antworten | An alle | Weiterleiten | Drucken | Aufgabe

**Von:** Dr. Peter Schönhauser
**Betreff:** Kündigung Stoll
**Datum:** 13.10.20XX, 11.14 Uhr
**An:** Angelika Wild

Liebe Frau Wild,

ich bin bereits auf dem Weg zur Messe nach Köln, daher das Wichtigste auf diesem Wege. Habe heute den Widerspruch des Betriebsrates zur ausgesprochenen fristlosen Kündigung gegen Herrn Stoll auf meinem Tisch vorgefunden, das kann doch nicht wahr sein! Wie Sie wissen, haben wir Herrn Stoll nun wirklich genug Chancen gegeben und ihn auch durch eine Abmahnung auf sein Fehlverhalten hingewiesen, und jetzt so etwas. Dabei habe ich doch noch am 2. Oktober mit dem Betriebsrat über das Verhalten von Herrn Stoll und die bevorstehende Kündigung gesprochen.

Lassen Sie sich doch bitte nochmals die Personalunterlagen von Herrn Stoll kommen, vielleicht fällt Ihnen ja noch etwas zu dem Fall ein. Mit dem Betriebsrat werde ich nach meiner Rückkehr reden, das kann so nicht weitergehen!

P. Schönhauser

**Abmahnung**

bpk Bergisches Papierkontor GmbH

Name, Vorname *Stoll, Fritz* Geb.-Datum *25. 02. 19XX* Personal Nr. *304*
Beruf/Tätigkeit *Großhandelskaufmann* Abteilung *Verkauf* Datum *24. 09. 20XX*

Sehr geehrte(r) ~~Frau~~/Herr *Stoll*
am *21. 09. 20XX* haben Sie um *09:20 Uhr* in der Abteilung *Verkauf*
folgende Pflicht(en) aus dem Arbeitsvertrag verletzt:

*Wiederholtes verspätetes Erscheinen zum Arbeitsbeginn um 08:00 Uhr*

Wir erwarten, dass die Pflichten nicht mehr verletzt werden.
Im Wiederholungsfalle muss mit der Kündigung des Arbeitsverhältnisses gerechnet werden.

Ich habe die Abmahnung erhalten.

*Peter Schönhauser* — Unterschrift des Arbeitgebers

*F. Stoll* — Unterschrift des Arbeitnehmers

**Außerordentliche Kündigung**

bpk Bergisches Papierkontor GmbH

Wuppertal, 5. Oktober 20XX

Sehr geehrter Herr Stoll,

hiermit kündigen wir das mit Ihnen bestehende Arbeitsverhältnis mit fristloser Wirkung außerordentlich.

Unsere Kündigungsentscheidung basiert auf dem Umstand, dass Sie trotz einer Abmahnung vom 24.09.20XX gestern zum wiederholten Male verspätet zum Arbeitsbeginn erschienen sind. Diese Pflichtverletzung aus dem Leistungsbereich Ihres Arbeitsvertrages ist für unser Unternehmen nicht länger tragbar.

Entsprechend § 2 Sozialgesetzbuch II weisen wir Sie auf Folgendes hin: Gemäß § 37b Sozialgesetzbuch III sind Sie verpflichtet, sich unverzüglich persönlich bei der Agentur für Arbeit als arbeitsuchend zu melden. Andernfalls drohen Ihnen Einbußen bei Leistungen der Bundesagentur für Arbeit.

Ich habe die Kündigung erhalten:

*Peter Schönhauser* *F. Stoll*

Unterschrift des Arbeitgebers

**Betriebsrat der BPK GmbH**

bpk Bergisches Papierkontor GmbH

Wuppertal, 12. Oktober 20XX

**Widerspruch zur ausgesprochenen Kündigung Stoll**

Sehr geehrter Herr Schönhauser,

der von Ihnen ausgesprochenen Kündigung des Arbeitsverhältnisses von Herrn Stoll können wir

**nicht zustimmen.**

Wie Herr Stoll uns deutlich darlegte, handelt es sich bei seinem verspäteten Erscheinen zur Arbeit lediglich um Vorgänge, die aufgrund seiner angespannten privaten Lebenssituation entstanden sind. Dies rechtfertigt in unseren Augen auch nicht die Abmahnung, die Sie Herrn Stoll am 24. September 20XX erteilt haben.

Mit freundlichen Grüßen

*Thea Trautmann*

Betriebsratsvorsitzende

# Arbeitsblatt 67.1 Kündigungsarten und Kündigungsgründe

## Arten der Kündigung

| .................................................. | .................................................. |
| --- | --- |
| Eine ..................................................<br>ist eine einseitige empfangsbedürftige Willenserklärung. Sie wird daher erst dann rechtswirksam, wenn sie dem Vertragspartner zugeht. | Eine ..................................................<br>ist eine Kündigung, die das Arbeitsverhältnis aus besonderen Gründen beendet. Sie ist in den meisten Fällen mit einer fristlosen Kündigung gleichzustellen. |

## Kündigungsgründe

| .................................................. | .................................................. | .................................................. |
| --- | --- | --- |
| **Gründe:**<br>• Absatzschwierigkeiten, z. B. das Ausbleiben von Kunden<br>..................................................<br>..................................................<br>..................................................<br>..................................................<br>..................................................<br>..................................................<br>..................................................<br>.................................................. | **Gründe:**<br>• Tätlichkeiten, z. B. wird der Arbeitgeber durch seinen Angestellten körperlich angegriffen<br>..................................................<br>..................................................<br>..................................................<br>..................................................<br>..................................................<br>..................................................<br>..................................................<br>.................................................. | **Gründe:**<br>• Krankheit unter gleichzeitiger negativer Gesundheitsprognose für die Zukunft bzw. sehr häufige Kurzerkrankungen bzw. eine krankheitsbedingte Minderung der Leistungsfähigkeit<br>..................................................<br>..................................................<br>..................................................<br>..................................................<br>..................................................<br>..................................................<br>.................................................. |

# Arbeitsblatt 67.2 Kündigungsschutz

**Kündigungsschutz für besondere Arbeitnehmergruppen**

| ____________ | Elternzeit | Schwerbehinderte | ____________ |
|---|---|---|---|
| Merkmale: | Merkmale: | Merkmale: | Merkmale:<br>Bei diesen Personen ist eine ordentliche Kündigung während ihrer Amtszeit und innerhalb eines Jahres nach Beendigung der Amtszeit generell unzulässig. Aus wichtigem Grund kann jedoch eine außerordentliche Kündigung ausgesprochen werden, wenn der Betriebsrat dieser zugestimmt hat. |

# Aufgaben

**1**

Erklären Sie den Unterschied zwischen einer ordentlichen und einer außerordentlichen Kündigung.

**2**

Erläutern Sie die Bedeutung und Funktionen einer Abmahnung im Rahmen einer verhaltensbedingten Kündigung.

**3**

Bevor der Arbeitgeber eine Kündigung ausspricht, muss er eine Interessenabwägung vornehmen.

a) Erklären Sie die Bedeutung einer Interessenabwägung.
b) Nennen Sie jeweils drei Überlegungen, die im Rahmen der Interessenabwägung zugunsten des Arbeitgebers und zugunsten des Arbeitnehmers berücksichtigt werden können.

**4**

Beurteilen Sie die Rechtmäßigkeit der ausgesprochenen Kündigung im Großhandelsunternehmen Kaufgut. Das Unternehmen beschäftigt 74 Mitarbeiter und hat einen Betriebsrat.

a) Peter Naumann arbeitet als Verkäufer in der Textilabteilung. Dem Abteilungsleiter Herrn Mielke fällt auf, dass Herr Naumann in der letzten Zeit des Öfteren unpünktlich war. Wie sich zusätzlich herausstellt, hat Herr Naumann sein gesamtes Geld und seine gesamten Ersparnisse in Wettbüros ausgegeben. Der Geschäftsführer des Großhandelsunternehmens kündigt Herrn Naumann sofort fristlos wegen der Gefahr der Veruntreuung der Gelder aus der Kasse.
b) Durch einen Zufall erfährt die Abteilungsleiterin Karin Klung, dass Herr Lülsdorf in seinem Spind stets eine Flasche hochprozentigen Alkohol versteckt hält. Frau Klung mahnt ihn daher ab. Kurze Zeit später erscheint Herr Lülsdorf angetrunken zur Arbeit und verursacht einen Streit mit seinen Kollegen. Daraufhin informiert Frau Klung den Betriebsrat und kündigt Herrn Lülsdorf fristlos.
c) Der Geschäftsführer Herr Breuer mahnt den kaufmännischen Angestellten Karl Kappe wegen häufiger Bummelei, unbegründeten Zuspätkommens und Schlechtleistung ab. Nachdem Herr Kappe sein Fehlverhalten nicht abstellt, wird er vom Geschäftsführer fristgerecht zum Monatsende gekündigt. Der Betriebsrat wird nicht informiert.
d) Die unverheiratete Sabine Kühne wird vom Geschäftsführer Herrn Breuer mit Zustimmung des Betriebsrats per Einschreiben betriebsbedingt gekündigt. Frau Kühne erklärt aber am nächsten Tag, dass sie im 4. Monat schwanger sei, alleinstehend bliebe und das Geld aus ihrer Arbeit für sich und das Kind benötige. Herr Breuer allerdings besteht weiterhin auf der Kündigung, da Frau Kühne ja nun weniger belastbar sei und dadurch der Betriebsablauf empfindlich gestört werden könnte.

**5**

Unter welchen Voraussetzungen hat ein Arbeitgeber das Kündigungsschutzgesetz zu beachten? Für welche Arbeitnehmer besteht ein besonderer Kündigungsschutz?

**6**

In der Personalabteilung wird ein Zeugnis für einen Arbeitnehmer geschrieben, der seine Stelle gekündigt hat. Was muss beachtet werden?

a) Im Arbeitszeugnis wird nur über Art und Dauer der Tätigkeit berichtet.
b) Die Leistungen werden nur beurteilt, wenn sie nicht negativ waren.
c) Alle Beurteilungen müssen positiv formuliert werden.
d) Ein Zeugnis kann abgelehnt werden, wenn die Beurteilung des Arbeitnehmers negativ ausfallen würde.

# Lernsituation 68
## Waren- und Informationsfluss

FK ☞ LF 6 Kap. 1.1 – 1.4

### LERNSITUATION

Die Beska GmbH, ein langjähriger Kunde der BPK GmbH, erteilt einen Auftrag über 500 Pakete Bierdeckel und 500 Pakete Servietten. Da es sich um Aktionsware handelt, die für jeden Auftrag individuell bedruckt wird, hat die BPK GmbH die Ware nicht auf Lager, sondern muss sie bei zwei verschiedenen Lieferanten bestellen. Der Praktikant Vladimir fragt Sie, wie mit diesem Auftrag weiter verfahren wird.

### ARBEITSAUFTRÄGE

1. Erklären Sie Vladimir, welche Waren- und Informationsflüsse aufgrund dieses Auftrages in der BPK GmbH ausgelöst werden. Damit Vladimir sich den Ablauf besser vorstellen kann, erstellen Sie für ihn ein Schaubild, in dem Sie die folgenden Prozesse in eine zeitliche Reihenfolge bringen.
   - Ware wird geliefert
   - Kunde gibt Bestellung auf/Auftragseingang
   - Warenausgangskontrolle
   - Ware wird beim Lieferanten bestellt
   - Warenentnahme wird erfasst
   - Ware wird an den Kunden versandt
   - Wareneingang wird erfasst
   - Ware wird dem Lager entnommen
   - Wareneingangskontrolle
2. Markieren Sie im Schaubild, ob es sich jeweils um einen Waren- oder um einen Informationsfluss handelt.
3. Markieren Sie in Ihrem Schaubild außerdem die Schnittstellen zwischen zwei Abteilungen und notieren Sie, welche Abteilungen jeweils betroffen sind. Welche Probleme können an den jeweiligen Schnittstellen auftreten?
4. Machen Sie konkrete Vorschläge, wie die unter 3 beschriebenen Probleme gelöst bzw. vermieden werden können.

# Arbeitsblatt 68.1 Logistik

**Kernfunktionen im Handelsbetrieb:**

**Ziel der Logistik:**

**Arten:**

- Beschaffungslogistik
- 
- 
- 

## koordinierte Logistikansätze

**Supply Chain Management (SCM):**

**E-Business:**

# Aufgaben

**1**

a) Beschreiben Sie den Warenfluss in Ihrem Ausbildungsunternehmen. Zeichnen Sie dazu die verschiedenen Abteilungen, die die Ware vom Wareneingang bis zum Versand an den Kunden durchläuft, auf. Vergleichen Sie Ihre Skizze mit der Ihres Nachbarn.

b) Erläutern Sie, welche Maßnahmen in Ihrem Ausbildungsunternehmen getroffen werden, um den Warenfluss zu optimieren.

**2**

Erläutern Sie, warum es wichtig ist, die einzelnen Abteilungen an ihren Schnittstellen zu verzahnen.

**3**

Erstellen Sie ein Netzwerk, das den Zusammenhang zwischen dem optimalen Warenfluss und dem Erfolg des Unternehmens zeigt.

**4**

Die Zuckerwelt GmbH ist ein Großhandelsunternehmen mit Sitz in Olpe. Sie beliefert Tankstellen, Getränkeshops, Bäckereien, Drogerien und Kioske mit Süßwaren und sogenannten Convenience aller Art. Dazu kauft sie die Ware direkt vom Hersteller ein. Diese wird dann im Zentrallager in Olpe eingelagert und von dort aus weiter an die Kunden verteilt. Diese Kunden bestellen ihre Ware nicht beim Hersteller, sondern bei der Zuckerwelt GmbH. Diese stellt die Ware täglich zusammen und beliefert ihre Kunden an 6 Tagen in der Woche: Montags bis Samstags. So erhalten die Kunden „alles aus einer Hand". Zuverlässigkeit und eine optimal abgestimmte Logistik sind das Aushängeschild der Zuckerwelt GmbH. Das Herzstück ist das Zentrallager. Wie können Sie sich die Abläufe im Zentrallager der Zuckerwelt GmbH vorstellen? Stellen Sie den Warenfluss und den Informationsfluss in einem Ablaufplan dar.

**Netzwerk erstellen**

**Schritt 1:** Ermitteln Sie alle Aspekte, die im Zusammenhang mit dem Thema stehen, z. B. Mitarbeitermotivation, Qualität, Umwelt, Gewinn und Durchlaufzeiten.

**Schritt 2:** Setzen Sie die Aspekte aus Schritt 1 zueinander in Beziehung. Markieren Sie dabei auch, ob es sich um einen positiven Zusammenhang (je mehr, desto mehr) oder um einen negativen Zusammenhang (je mehr, desto weniger) handelt.

**Schritt 3:** Präsentieren Sie Ihr Netzwerk der Klasse.

**Beispiel:**
(Positive und negative Rückkoppelungen sind mit + bzw. – gekennzeichnet.)

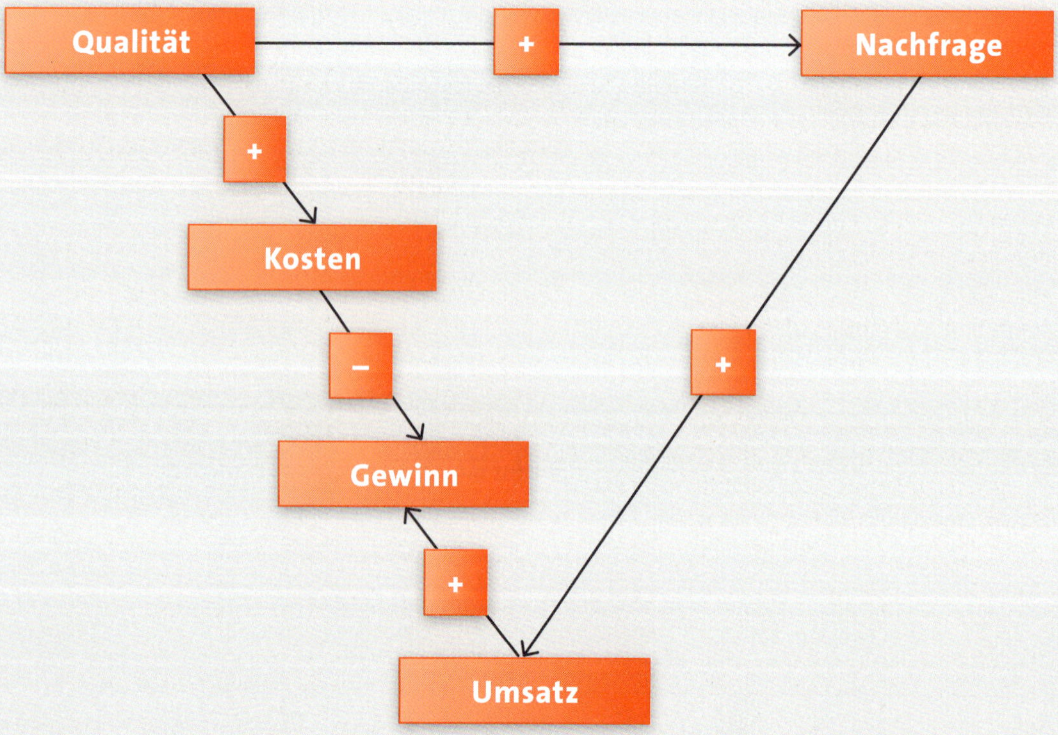

**5**

Nennen Sie mögliche Wertschöpfungsstufen bei der Produktion folgender Erzeugnisse:

| | **Wertschöpfung** |
|---|---|
| Mobiltelefon | |
| Auto | |
| Jeanshose | |
| Tiefkühlpizza „Tonno" | |

**6**

Wählen Sie einen beliebigen Artikel aus dem Sortiment Ihres Ausbildungsbetriebes.

a) Stellen Sie hier die Wertschöpfungskette von der Urerzeugung bis zum Endverbraucher dar. Kennzeichnen Sie auch, an welcher/welchen Stelle(n) der Wertschöpfungskette Außenhandel stattfindet.

b) Beschreiben Sie, welcher konkrete Mehrwert in den einzelnen Wertschöpfungsstufen gewonnen wird.

c) Ermitteln Sie, auf welchen Transportwegen und mit welchen Transportmitteln der Artikel bzw. seine Vorstufen auf seinem Weg von der Urerzeugung zum Endverbraucher transportiert wird.

**7**

Wichtige Phasen des Warenflusses in einem Großhandelsunternehmen sind:

Warenannahme – Einlagern – Warenpflege – Auslagern – Zwischenlagern – Kommissionieren – Verpacken – Versenden

Verfolgen Sie die Phasen des Warenflusses in Ihrem Ausbildungsunternehmen und formulieren Sie konkrete Aktivitäten der einzelnen Teilprozesse.

**8**

Geben Sie an, ob es sich bei den folgenden Teilprozessen um wertschöpfende oder um nicht wertschöpfende Prozesse handelt.

a) Kundenwünsche identifizieren – Sortiment zusammenstellen

b) Bedarf ermitteln – Angebote einholen – Lieferer auswählen – Bestellung auslösen

c) Kundenanfrage prüfen – Warenverfügbarkeit prüfen – Kundenanfrage bestätigen

d) Strategisches Ziel formulieren – Teilziele ableiten – Prozesse bewerten – Prozesse überwachen – Prozesse verbessern

e) Lieferdaten ermitteln – Lieferdaten erfassen – Lieferdaten verwalten

f) Waren annehmen – Waren manipulieren – Waren pflegen

**9**

Stellen Sie Chancen und Risiken internationaler Wertschöpfungsketten möglichst umfassend und aus verschiedenen Perspektiven dar.

# Lernsituation 69
## Qualitätsmanagement

FK ☞ LF6 Kap. 1.5

### LERNSITUATION

Herr Hensvik, zuständig für das Qualitätsmanagement in der BPK GmbH, hat schon seit Längerem darauf hingewiesen, dass die BPK GmbH gegenüber neueren Ansätzen in diesem Bereich aufgeschlossen sein muss, um auch langfristig konkurrenzfähig bleiben zu können. In der eigens anberaumten Abteilungsleiterkonferenz fallen Begriffe wie „Toyota-Methode", TQM oder DIN/ISO.
Herr Dr. Schönhauser meint, er „verstehe nur Chinesisch", und beauftragt Herrn Hensvik, für ihn Informationen zu beschaffen und aufzubereiten. Ihre Aufgabe ist es, Herrn Hensvik dabei zu unterstützen.

### ARBEITSAUFTRÄGE

1. Wählen Sie **einen** der beiden nachfolgenden Texte (Text 1 **oder** Text 2) aus und informieren Sie sich mit dessen Hilfe über das dort dargestellte Qualitätsmanagementkonzept. Ergänzen Sie die so gewonnenen Informationen durch selbst recherchierte Texte – z. B. aus Online-Datenbanken.
2. Fassen Sie die Kerngedanken des von Ihnen bearbeiteten Qualitätsmanagementkonzepts in Stichworten zusammen.
3. Beschreiben Sie sowohl die Chancen als auch die Schwierigkeiten/Risiken, die bei der Einführung dieses Konzeptes in einem deutschen Unternehmen – wie z. B. der BPK GmbH – auftreten könnten.
4. Kommen Sie mit Mitschülern, die das gleiche Qualitätsmanagementkonzept wie Sie bearbeitet haben, zusammen und vergleichen Sie Ihre Arbeitsergebnisse.
5. Stellen Sie Ihre Arbeitsergebnisse Ihren Mitschülern, die ein anderes Qualitätsmanagementkonzept analysiert haben, vor – z. B. in Form einer Wandzeitung. Diskutieren Sie im Plenum Gemeinsamkeiten und Unterschiede der beiden Konzepte.

Text 1

### Bei Kaizen zählt jeder Vorschlag!

Masaaki Imai entwickelte das unternehmensweite Qualitätsmanagementkonzept „Kaizen", das auf der vom japanischen Firmengründer Sakichi Toyoda eingeführten „Toyoda-Methode" basiert.

Der Unternehmer Toyoda und seine Mitarbeiter hatten erkannt, dass Qualität in den Köpfen und Herzen aller Mitarbeiter entsteht und nicht durch Prüfautomaten am Ende des Fließbandes. Daher müssen alle Mitarbeiter des Unternehmens motiviert werden, ihre Arbeit jeden Tag ein wenig besser zu machen. So können Produktionsabläufe kontinuierlich optimiert und die Qualität der Produkte immer weiter erhöht werden. Unnötiger Materialverbrauch wird ebenso vermieden wie überhöhte Lagerbestände. Hierzu sieht Kaizen eine Reihe organisatorischer Maßnahmen vor:

Verbesserungsvorschläge werden zusammen mit ihren „Erfindern" als Ansporn für die Kollegen unternehmensweit durch Aushänge in den Werkshallen, in Broschüren und im Intranet publiziert. Innerhalb des Konzerns finden landesweite Ideenwettbewerbe statt, bei denen die einzelnen Betriebe gegeneinander im Wettstreit um die besten Verbesserungen antreten. Als Teil der Personalbeurteilung wirken sich Verbesserungsvorschläge zudem positiv auf die eigenen Karrierechancen aus.

Um jeden Mitarbeiter zur Teilnahme an Kaizen zu befähigen, wird gezielt in entsprechende Personalschulungsmaßnahmen investiert. Dabei steht die Vermittlung standardisierter Methoden zur Erkennung und Lösung von Qualitätsproblemen im Vordergrund.

Regelmäßige Besprechungen innerhalb der Arbeitsgruppe, die sogenannten Qualitätszirkel, dienen dazu, die Kommunikation der Mitarbeiter untereinander zu verbessern und den gegenseitigen Lernprozess zu fördern. So werden z. B. auf einem Morgenmarkt alle Qualitätsprobleme des Vortages von Bandarbeitern und Ingenieuren gemeinsam diskutiert und unmittelbar Lösungsvorschläge erarbeitet. Die Teilnahme an diesen Besprechungen, nicht selten auch nach dem Ende der regulären Arbeitszeit, gilt für jeden Mitarbeiter, ob Werker oder Führungskraft, als „heilige" Pflicht.

Das japanische Kaizen-Konzept war derart erfolgreich, dass es zunächst von sämtlichen europäischen Automobilbauern, später dann auch von vielen anderen Industrieunternehmen kopiert und weiterentwickelt wurde. Inzwischen hat das Konzept auch Eingang in andere Branchen, wie z.B. den Großhandel, gefunden.

Nicht vernachlässigen darf man dabei aber, dass Kaizen sehr stark mit der japanischen Mentalität und Kultur verbunden ist. Die traditionell sehr enge, häufig lebenslange Verbundenheit eines japanischen Arbeitnehmers mit seinem Arbeitgeber sowie die dem Konfuzianismus entstammende Betonung des Kollektivs gegenüber den Interessen des Individuums erleichtern die Umsetzung von Kaizen-Konzepten erheblich. Die strenge Hierarchie in japanischen Unternehmen entspricht sehr häufig der Rangfolge in der traditionellen japanischen Familie: Der Unternehmenschef nimmt die Rolle des Familienoberhauptes ein, der Rat, Schutz und Hilfe in allen Lebenslagen bietet. Den übrigen Führungskräften und Mitarbeitern kommt die Rolle des Kindes zu, das sich für die elterliche Fürsorge ein Leben lang durch bedingungslose Treue und Tatkraft zu bedanken hat. Das auf den kurzfristigen Erfolg ausgerichtete Karrierestreben vieler westlicher Manager steht den traditionellen japanischen Werten von Loyalität und Ritterlichkeit („bushido") jedenfalls diametral entgegen.

Für die Umsetzung des Kaizen-Konzeptes in einem Betrieb ist mit durchschnittlich fünf Jahren zu rechnen, da Kaizen im Sinne einer Unternehmenskultur alle Bereiche des Betriebes durchdringen soll. Langgediente Mitarbeiter zu ermuntern, über ihre Arbeit nachzudenken und eingefahrene Wege zu verlassen, ist eine besonders anspruchsvolle Führungsaufgabe, die meist der externen – und sehr kostspieligen – Unterstützung durch eine Kaizen-Unternehmensberatung bedarf.

*Quelle: Autorentext*

Text 2

## ISO 9000 – ein Qualitätszertifikat, das auch dem Image dient

Eine Zertifizierung nach den Normen DIN EN ISO 9000 ff. ist für viele Unternehmen in Europa und den USA längst zur Selbstverständlichkeit geworden. Automobil- und Maschinenbauer, Elektronikkonzerne, Software-Entwickler oder andere Dienstleister haben ihre Geschäftsprozesse nach den ISO-Normen 9000 bis 9004 gestaltet und sich die Erfüllung dieser Normen durch eine unabhängige Zertifizierungsgesellschaft bestätigen lassen. So dokumentieren sie die Verlässlichkeit ihres eigenen Qualitätsmanagements – und verschaffen sich gleichzeitig einen häufig entscheidenden Wettbewerbsvorteil gegenüber nicht zertifizierten Konkurrenten. Grundlage einer Zertifizierung sind die von der Internationalen Standardisierungs-Organisation (ISO) im Jahr 1987 veröffentlichten Normen 9000 bis 9004, die konkrete Schritte für die Qualitätssicherung festlegen. Später wurden sie auch von der Europäischen Union (Europäische Norm (EN)) und dem Deutschen Institut für Normung e. V. (DIN) übernommen. Die ISO-„Normenfamilie" hat in ihrer derzeit gültigen Fassung drei **Kernnormen**:

| Kernnorm | Inhalt |
|---|---|
| DIN EN ISO 9000 | Allgemeine Zielsetzungen und Begriffe für Qualitätsmanagementsysteme sowie Anleitungen zu deren Darstellung |
| DIN EN ISO 9001 | Der Umfang der Qualitätssicherung und deren Nachweis bezieht sich auf alle Leistungsprozesse: Entwicklung, Konstruktion, Teilefertigung, Montage, Instandhaltung und Service |
| DIN EN ISO 9002<br>DIN EN ISO 9003 | Diese Normen werden seit dem Jahr 2003 nicht mehr angewendet. (Ausnahme: DIN EN ISO 9003 wird in der Medizintechnik noch gelegentlich verwendet.) |
| DIN EN ISO 9004 | Weitergehende unverbindliche Empfehlungen zur Einrichtung eines Qualitätssicherungssystems |

Text 2 (Fortsetzung)

## ISO 9000 – ein Qualitätszertifikat, das auch dem Image dient

Die ISO-Regelungen sind Ausdruck des Wunsches, zu international vergleichbaren Qualitätsmaßstäben zu gelangen. Denn die stetig wachsende Bedeutung von Outsourcing-Strategien, also die Abgabe von Wertschöpfungsstufen an Fremdlieferanten, erfordert die immer stärkere Einbindung der Zulieferer in den Betriebsablauf, speziell in die Qualitätssicherung. Nur wenn der Lieferant in der Lage ist, nachprüfbare Qualitätsgarantien abzugeben, kann die Qualität der eigenen Produkte gewährleistet werden. Die zunehmende technische Komplexität der Produkte und Produktionsprozesse und die sich verschärfende Produkthaftung verlangen nach einer immer größeren Transparenz des Fertigungsablaufes, um Qualitätsmängel frühzeitig erkennen und beheben zu können.

Im Gegensatz zu anderen Qualitätsmanagementkonzepten – wie z.B. dem japanischen Kaizen-Konzept – zielen die ISO-Normen 9000 ff. nicht unmittelbar auf die Produkte, sondern auf die Prozesse eines Betriebes ab. Es geht also um die betrieblichen Strukturen und Abläufe sowie um die Methoden und Instrumente, mit denen die Qualität gesichert werden kann. Bei der weitestgehenden Norm 9001 werden sämtliche Leistungsprozesse – vom Produktdesign bis zum Kundendienst – dokumentiert und auf ihre Übereinstimmung mit den Vorgaben der Norm überprüft. So sollen Fehler in sämtlichen Phasen der Leistungsentstehung und -erbringung verhütet werden.

Kernstück eines Qualitätsmanagements nach DIN ISO 9000 ff. ist die Erstellung eines Handbuches, in dem die Qualitätsziele des Betriebes und sämtliche Schritte zur Erreichung dieser Ziele dokumentiert werden. Dabei sind sämtliche Arbeitsabläufe exakt nach den DIN-ISO-Normen zu gestalten und entsprechende Verantwortlichkeiten der Mitarbeiter festzulegen. Die Standardisierung der Arbeitsabläufe soll gewährleisten, dass alle Mitarbeiter nach einem einheitlichen und transparenten Schema handeln, um so ineffiziente Abläufe und Fehler zu vermeiden und schließlich die Kosten zu senken. Das Qualitätshandbuch muss eng mit einer entsprechenden, auf unternehmensweite Qualitätssicherung ausgerichteten Unternehmensphilosophie verzahnt sein.

Die größte Schwierigkeit besteht dann allerdings meist darin, die Theorie – Qualitätshandbuch und Unternehmensphilosophie – in die Praxis, also das tatsächliche Tun der Mitarbeiter umzusetzen. Nicht selten verschwindet das Qualitätshandbuch ungelesen in den Schreibtischen und Regalen und wird erst dann hervorgeholt, wenn die Auditoren der Zertifizierungsgesellschaft danach fragen.

Denn ein Qualitätsmanagement nach DIN ISO 9000 ff. gewinnt erst dann seinen wahren Wert, wenn dem Betrieb die Erfüllung der Normen durch eine unabhängige Zertifizierungsgesellschaft, z.B. TÜV CERT, bestätigt wurde. Die Prüfer der Zertifizierungsgesellschaft gleichen zunächst die dem Qualitätssicherungssystem zugrundeliegenden Unterlagen mit den DIN ISO Normen ab und inspizieren das Konzept dann an Ort und Stelle in einem sogenannten Audit. Wurden die Normen zur Zufriedenheit der Prüfer erfüllt, erhält das Unternehmen das begehrte Zertifikat.

Dabei dauert die Erarbeitung und Prüfung eines Qualitätsmanagements nach DIN ISO 9000 ff. schon bei einem mittelständischen Betrieb mindestens ein bis zwei Jahre. Die Kosten der Zertifizierung durchbrechen leicht die Marke von 100.000,00 € – ohne Beraterhonorare und interne Aufwendungen. Kein Wunder, dass sich auf dem Markt der DIN-ISO-Audits mittlerweile über 20 akkreditierte Zertifizierungsgesellschaften tummeln. Zudem muss sich der Betrieb das Zertifikat durch eine jährlich Teilprüfung und alle drei Jahre durch eine Vollprüfung bestätigen lassen.

In vielen Branchen ist das DIN-ISO-Zertifikat aber längst zum selbstverständlichen Qualitätssiegel und zur Eintrittskarte in den Markt geworden. Auch öffentliche Aufträge, z.B. im Rahmen EU-weiter Ausschreibungen, können häufig nur zertifizierte Unternehmen erhalten.

*Quelle: Autorentext*

# Aufgaben

## 1

Die Qualitätsprüfung der Waren kann erfolgen
a) direkt am Arbeitsplatz oder an einem separaten Prüfplatz,
b) durch den die Arbeitsschritte ausführenden Mitarbeiter (Eigenkontrolle) oder durch einen externen Prüfer (Fremdkontrolle).

Welche Vorteile hat dies jeweils im Vergleich zueinander?

## 2

Moderne Systeme des Total Quality Management (TQM) haben für Unternehmen eine herausragende Bedeutung gewonnen.
a) Erklären Sie, wie sich TQM-Systeme (z. B. das japanische Kaizen) von herkömmlichen Verfahren der Qualitätsprüfung unterscheiden.
b) Erläutern Sie an drei Beispielen, wie durch TQM-Systeme die betrieblichen Kosten beeinflusst werden.

## 3

Bringen Sie die folgende Teilschritte bei der Einführung eines Qualitätsmanagementsystems nach DIN EN ISO 9001 in eine sinnvolle Reihenfolge.

| | |
|---|---|
| | Es werden nur solche Lieferanten zugelassen, die die unternehmenseigenen Qualitätsanforderungen erfüllen. |
| | Es wird ein Qualitätshandbuch erstellt, das die Erfüllung aller Qualitätsanforderungen gewährleisten soll. |
| | Alle Arbeitsschritte werden nach den anzuwendenden Normen geplant. |
| | Die Unternehmensleitung definiert ihre Qualitätsziele und stellt sicher, dass dieses Qualitätsverständnis von allen Mitarbeitern verstanden wird. |
| | Eingangs- und Endprüfungen belegen die Erfüllung der gesetzten Qualitätsanforderungen. |
| | Das Erreichen der gesetzten Qualitätsziele wird regelmäßig erfasst und dokumentiert. |
| | Alle eingehenden Waren sind eindeutig und nach einem einheitlichen Standard zu kennzeichnen. |
| | Die Unternehmensleitung benennt einen Qualitätsbeauftragten, der die Umsetzung aller Normen sicherstellt. |
| | Es werden Anweisungen für das Archivieren und die Pflege von Qualitätsaufzeichnungen definiert. |
| | Alle fehlerhaften Waren werden unverzüglich ausgesondert. |
| | Die Ursachen unzureichender Qualität werden dokumentiert und Maßnahmen zu ihrer Vermeidung werden ergriffen. |

# Lernsituation 70
## Ökobilanz und EMAS

FK ☞ *LF6 Kap. 1.6*

**LERNSITUATION**

Dem Geschäftsführer der BPK GmbH, Herrn Dr. Schönhauser, wird folgende Ökobilanz der BPK GmbH des Jahres 20XX vorgelegt.

**Input-Output-Bilanz der BPK GmbH**

| Input | | | Output | | |
|---|---|---|---|---|---|
| | Vorjahr | Berichtsjahr | | Vorjahr | Berichtsjahr |
| **1. Waren (kg)** | 9.530.749 | 9.966.024 | **1. Waren (kg)** | 8.884.242 | 8.523.480 |
| **2. Anlagegüter*** | | | **2. Abfälle (kg)** | 2.522.877 | 2.752.345 |
| 2.1 Gebäude | | | 2.1 Sonderabfälle | 25.848 | 25.451 |
| 2.2 Maschinen | | | 2.2 Wertstoffe | 1.389.029 | 1.690.402 |
| 2.3 Fuhrpark | | | 2.3 Restmüll | 1.108.000 | 1.036.492 |
| 2.4 EDV-Anlagen | | | | | |
| **3. Energie** | 77.838.854 | 84.211.424 | **3. Energieabgabe*** | | |
| 3.1 Gas (kWh) | 10.148.282 | 14.790.205 | 3.1 nutzbare E. | | |
| 3.2 Strom (kWh) | 47.998.542 | 50.603.569 | 3.2 ungenutzte E. | | |
| 3.3 Öl (kWh-Hu) | 6.432.590 | 5.374.970 | 3.3 Lärm | | |
| 3.4 Treibstoff (kWh-Hu) | 13.259.440 | 13.442.680 | | | |
| **4. Wasser (m³)** | 546.000 | 596.947 | **4. Abwässer (m³)** | 403.460 | 418.025 |
| 4.1 Stadtwasser | 421.500 | 457.666 | 4.1 Menge (m³) | 403.460 | 418.025 |
| 4.2 Rohwasser | 125.000 | 139.281 | 4.2 Belastung | | |
| **5. Luft*** | | | **5. Abluft*** | | |
| | | | 5.1 Menge | | |
| | | | 5.2 Belastung | | |
| **6. Boden (m²)** | 392.159 | 392.159 | **6. Bodenbelastung*** | | |
| 6.1 versiegelt | 64.342 | 64.342 | | | |
| 6.2 grün | 9.489 | 9.489 | | | |
| 6.3 überbaut | 132.228 | 132.228 | | | |
| 6.4 Nutzfläche | 186.100 | 186.100 | | | |

*keine Daten verfügbar

**ARBEITSAUFTRÄGE**

1. Begründen Sie, warum es für ein Unternehmen sinnvoll ist, eine Ökobilanz zu erstellen.
2. Stellen Sie fest, an welchen Stellen die Umwelt durch die BPK GmbH beeinträchtigt wird.
3. Entwickeln Sie ausführlich konkrete, realistische Maßnahmen, die die BPK GmbH ergreifen kann, um ihre Ökobilanz zu verbessern. Berücksichtigen Sie hierbei auch die Felder, für die in der vorliegenden Ökobilanz keine Daten verfügbar sind.

## FOLGESITUATION

Frau Albrecht, Umweltbeauftragte der BPK GmbH, möchte in Absprache mit der Geschäftsleitung eine EMAS-Zertifizierung für die BPK GmbH vorbereiten. Ihre Aufgabe ist es, sie dabei zu unterstützen.

## ARBEITSAUFTRÄGE

1. Informieren Sie sich gründlich über das „EU-Öko-Audit" mithilfe Ihrer Fachkunde und des Internets. Halten Sie wesentliche Inhalte von „EMAS" schriftlich fest.
2. Ermitteln Sie umfassend die Auswirkungen, die die BPK GmbH auf die Umwelt hat. Greifen Sie dazu auch auf Ihre Ergebnisse aus der Umweltbilanz zurück. Gehen Sie außerdem mithilfe des Organigramms der BPK GmbH auf S. 6 dieses Arbeitsbuches auf alle Abteilungen des Unternehmens ein.
3. Entwickeln Sie aufgrund Ihrer Ergebnisse konkrete Ziele, um die Auswirkungen auf die Umwelt zu verbessern und beschreiben Sie Maßnahmen, mit denen die entsprechenden Ziele erreicht werden können.

   Verwenden Sie für die Arbeitsaufträge 2 und 3 das Arbeitsblatt 70.1.

4. Erstellen Sie eine Umwelterklärung für die BPK GmbH, die realistische Chancen auf eine Zertifizierung hat. Nutzen Sie hierfür das Arbeitsblatt 70.2.

**Wesentliche Inhalte von „EMAS":**

..............................................................................................................................

..............................................................................................................................

..............................................................................................................................

..............................................................................................................................

..............................................................................................................................

..............................................................................................................................

..............................................................................................................................

..............................................................................................................................

..............................................................................................................................

..............................................................................................................................

..............................................................................................................................

..............................................................................................................................

..............................................................................................................................

..............................................................................................................................

## Arbeitsblatt 70.1 EMAS-Zertifizierung bei der BPK GmbH

Welche Auswirkungen hat die BPK GmbH auf die Umwelt? Formulieren Sie ökologische Ziele für jede Abteilung und überlegen Sie sich geeignete Maßnahmen. Führen Sie die begonnene Tabelle fort!

| **Abteilung** | **Auswirkung auf die Umwelt** | **Ziel** | **Maßnahmen** |
|---|---|---|---|
| Verwaltung | Ressourcenverbrauch, z.B. durch Nutzung von Papier | Erhöhung der Recyclingquote | Nutzung ausschließlich von Produkten aus Altpapier |
| | Energie | Stromverbrauch senken | |
| | Abfall | | |
| | | | |
| | | | |
| | | | |
| | | | |
| | | | |

## Arbeitsblatt 70.2 Umwelterklärung der BPK GmbH

Welche Aussagen könnte eine Umwelterklärung der BPK GmbH enthalten?

Verwenden Sie Ihre Ergebnisse aus Arbeitsblatt 70.1 und orientieren Sie sich an dem folgenden Gliederungsvorschlag. Welche Aussagen treffen andere Unternehmen? Recherchieren Sie ggf. im Internet.

**Folgende Tätigkeiten haben Auswirkungen auf die Umwelt:**

- ..............................................................................................................
..............................................................................................................
- ..............................................................................................................
..............................................................................................................
- ..............................................................................................................
..............................................................................................................

**Das sind unsere umweltpolitischen Zielvorgaben:**

- ..............................................................................................................
..............................................................................................................
- ..............................................................................................................
..............................................................................................................
- ..............................................................................................................
..............................................................................................................

**Kurzvorstellung des betrieblichen Umweltmanagementsystems:**

(Beteiligte Personen – Umweltbeauftragter, Qualitäts- und Umweltzirkel –, wie werden Zielvorgaben umgesetzt und überwacht?)

..............................................................................................................
..............................................................................................................
..............................................................................................................
..............................................................................................................
..............................................................................................................
..............................................................................................................
..............................................................................................................
..............................................................................................................

## Aufgaben

**1**

Erläutern Sie das Verhältnis von Ökologie und Ökonomie an Beispielen.

**2**

Überlegen Sie sich fünf Maßnahmen, durch die Sie persönlich zum Erhalt der Umwelt beitragen können.

**3**

Begründen Sie, warum es sinnvoll ist, folgende Umweltkennzahlen zu ermitteln. Inwieweit wird die Umwelt jeweils belastet?

a) versiegelte Fläche
b) Abfallaufkommen
c) Anteil der einzelnen Verkehrsträger am Verkehrsaufkommen
d) Gewässerbelastung
e) Energieverbrauch

**4**

Lesen Sie den Artikel „Das kommt mir nicht in die Tüte" und beantworten Sie die folgenden Fragen:

a) Welche schädlichen Auswirkungen haben Plastiktüten auf die Umwelt? Denken Sie dabei auch an die Herstellung.
b) Welche Maßnahmen wurden in den verschiedenen Ländern (z.B. Italien, Indien, Irland, Deutschland) ergriffen, um der Plastiktütenflut Herr zu werden?
c) Nennen Sie mögliche Alternativen zur Plastiktüte und beurteilen Sie diese unter ökologischen Gesichtspunkten.
d) Machen Sie konkrete Vorschläge, was jeder einzelne tun kann, um das Problem in den Griff zu bekommen.

# Das kommt mir nicht in die Tüte

**Plastiktaschen sind sehr praktisch für den Benutzer und sehr schädlich für die Umwelt. Der Umgang damit ist ein internationaler Streitfall.**

„Revolution", stand in riesigen Buchstaben auf der Titelseite von Italiens größter Tageszeitung „Corriere della Sera". (...) Das Land trennte sich zum 1. Januar 2011 vom vermutlich liebsten Begleiter des italienischen Konsumenten – der Plastiktüte. Bisher wurde ein Viertel aller Kunststoff-Einkaufsbeutel in Europa allein zwischen Turin und Lampedusa über die Ladentische gereicht. Damit verbrauchten die gerade mal 60 Mio. Italiener sage und schreibe 20 Mrd. Plastiktüten jährlich: Das entsprach 333 Stück pro Kopf. Damit ist jetzt Schluss, nun sind nur noch biologisch abbaubare Säcke zugelassen. Viele Kommunen rufen dazu auf, wieder zum guten alten Einkaufsnetz zu greifen; daneben gibt es die landesweite Kampagne „Porta la sporta" („Benutz' die Einkaufstasche"). Umweltministerin Stefania Prestigiacomo hatte das Verbot gegen massiven Widerstand vor allem aus der Plastik verarbeitenden Industrie durchgesetzt. Die mächtige Lobby sorgte auch für wachsenden Widerstand von Abgeordneten im Regierungslager. Prestigiacomo setzte sich am Ende durch – und trat gleich danach aus Berlusconis Partei PDL aus.

Soll ich dir das Schönste zeigen, was ich je gefilmt habe?" fragt im Oscar-gekrönten Kinohit „American Beauty" der junge Held die junge Heldin. Zu sehen ist dann – vom Wind getragen, durch das Bild tanzend – eine Plastiktüte. Diese geradezu romantische Sichtweise haben die beiden allerdings ziemlich exklusiv. Tatsächlich gelten manchen Experten besonders Einweg-Kunststofftaschen als die größte ökologische Bedrohung weltweit. Vor allem die Meere sind vom Müll gebeutelt: Nach Angaben der UN-Umweltorganisation Unep sterben jährlich mehr als 100.000 Wale und Delfine an Plastikabfall, ganze Populationen von Schildkröten und Meeresvögeln verenden wegen der gigantischen Müllteppiche auf den Ozeanen. Der bekannteste ist der „Great Pacific Garbage Patch". Er ist so groß wie Mitteleuropa und enthält sechsmal mehr Plastik als Plankton. Nachhaltig an Plastiktüten ist vor allem ihr Verschmutzungspotenzial: Je nach Zusammensetzung des Materials zerfallen sie nach 15, manchmal aber auch erst nach 400 Jahren. Wärme und Sonnenlicht verändern zudem ihre chemische Struktur und setzen Schadstoffe frei. Und bei der Plastiktüten-Entsorgung durch Verbrennung werden Kohlendioxid und sogar Dioxin freigesetzt. Zu dieser Art der Entsorgung kommt es allerdings meist erst gar nicht. Geschätzte 500 Mrd. Tüten werden jährlich weltweit produziert – und weggeschmissen. Der deutsche Unep-Chef Achim Steiner hat deshalb einen weltweiten Produktionsstopp für Einweg-Plastiktüten gefordert.

Einige Länder haben inzwischen zwar nicht die Herstellung, aber den Gebrauch eingeschränkt oder ganz verboten (siehe Kasten). In vielen anderen Ländern hält man das nicht für den besten Weg – darunter auch in Deutschland: „Wir sehen keinen Anlass für eigene Gesetze zu Plastiktüten, weil diese von der Verpackungsverordnung und dem Dualen System schon komplett erfasst sind", sagt Thomas Hagbeck vom Bundesumweltministerium. Tatsächlich werden Plastiktüten so behandelt wie andere Verpackungen, sie müssen generell (über das Duale System) lizenziert werden. Teilweise werden diese Kosten an den Endverbraucher weitergegeben, teilweise auch nicht. Die Händler sind da völlig frei – deshalb kosten Plastiktüten im Lebensmitteleinzelhandel etwas, im Textil- oder Schuhhandel dagegen nicht. Auf 5 Mrd. Plastiktüten schätzt Ulf Kelterborn, Geschäftsführer der Industrievereinigung Kunststoffverpackungen, den jährlichen Verbrauch hierzulande. Im vergangenen Jahr wurden etwa 90.000 t Kunststofftaschen im Wert von 200 Mio. Euro hergestellt. „Der Leidensdruck ist vergleichsweise klein, der Plastiktütenverbrauch ziemlich spärlich", sagt Daniel Quantz, Umweltexperte beim Handelsverband Deutschland HDE: gerade mal 65 Stück pro Jahr und Einwohner. Deshalb sieht auch der HDE keinen Bedarf für ein Verbot. Zwar finde man gelegentlich Tüten in der Natur. „Aber von einer Plage, wie das in Australien und China empfunden wird, kann bei uns nicht die Rede sein."

Und auch die Alternativen sind nicht unbedingt prickelnd. Papiertaschen verbrauchen in der Herstellung gegenüber Plastiktüten etwa doppelt so viel Wasser und Energie – auch nicht gerade umweltfreundlich. Und in ihrer Ökobilanz schneiden weder Papier- noch Baumwolltüten besser ab. Die staatliche Schweizer Materialprüfstelle EMPA hat ausgerechnet, wie oft eine Kunststofftüte benutzt werden muss, um auf dieselbe Umweltbelastung zu kommen wie andere Tragetaschen. Wurden alle schädlichen Emissionen berücksichtigt (also zum Beispiel auch Dünger oder Pestizide), genügten 2,8 Einsätze für die Plastiktragetasche; Papiertüten mussten schon dreimal verwendet werden, Baumwolltaschen sogar achtunddreißig Mal. Auch die relativ neuen biologisch abbaubaren Plastiktaschen werden von Experten skeptisch betrachtet. Denn: „Das Hauptproblem ist nicht die Plastiktüte an sich, sondern die Wegwerfmentalität. Wenn eine Tüte immer wieder verwendet wird, ist schon viel geholfen. Nennt sie sich aber biologisch abbaubar, verstärkt das wieder den Trend zum Wegwerfen", sagt Matthias Seiche vom Bund für Umwelt und Naturschutz BUND. Das Beste sei sowieso, sich zum Einkaufen prophylaktisch immer eine zusätzliche Tasche mitzunehmen. „Was, ist letztlich ziemlich egal."

### Jute statt Plastik: Das Ausland ist schon einen Schritt weiter

▶ International sind Plastiktüten vielerorts gesetzlichen Beschränkungen unterworfen. Den Anfang machte überraschenderweise Bangladesch: Dort sind die Tüten schon seit 2002 verboten. Hier war der Hauptgrund, dass es im Land immer wieder zu verheerenden Fluten kommt – und die Plastiktüten das Problem verschlimmerten, weil sie die Abwasserkanäle verstopft haben.

▶ In Indien haben mehrere Bundesstaaten die dünnen Beutel verboten. Die Strafen sind drakonisch, jedenfalls theoretisch: Umgerechnet 1.500 Euro muss zahlen, wer eine Plastiktüte benutzt – das sind 100.000 Rupien, sehr viel Geld für indische Verhältnisse. Auf den Handel mit Plastiktüten stehen in Neu-Delhi sogar bis zu fünf Jahre Gefängnis. Das Verbot der Kunststoffbeutel und die harten Strafen werden von einer massiven Kampagne der Stadtverwaltung begleitet. „Say no to plastic bags", fordert auf Werbetafeln eine junge Frau mit Jute-Tasche in der Hand.

▶ In China sind seit 2008 die besonders dünnen Beutel verboten. Sie zerfleddern schnell und gelten deshalb als besonders große Umweltsünde. Supermärkte dürfen Plastiktüten nicht ungefragt an Kunden ausgeben. Innerhalb eines Jahres wurde das Plastiktütenaufkommen um sagenhafte 40 Mrd. Stück reduziert. Trotzdem bleibt China der größte Verbraucher von dünnen Plastiktüten weltweit.

▶ In Afrika haben Eritrea, Kenia, Ruanda, Somalia, Südafrika, Tansania und Uganda 2007 die wenig reißfesten dünnen Tüten verbannt, in denen bis dahin Obst und andere lose Waren verpackt worden waren. Auch Australien und Taiwan kommen ohne sie aus.

▶ 36 Stunden Haft, bis zu 9.000 Euro Bußgeld: Das sind die Strafen, die Ladenbesitzern in Mexiko-Stadt drohen, wenn sie ihren Kunden gratis eine Plastiktüte anbieten. Erlaubt sind weiterhin Plastiktüten gegen Gebühr oder biologisch abbaubare Tragetaschen.

▶ Mehrere US-Metropolen haben ebenfalls strikte Vorschriften. San Francisco hat 2007 Plastiktüten in großen Lebensmittelläden und Drogeriemärkten verboten. Palo Alto, Fairfax und Malibu folgten dem Beispiel. Im Bundesstaat Kalifornien ist dagegen ein Plastiktütenverbot gescheitert. Ein entsprechender Gesetzentwurf des damaligen Gouverneurs (und Ex-Schauspielers) Arnold Schwarzenegger scheiterte im Landesparlament.

▶ Und Europa? In Frankreich sind nur noch Plastiktüten erlaubt, die aus biologisch abbaubaren Kunstoffen bestehen. Irland erhebt seit neun Jahren eine Abgabe. Die „PlasTax" beträgt derzeit pro Tüte 22 Cent. Seit ihrer Einführung ist der Verbrauch um gut 90 Prozent zurückgegangen.

Quelle: handelsjournal 04/2011,
Autor: Alexander Fritsch

# Lernsituation 71
## Lagerarten

FK ☞ LF6 Kap. 2.1–2.3

### LERNSITUATION

Löschen | Ist Werbung | Antworten | An alle | Weiterleiten | Drucken | Aufgabe

**Von:** Dr. Peter Schönhauser, Geschäftsleitung
**Betreff:** Errichtung eines weiteren Eigenlagers
**Datum:** 03.10.20XX, 11.23 Uhr
**An:** Günther Wolf, Abteilung Lager/Versand

Sehr geehrter Herr Wolf,

das System der Einlagerung unserer unterschiedlichen Papiersorten in einem eigenen geschlossenen Lager mit Wareneingangslager, Hauptlager und Ausgangslager hat sich in den letzten Jahren bewährt. Aufgrund unserer stetigen Expansion müssen wir jedoch ernsthaft über die Errichtung eines weiteren Eigenlagers insbesondere für die verschiedenen Papiersorten nachdenken. Bei der möglichen Errichtung eines weiteren Eigenlagers sollen Sicherheits- und Umweltaspekte ebenso berücksichtigt werden wie die Frage, ob das bisherige Regallager auf eine chaotische Lagerhaltung umgestellt werden soll.

Bitte klären Sie dazu besonders folgende Fragen:

- Welche Kriterien müssen wir bei der warengerechten Lagerung unseres Sortiments beachten?

- Hat die chaotische Lagerung gegenüber dem herkömmlichen Verfahren der Lagerhaltung stichhaltige Vorteile?

- Wie können wir die Sicherheit im Lagerbereich – insbesondere im Ein- und Ausgangsbereich – besser in die Arbeitsabläufe einbinden?

- Inwieweit können wir Umweltschutzmaßnahmen bei der Lagerhaltung berücksichtigen?

P. Schönhauser

### ARBEITSAUFTRAG

Herr Wolf legt Ihnen die Nachricht vor und bittet Sie um aktive Mithilfe bei der Planung. Bereiten Sie die Besprechung mit Herrn Wolf und Herrn Schönhauser vor, indem Sie wichtige fachliche Aspekte der Lagerarten für das Gespräch zusammenstellen.

# Arbeitsblatt 71.1 Lagerarten

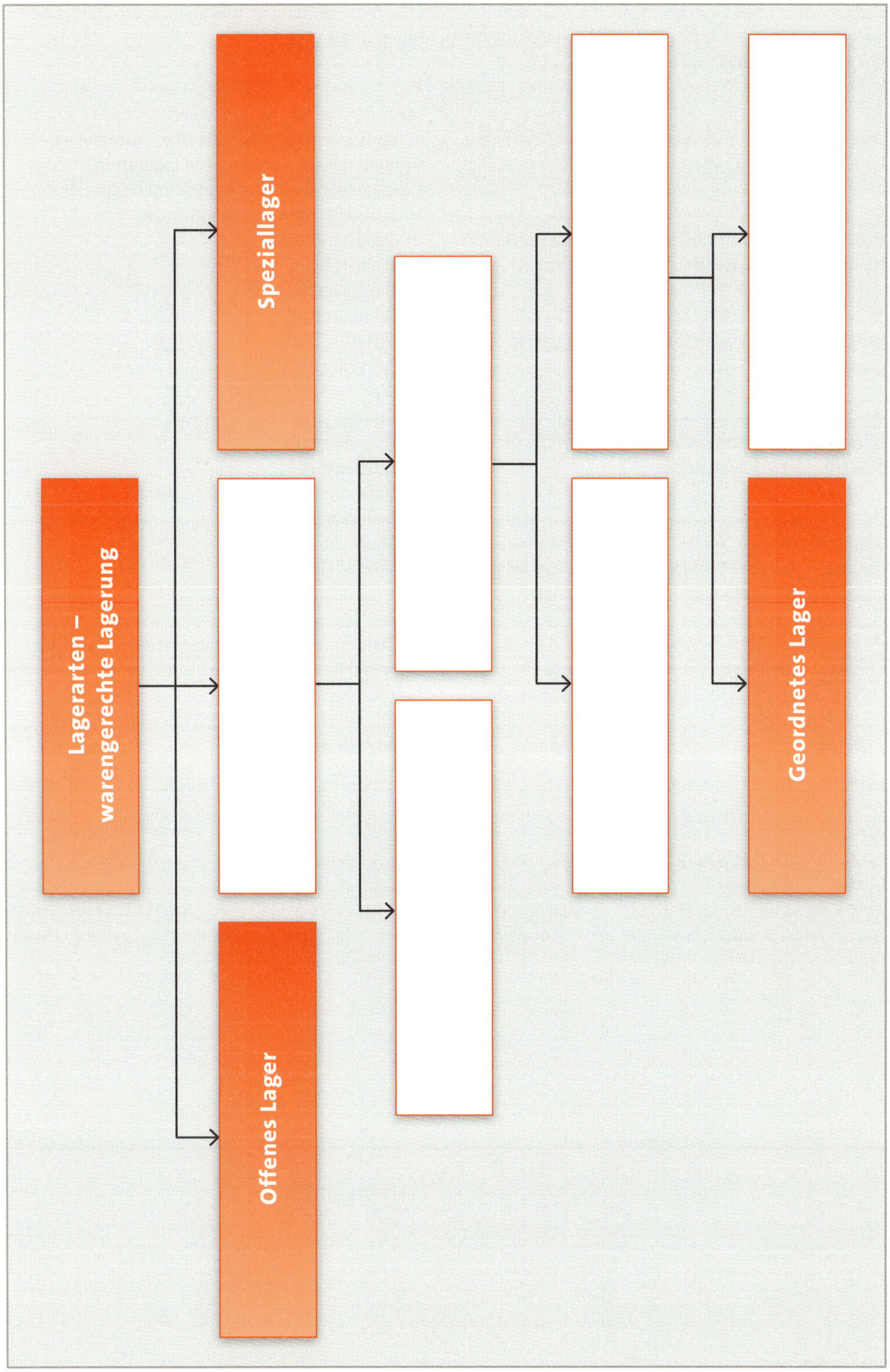

# Aufgaben

**1**

Erklären Sie anhand von betrieblichen Beispielen, welche Ordnungsmaßstäbe Grundvoraussetzung für ein gut organisiertes Lager sind.

**2**

Beschreiben Sie den Zielkonflikt, dem der Großhändler hinsichtlich der Lagerhaltung ausgeliefert ist.

**3**

Welche negativen Einflüsse auf die Waren müssen in Ihrem Ausbildungsbetrieb vermieden werden?

**4**

Welche Lagerart wird in Ihrem Ausbildungsbetrieb genutzt?

**5**

Nennen Sie Beispiele für andere Warenarten, für die ein besonderer Schutz notwendig ist.

**6**

Tragen Sie die in Aufgabe 5 gewählten Warenarten in die unten stehende Tabelle ein. Welchen typischen Gefahren sind diese Warenarten ausgesetzt?

**7**

Stellen Sie für die gewählten Güter die jeweils sinnvollen Lagerarten und Schutzmaßnahmen zusammen.

**8**

Erläutern Sie Chancen und Risiken der chaotischen Lagerhaltung.

**9**

Die Münz Fahrrad KG produziert Fahrräder und benötigt für die verschiedenen Güter, die eingelagert werden müssen, verschiedene Lagerarten. Ordnen Sie die folgenden Güter dem offenen Lager, dem geschlossenen Lager oder dem Tanklager zu.

**a)** Stahl als Rohstoff
**b)** Treibstoffe
**c)** Gangschaltungen
**d)** Schmiermittel
**e)** Sättel
**f)** Softgriffe
**g)** Öle
**h)** Lacke
**i)** Flügelschrauben
**j)** Fahrradkorb
**k)** Sand zum Abstrahlen der Rahmen
**l)** Reflektoren
**m)** Rücklicht
**n)** Fahrradglocke

**10**

Die Damma Import GmbH importiert Südfrüchte, Wein und Tabak. Welche Art von Lager empfehlen Sie der Damma Import GmbH?

| Warenart | Typische Gefahren | Lagerart/Schutzmaßnahme |
|---|---|---|
| | | |
| | | |
| | | |
| | | |
| | | |
| | | |
| | | |

Tabelle zu Aufg. 6 und 7

**11**

Die Holz-Helmann GmbH handelt mit Holz aller Art. Sie ist ein Großhändler. Ihre Kunden kaufen in erster Linie über das Internet (B2B – Business to Business, und B2C – Bussiness to Consumer). Der Umsatz hat sich in den vergangenen drei Jahren verdoppelt. Daher plant die Holz-Helmann GmbH in Würzburg ein neues Zentrallager zu errichten.
Ein Architekt wurde mit dem Lagerbau beauftragt. Es ist zu berücksichtigen, dass ein breites Holzsortiment einzulagern ist.
Dazu zählen unter anderem:

- empfindliche Parkettböden
- Bauholzleisten
- witterungsbeständiges Gartenholz
- palettiertes Kaminbrennholz
- palettierte Holzpellets (hoher Wert)
- hochwertiges Bauholz für Hobbybastler
- Rohholz in Form von Holzstämmen
- Holzzaunteile 200 x 150 cm
- Holz für Dachbestuhlungen
- Bodendielen
- Holz für die Weiterverarbeitung in der Schreinerei
- Holz für Wandvertäfelungen
- vorgefertigte Klettergerüste für Kinderspielplätze

Welche Bauweise empfehlen Sie dem Architekten? Sortieren Sie das Holzsortiment ein:

| **Offenes Lager** | **Halboffenes Lager** | **Geschlossenes Lager** |
|---|---|---|
| **Befestigte Grundfläche und Umzäunung** | **Befestigte Grundfläche, Umzäunung und Dach** | **Gebäude/Halle** |
| | | |
| | | |
| | | |
| | | |
| | | |
| | | |

**12**

Finden Sie jeweils ein geeignetes Beispiel für die Einlagerung in den unten folgenden Lagern. Schreiben Sie Ihren Vorschlag auf eine Metaplankarte. Auf der Rückseite notieren Sie eine kurze Begründung, warum Sie dieses Lagergut gewählt haben.
Hinweis: Beispiele aus der Fachkunde dürfen nicht verwendet werden.

- eingeschossiges Lager
- mehrgeschossiges Lager
- Hochregallager
- Stapellager
- Silolager
- Tanklager
- Gefahrstofflager

# Lernsituation 72
## Tätigkeiten im Lager

FK LF6 Kap. 2.4

**LERNSITUATION**

Löschen | Ist Werbung | Antworten | An alle | Weiterleiten | Drucken | Aufgabe

**Von:** Dr. Peter Schönhauser, Geschäftsleitung
**Betreff:** Präsentation zum Thema "Tätigkeiten im Lager"
**Datum:** 03.11.20XX, 10.03 Uhr
**An:** Alle Auszubildenden im 2. Ausbildungsjahr

Liebe Auszubildende,

in der nächsten Woche erwarten wir schon traditionsgemäß einige Schüler der 12. Jahrgangsstufe des Helmholtz-Gymnasiums, die sich unter anderem über unser Lagersystem informieren möchten und daraufhin ein vierwöchiges Praktikum in unserem Betrieb beginnen.

Die Führung durch das Lager werde ich persönlich übernehmen. Um den Praktikanten eine Orientierung über die Tätigkeiten im Lager zu verschaffen, bitte ich Sie hiermit, eine kurze Präsentation zu diesem Thema vorzubereiten.

Vielen Dank für Ihre Mitarbeit bei der Betreuung der Praktikanten!

P. Schönhauser

**ARBEITSAUFTRAG**

Bearbeiten Sie den Auftrag von Dr. Schönhauser in Gruppenarbeit oder Partnerarbeit:

- Informieren Sie sich über die Tätigkeiten und Arbeitsabläufe im Lager.
- Erklären Sie die Tätigkeiten und Abläufe jeweils kurz.
- Nutzen Sie Plakate, eine Projektor-Folie oder die Tafel oder ein Präsentationsprogramm für ihre Präsentation.
- Präsentieren Sie Ihr Arbeitsergebnis vor Ihrer Berufsschulklasse.

## Aufgaben

**1**

Erklären Sie die Tätigkeiten im Lager anhand der Vorgehensweise in Ihrem Ausbildungsbetrieb.

**2**

Erklären Sie die Begriffe Lifo, Fifo und Hifo anhand je eines Beispiels.

**3**

Unterscheiden Sie die serielle und die parallele Kommissionierung.

# Arbeitsblatt 72.1 Tätigkeiten im Lager

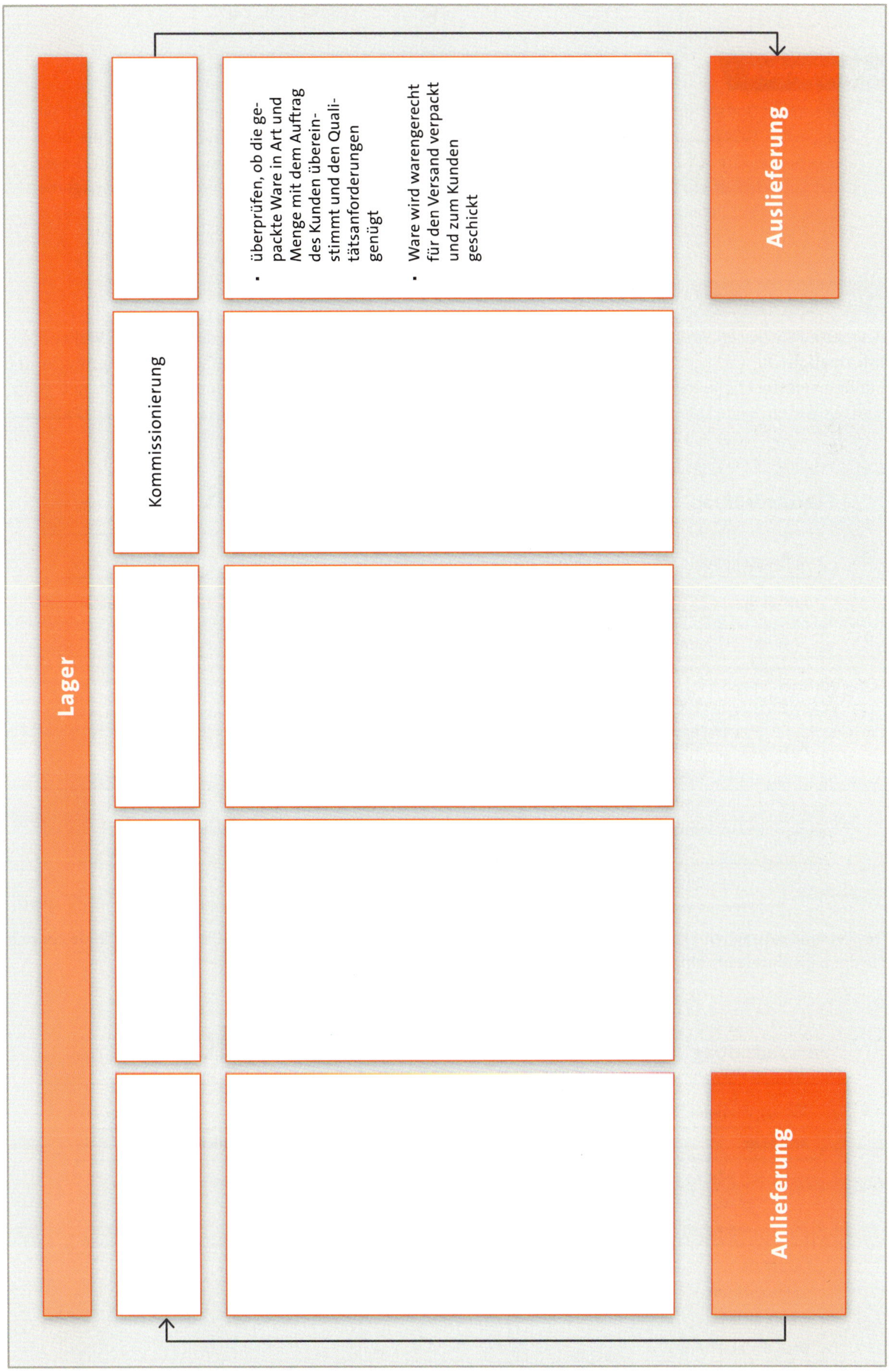

# Lernsituation 73
## Manuelle Sachbearbeitung im Lager

FK ☞ LF6 Kap. 2.5

### LERNSITUATION

Nach einem Update „streikt" das Warenwirtschaftssystem der BPK GmbH. Die Lagerverwaltung erhält per Beleg einen Versandauftrag der Verkaufsabteilung (siehe unten). Die Alldruck GmbH benötigt die Ware dringend; der Kunde ist auch mit sofortigen Teillieferungen einverstanden, wenn mindestens 5 000 Bogen je Artikel geliefert werden können. Glücklicherweise sind in der Lagerverwaltung die aktuellen Lagerbestände auch auf Papier verfügbar.

### ARBEITSAUFTRAG

Bearbeiten Sie diesen Vorgang aus Sicht der Abteilung Lager in Zusammenarbeit mit dem Ein- und Verkauf.
**Information:** Die am Lager vorhandene Ware wird mit Lieferschein Nr. 162 am 08.02.20XX als Teillieferung an den Kunden verschickt. Die Restlieferung erfolgt mit Lieferschein Nr. 172 am Tag des Wareneingangs der neu eingekauften Waren. Beide Lieferungen werden per Lkw frei Haus ausgeführt; Verpackungsart: Kartons auf Palette.

**Versandauftrag Verkauf → Lager** — bpk Bergisches Papierkontor GmbH

Auftragsnummer: 388 Datum: 07.02.20XX

| Artikel Nr. | Artikelbezeichnung (Kurzform) | Bestellmenge/ Einheit | Liefermenge sofort | Liefermenge später |
|---|---|---|---|---|
| 40121 | Natur-Print 61 × 86 cm | 67.000 Bogen | 67.000 | – |
| 40122 | Natur-Print 70 × 100 cm | 60.000 Bogen | 60.000 | – |
| 40123 | Natur-Print 88 × 124 cm | 40.000 Bogen | 40.000 | – |

| Kunde | | |
|---|---|---|
| | Kunden-Nr. 45011 | Kundenname: Alldruck GmbH |
| | Bestelldatum: 06.02.20XX | |
| | Kunden-Bestellnr.: 326 | |
| | Bemerkung: Teillieferung von mindestens 5.000 Bogen je Artikel erwünscht | Versandanschrift: Lenaustraße 48, 45657 Recklinghausen |

Unterschrift Verkauf: Stoll

Der Versandauftrag wird in Kopie an die Verkaufsabteilung zurückgesendet. Die aktuellen Lagerbestände können Sie der Lagerdatei entnehmen. Die vorhandene Ware kann vollständig ausgeliefert werden.

**Versandauftrag Lager → Verkauf** — bpk Bergisches Papierkontor GmbH

Auftragsnummer: 388 Datum: 07.02.20XX

| Artikel Nr. | Liefermenge Teillieferung | Liefermenge Restlieferung |
|---|---|---|
| 40121 | | |
| 40122 | | |
| 40123 | | |
| Lieferdatum: | | |
| Lieferschein-Nr.: | | |
| zurück an Verkauf Datum, Unterschrift: | | |

Lagerdatei Offsetpapier — bpk Bergisches Papierkontor GmbH

| **Art.-Nr.** | **40121** | offene Kundenbestellungen | | | |
|---|---|---|---|---|---|
| **Artikel** | BPK-Natur-Print 61 × 86 cm | offene Bedarfsmeldungen | | | |
| | | offene BPK-Bestellungen | | | |
| | | Höchstbestand | | | 35.000 |
| | | Mindestbestand | | | 9.000 |
| **Datum** | **Text** | **Zugang Lager** | **Abgang Lager** | **Bestand** | **Einst.preis/ 1.000 Bogen** |
| 02.01. | Inventurbestand | | | 14.500 | 51,88 € |
| 23.01. | ELS 105 | 188.500 | | 203.000 | 51,88 € |
| 24.01. | ALS 91 | | 150.000 | 53.000 | |
| 25.01. | ALS 110 | | 27.000 | 26.000 | |

Lagerdatei Offsetpapier — bpk Bergisches Papierkontor GmbH

| **Art.-Nr.** | 40122 | offene Kundenbestellungen | | | |
|---|---|---|---|---|---|
| **Artikel** | BPK-Natur-Print 70 × 100 cm | offene Bedarfsmeldungen | | | |
| | | offene BPK-Bestellungen | | | |
| | | Höchstbestand | | | 30.000 |
| | | Mindestbestand | | | 8.000 |
| **Datum** | **Text** | **Zugang Lager** | **Abgang Lager** | **Bestand** | **Einst.preis/ 1.000 Bogen** |
| 02.01. | Inventurbestand | | | 12.000 | 74,00 € |
| 20.01. | ELS 105 | 203.000 | | 215.000 | 74,00 € |
| 01.02. | ALS 100 | | 185.000 | 30.000 | |
| 02.02. | ALS 101 | | 21.000 | 9.000 | |

Lagerdatei Offsetpapier — bpk Bergisches Papierkontor GmbH

| **Art.-Nr.** | **40123** | offene Kundenbestellungen | | | |
|---|---|---|---|---|---|
| **Artikel** | BPK-Natur-Print 88 × 124 cm | offene Bedarfsmeldungen | | | |
| | | offene BPK-Bestellungen | | | |
| | | Höchstbestand | | | 20.000 |
| | | Mindestbestand | | | 5.000 |
| **Datum** | **Text** | **Zugang Lager** | **Abgang Lager** | **Bestand** | **Einst.preis/ 1.000 Bogen** |
| 02.01. | Inventurbestand | | | 13.000 | 116,55 € |

**ARBEITSAUFTRAG**

Veranlassen Sie eine Teillieferung an die Alldruck GmbH, indem Sie den nachfolgenden Lieferschein erstellen.

Bergisches Papierkontor GmbH • Elberfelder Straße 85 • 42285 Wuppertal

bpk Bergisches Papierkontor GmbH

## Lieferschein Nr. 162

| **Bearbeiter** | **Kundennummer** | **Ihre Bestellung Nr.** | **vom** | **Versanddatum** |
|---|---|---|---|---|
| **Versandart / Freivermerk** | | **Verpackungsart** | | |

| **Pos.-Nr.** | **Artikel-Nr.** | **Warenbezeichnung** | **Menge** | **Mengeneinheit** |
|---|---|---|---|---|
| | | | | |
| | | | | |
| | | | | |
| | | | | |

**Ware erhalten** ______________________

Ort, Datum, Unterschrift

**ARBEITSAUFTRAG**

Nachdem Sie für die Alldruck GmbH eine Teillieferung veranlasst haben, müssen Sie für diesen noch nicht abgeschlossenen Absatzprozess einen Beschaffungsprozess auslösen. Die für den Auftrag noch benötigte Ware muss neu bestellt werden. Die Lieferantenauswahl und die Bestellung erfolgen in der Abteilung Einkauf.

Die Bestellmenge entspricht dabei nicht den Fehlmengen, die durch den Auftrag der Alldruck GmbH entstanden sind, sondern muss nach den Vorgaben der BPK GmbH erst ermittelt werden. Beachten Sie dazu die Daten in der Lagerdatei. Zur Überwachung des Absatzprozesses muss das Terminbuch Lager (siehe folgende Seite) geführt werden.

Erstellen Sie die notwendige Bedarfsmeldung an die Einkaufsabteilung und dokumentieren Sie im Terminbuch Lager den aktuellen Stand des Absatzprozesses aus Sicht der Abteilung Lager.

**Bedarfsmeldung Nr. 47** — bpk Bergisches Papierkontor GmbH

| Artikel Nr. | Bedarfsmenge | aktueller Lagerbestand | Beschreibung | Liefertermin | Datum/ gez.: |
|---|---|---|---|---|---|
| 40121 | | | | | |
| 40122 | | | | | |
| 40123 | | | | | |
| | | | | | |

**Disposition der Bestellmenge** — bpk Bergisches Papierkontor GmbH

| Artikel Nr. | Höchst-bestand | (–) Lager-bestand | (+) Bedarfs-menge | (=) max.Bestell-menge | Lieferant | Bestellung am | Bestell-Nr. |
|---|---|---|---|---|---|---|---|
| 40121 | | | | | Bearbeitung erfolgt in der Einkaufsabteilung | | |
| 40122 | | | | | | | |
| 40123 | | | | | | | |
| | | | | | | | |

**bpk** Bergisches Papierkontor GmbH

## **Terminbuch Lager** (Aufträge, die nicht sofort erledigt werden können)

| Artikel Nr. | Kunde Nr. | Bestellmenge | Bestelldatum | Auftragstermin | Bedarfsmeldung | | Bestellung | |
|---|---|---|---|---|---|---|---|---|
| | | | | | Nr. | Datum | Datum | Lieferant |
| 40121 | | | | | | | | |

| Teillieferung | | | Restlieferung | | |
|---|---|---|---|---|---|
| Lieferschein Nr. | Lieferdatum | Menge | Lieferschein Nr. | Lieferdatum | Menge |
| | | | | | |

| Artikel Nr. | Kunde Nr. | Bestellmenge | Bestelldatum | Auftragstermin | Bedarfsmeldung | | Bestellung | |
|---|---|---|---|---|---|---|---|---|
| | | | | | Nr. | Datum | Datum | Lieferant |
| 40122 | | | | | | | | |

| Teillieferung | | | Restlieferung | | |
|---|---|---|---|---|---|
| Lieferschein Nr. | Lieferdatum | Menge | Lieferschein Nr. | Lieferdatum | Menge |
| | | | | | |

| Artikel Nr. | Kunde Nr. | Bestellmenge | Bestelldatum | Auftragstermin | Bedarfsmeldung | | Bestellung | |
|---|---|---|---|---|---|---|---|---|
| | | | | | Nr. | Datum | Datum | Lieferant |
| 40123 | | | | | | | | |

| Teillieferung | | | Restlieferung | | |
|---|---|---|---|---|---|
| Lieferschein Nr. | Lieferdatum | Menge | Lieferschein Nr. | Lieferdatum | Menge |
| | | | | | |

**ARBEITSAUFTRAG**

In der Abteilung Lager trifft eine Kopie der Bestellung der dringend benötigten Waren aus der Einkaufsabteilung ein. Prüfen Sie die Richtigkeit dieser Bestellung (Bestellung = Disposition der Bestellmenge?) und führen Sie das Terminbuch Lager fort.

**bpk** Bergisches Papierkontor GmbH

Bergisches Papierkontor GmbH · Elberfelder Straße 85 · 42285 Wuppertal

Elberfelder Straße 85
42285 Wuppertal
Tel. 0202 1236-0
Fax 0202 1236-1
E-Mail info@bpkontor.de
www.bpkontor.de

Freiburger Papier AG
Käferweg 16
79110 Freiburg

Kopie an Lager
14.03.20XX

| Ihr Zeichen, Ihre Nachricht vom | Unser Zeichen, unsere Nachricht vom | Telefon, Name | Datum |
|---|---|---|---|
| | kr | -89, Krieger | 09. 02. 20XX |

**Bestellung 57**

Sehr geehrte Damen und Herren,

wir bestellen hiermit zu den üblichen Bedingungen:

| Artikel | Bezeichnung | Menge |
|---|---|---|
| 20110 | Natur-Print 61 × 86 cm | 76.000 Bogen |
| 20120 | Natur-Print 70 × 100 cm | 81.000 Bogen |
| 20130 | Natur-Print 88 × 124 cm | 47.000 Bogen |

Wir bitten um sofortige Lieferung.

Mit freundlichen Grüßen

Bergisches Papierkontor GmbH

i.V. Andreas Krieger
Andreas Krieger

**ARBEITSAUFTRAG**

Die bestellte Ware trifft im Wareneingang der BPK ein. Prüfen Sie den Wareneingang (Bestellung = Lieferung?) Die gelieferte Ware entspricht den Angaben im Lieferschein, es werden keine Mängel festgestellt. Eine Kopie des Lieferscheins wird an die Einkaufsabteilung weitergeleitet.

Freiburger Papier AG · Käferweg 16 · 79110 Freiburg

**FREIBURGER PAPIER AG**

Bergisches Papierkontor GmbH
Elberfelder Straße 85
42285 Wuppertal

**Lieferschein Nr. L229**

| Bearbeiter | Kunden-Nr. | Ihre Bestellung Nr. | vom | Lieferdatum |
|---|---|---|---|---|
| Wolf | K 44 | 57 | 09. 02. 20XX | 15. 02. 20XX |
| **Pos.-Nr.** | **Artikel-Nr.** | **Artikelbezeichnung** | **Menge** | **Preis in €/Einheit** |
| 1 | 20110 | Natur-Print 61 × 86 cm | 76 000 | 52,50 €/1 000 Bogen |
| 2 | 20120 | Natur-Print 70 × 100 cm | 81 000 | 66,40 €/1 000 Bogen |
| 3 | 20130 | Natur-Print 88 × 124 cm | 47 000 | 122,95 €/1 000 Bogen |

**Versandart:** Lkw

Wir bestätigen die ordnungsgemäße Lieferung

Ort, Datum: Wuppertal, den 15.02.20XX

Name: Wolf

**ARBEITSAUFTRAG**

Veranlassen Sie die Restlieferung an die Alldruck GmbH und stellen Sie den Lieferschein aus.

Bergisches Papierkontor GmbH • Elberfelder Straße 85 • 42285 Wuppertal

bpk Bergisches Papierkontor GmbH

**Lieferschein Nr. 172**

| Bearbeiter | Kundennummer | Ihre Bestellung Nr. | vom | Versanddatum |
|---|---|---|---|---|
| Versandart / Freivermerk | | Verpackungsart | | |

| Pos.-Nr. | Artikel-Nr. | Warenbezeichnung | Menge | Mengeneinheit |
|---|---|---|---|---|
| | | | | |
| | | | | |
| | | | | |
| | | | | |
| | | | | |
| | | | | |
| | | | | |

Ware erhalten ______________________

Ort, Datum, Unterschrift

## Checkliste

für die belegmäßige Sachbearbeitung im Lager nach Wareneingang

- ☐ Warenausgang (Restlieferung) mit Lieferscheinerstellung durchgeführt?
- ☐ Versandauftrag (Lager → Verkauf) aktualisiert?
- ☐ Lagerdateien auf dem aktuellen Stand?
- ☐ Terminbuch Lager vervollständigt?

# Arbeitsblatt 73.1 Sachbearbeitung in der Lagerverwaltung

Verschiedene Belege verlassen die Abteilung Lager/Versand. An wen werden die aufgeführten Belege weitergeleitet?

| Woher? | Was? | Ablauf bei ausreichendem Lagerbestand | Was? | Wohin? |
| --- | --- | --- | --- | --- |
| Verkauf → | Versandauftrag → | …………………… | Ausgangslieferschein mit Ware → | |
| Kunde → | Ausgangslieferschein mit Quittungsvermerk → | …………………… | Versandauftrag → | |

| Woher? | Was? | Ablauf bei nicht ausreichendem Lagerbestand | Was? | Wohin? |
| --- | --- | --- | --- | --- |
| Verkauf → | Versandauftrag → | …………………… | Bedarfsmeldung → | |
| Einkauf → | Kopie der Bestellung → | …………………… | Kopie des Eingangslieferscheins → | |
| Lieferer → | Eingangslieferschein → | …………………… | Ausgangslieferschein mit Ware → | |
| Kunde → | Ausgangslieferschein mit Quittungsvermerk → | …………………… | Versandauftrag → | |

# Aufgaben

**1**

Ergänzen Sie folgenden Lückentext zu den Tätigkeiten in der Abteilung Lager/Versand:

In der Abteilung Lager/Versand geht ein Versandauftrag aus der Abteilung .......................................... ein.

Der Sachbearbeiter .............................................. prüft die ............................................................. .

Bei **ausreichendem Lagerbestand** veranlasst er eine ............................................................................. .

Hierzu erstellt er als Warenbegleitpapier einen .................................................. Nach dem Warenausgang

registriert er den Abgang in der ....................................... und im ...................................................... .

Den Versandauftrag gibt er zur Erstellung der Rechnung an die Abteilung ...................................... zurück.

Bei **nicht ausreichendem Lagerbestand** veranlasst der Sachbearbeiter Lager/Versand anhand des

Formulars ..................................................... die Beschaffung der nicht ausreichend vorhandenen Ware

durch die Abteilung ........................................................ . Zur Information über den laufenden Vorgang

trägt er die Bedarfsmeldung und die von der Abteilung Einkauf zurückkommende ................................ in

das Formular ............................................... ein.

Nach **Eingang der Warenlieferung** erfolgt anhand des ..................................................................... als

Begleitpapier der Warenlieferung eine Eintragung in der ............................................................ und im

................................................................ .

Eine Kopie des Eingangslieferscheins erhält die Abteilung ........................................................................ .

Nach dem Wareneingang kann der **ursprüngliche Kundenauftrag** ausgeführt werden. Hierzu erstellt der

Sachbearbeiter einen ............................................... und registriert den Warenausgang in den Formularen

........................................................................................................................................... .

**2**

Geben Sie an, wie Sie in der Abteilung Lager auf folgende Situationen reagieren sollten:

a) Die in einer Bedarfsmeldung angegebene Bestellmenge stimmt nicht mit der Bestellung der Abteilung Einkauf überein. Ausstehende Restlieferungen können ausgeführt werden.

b) Mengen, die in einer Bestellungskopie der Abteilung Einkauf angegeben sind, werden vom Lieferanten gemäß Lieferschein und Wareneingangskontrolle nicht geliefert.

c) In der Lagerdatei ist für eine Ware eine aktuelle Lagermenge angegeben, die im Lager tatsächlich nicht vorhanden ist.

# Lernsituation 74
## Flucht- und Rettungsplan

FK ☞ *LF6 Kap. 2.6*

**LERNSITUATION**

Die Lagerhalle der BPK GmbH soll mit einer neuen Lagereinrichtung ausgestattet werden. Der Geschäftsleiter Herr Dr. Schönhauser erhält folgenden Brief:

BGHW
Berufsgenossenschaft
Handel und Warendistribution

Niebuhrstraße 5
53113 Bonn

BGHW · Niebuhrstraße 5 · 53113 Bonn

BPK GmbH
Dr. Peter Schönhauser
Elberfelder Straße 85

42285 Wuppertal

**Maßnahmen des vorbeugenden Brandschutzes**

Sehr geehrter Herr Dr. Schönhauser,

wir freuen uns über Ihre Planungen, die Lagereinrichtung Ihres Standortes in Wuppertal zu modernisieren. Sicherlich werden Sie im Zuge dieser Modernisierungsarbeiten auch den vorbeugenden baulichen und technischen sowie den organisatorischen Brandschutz verändern und anpassen.

- Bitte entscheiden Sie, welche Brandbekämpfungsgeräte und -anlagen in die veränderten Lagerhallen eingebaut werden sollen! Wägen Sie ab, welche der verfügbaren Brandschutzvorkehrungen für die BPK GmbH geeignet sind. Entscheiden Sie sich für die geeigneten Feuerlöscher und begründen Sie uns kurz Ihre Entscheidung.

Alle Mitarbeiter der BPK GmbH müssen über die neuen Brandschutzmaßnahmen informiert werden. Sie sollen Brandbekämpfungs-Maßnahmen kennen und diese im Bedarfsfall umsetzen können. Ich habe Ihnen hierzu eine Inhaltsübersicht einer Brandschutzverordnung Teil B beigefügt. Bitte formulieren Sie die Unterpunkte weiter aus.

- Alle Mitarbeiter sollen die Sicherheitskennzeichnungen ihres Unternehmens kennen. Im Grundriss der Werkshallen und der Lager sollen fest angebrachte Sicherheitskennzeichen (Flucht- und Rettungswege, Sammelstellen, Standorte von Krankentragen und Erster Hilfe sowie Brandschutzzeichen) eingezeichnet werden. Zusätzlich sollte der Flucht- und Rettungsplan überarbeitet werden.

Wir freuen uns auf Ihre Ausarbeitungen und stehen Ihnen gerne beratend zur Verfügung.

Mit freundlichen Grüßen

*Markus Pieper*

Markus Pieper
Sicherheitsberater der BGHW

Löschen | Ist Werbung | Antworten | An alle | Weiterleiten | Drucken | Aufgabe

**Von:** Dr. Peter Schönhauser, Geschäftsleitung
**Betreff:** Neue Brandschutzmaßnahmen
**Datum:** 01.12.20XX, 16.21 Uhr
**An:** Günther Wolf, Sicherheitsbeauftragter

Lieber Herr Wolf,

bitte arbeiten Sie die im Schreiben der Berufsgenossenschaft stehenden Punkte aus.
Erstellen Sie eine entsprechende Vorlage, die auf der nächsten Sitzung mit dem Betriebsrat besprochen werden kann.

Wenn Sie aufgrund der derzeit hohen Arbeitsbelastung Unterstützung benötigen, sprechen Sie bitte die Abteilungsleiter an und nehmen Sie auch unsere Auszubildenden mit in die Arbeitsgruppen. Bilden Sie möglichst Gruppen, die sich mit den folgenden Teilbereichen befassen:

1. Brandbekämpfungsgeräte
2. Brandschutzverordnung Teil B – Brandverhütung
3. Brandschutzverordnung Teil B – Brandschutzeinrichtungen und Verhalten nach einem Brand
4. Brandschutzverordnung Teil B – Verhalten im Brandfall
5. Plan für Sicherheitskennzeichnungen und Flucht- und Rettungswege erstellen

Vielen Dank und Grüße

P. Schönhauser

Geschäftsleitung

**Hinweis**
Nutzen Sie für die Bearbeitung der Aufträge das Internet.

# Arbeitsblatt 74.1 Brandverhütung

## Teil B – Brandschutzordnung – Allgemeiner Teil

Brandschutzordnung für die Beschäftigten der BPK GmbH und alle Personen, ....................................

..........................................................................................................................................

..........................................................................................................................................

### 1 Brandverhütung

1.1 Alle Mitarbeiter sind verpflichtet, ..........................................................................................

..........................................................................................................................................

..........................................................................................................................................

1.2 Auf dem gesamten Gelände der BPK GmbH herrscht ......................................................

..........................................................................................................................................

1.3 Schweiß-, Schneid- und Lötarbeiten sind nur .....................................................................

..........................................................................................................................................

..........................................................................................................................................

..........................................................................................................................................

..........................................................................................................................................

1.4 Wichtige Voraussetzungen des Brandschutzes sind Ordnung und Sauberkeit. Abfälle .....................

..........................................................................................................................................

..........................................................................................................................................

..........................................................................................................................................

..........................................................................................................................................

..........................................................................................................................................

..........................................................................................................................................

1.5 Es ist stets dafür zu sorgen, dass Licht und elektrische Geräte, ..............................................

..........................................................................................................................................

..........................................................................................................................................

..........................................................................................................................................

..........................................................................................................................................

Mängel und Schäden an elektrischen Installationen (Anzeichen hierfür sind flackerndes Licht, Schmorgeruch usw.) sind ..................................................................................................................

..........................................................................................................................................

..........................................................................................................................................

..........................................................................................................................................

# Arbeitsblatt 74.2 Brandschutzeinrichtungen und Verhalten nach einem Brand

## 2 Brandschutzeinrichtungen / Flucht- und Rettungswege

2.1 Im Falle eines Brandes muss die Ausbreitung ..............................................

..............................................

..............................................

Diese Türen dürfen auf keinen Fall ..............................................

..............................................

..............................................

Schäden an Türen (etwa nicht vollständiges Schließen) müssen sofort ..............................................

..............................................

..............................................

2.2 In den Fluren ..............................................

..............................................

..............................................

2.3 Die Flucht- und Rettungswege ..............................................

..............................................

..............................................

Die Fluchttüren dürfen nicht ..............................................

..............................................

Die Zufahrten sind ..............................................

..............................................

...

## 4 Verhalten nach einem Brand

4.1 Jeder, auch der kleinste Brand ist der ..............................................

..............................................

..............................................

4.2 Beim Einsatz der Feuerwehr gibt diese ..............................................

..............................................

..............................................

4.3 Ausgelöste Feuerlöscher (sobald die Plombe beschädigt ist) sind ..............................................

..............................................

# Arbeitsblatt 74.3 Verhalten im Brandfall

## 3 Verhalten im Brandfall

3.1 Im Falle eines Brandes gilt als oberstes Gebot: ..................................................

3.2 Der unmittelbare Gefahrenbereich ..................................................

Bei Ausbruch eines Brandes gilt ..................................................

..................................................

3.3 Brand melden: Jede Person, die Feuer oder Rauch bemerkt, ..................................................

..................................................

..................................................

..................................................

Nach Alarmierung der Feuerwehr muss ..................................................

..................................................

Nach dem Verlassen des Gebäudes haben sich alle Personen ..................................................

..................................................

..................................................

3.4 Löschversuche unternehmen
Ein Kleinbrand kann durchaus mit eigenen Mitteln ..................................................

..................................................

..................................................

Eine Brandbekämpfung sollte aber nur erfolgen, wenn ..................................................

..................................................

Bei Bränden an elektrischen Anlagen/Geräten ist ..................................................

3.5 In Sicherheit bringen
Beim Ertönen des Alarmsignals haben alle Beschäftigten ..................................................

..................................................

Auf keinen Fall dürfen im Alarmfall persönliche Gegenstände ..................................................

..................................................

Hilfsbedürftige (behinderte, verletzte/geschockte Personen) und ortsunkundige Personen (Besucher, Mitarbeiter von Fremdfirmen) sind ..................................................

..................................................

..................................................

Kann ein Fluchtweg nicht gefahrlos benutzt werden, ..................................................

..................................................

..................................................

..................................................

# Arbeitsblatt 74.4 Sicherheitskennzeichnung sowie Flucht- und Rettungsplan

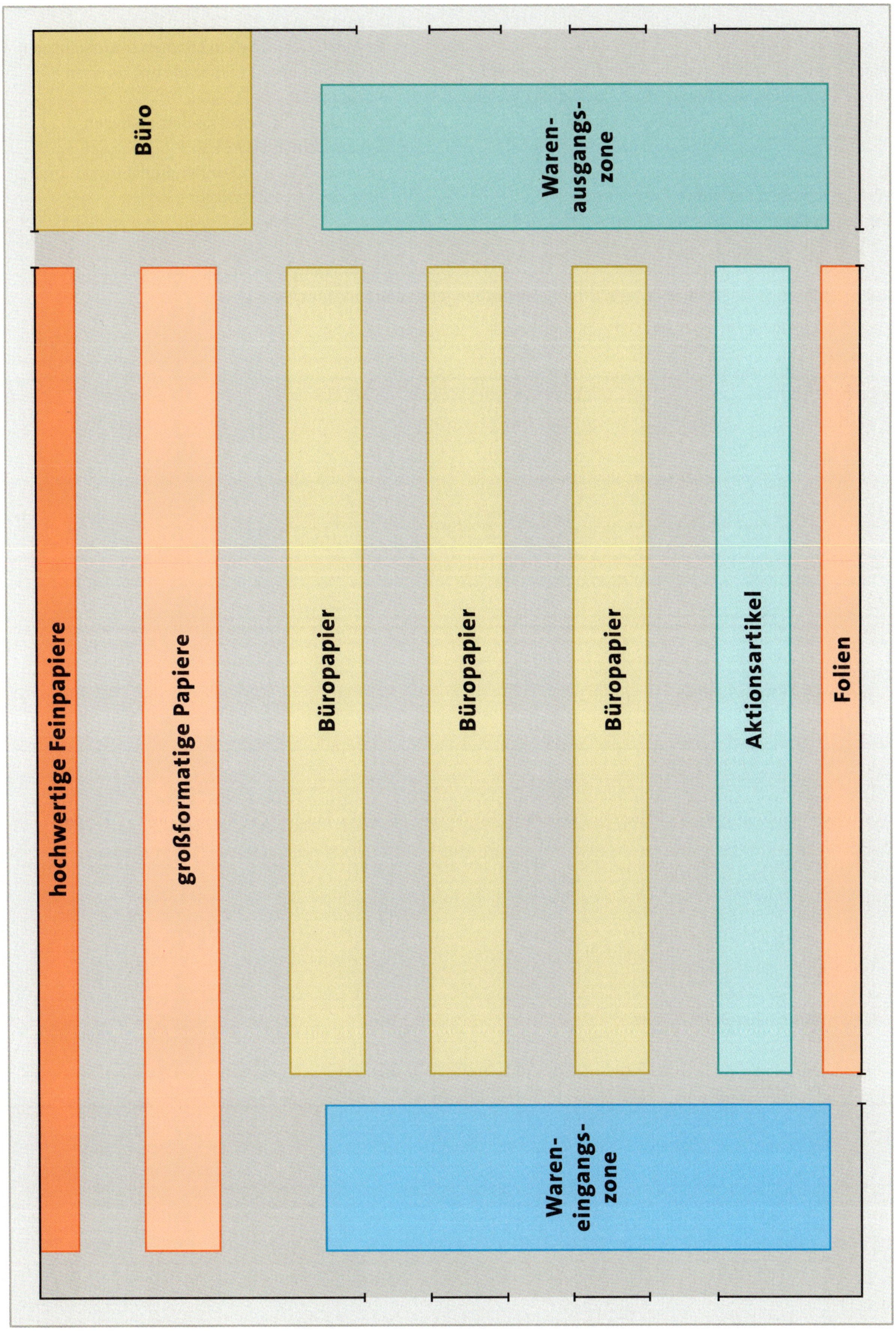

# Aufgaben

**1**

Nennen Sie fünf Ursachen für Brände in einem Lager.

**2**

Wer ist für den vorbeugenden Brandschutz und wer für den abwehrenden Brandschutz zuständig? Welche Aufgaben fallen in den jeweiligen Bereich?

**3**

Welche Angaben enthalten Flucht- und Rettungspläne?

**4**

Bringen Sie die nachfolgenden Tätigkeiten bei der Brandbekämpfung in die richtige Reihenfolge:

- Brandstelle nach dem Löschen beaufsichtigen
- Feuerlöscher nehmen und zum Löschen vorbereiten
- Brandherd mit Feuerlöscher ersticken
- Feueralarm auslösen
- Feuerlöscher vom Kundendienst instandhalten und einsatzbereit machen lassen

**5**

Recherchieren Sie im Internet Maßnahmen des vorbeugenden Brandschutzes.

Baulicher Brandschutz ..........

..........

..........

..........

..........

..........

Technischer Brandschutz ..........

..........

..........

..........

..........

..........

Organisatorischer Brandschutz ..........

..........

..........

..........

..........

..........

# Lernsituation 75
## Kosten der Lagerhaltung

FK ☞ **LF6** *Kap. 2.7*

**LERNSITUATION**

Die Spiel & Freizeit GmbH, eine Großhandlung für Spielwaren und Campingartikel, will wie alle Unternehmen ihren Gewinn steigern. Sind kurzfristig der Verkauf größerer Mengen und/oder der Verkauf zu höheren Preisen auf dem Absatzmarkt nicht durchsetzbar, so müssen Kostensenkungen zur angestrebten Gewinnerhöhung führen. Dem Geschäftsführer, Herrn Montag, erscheinen insbesondere die Kosten der Lagerhaltung zu hoch.

**ARBEITSAUFTRÄGE**

1. Ermitteln Sie für die Spiel & Freizeit GmbH die jährlichen Kosten der Lagerhaltung.
2. Formulieren Sie drei Maßnahmen, mit denen die Kosten für die Lagerhaltung der Spiel & Freizeit GmbH nachhaltig gesenkt werden könnten.

| Angaben zur Kostenberechnung | Kosten pro Jahr in € |
|---|---|
| **Kalkulatorische Abschreibungen**[1] **Hinweis:** Die jährlichen kalkulatorischen Abschreibungen werden durch die Division der ermittelten Wiederbeschaffungskosten durch die betriebsindividuelle Nutzungsdauer ermittelt. | |
| Die Wiederbeschaffungskosten der Lagerhalle betragen 2.000.000,00 €; die Nutzungsdauer beträgt 25 Jahre. | 80.000,00 |
| Die Wiederbeschaffungskosten der Lagereinrichtungen betragen 400.000,00 €; die Nutzungsdauer beträgt 16 Jahre. | |
| Die Wiederbeschaffungskosten der Transportmittel betragen 200.000,00 €; die Nutzungsdauer beträgt 8 Jahre. | |
| **Kalkulatorische Zinsen**[1] Der kalkulatorische Zinssatz beträgt 8 % bezogen auf die Hälfte der Anschaffungswerte. **Hinweis:** Die jährlichen kalkulatorischen Zinsen werden vom durchschnittlich eingesetzten Kapital ermittelt. Dies entspricht der Hälfte der Anschaffungswerte. | |
| Anschaffungswert der Lagerhalle: 1.600.000,00 € | |
| Anschaffungswert der Lagereinrichtungen: 360.000,00 € | |
| Anschaffungswert der Transportmittel: 190.000,00 € | |
| Die monatliche **Pacht** des Lagergrundstücks beträgt 2.000,00 €. | |
| Die **Reinigungskosten** berechnet eine Fremdfirma mit 600,00 € im Monat. | |
| Für **Instandsetzungen** werden im Jahr 10.000,00 € kalkuliert. | |
| Die **Energiekosten** (Heizung, Beleuchtung usw.) betragen monatlich durchschnittlich 1.500,00 €. | |
| Die **Gebäudeversicherung** berechnet einen Jahresbeitrag von 0,5 % des Anschaffungswertes der Lagerhalle. | |
| Die **Personalkosten** (Gehälter, Löhne, Personalnebenkosten) betragen pro Monat 12.200,00 € bei 13 Auszahlungen pro Jahr. | |
| Die **Kostenumlagen** (z. B. der zentralen EDV-Abteilung und für Büromaterialverbrauch) betragen für die Abteilung Lager monatlich 2.000,00 €. | |
| Der Wert des **durchschnittlichen Lagerbestands** betrug im abgelaufenen Geschäftsjahr 4.200.000,00 €. | |
| Die Versicherungskosten (Brand- und Wasserschäden) des Lagerbestands betragen jährlich 0,3 % des durchschnittlichen Lagerwertes. | |
| Wertverluste durch Diebstahl, Verderb, Schwund und Veraltern werden mit 0,5 % des durchschnittlichen Lagerbestands kalkuliert. | |
| Der Lagerzinssatz beträgt 8 %. | |
| **Gesamte Kosten der Lagerhaltung** | |

[1] Zur Ermittlung der kalkulatorischen Kosten siehe auch Lernfeld 8, Kap. 1.3.2 in der Fachkunde.

**Kosten der Lagerhaltung**

| Kosten entstehen für | | | |
|---|---|---|---|
| **Betriebsmittel** | | **Personal** | |
| z. B.<br>• ……………………<br>• ……………………<br>• ……………………<br>• ……………………<br>• ……………………<br>• …………………… | z. B.<br>• Versicherung<br>• Wertverlust, z. B. durch Diebstahl oder Schwund<br>• Lagerzins | z. B.<br>• Löhne<br>• Gehälter<br>• Sozialaufwendungen | z. B.<br>• ……………………<br>• ……………………<br>• ……………………<br>• ……………………<br>• ……………………<br>• …………………… |

↓ ↓ ↓ ↓

| Mögliche Maßnahmen zur Kostensenkung | | | |
|---|---|---|---|
| …………………… | …………………… | …………………… | …………………… |
| …………………… | …………………… | …………………… | …………………… |
| …………………… | …………………… | …………………… | …………………… |
| …………………… | …………………… | …………………… | …………………… |
| …………………… | …………………… | …………………… | …………………… |
| …………………… | …………………… | …………………… | …………………… |
| …………………… | …………………… | …………………… | …………………… |
| …………………… | …………………… | …………………… | …………………… |

## Aufgaben

**1**

Nennen Sie
a) fixe Kosten (unabhängig von der Lagermenge/des Lagerwertes) der Lagerhaltung,
b) variable Kosten (abhängig von der Lagermenge/des Lagerwertes) der Lagerhaltung,
c) je zwei Möglichkeiten zur Einsparung von fixen und variablen Lagerkosten.

**2**

Nennen Sie Risikobereiche einer umfassenden Lagerhaltung.

# Lernsituation 76
# Lagerkennzahlen

FK ☞ *LF6 Kap. 2.7.2*

## LERNSITUATION

**Von:** Manfred Deneke, Abteilung Verkauf
**Betreff:** Betriebsstatistik
**Datum:** 10.01.20XY, 13.28 Uhr
**An:** Günther Wolf, Abteilung Lager/Versand

Lieber Herr Wolf,

für unsere Betriebsstatistik benötige ich die folgenden Kennzahlen:

- durchschnittlicher Lagerbestand (mengenmäßig)
- Umschlagshäufigkeit (mengenmäßig)
- durchschnittliche Lagerdauer

Manfred Deneke

## ARBEITSAUFTRÄGE

**1.** Herr Wolf beauftragt Sie, die gewünschten Zahlen zu ermitteln. Nutzen Sie dazu die beigefügten Lagerdateien und tragen Sie Ihre Ergebnisse in die unten stehende Übersicht ein.

**2.** a) Zu welchem Zweck werden die angegebenen Lagerkennzahlen benötigt?
b) Prüfen Sie die errechneten Kennzahlen kritisch hinsichtlich ihres Aussagewerts:
- Unter welchen Bedingungen erscheint Ihnen die Berechnung der Kennzahlen sinnvoll? Stellen Sie hierbei Überlegungen zur Branche des Unternehmens, zu den Nachfragezeitpunkten und zu den Berechnungsformeln der Kennzahlen an.
- Warum ist es u. U. sinnvoll, die Kennzahlen „durchschnittlicher Lagerbestand" und „Umschlagshäufigkeit" wertmäßig zu berechnen?

| Artikel Nr. | Lagerkennzahlen | | |
|---|---|---|---|
| | durchschnittlicher Lagerbestand | Umschlagshäufigkeit | durchschnittliche Lagerdauer |
| 40111 | | | |
| 40112 | | | |
| 40113 | | | |
| 40121 | | | |
| 40122 | | | |
| 40123 | | | |

### Lagerdatei Offsetpapier

bpk Bergisches Papierkontor GmbH

| **Art.-Nr.** | **40111** | offene Kundenbestellungen | | | |
|---|---|---|---|---|---|
| **Artikel** | BPK-Prima-Offset Professional 61 × 66 cm | offene Bedarfsmeldungen | | | |
| | | offene BPK-Bestellungen | | | |
| | | Höchstbestand | | | 125.000 |
| | | Mindestbestand | | | 10.000 |
| **Datum** | **Beleg** | **Zugang Lager** | **Abgang Lager** | **Bestand** | **Einst.preis/ 1.000 Bogen** |
| 02.01. | Inventurbestand | | | 125.000 | 52,75 € |
| 23.01. | ALS 89 | | 60.000 | 65.000 | |
| 02.02. | ALS 102 | | 50.000 | 50.000 | |
| 18.02. | ELS A/768 | 120.000 | | 135.000 | 53,25 € |
| 13.03. | ALS 189 | | 100.000 | 35.000 | |
| 28.04. | ALS 309 | | 20.000 | 15.000 | |
| 11.05. | ELS A/1100 | 240.000 | | 255.000 | 52,75 € |
| 12.05. | ALS 344 | | 240.000 | 15.000 | |
| 10.06. | ELS A/1302 | 260.000 | | 275.000 | 52,75 € |
| 23.07. | ALS 500 | | 140.000 | 135.000 | |
| 13.08. | ALS 538 | | 120.000 | 15.000 | |
| 24.09. | ELS A/1888 | 280.000 | | 295.000 | 52,50 € |
| 18.10. | ALS 728 | | 145.000 | 150.000 | |
| 02.11. | ALS 755 | | 135.000 | 15.000 | |
| 24.11. | ELS A/2066 | 270.000 | | 285.000 | 52,20 € |
| 12.12. | ALS 839 | | 270.000 | 15.000 | |
| 14.12. | ELS A/2212 | 60.000 | | 75.000 | 54,20 € |
| 21.12. | ALS 874 | | 55.000 | 20.000 | |
| 28.12. | Rücknahme wg. Mängelrüge ALS 874 | 8.000 | | 28.000 | |
| 31.12. | | | | 28.000 | |

### Lagerdatei Offsetpapier

bpk Bergisches Papierkontor GmbH

| **Art.-Nr.** | **40112** | offene Kundenbestellungen | | | |
|---|---|---|---|---|---|
| **Artikel** | BPK-Prima-Offset Professional 43 × 61 cm | offene Bedarfsmeldungen | | | |
| | | offene BPK-Bestellungen | | | |
| | | Höchstbestand | | | 280.000 |
| | | Mindestbestand | | | 40.000 |
| **Datum** | **Beleg** | **Zugang Lager** | **Abgang Lager** | **Bestand** | **Einst.preis/ 1.000 Bogen** |
| 02.01. | Inventurbestand | | | 292.000 | 25,00 € |
| 23.02. | ALS 144 | | 140.000 | 152.000 | |
| 13.03. | ALS 190 | | 36.000 | 116.000 | |
| 15.03. | ALS 194 | | 47.000 | 69.000 | 53,25 € |
| 18.03. | ALS 199 | | 15.000 | 54.000 | |
| 25.04. | ELS 4567 | 680.000 | | 734.000 | 23,23 € |
| 26.04. | ALS 300 | | 180.000 | 554.000 | |
| 04.05. | ALS 328 | | 200.000 | 354.000 | |
| 08.05. | ALS 336 | | 100.000 | 254.000 | |
| 18.05. | ALS 360 | | 50.000 | 204.000 | |
| 02.06. | ALS 392 | | 145.000 | 59.000 | |
| 24.06. | ELS 5677 | 700.000 | | 759.000 | 25,50 € |
| 25.06. | ALS 452 | | 400.000 | 359.000 | |
| 28.06. | ALS 458 | | 180.000 | 179.000 | |
| 30.06. | ALS 465 | | 130.000 | 49.000 | |
| 02.07. | ELS 5780 | 900.000 | | 949.000 | 26,33 € |
| 03.07. | ALS 470 | | 800.000 | 149.000 | |
| 14.07. | ALS 495 | | 100.000 | 49.000 | |
| 15.08. | ELS 1660 | 1.100.000 | | 1.149.000 | 26,33 € |
| 16.08. | ALS 543 | | 900.000 | 249.000 | |
| 28.08. | ALS 584 | | 207.000 | 42.000 | |
| 28.09. | ELS 1707 | 680.000 | | 722.000 | 27,50 € |
| 04.10. | ALS 685 | | 605.000 | 117.000 | |
| 17.11. | ALS 780 | | 99.000 | 18.000 | |
| 31.12. | | | | 18.000 | |

### Lagerdatei Offsetpapier

bpk Bergisches Papierkontor GmbH

| **Art.-Nr.** | **40113** | offene Kundenbestellungen | | | |
|---|---|---|---|---|---|
| **Artikel** | BPK-Prima-Offset Professional 70 × 100 cm | offene Bedarfsmeldungen | | | |
| | | offene BPK-Bestellungen | | | |
| | | Höchstbestand | | | 125.000 |
| | | Mindestbestand | | | 7.000 |
| **Datum** | **Beleg** | **Zugang Lager** | **Abgang Lager** | **Bestand** | **Einst.preis/ 1.000 Bogen** |
| 02.01. | Inventurbestand | | | 14.500 | 81,22 € |
| 23.10. | ELS A/19555 | 716.000 | | 730.500 | |
| 04.11. | ALS 758 | | 706.000 | 24.500 | |
| 31.12. | | | | 24.500 | 85,10 € |

### Lagerdatei Offsetpapier

bpk Bergisches Papierkontor GmbH

| **Art.-Nr.** | **40121** | offene Kundenbestellungen | | | |
|---|---|---|---|---|---|
| **Artikel** | BPK-Natur-Print 61 × 86 cm | offene Bedarfsmeldungen | | | |
| | | offene BPK-Bestellungen | | | |
| | | Höchstbestand | | | 35.000 |
| | | Mindestbestand | | | 9.000 |
| **Datum** | **Beleg** | **Zugang Lager** | **Abgang Lager** | **Bestand** | **Einst.preis/ 1.000 Bogen** |
| 02.01. | Inventurbestand | | | 14.500 | 51,88 € |
| 23.01. | ELS 105 | 188.500 | | 203.000 | 51,88 € |
| 24.01. | ALS 91 | | 150.000 | 53.000 | |
| 05.02. | ALS 110 | | 44.000 | 9.000 | |
| 25.03. | ELS 233 | 200.000 | | 209.000 | 51,88 € |
| 28.03. | ALS 221 | | 70.000 | 139.000 | |
| 04.04. | ALS 222 | | 130.000 | 9.000 | |
| 03.06. | ELS 310 | 230.000 | | 239.000 | 51,88 € |
| 04.06. | ALS 397 | | 180.000 | 59.000 | |
| 08.06. | ALS 406 | | 50.000 | 9.000 | |
| 23.10. | ELS 544 | 244.000 | | 253.000 | 56,28 € |
| 24.10. | ALS 739 | | 150.000 | 103.000 | |
| 02.11. | ALS 754 | | 94.000 | 9.000 | |
| 27.12. | ELS 750 | 55.000 | | 64.000 | 56,28 € |
| 28.12. | ALS 877 | | 44.500 | 19.500 | |
| 31.12. | | | | 19.500 | |

### Lagerdatei Offsetpapier

bpk Bergisches Papierkontor GmbH

| **Art.-Nr.** | **40122** | offene Kundenbestellungen | | | |
|---|---|---|---|---|---|
| **Artikel** | BPK-Natur-Print 70 × 100 cm | offene Bedarfsmeldungen | | | |
| | | offene BPK-Bestellungen | | | |
| | | Höchstbestand | | | 30.000 |
| | | Mindestbestand | | | 8.000 |
| **Datum** | **Beleg** | **Zugang Lager** | **Abgang Lager** | **Bestand** | **Einst.preis/ 1.000 Bogen** |
| 02.01. | Inventurbestand | | | 12.000 | 74,00 € |
| 20.01. | ELS 105 | 203.000 | | 215.000 | 74,00 € |
| 01.02. | ALS 100 | | 185.000 | 30.000 | |
| 02.02. | ALS 101 | | 20.000 | 10.000 | |
| 25.05. | ELS 323 | 300.000 | | 310.000 | 72,00 € |
| 26.05. | ALS 377 | | 255.000 | 55.000 | |
| 28.07. | ALS 504 | | 25.000 | 30.000 | |
| 08.08. | ELS 344 | 250.000 | | 280.000 | 68,50 € |
| 10.08. | ALS 522 | | 100.000 | 180.000 | |
| 11.08. | ALS 524 | | 150.000 | 30.000 | |
| 21.11. | ELS 657 | 138.000 | | 168.000 | 65,40 € |
| 24.11. | ALS 793 | | 138.000 | 30.000 | |
| 26.11. | ALS 798 | | 18.500 | 11.500 | |
| 31.12. | | | | 11.500 | |

### Lagerdatei Offsetpapier

bpk Bergisches Papierkontor GmbH

| **Art.-Nr.** | **40123** | offene Kundenbestellungen | | | |
|---|---|---|---|---|---|
| **Artikel** | BPK-Natur-Print 88 × 124 cm | offene Bedarfsmeldungen | | | |
| | | offene BPK-Bestellungen | | | |
| | | Höchstbestand | | | 20.000 |
| | | Mindestbestand | | | 5.000 |
| **Datum** | **Beleg** | **Zugang Lager** | **Abgang Lager** | **Bestand** | **Einst.preis/ 1.000 Bogen** |
| 02.01. | Inventurbestand | | | 18.000 | 116,55 € |
| 18.09. | ELS 505 | 250.000 | | 268.000 | 122,95 € |
| 18.09. | ALS 645 | | 200.000 | 68.000 | |
| 20.09. | ALS 651 | | 48.000 | 20.000 | |
| 28.11. | ELS 680 | 330.000 | | 350.000 | 122,95 € |
| 29.11. | ALS 806 | | 277.000 | 73.000 | |
| 29.11. | ALS 807 | | 60.000 | 13.000 | |
| 31.12. | | | | 13.000 | |

## FOLGESITUATION

Löschen | Ist Werbung | Antworten | An alle | Weiterleiten | Drucken | Aufgabe

**Von:** Dr. Peter Schönhauser, Geschäftsleitung
**Betreff:** Branchenkennzahlen
**Datum:** 30.01.20XY, 8.31 Uhr
**An:** Günther Wolf, Abteilung Lager/Versand

Lieber Herr Wolf,

von unserem Unternehmensberater erhielt ich die Branchenkennzahlen zur Lagerhaltung des vergangenen Geschäftsjahres (siehe unten). Für eine Sortiments- und Beschaffungsplanung bitte ich um einen Vergleich mit unseren entsprechenden Kennzahlen.

P. Schönhauser

## ARBEITSAUFTRÄGE

1. Übernehmen Sie die ermittelten Lagerumschlagshäufigkeiten in die unten stehende Tabelle und erstellen Sie den gewünschten Vergleich. Stellen Sie zur Verdeutlichung die Entwicklung grafisch dar.
2. Welche Empfehlungen können Sie der Geschäftsleitung im Rahmen der Lagerhaltung und zu einer allgemeinen Sortiments- und Beschaffungsplanung geben?

| Artikel Nr. | Umschlags-häufigkeit | Umschlags-häufigkeit Vorperiode | Differenz | Umschlags-häufigkeit Branche | Differenz |
|---|---|---|---|---|---|
| **Offsetpapiere** | | | | | |
| 40111 | | 8 | | 20 | |
| 40112 | | 28 | | 20 | |
| 40113 | | 8 | | 20 | |
| 40121 | | 25 | | 20 | |
| 40122 | | 20 | | 20 | |
| 40123 | | 30 | | 20 | |

# Arbeitsblatt 76.1 Lagerbewegungszahlen

**Umschlagshäufigkeit**

- Formel:
  Umschlagshäufigkeit = $\frac{\_\_\_\_\_\_\_\_\_\_}{\text{durchschnittlicher Lagerbestand}}$
- Erklärung:
  Die Umschlagshäufigkeit gibt an, wie oft der durchschnittliche Lagerbestand pro Jahr verkauft wird.

---

______________________________

- Formel:
  ______________________________ = $\frac{360}{\text{Umschlagshäufigkeit}}$
- Erklärung:
  Die ______________________________ gibt an,
  wie lange die Waren im Durchschnitt im Lager liegen.

---

**Lagerzinssatz**

- Formel:
  Lagerzinssatz = $\frac{\_\_\_\_\_\_\_\_\_\_}{360}$
  ______________________________ = Zinssatz, der für Geldanlagen z. B. bei Banken gezahlt wird
- Erklärung:
  Der Lagerzinssatz gibt an, ______________________________
  ______________________________ .

---

______________________________

- Formel:
  ______________________________ = $\frac{\text{Wert des durchschnittlichen Lagerbestands} \cdot \text{Lagerzinssatz}}{\_\_\_\_\_\_\_\_\_\_}$
- Erklärung:
  Die ______________________________ geben an, wie hoch der
  ______________________________ durch das in dem Lagerbestand gebundene
  ______________________________ ist.

# Arbeitsblatt 76.2 Lagerbestands- und Lagerbewegungszahlen

| zu großer Lagerbestand | zu kleiner Lagerbestand |
|---|---|
| • entzieht dem Unternehmen Liquidität<br>•<br>• | •<br>•<br>• |

**Hilfsmittel bei der Optimierung des Lagerbestandes**

| Lagerbestandszahlen | Lagerbewegungszahlen |
|---|---|
| • Meldebestand<br>•<br>•<br>• | •<br>•<br>•<br>• |

## Zusammenhang zwischen den Lagerkennzahlen

| durchschnittlicher Lagerbestand | Umschlagshäufigkeit | durchschnittliche Lagerdauer | durchschnittlicher Lagerzinssatz |
|---|---|---|---|
| Je höher der Mindest- und/oder Höchstbestand, desto ______ ist der durchschnittliche Lagerbestand. | → Je ______ ______ ______ desto ______ ______ ______ | $\frac{360}{\text{Umschlagshäufigkeit}}$<br>→ Je ______ ______ ______ desto ______ ______ ______ | → Je ______ ______ ______ desto ______ ______ ______ |

# Aufgaben

**1**

Aufgrund eines EDV-Problems sind sämtliche Daten einer Artikeldatei gelöscht worden.

a) Führen Sie bitte die Lagerkarte für den Artikel Nr. 228 per Hand und tragen Sie folgende Vorgänge ein:
- 2. Januar, Inventur, aktueller Bestand 130 Stück
- 31. Januar, Verkauf von 70 Stück im Januar lt. Kassenbeleg
- 8. Februar, Einkauf Mühlen Nett GmbH, Lieferschein 18, 140 Stück
- 27. Februar, Verkauf von 75 Stück im Februar lt. Lieferschein 217
- 30. März, Verkauf von 65 Stück im März lt. Kassenbeleg
- 6. April, Einkauf Mühlen Nett GmbH, Lieferschein 26, 140 Stück
- 30. April, Verkauf von 40 Stück im April lt. Lieferschein 456
- 31. Mai, Verkauf von 80 Stück im Mai lt. Lieferschein 584

**Lagerkarte**

| Artikel Nr. | Bezugspreis/Stück | | Bruttoverkaufspreis/Stück | | Meldebestand | Höchstbestand |
|---|---|---|---|---|---|---|
| 228 | 35,00 € | | 98,00 € | | 60 | 200 |
| **Datum** | **Beleg** | **Vorgang** | **Zugang** | **Abgang** | **Aktueller Bestand** | **Bedarf** |
| | | | | | | |
| | | | | | | |
| | | | | | | |
| | | | | | | |
| | | | | | | |
| | | | | | | |
| | | | | | | |
| | | | | | | |

b) Berechnen Sie folgende Lagerkennzahlen:
- durchschnittlicher Lagerbestand in Stück zum Monatsende
- durchschnittliche Lagerdauer
- durchschnittlicher Lagerbestand in Euro zum Monatsende
- Umschlagshäufigkeit
- Lagerzinssatz (die Hausbank verlangt derzeit für einen Kredit einen Jahreszinssatz von 5,5 %)
- Lagerzinsen

c) Erläutern Sie in eigenen Worten, was die jeweiligen Kennzahlen aussagen.

**2**

Die Umschlagshäufigkeit für eine Ware beträgt 9, der Jahresabsatz beträgt 450 Stück. Ermitteln Sie den durchschnittlichen Lagerbestand.

**3**

Von einem Artikel ist bekannt: Durchschnittlicher Lagerbestand 900, Umschlagshäufigkeit 6. Ermitteln Sie Wareneinsatz und durchschnittliche Lagerdauer.

**4**

Ein Artikel hat die durchschnittliche Lagerdauer von 15 Tagen. Ermitteln Sie die Umschlagshäufigkeit.

**5**

Der Geschäftsführer eines Großhandelsunternehmens möchte die Wirtschaftlichkeit seines Lagers mithilfe der Lagerkennziffern überprüfen.

a) Unterstützen Sie ihn, indem Sie zunächst die Lagerkarte für den vorliegenden Artikel vervollständigen.

| **Artikel: CV 25 Feuermelder, funknetzfähig** | | | **Bezugspreis je Stück: 15,73 €**<br>**Bruttoverkaufspreis je Stück: 32,95 €** | | |
|---|---|---|---|---|---|
| Monat | Zugänge Stück | Abgänge Stück | Abgänge € | Monatsend-bestand/Stück | Monatsend-bestand/€ |
| Jahresanfangs-bestand | | | | 2 | |
| Januar | 30 | 8 | | | |
| Februar | | 5 | | | |
| März | 30 | 10 | | | |
| April | | 15 | | | |
| Mai | 30 | 24 | | | |
| Juni | | 5 | | | |
| Juli | 30 | 5 | | | |
| August | | 8 | | | |
| September | 30 | 10 | | | |
| Oktober | | 15 | | | |
| November | 30 | 21 | | | |
| Dezember | | 11 | | | |
| Summe | | | | | |

b) Berechnen Sie folgende Lagerkennzahlen:
- durchschnittlicher Lagerbestand in Stück
- durchschnittlicher Lagerbestand in Euro
- Umschlagshäufigkeit
- durchschnittliche Lagerdauer
- Lagerzinssatz (die Hausbank verlangt derzeit für einen Kredit einen Jahreszinssatz von 7,5 %)
- Lagerzinsen

| Lagerkennzahl | Kennzahl des Unternehmens | Branchenkenn-zahl | Bewertung |
|---|---|---|---|
| durchschnittlicher Lagerbestand in Stück | | 20 | |
| Umschlagshäufigkeit | | 8 | |
| durchschnittliche Lagerdauer | | 45 | |

c) Beschreiben und analysieren Sie das Bestellverfahren des Großhandelsunternehmens und machen Sie ggf. einen Verbesserungsvorschlag bezüglich des Bestellverfahrens!

d) Der Großhandelsverband hat Branchenkennzahlen zur Lagerwirtschaftlichkeit bei CV 25 Feuermeldern veröffentlicht. Vergleichen Sie die Lagerkennzahlen des Großhandelsunternehmens mit dem Branchendurchschnitt und bewerten Sie diese!

e) Was kann der Geschäftsführer unternehmen, um die Wirtschaftlichkeit seines Lagers zu erhöhen? Geben Sie konkrete Handlungsanweisungen!

**6**

Im letzten Geschäftsjahr wurden folgende Werte in der Buchführung ermittelt:

| | | |
|---|---|---|
| Anfangsbestand Waren | 800.000,00 € | Der Einstandspreis der Waren beträgt je Stück 500,00 €. |
| Einkäufe Waren | 12.000.000,00 € | |
| Endbestand Waren | 1.200.000,00 € | |

a) Stellen Sie den oben dargestellten Sachverhalt auf den nachfolgenden Konten dar.
Hinweis: Wareneinkäufe werden aufwandsorientiert gebucht.

| S | Warenbestand | H |
|---|---|---|
| | | |

| S | Wareneingang | H |
|---|---|---|
| | | |

b) Schließen Sie die Warenkonten ab und ermitteln Sie
1. die Warenbestandsveränderung in €,
2. den Wareneinsatz in €,
3. die Anzahl der eingekauften Waren,
4. die Anzahl der verkauften Waren,
5. die Anzahl der Waren am Geschäftsjahresanfang,
6. die Anzahl der Waren am Geschäftsjahresende.

c) Ermitteln Sie für die Waren
1. den durchschnittlichen Lagerbestand in Stück,
2. den durchschnittlichen Lagerbestand in €,
3. die Lagerumschlagshäufigkeit,
4. die durchschnittliche Lagerdauer,
5. den Lagerzinssatz in Prozent, wenn der Jahreszinssatz (Marktzinssatz) 10 % beträgt.

d) Berechnen Sie für die Waren die Selbstkosten je Stück bei Lagerausgang.

**7**

Stellen Sie fest, ob die nachfolgenden Maßnahmen
① die durchschnittliche Lagerdauer verkürzen könnten,
② die durchschnittliche Lagerdauer erhöhen könnten oder
③ keinen Einfluss auf die durchschnittliche Lagerdauer haben.

| | |
|---|---|
| | Das Unternehmen bietet die Waren zu einem Sonderpreis an. |
| | Der eiserne Bestand wird verdoppelt. |
| | Für die Waren wird eine Werbeaktion durchgeführt. |
| | Die Waren werden in einem neuen Hochregallager eingelagert. |
| | Die Verkaufspreise für die Waren werden um 5 % erhöht. |
| | Die Bestellmenge für Waren wird halbiert. |
| | Der Marktzinssatz für die Ermittlung der Lagerzinskosten steigt. |

**8**

Der durchschnittliche Lagerbestand einer Ware beträgt 109.000,00 €, der Wareneinsatz beträgt 342.000,00 €.

a) Berechnen Sie die Umschlagshäufigkeit für diese Ware.

b) Wie viel Tage beträgt die durchschnittliche Lagerdauer?

c) Wie hoch ist der Lagerzinssatz bei einem Marktzins von 7,3 %?

d) Errechnen Sie die Lagerzinsen für diese Ware.

# Lernsituation 77
## Eigen- oder Fremdlager?

FK ☞ *LF6 Kap. 2.8, 2.9*

### LERNSITUATION

Die BPK GmbH gewinnt immer mehr Kunden in den nördlichen Bundesländern Hamburg, Bremen und Schleswig-Holstein, die das Sortiment und das Preis-Leistungs-Verhältnis sehr schätzen. Diese Kunden – vor allem Büroartikeleinzelhändler – legen jedoch besonderen Wert auf eine schnelle Lieferung, um den eigenen Lagerbestand möglichst gering zu halten. Diesen Anforderungen konnte das Bergische Papierkontor in den letzten Monaten nicht immer gerecht werden, weil der Lkw auf der Autobahn A1 oft im Stau stand. Herr Dr. Schönhauser überlegt nun, als Service für diese wichtigen Kunden ein Lager in deren Nähe einzurichten. Hierbei stellt sich die Frage, ob die BPK GmbH auf eigenständige dezentrale Lagerung umsteigt oder ob man das günstige Angebot eines Lagerhalters in Lübeck annehmen soll. Das Lager sollte eine Mindestgröße von 350 m² haben.

### ARBEITSAUFTRÄGE

**1.** Sie werden von Dr. Schönhauser beauftragt, alle für diese Entscheidungen notwendigen Informationen zu beschaffen, um die Kosten vergleichbar zu machen.
Folgende Angebote liegen bereits vor:

Löschen | Ist Werbung | Antworten | An alle | Weiterleiten | Drucken | Aufgabe

**Von:** Martin Wilsgaard
**Betreff:** Angebot Lagerplatz in Lübeck
**Datum:** 15.02.20XX, 9.10 Uhr
**An:** Dr. Peter Schönhauser, Geschäftsleitung

Sehr geehrter Herr Schönhauser,

einen für Ihre Zwecke geeigneten Lagerplatz berechnen wir mit 30,00 €/m² pro Monat.

Vielen Dank für Ihr Interesse,

Store&Go Lübeck
Martin Wilsgaard

--------------------------------

Store&Go Lübeck
Servatiusweg 33
23554 Lübeck
www.store&go.de

Notiz von Dr. Schönhauser:

**NOTIZEN** — bpk Bergisches Papierkontor GmbH

*Bitte beachten Sie für das folgende Angebot der Bretterbau Immobilien:*

- *Verbrauchskosten (Materialien, Telefon, PC-Leasing etc.) von 6,50 Euro pro Monat und m²*
- *Einsatz von zwei Lagerfachkräften mit jeweils 1.950,00 Euro Personalkosten monatlich*
- *Versicherung: 1.200,00 Euro/Jahr*

http://www.immobilien-bretterbau.de

# Bretterbau Immobilien

Start | **Objekte** | Kontakt | Impressum

| | |
|---|---|
| **Miet-/Kaufobjekt:** | Miete |
| **Gesamtfläche:** | 600,00 m² |
| **Lager-/Produktionsfläche:** | 500,00 m² |
| **Miete pro Monat:** | 4.000,00 € |
| **Verfügbar ab:** | sofort |

Objekt-ID:
37936058

Adresse:
Bei der Salzmühle
23554 Lübeck

## Objektbeschreibung

Die zurzeit als Trockensortiment-Lager genutzte Halle mit angrenzendem Bürotrakt (eingeschossig) wurde Mitte der 60er Jahre errichtet. Die Tragkonstruktion der Halle ist eine Stahlrahmenkonstruktion mit einer massiven Außenwand. Das Dach besteht aus Leichtbetonplatten. Die Belichtung erfolgt durch ein Oberlicht sowie eine seitliche Industrieverglasung. 2 Sektionaltore und Metallnotausgangstüren sind vorhanden.

Die lichte Höhe der Halle beträgt 7,10 m.

## Ausstattung

In der Halle befindet sich ein großer Lagerraum; im rückwärtigen Bereich schließt der Bürobereich mit Überblick über die Halle sowie der Zugang zum Kellergeschoss mit sanitären Anlagen, Abstellräumen und Heizungskeller an.

## Lage

Das ca. 2700 m² große in Ost/West-Richtung gelegene Grundstück ist mit einer ca. 1500 m² großen eingeschossigen Halle und einem zweigeschossigen Wohnhaus (3 Wohneinheiten) bebaut.

## Weitere Daten

| | |
|---|---|
| **Nebenkosten:** | 3,50 € pro Monat/m² |
| **Objektzustand:** | gepflegt |
| **Baujahr:** | 1964 |
| **Fußweg zu öffentlichen Verkehrsmitteln:** | 2 Min. |
| **Fahrzeit zum nächsten Hauptbahnhof:** | 5 Min. |
| **Fahrzeit zur nächsten BAB:** | 5 Min. |
| **Fahrzeit zum nächsten Flughafen:** | 15 Min. |

## ARBEITSAUFTRÄGE

**2.** Ermitteln Sie die kritische Lagerfläche.

**3.** Treffen Sie eine Entscheidung über Eigen- oder Fremdlagerung. Begründen Sie Ihre Entscheidung mithilfe einer Pro-und-Kontra-Liste.

# Arbeitsblatt 77.1 Eigen- oder Fremdlagerung

Stellen Sie die Ermittlung der kritischen Lagerfläche grafisch dar. Nutzen Sie dazu die im Arbeitsauftrag 2) ermittelten Werte.

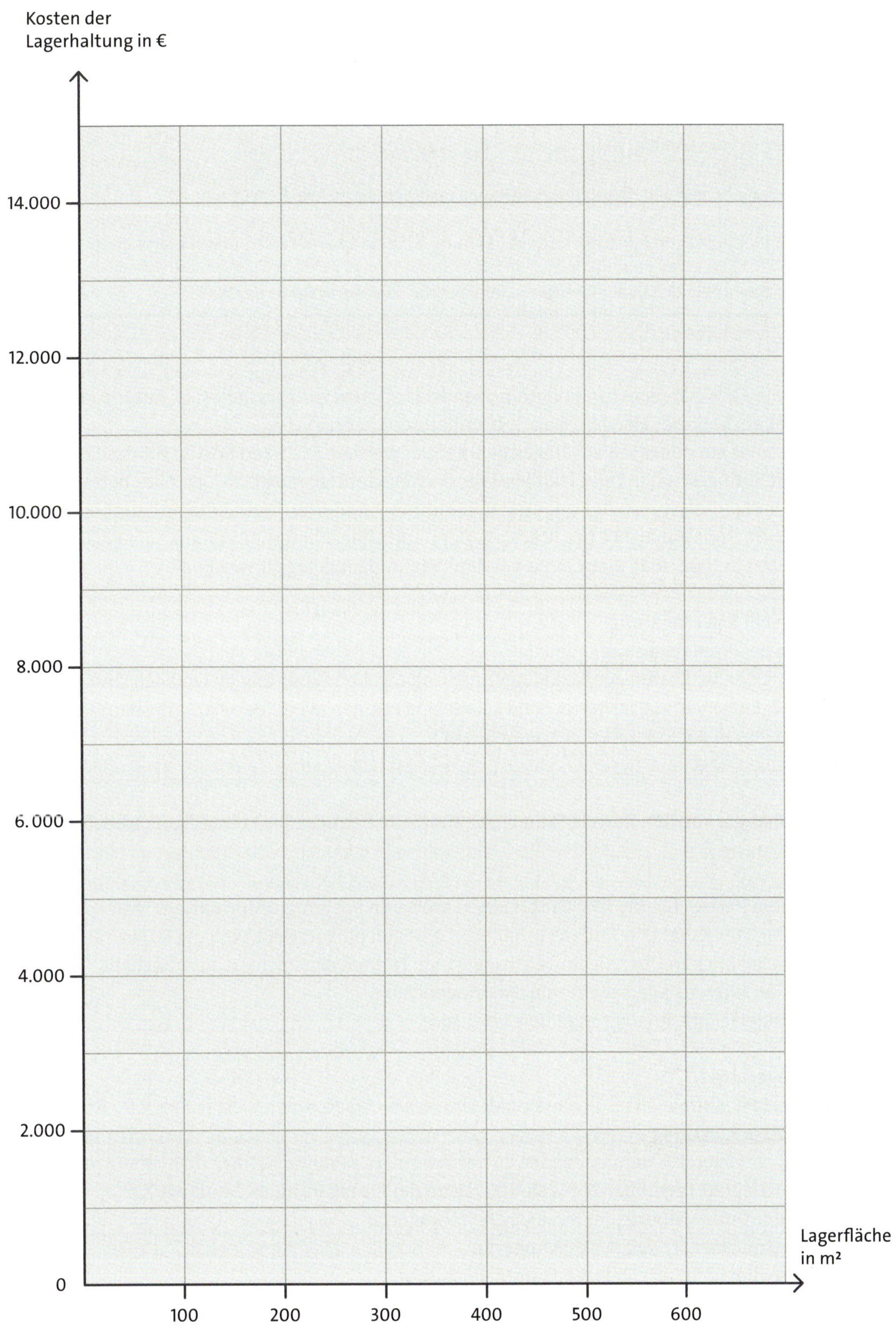

# Aufgaben

**1**

Stellen Sie fest, ob nachfolgende Aussagen
① richtig oder
② falsch sind.

| | |
|---|---|
| | Die Fremdlagerung kommt nur bei zentraler Lagerung in Betracht. |
| | Betreiber von Lagerhäusern sind Lagerhausgesellschaften, städtische oder staatliche Stellen sowie Spediteure. |
| | Fremdlagerung wird notwendig, wenn große Mengen unverändert weiterveräußert werden. |
| | Fremdlagerung ist zweckmäßig, wenn die eigene Lagerkapazität nicht ausreicht. |
| | Der Lagerempfangsschein und der Lagerschein haben rechtlich die gleiche Bedeutung. |
| | Ein Namenslagerschein kann durch Abtretungserklärung auf eine andere Person übertragen werden. |
| | Beim Inhaberlagerschein behält der Einlagerer den Anspruch auf Herausgabe der Ware. |

**2**

Das Warenlager eines Großhändlers für Tiefkühlpizzen ist fast ganzjährig ausgelastet. Aufgrund der gestiegenen Nachfrage wird ein weiterer Hersteller als Stammlieferant gelistet.
Bei Eigenlagerung muss ein neues Tiefkühllagerhaus gebaut werden. Die fixen Kosten für das Lagerhaus werden auf 1,2 Mio. € im Jahr geschätzt. Die variablen Lagerkosten werden etwa 0,05 € je Stück betragen. Ein in der Nähe produzierender Speiseeishersteller mit einem überdimensionierten Tiefkühllagerhaus bietet die Lagerung je Stück zu einem Preis von 0,08 € pro Stück an. Der neue Stammlieferant verlangt eine Abnahmemenge von 30.000.000 Pizzen im Jahr. Jede Pizza muss vor dem Versand eingelagert werden.
Ermitteln Sie

a) die Lagerkosten bei Eigenlagerung,
b) die Lagerkosten bei Fremdlagerung,
c) die Stückzahl, bei der die Kosten der Fremdlagerung und die Eigenlagerung gleich hoch sind.
d) Welche weiteren Entscheidungskriterien sind zu berücksichtigen, wenn der Pizzagroßhändler zusätzliche Absatzsteigerungen in der Zukunft nicht ausschließt?

**3**

Ermitteln Sie unabhängig von den Kosten Gründe, die für die Nutzung eines Fremdlagers sprechen.

**4**

Aufgrund eines guten Preises hat die BPK GmbH einen größeren Posten großformatiges Druckpapier gekauft. Der Lagerhalter Lubbert e. K. hat den Auftrag erhalten, die Bögen einzulagern, weil die Kapazitäten der BPK GmbH derzeit nicht ausreichen.Über die Einlagerung ist ein Namenslagerschein auszustellen.

a) Unterscheiden Sie Namenslagerschein und Orderlagerschein.
b) Füllen Sie den Lagerschein auf der folgenden Seite aus.

**Daten für die Einlagerung:**

- 10.000 Bögen BPK „Prima-Offset-Professional" Universal-Offsetpapier, Wert je Ries (500 Bögen): 30,12 Euro, Bruttogewicht je Ries: 15 kg
- Das Lagergut ist gegen Elementarschäden zu versichern. Die Prämie beträgt 0,01 vom Hundert.
- Lagerschein Nr. 12/20, Lagerbuch Nr. 1288/20, Datum der Einlagerung: 15. Januar 20XX
- Einlagerer: BPK GmbH, Elberfelder Str. 85, 42285 Wuppertal
- Lagerort: Mettmanner Str. 232, 42115 Wuppertal
- Die Bögen werden nicht mit anderen Gütern vermischt.
- Lagerkosten: 1,50 Euro je Ries und Monat

# Lagerschein

Lagerbuch Nr. ____________ gemäß § 475 c HGB Lagerschein Nr. ____________

Am ____________ lagerten wir für ____________

in ____________ oder dessen legitimierten Rechtsnachfolger ein:

| **Packstücke** | | | | **Bezeichnung der Ware** | **Bruttogewicht in kg** | |
|---|---|---|---|---|---|---|
| Anzahl | Nummer | Zeichen | Art | | angegeben | ermittelt |
| | | | | | | |
| | | | | | | |

**Gefahrgut-Klassifikation**

| | | | | | | |
|---|---|---|---|---|---|---|
| UN-Nr. | | Gefahrgut-Bezeichnung | | | | |
| Klasse | | Verpackungsgruppe | | ☐ ADR | ☐ RID | ☐ IMDG |

**Lagerung**

Die Ware ist zurzeit eingelagert
☐ getrennt von anderen Partien
☐ als Teil einer Partie

in unserem Lager in ____________

Wir sind zur Umlagerung der Ware berechtigt. Bei Umlagerung in ein anderes als das oben angegebene Lager wird der Einlagerer benachrichtigt.

**Versicherung**

| Art | | Wert des Gutes (Euro) | Prämie monatlich (Euro) |
|---|---|---|---|
| ☐ | Elementarrisiken (Feuer, Wasser, Einbruchdiebstahl) | | |
| ☐ | Schadenversicherung nach SLVS | | |

**Auslieferung**

Wir verpflichten uns, die Ware nur gegen Rückgabe dieses Lagerscheins an den Einlagerer oder dessen legitimierten Rechtsnachfolger auszuhändigen. Bei Teilauslieferungen ist der Lagerschein zwecks Abschreibung vorzulegen. Wir sind berechtigt, aber nicht verpflichtet, eine Prüfung der Legitimation vorzunehmen.

**Rechtsgrundlage**

Allgemeine Deutsche Spediteursbedingungen (ADSp) in der jeweils aktuellen Fassung

____________, den ____________ ____________

Ort Datum Stempel und Unterschrift des Lagerhalters

**5**

Als Herr Wolf, verantwortlicher Lagerleiter der BPK GmbH, nach drei Monaten im Lager von Lubbert e. K. nach den eingelagerten Bögen sehen will, stellt sich die Situation anders dar als erwartet.
Entsetzt stellt Herr Wolf fest, dass ein Teil der Verpackungen, in denen sich die Bögen befinden, große Wasserflecken aufweist. Als Herr Wolf Herrn Lubbert darauf anspricht, erklärt dieser ihm, dass das wohl noch ein Überbleibsel des Wasserrohrbruchs vom letzten Monat ist. Ärgerlich will Herr Wolf nach einem Ries greifen, um zu sehen, inwieweit die Bögen beschädigt sind. Schnell geht Herr Lubbert dazwischen und erklärt Herrn Wolf, dass die Bögen sicherlich unversehrt sein werden.
Als der erste Schrecken überwunden ist, schaut sich Herr Wolf etwas genauer um. Aber auch nach dreimaligem Zählen fehlt noch immer ein Teil der eingelagerten Bögen. Als er Herrn Lubbert darauf anspricht, findet dieser auch hier eine Erklärung: Offensichtlich hat der Fahrer, der eine größere Lieferung abgeholt hat, aus Versehen auch ein paar Kartons der BPK GmbH mitgenommen.
Völlig erschüttert ruft er den Fahrer der BPK GmbH an, um die noch in Lubberts Lager vorhandenen Waren der BPK GmbH abtransportieren zu lassen. Lubbert quittiert das mit einem Lächeln und dem Kommentar, dass das gar nicht ginge, weil der Vertrag ja auf ein Jahr geschlossen sei.

Entscheiden Sie mithilfe des HGB, ob Lagerhalter Lubbert seine Pflichten als Lagerhalter verletzt hat. Nennen Sie gegebenenfalls den entsprechenden Paragrafen.

**6**

Nennen Sie drei Rechte und drei Pflichten des Lagerhalters.

**7**

Welche Möglichkeiten hat ein Lagerhalter, wenn der Einlagerer seine Forderungen nicht erfüllt? Begründen Sie Ihre Ausführungen anhand des HGB.

**8**

Hat der Einlagerer ein Recht auf Schadensersatz, wenn unter der Aufsicht des Lagerhalters die Ware verdirbt? Begründen Sie anhand des HGB.

**9**

Ein Papiergroßhändler muss sich ein neues Lager einrichten. Es fehlt an Lagerkapazität für mindestens 130 Paletten Papier und Folien, da die Unternehmung ihr Liefergebiet und ihr Sortiment ausgeweitet hat. Es ist nun zu entscheiden, ob es sinnvoller ist, ein dezentrales Eigenlager in Dresden einzurichten oder einen Lagerhalter einzuschalten.
Folgende Daten liegen vor:

- fixe Lagerkosten: 30.000,00 € pro Monat
- variable Lagerkosten: 700,00 € pro Monat und Palette
- die Kosten für Fremdlagerung belaufen sich pauschal auf 1.000,00 € pro Palette

a) Errechnen Sie, ob bei 130 Paletten die Einschaltung eines Lagerhalters günstiger ist.
b) Stellen Sie rechnerisch die kritische Lagermenge fest.
c) Ermitteln Sie grafisch die kritische Lagermenge.

Abb. zu Aufg. 9c

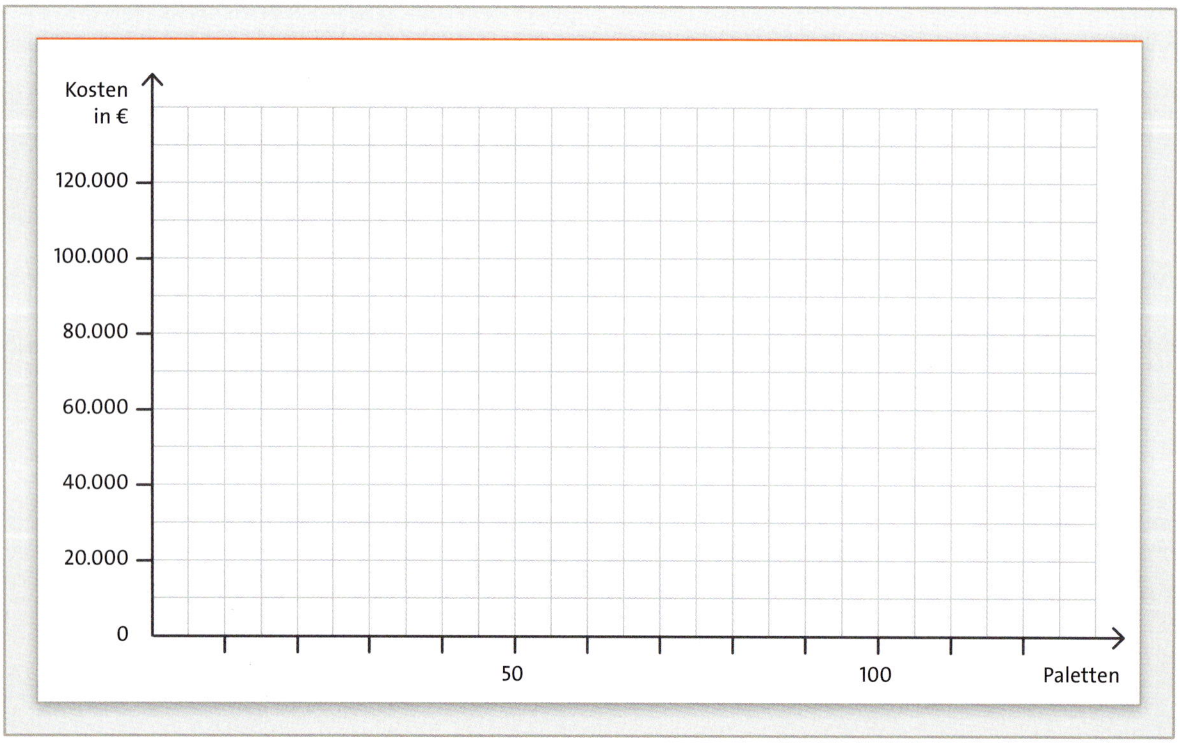

# Lernsituation 78

FK ☞ **LF6** *Kap. 3*

## Verkehrsmittel für den Gütertransport auswählen

### LERNSITUATION

In der Versandabteilung der BPK GmbH sind heute die folgenden Einzelaufträge zu erledigen:

1. 6 Paletten Kopierpapier „Printomax" für den COPY SHOP Michael Tiemeyer in Dortmund.
   Lieferfrist: 3 Tage
2. 10.000 Bögen Kunstdruckpapier „Phoenix-Ikono-Rex" für die bestprint Ltd. in London, Großbritannien. Gewicht pro Bogen: ca. 75 g.
   Lieferfrist: 14 Tage
3. 3.000 Bögen Offsetpapier „Prima-Offset-Professional" für die fun & celebration Ltd. New York, USA. Gewicht pro Bogen: ca. 50 g.
   Lieferfrist: 30 Tage
4. 30.000 bedruckte Bierdeckel für eine Veranstaltung der Beska GmbH in Berlin. Die Bierdeckel sind in Rollen à 1.000 Stück abgepackt, Gewicht einer Rolle: ca. 2,5 kg. Die Lieferung muss pünktlich in fünf Tagen beim Kunden sein.

### ARBEITSAUFTRÄGE

1. Bearbeiten Sie zunächst die Arbeitsblätter 78.1 und 78.2.
2. Überlegen Sie dann, welche Verkehrsmittel grundsätzlich für die einzelnen Kunden eingesetzt werden können, und tragen Sie diese in die unten stehende Übersicht ein.
3. Wählen Sie eines der möglichen Verkehrsmittel anhand der Vergleichskriterien aus. Begründen Sie Ihre Auswahl, um im Anschluss in der Klasse über Ihre Entscheidung diskutieren zu können.

| Kunde | Mögliche Transportmittel | Ausgewähltes Transportmittel, Begründung der Auswahl |
|---|---|---|
| COPY SHOP | | |
| bestprint Ltd. | | |
| fun & celebration Ltd. | | |
| Beska GmbH | | |

## Arbeitsblatt 78.1 Vor- und Nachteile der Verkehrsmittel I

| | Lkw | Eisenbahn |
|---|---|---|
| Kapazität | | |
| Schnelligkeit | | |
| Netzdichte | | |
| Frequenz | | |
| Zuverlässigkeit | | |
| Sicherheit | | |
| Umwelt-verträglichkeit | | |
| Kosten | | |

# Arbeitsblatt 78.2 Vor- und Nachteile der Verkehrsmittel II

| | Binnenschiff | Seeschiff | Flugzeug |
|---|---|---|---|
| Kapazität | | | |
| Schnelligkeit | | | |
| Netzdichte | | | |
| Frequenz | | | |
| Zuverlässigkeit | | | |
| Sicherheit | | | |
| Umwelt-verträglichkeit | | | |
| Kosten | | | |

# Arbeitsblatt 78.3 Überblick über die KEP-Unternehmen

| | Kurierdienste | Expressdienste | Paketdienste |
|---|---|---|---|
| Umschlag | | | |
| Begleitet/ unbegleitet | | | |
| Regional/ überregional | | | |
| Schnelligkeit | | | |
| Eingesetzte Transportmittel | | | |

Recherchieren Sie mithilfe des Internets folgende wichtige Zusatzleistungen von KEP-Dienstleistern.

| Zusatz- leistung | Erklärung |
|---|---|
| Einschreiben | Die Einreichung der Sendung durch den Absender wird durch einen Beleg des KEP-Dienstleisters nachgewiesen. |
| Einwurf- einschreiben | |
| Einschreiben eigenhändig | |
| Einschreiben mit Rückschein | |
| Nachnahme | |
| Büchersendung | |
| Dialogpost | |

# Aufgaben

## 1

Die folgende Sendung soll auf einem Teil der Strecke mit dem Binnenschiff transportiert werden. Füllen Sie anhand der folgenden Informationen den beiliegenden Frachtbrief aus.

**Absender:** Münz Fahrrad KG, Nittendorfer Str. 7, 93049 Regensburg
**Empfänger:** Metro AG, Altessener Str. 611, 45472 Essen
**Sendung:** 1 Container (20 Fuß) mit 150 Fahrrädern, davon 50 CTBW2603 (10 Paletten), 30 MTBM2627 (6 Paletten), 70 ATBM2807 (14 Paletten), Container-ID: CSQU3447476, Gesamtgewicht 2,625 Tonnen
**Verschiffungshafen:** Regensburg
**Zielhafen:** Duisburg
**Schiff:** Esmeralda
**Liefertermin:** 27.02.20XX
**Versand:** 1 Woche vor dem Liefertermin

## 2

Bringen Sie die folgenden Schritte zum Schienengütertransport in die richtige Reihenfolge.

**a)** Der Absender erhält eine detaillierte Rechnung.
**b)** Die Wagen werden zu dem vom Kunden benannten Bestimmungsort transportiert.
**c)** Die gewünschten Leerwagen werden bereitgestellt.
**d)** Die Wagen werden zur Entladung bereitgestellt.
**e)** Die Wagen werden vom Absender beladen.
**f)** Die Wagenliste und die Frachtdokumente werden übergeben.
**g)** Die leeren Wagen werden abgeholt oder neu beladen.

| | |
|---|---|
| Ablader | **Frachtbrief für den gewerblichen Güterfrachtverkehr** |
| Empfänger | Sea + Cargo GmbH<br>Duisburg |

| | | |
|---|---|---|
| Schiff: | Transport-Nr. | Verschiffungshafen |

| | |
|---|---|
| Zielhafen | Zielort |
| beigefügte Dokumente: | |

| Container ID | Anzahl der Packstücke | Zeichen und Nummern | Art der Güter | Rohgewicht der Sendung | Maße |
|---|---|---|---|---|---|
| | | | | | |
| | | | | | |
| | | | | | |

| | | |
|---|---|---|
| Gefahrgut-Klassifikation | | Nettomasse in kg/l |
| UN-Nr. | Offizielle Benennung | |
| Verpackungsgruppe | | |
| Weisungen des Absenders: | | |
| Ausgefertigt in | am: | Gut empfangen am: |
| Unterschrift und Stempel des Abladers: | Unterschrift und Stempel des Frachtführers: | Unterschrift und Stempel des Empfängers: |

**3**

Lesen Sie den Artikel sorgfältig.
Lösungshinweise:

a) Als Hilfestellung können Sie die folgenden Fragen nutzen. Weitere Fragen können von Ihnen ergänzt werden.
b) Nutzen Sie zur Beantwortung jeder Frage eine eigene Farbe, um die entsprechenenden Textstellen zu markieren.
c) Für die Formulierung der Überschriften zu den einzelnen Textabschnitten können Sie sich ebenfalls an den Fragen orientieren.

Fragen zum Text:

1. Welche Ursachen hat der zunehmende Preisdruck, unter dem Reedereien aktuell stehen?
2. Was unternehmen die Reedereien, um dieses Problem zu verringern?
3. Welche Probleme ergeben sich durch die immer größer werdenden Frachter, was das gesamte Ladevolumen betrifft?
4. Welche Probleme ergeben sich durch die großen Frachter in geografischer Hinsicht?

# Angst vor dem Untergang

**Von Kristina Läsker**

Politiker, Unternehmer und Banker sind zum Containerterminal Altenwerder gekommen, um das neue Flaggschiff von Deutschlands größter Linienreederei Hapag-Lloyd zu feiern, die 366 Meter lange Hamburg Express.

Doch die Schifffahrt ist gerade alles andere als lustig. Es sind Nachrichten, die in der Branche Angst verbreiten und zunehmend auch Ratlosigkeit: Etliche der 300 deutschen Reedereien würden die nächsten zwölf Monate nicht überstehen, meint Claus Brandt, Partner der Beratungsfirma Price Waterhouse Coopers. Es sehe schlecht aus für die drittgrößte Handelsflotte der Welt. Es drohe „ein Abschied von den Weltmeeren“.

Die neuen Großfrachter sind als ein Aufbäumen gegen diese Untergangsangst zu verstehen – Größe gegen Abstieg. Knapp 13.200 Container passen in die Hamburg Express, sie ist einer der größten Pötte der Welt. Die Container werden in 19 Reihen nebeneinander und 20 Reihen aufeinander gestapelt. Mit dem Riesenfrachter will Hapag-Lloyd – die Nummer fünf der Welt – zur Spitze der Schifffahrt aufschließen. Die Reederei plant, zehn der mehr als 100 Millionen teuren Frachter in Fahrt zu bringen.

Nötig macht es der harte Wettbewerb. Obwohl der Welthandel zulegt, schreiben viele Reedereien rote Zahlen. Grund dafür ist ein Preiskrieg um die Frachtraten, also die Kosten für die Boxentransporte und seine Nachwehen. Außerdem machen Überkapazitäten und teurer Treibstoffdiesel den Betreibern das Leben schwer. Das alles hat die Schiffsgrößen zuletzt rapide steigen lassen. Der Grund: Frachter wie die neue Hamburg Express verbrauchen in etwa so viel Brennstoff wie kleinere 10.000-Container-Schiffe. Aber sie können weit mehr Boxen befördern. Das rechnet sich. Wenn die Hamburg Express einmal volltankt, muss sie dafür acht Millionen Dollar bezahlen.

Hapag-Lloyd ist spät dran: Der deutsche Traditionskonzern steigt als eine der letzten führenden Linienreedereien in die neue Größenklasse ein. Trendsetter ist – wie so oft – der Weltmarktführer Maersk aus Kopenhagen. Der dänische Konzern brachte bereits vor sechs Jahren die 367 Meter lange Emma Maersk in Fahrt und setzte damit neue Standards. Der Frachter kann bis zu 15.500 Container laden – mehr als die Hamburg Express. Und das Streben nach Größe ist noch nicht beendet. Schon im nächsten Jahr will Maersk die ersten Frachter der „Triple E“-Serie einsetzen: Sie können 18.000 Container fassen.

In Hamburg trübt dies die Stimmung beträchtlich. Denn Frachter wie Emma Maersk können nicht mehr voll beladen bis nach Hamburg fahren. Dafür ist die Elbe nicht tief genug. Die Hamburg Express ist ein Grenzfall. Voll beladen berührt sie fast schon den Grund und passt knapp unter der Köhlbrandbrücke durch. Die Brücke verbindet die Autobahn A7 mit dem Hafen. Wer als Kapitän den Containerterminal Altenwerder ansteuert, muss darunter hindurch. Wenn die nächste Schiffsgröße kommt, geht das nicht mehr voll beladen. Und bis das Fahrwasser der Elbe vertieft wird, kann es dauern: Umweltverbände haben gegen die Elbvertiefung geklagt.

Quelle: Süddeutsche Zeitung vom 18.8.2012, S. 24

# Lernsituation 79
## Verkehrswege

FK ☞ LF6 Kap. 3

### LERNSITUATION

Bei seiner morgendlichen Zeitungslektüre fällt Herrn Dr. Schönhauser folgender Artikel auf:

## Wenn ein Binnenhafen zum Spaltpilz* wird

**24.06.2011 | Am 10. Juli entscheiden die Kölner über eines der umstrittensten Projekte in ihrer Stadt: den Ausbau eines Rheinhafens.**

[...] Das Thema wird seit mehr als 20 Jahren kontrovers diskutiert: Der Hafen im Kölner Süden soll von der städtischen Firma „Häfen und Güterverkehr" (HGK) für 65 Mio. Euro ein viertes Becken bekommen. Schon heute ist Köln der zweitgrößte Binnenhafen-Standort in Deutschland, nur Duisburg ist noch größer. Die Verantwortlichen an der Stadtspitze würden diese Position gerne weiter ausbauen – und vor allem mehr Schiffe mit Gütern nach Köln locken. Schließlich hatte eine Anhörung im NRW-Landtag kürzlich gezeigt, dass Experten von einer Zunahme des entsprechenden Verkehrs auf den Wasserstraßen ausgehen.

### Protest durch Anwohner

Prinzipiell haben auch die Hafen-Ausbaugegner nichts gegen den vorhandenen Schiffsverkehr auf dem Rhein, noch nicht einmal gegen zusätzlichen. Nur soll er ihrer Meinung nach eben nicht im Godorfer Hafen abgewickelt werden. Der Protest ist vor allem von direkten Anwohnern initiiert worden. Sie argumentieren mit dem Erhalt eines Naturschutzgebietes, das für den Ausbau zerstört werden solle. Außerdem biete ein anderer Hafen im Norden Kölns ihrer Meinung nach genug Platz, um zusätzliche Güter per Schiff anzunehmen. „Wir brauchen diesen unwirtschaftlichen Hafenausbau an dieser Stelle nicht", resümiert deshalb Ausbau-Gegner Helmut Feld. „Die Kritiker vergleichen Äpfel mit Birnen, um Lobbyismus in eigener Sache zu machen", erwidert HGK-Vorstandssprecher Horst Leonhardt [...]

Quelle: http://www.dvz.de/news/logistik/artikel/id/wenn-ein-binnenhafen-zum-spaltpilz-wird.html vom 24.08.2012

Hinweis: Bei der Bürgerbefragung am 10. Juli 2011 wurde die erforderliche Stimmenanzahl nicht erreicht. Der Hafenausbau kann demnach wie geplant stattfinden.

*Spaltpilz – hier: mögliche Ursache für die Spaltung einer Gruppe

### ARBEITSAUFTRÄGE

1. Teilen Sie sich in fünf Gruppen auf. Jede Gruppe übernimmt eine der folgenden Rollen:
   - Horst Leonard, Vorstandssprecher der HGK
   - Helmut Feld, Sprecher der Anwohner-Initiative
   - Sigrun Schwarz, Pressesprecherin der IHK Köln
   - Jupp Merzenich, Präsident der Naturschutzorganisation „Colonia e. V."
   - Bertram Fröhlich, Vorsitzender der Initiative „Neue Arbeit in Kölle"

   Recherchieren Sie im Internet und erarbeiten Sie Argumente für oder gegen den Ausbau des Rheinhafens.
   Schreiben Sie einen neuen Zeitungsartikel, in dem Sie die Ergebnisse der Diskussionsrunde zusammenfassen.
2. Informieren Sie sich über weitere aktuelle Verkehrs-Großprojekte in Deutschland/Europa/weltweit. Welche positiven und welche negativen Auswirkungen haben diese jeweils auf
   a) die Bevölkerung?
   b) die Umwelt?
   c) die Wirtschaft?

   Schreiben Sie einen Leserbrief an die Zeitung, in dem Sie Ihre persönliche Meinung darstellen.

# Arbeitsblatt 79.1 Verkehrswege im Gütertransport

| Verkehrsweg | Wer trägt die Kosten für die Einrichtung und für den Unterhalt des Verkehrsweges | Auswirkungen des Verkehrsweges auf die Umwelt | Notwendige zusätzliche Infrastruktur |
|---|---|---|---|
| Straßen | | | |
| Schienen | | | |
| Flüsse und Kanäle | | | |
| Meere | | | |
| Luft | | | |

## Aufgaben

**1**

Erläutern Sie, warum der deutsche Staat ein Autobahnnetz zur Verfügung stellt.

**2**

In vielen Ländern Europas ist das Autobahnnetz in privater Hand. Nennen Sie Vor- und Nachteile für den Güterverkehr.

**3**

Erläutern Sie, warum das Schienennetz in Deutschland trotz steigender Transportraten auf der Schiene schrumpft.

**4**

Recherchieren Sie, in welchen Gebieten/Meeren es besonders große Probleme mit Piraten gibt. Was sind mögliche Ursachen?

**5**

Ein Containerschiff kommt in Bremerhaven an. Die Container werden per Binnenschiff weitertransportiert. Welche Binnenwasserstraßen werden befahren, um folgende Orte zu erreichen?

a) Stuttgart
b) Hannover
c) Regensburg

**6**

Interpretieren Sie die unten stehende Grafik. Welche weiteren Möglichkeiten außer der Lkw-Maut gibt es, um das Autobahnnetz zu finanzieren?

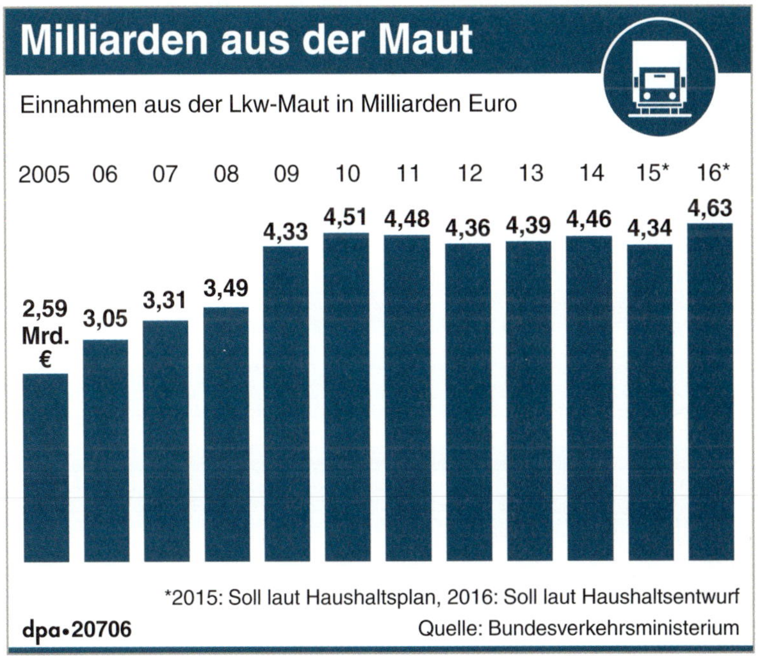

# Lernsituation 80
## Eigen- oder Fremdtransport

FK ☞ LF6 Kap. 3.2

### LERNSITUATION

Der Leiter der Abteilung Lager/Versand der BPK GmbH, Herr Wolf, steht vor der Frage, ob es sinnvoll sein könnte, Aufträge künftig per Fremdtransport zum Kunden liefern zu lassen. Angebote von zwei Transportunternehmen liegen bereits vor (siehe unten). Für eine abschließende Entscheidung benötigt Herr Wolf schließlich noch Informationen über die unterschiedlichen Haftungsregelungen beider Transportarten.
Herr Wolf kalkuliert für den Eigentransport mit monatlichen Fixkosten in Höhe von 55.000,00 € und umsatzabhängigen Kosten von 2,5 %. Der Fremdtransport bringt umsatzabhängige Kosten in Höhe von 9 % pro Jahr mit sich.

### ARBEITSAUFTRÄGE

1. Berechnen Sie den Punkt, an dem ein Eigentransport und ein Fremdtransport gleich teuer sind. Stellen Sie die Kosten- und Umsatzzusammenhänge der beiden Transportarten grafisch dar.
2. Beschreiben Sie neben Kosten weitere Kriterien, die für die Entscheidung zwischen Eigen- und Fremdtransport bedeutsam sind.
3. Prüfen Sie die vorliegenden Angebote und treffen Sie eine begründete Entscheidung für ein Angebot.

Kosten für Eigen- und Fremdtransport

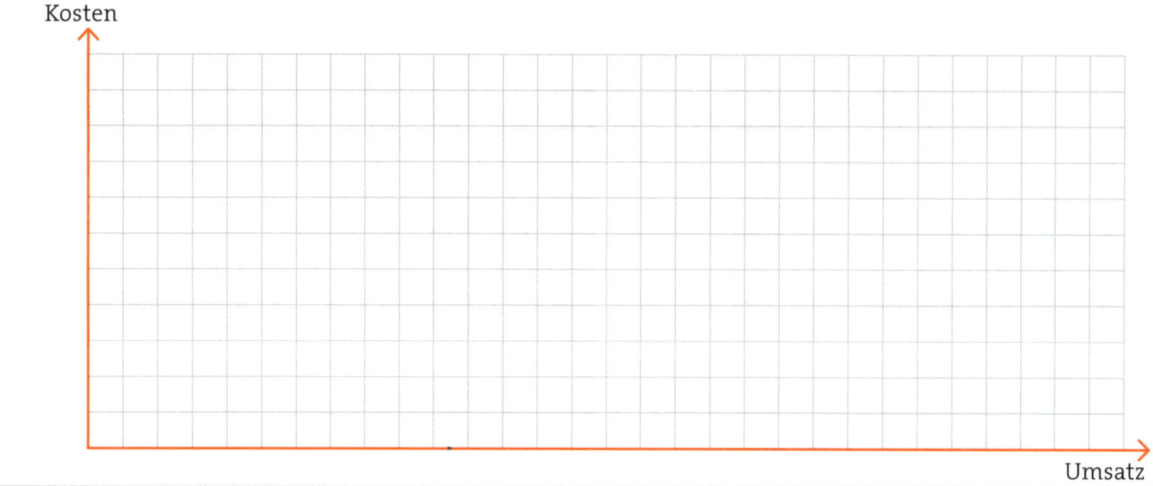


**Auszug aus dem Transportangebot der Transportunternehmung „Schnell und Gut GmbH“**

**Ausgewählte Gegenstände des Angebotes**

**Fuhrpark:** Für den Transport Ihrer Güter bieten wir Ihnen eine Flotte von Lkw, Schiffen und Flugzeugen

**Umwelt:** Wesentliches Ziel unserer unternehmerischen Tätigkeit ist es, Transporte umweltgerecht durchzuführen. Wir legen daher besonderen Wert auf einen technisch modernen Fuhrpark, eine permanente Kontrolle der Emissionen unserer Fahrzeuge sowie die Zertifizierung unseres Unternehmens mit dem Öko-Audit.

**Warenarten:** Wir sind bei dem Transport Ihrer Waren flexibel und befördern fast jedes Format und jede Menge.

**Liefer- und Zahlungsbedingungen:** Wir garantieren Ihnen bei Auftragserteilung den Transport Ihrer Waren an jedes Ziel in Deutschland innerhalb von 24 Stunden und in die Länder der Europäischen Union innerhalb von 48 Stunden. Unsere Angebotspreise sind aufgrund der genannten Vorteile zwar teilweise höher als die der Konkurrenz, unsere Leistungen rechtfertigen jedoch diese Preisstellung. Alle Preise verstehen sich zudem rein netto.

**Auszug aus dem Transportangebot der Transportunternehmung „Roll und Fuhr KG“**

**Ausgewählte Gegenstände des Angebotes**

**Fuhrpark:** Für den Transport Ihrer Güter steht Ihnen eine Flotte von 100 Lkw zur Verfügung.

**Warenarten:** Wir befördern für Sie alle Güter, die per Lkw transportiert werden können, zu jeder Tages- und Nachtzeit an alle Zielorte in Deutschland, Italien und England.

**Liefer- und Zahlungsbedingungen:** Innerhalb von Deutschland liefern wir an jeden Zielort in höchstens 12 Stunden, in die genannten anderen europäischen Staaten in höchstens 24 Stunden. Unsere Angebotspreise sind Bruttopreise und sind verhandelbar. Wir sind stolz darauf, zu den günstigsten und pünktlichsten Transportunternehmen Deutschlands zu zählen.

**4.** Beschreiben Sie den Haftungsumfang des Frachtführers beim Eigen- und Fremdtransport, wenn die Ware
a) bei einem selbst verschuldeten Unfall
b) bei höherer Gewalt
beschädigt wird.

## § 446 BGB Gefahr- und Lastenübergang

Mit der Übergabe der verkauften Sache geht die Gefahr des zufälligen Untergangs und der zufälligen Verschlechterung auf den Käufer über. Von der Übergabe an gebühren dem Käufer die Nutzungen und trägt er die Lasten der Sache. Der Übergabe steht es gleich, wenn der Käufer im Verzug der Annahme ist.

## § 447 BGB Gefahrübergang beim Versendungskauf

(1) Versendet der Verkäufer auf Verlangen des Käufers die verkaufte Sache nach einem anderen Ort als dem Erfüllungsort, so geht die Gefahr auf den Käufer über, sobald der Verkäufer die Sache dem Spediteur, dem Frachtführer oder der sonst zur Ausführung der Versendung bestimmten Person oder Anstalt ausgeliefert hat.
(2) Hat der Käufer eine besondere Anweisung über die Art der Versendung erteilt und weicht der Verkäufer ohne dringenden Grund von der Anweisung ab, so ist der Verkäufer dem Käufer für den daraus entstehenden Schaden verantwortlich.

## § 425 HGB Haftung für Güter- und Verspätungsschäden. Schadensteilung

(1) Der Frachtführer haftet für den Schaden, der durch Verlust oder Beschädigung des Gutes in der Zeit von der Übernahme zur Beförderung bis zur Ablieferung oder durch Überschreitung der Lieferfrist entsteht.
(2) Hat bei der Entstehung des Schadens ein Verhalten des Absenders oder des Empfängers oder ein besonderer Mangel des Gutes mitgewirkt, so hängen die Verpflichtung zum Ersatz sowie der Umfang des zu leistenden Ersatzes davon ab, inwieweit diese Umstände zu dem Schaden beigetragen haben.

## § 426 HGB Haftungsausschluß

Der Frachtführer ist von der Haftung befreit, soweit der Verlust, die Beschädigung oder die Überschreitung der Lieferfrist auf Umständen beruht, die der Frachtführer auch bei größter Sorgfalt nicht vermeiden und deren Folgen er nicht abwenden konnte.

## § 427 HGB Besondere Haftungsausschlußgründe

(1) Der Frachtführer ist von seiner Haftung befreit, soweit der Verlust, die Beschädigung oder die Überschreitung der Lieferfrist auf eine der folgenden Gefahren zurückzuführen ist:
1. vereinbarte oder der Übung entsprechende Verwendung von offenen, nicht mit Planen gedeckten Fahrzeugen oder Verladung auf Deck;
2. ungenügende Verpackung durch den Absender;
3. Behandeln, Verladen oder Entladen des Gutes durch den Absender oder den Empfänger;
4. natürliche Beschaffenheit des Gutes, die besonders leicht zu Schäden, insbesondere durch Bruch, Rost, inneren Verderb, Austrocknen, Auslaufen, normalen Schwund, führt;
5. ungenügende Kennzeichnung der Frachtstücke durch den Absender;
6. Beförderung lebender Tiere.

[...]

## § 431 HGB Haftungshöchstbetrag

(1) Die nach den §§ 429 und 430 zu leistende Entschädigung wegen Verlust oder Beschädigung ist auf einen Betrag von 8,33 Rechnungseinheiten für jedes Kilogramm des Rohgewichts des Gutes begrenzt.
[...]
(3) Die Haftung des Frachtführers wegen Überschreitung der Lieferfrist ist auf den dreifachen Betrag der Fracht begrenzt.
(4) Die in den Absätzen 1 und 2 genannte Rechnungseinheit ist das Sonderziehungsrecht des Internationalen Währungsfonds. Der Betrag wird in Euro entsprechend dem Wert des Euro gegenüber dem Sonderziehungsrecht am Tag der Übernahme des Gutes zur Beförderung oder an dem von den Parteien vereinbarten Tag umgerechnet. Der Wert des Euro gegenüber dem Sonderziehungsrecht wird nach der Berechnungsmethode ermittelt, die der Internationale Währungsfonds an dem betreffenden Tag für seine Operationen und Transaktionen anwendet.

# Aufgaben

**1**

Ein Großhandelunternehmen muss im Monat ca. 8.000 km an Wegstrecke zur Belieferung seiner Kunden zurücklegen. Bisher wurden diese Transporte von einer ortsansässigen Spedition übernommen. Diese berechnet dem Großhandelsunternehmen pro Kilometer 0,49 €. Der Geschäftsführer überlegt nun, ob er durch die Anschaffung eines eigenen Transporters seine Transportkosten reduzieren kann.
Folgende Daten stehen ihm für seine Kalkulation zur Verfügung:

| | |
|---|---|
| Monatliche Leasingrate für den Transporter | 560,00 € |
| Jährliche Steuer- und Versicherungskosten | 1.500,00 € |
| Treibstoffkosten bei einer Laufleistung von 8.000 km pro Jahr | 18.000,00 € |
| Wartungskosten bei einer Laufleistung von 8.000 km pro Jahr | 3.600,00 € |
| Monatliches Gehalt für den Fahrer | 1.600,00 € |

a) Berechnen Sie die monatlichen Kosten des Eigen- und Fremdtransportes und entscheiden Sie zunächst nur auf dieser Basis, welche Transportart für das Großhandelsunternehmen günstiger ist.
b) Bei wie viel monatlichen Kilometern sind die Kosten des Eigen- und Fremdtransportes gleich hoch?
c) Welche Gründe würden Sie neben den Kosten grundsätzlich für die Entscheidung zwischen Eigen- und Fremdtransport heranziehen? Erläutern Sie drei davon.

**2**

Ein Unternehmen hat folgende monatliche Kosten für den Eigenverkehr: 14.840,00 € für Abschreibungen, Zinsen, Steuern, Versicherung und Personalkosten sowie 1,30 € pro Kilometer für Treibstoff, Öl, Reifen, Inspektion und Reparatur. Eine Spedition bietet die Leistung für 7,00 € pro Kilometer an.
a) Berechnen Sie den Kostenschnittpunkt des Eigen- und Fremdverkehrs.
b) Interpretieren Sie den Wert und stellen Sie das Ergebnis zeichnerisch dar.

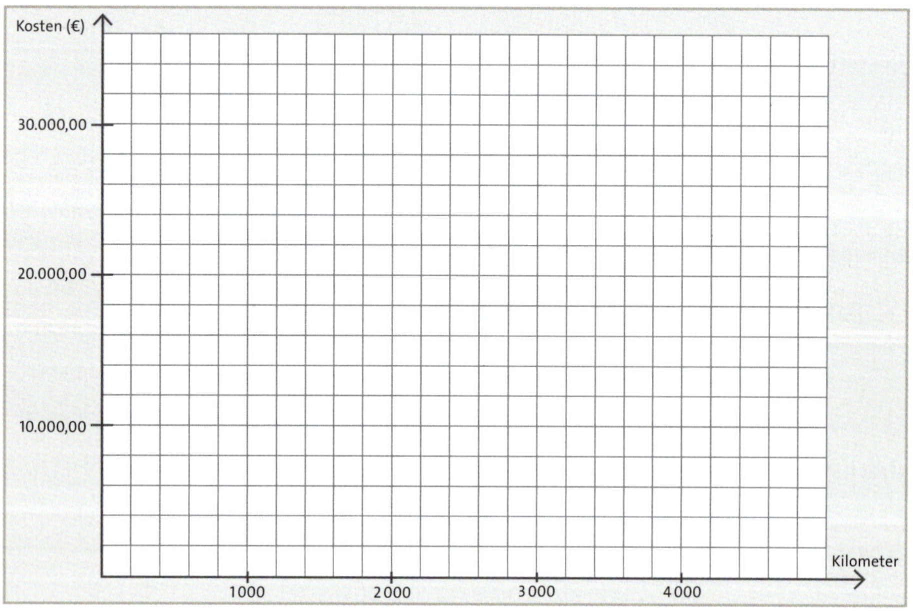


**3**

Erläutern Sie wesentliche Unterschiede zwischen einem Frachtführer und einem Spediteur.

**4**

Welche Möglichkeit haben Transportunternehmen, freie Kapazitäten bei ihren Transportmitteln besser auszunutzen? Erläutern Sie.

**5**

Die BPK GmbH versendet 1 Palette Kopierpapier an den Kunden COPY SHOP in Dortmund. Für den Transport der Ware wird das Transportunternehmen Scherler GmbH beauftragt. Ermitteln Sie anhand von § 447 BGB sowie §§ 431 und 461 HGB, wie die drei Unternehmen BPK GmbH, COPY SHOP und Scherler GmbH bei einem zufälligen Verlust der Ware haften, wenn es keine vertragliche Vereinbarung zum Gefahrenübergang gibt?

# Lernsituation 81
## Tourenplanung

FK ☞ *LF6 Kap. 3.2*

### LERNSITUATION

Heute müssen verschiedene Sendungen an Kunden in der näheren Umgebung der BPK GmbH (Hilden, Hagen, Solingen und Remscheid) ausgeliefert werden. Die Lieferungen sollen mit dem werkseigenen Lkw der BPK GmbH durchgeführt werden. Die Tour beginnt um 8:00 Uhr. Für die Warenannahme beim Kunden sind durchschnittlich 15 Minuten einzukalkulieren.

**Entfernungstabelle**

| | Wuppertal | Hilden | Hagen | Solingen | Remscheid |
|---|---|---|---|---|---|
| **Wuppertal** | – | km: 21,23<br>Minuten: 24 | km: 34,09<br>Minuten: 36 | km: 16,68<br>Minuten: 25 | km: 9,92<br>Minuten: 22 |
| **Hilden** | km: 21,23<br>Minuten: 24 | – | km: 53,53<br>Minuten: 46 | km: 14,63<br>Minuten: 23 | km: 28,17<br>Minuten: 37 |
| **Hagen** | km: 34,09<br>Minuten: 36 | km: 53,53<br>Minuten: 46 | – | km: 46,51<br>Minuten: 42 | km: 41,44<br>Minuten: 37 |
| **Solingen** | km: 16,68<br>Minuten: 25 | km: 14,63<br>Minuten: 23 | km: 46,51<br>Minuten: 42 | – | km: 11,22<br>Minuten: 24 |
| **Remscheid** | km: 9,92<br>Minuten: 22 | km: 28,17<br>Minuten: 37 | km: 41,44<br>Minuten: 37 | km: 11,22<br>Minuten: 24 | – |

### ARBEITSAUFTRÄGE

1. Stellen Sie fest, wie viele verschiedene Touren möglich sind, wenn Kunden an vier verschiedenen Standorten angefahren werden müssen.
2. Ermitteln Sie die optimale(n) Tour(en). Bedenken Sie, dass der Lkw am Ende der Tour wieder am Standort der BPK GmbH in Wuppertal stehen muss.
3. Die schnellste Tour ist nicht immer die kilometermäßig kürzeste Tour. Wann bietet es sich an, die kürzere, wann, die schnellere Tour zu wählen?

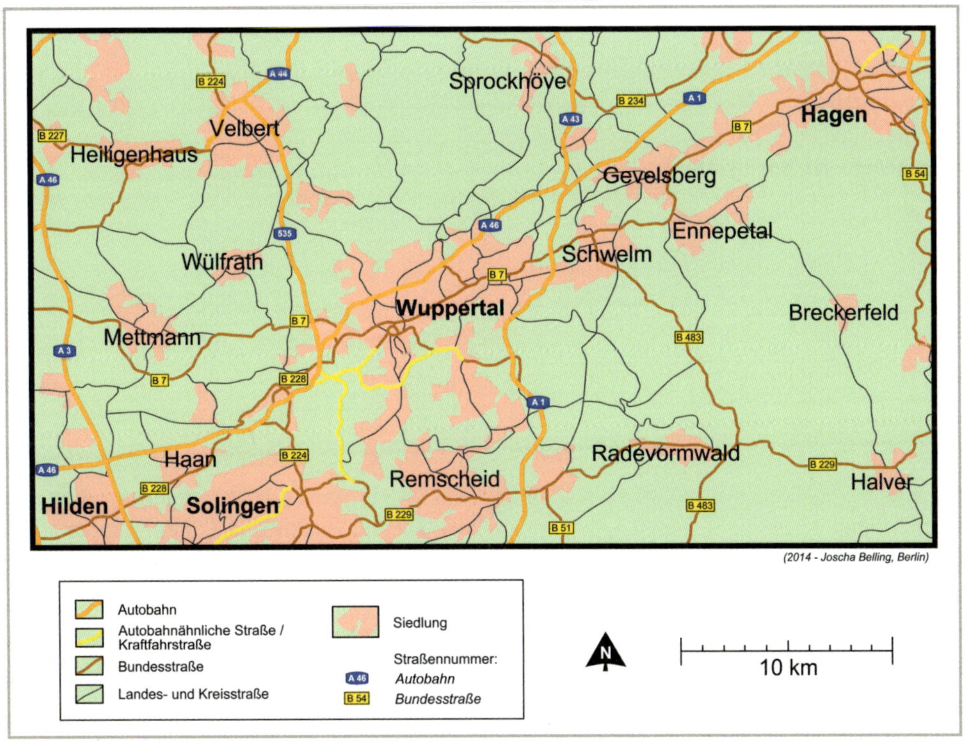

# Arbeitsblatt 81.1 Systeme der Tourenplanung

| Rastersystem | |
|---|---|
| Beschreibung | |
| Vorteile | |
| Nachteile | |

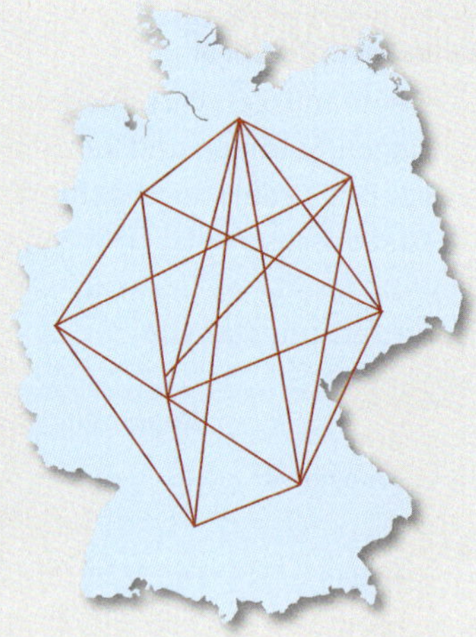

| Ein-Naben-System | |
|---|---|
| Beschreibung | |
| Vorteile | |
| Nachteile | |

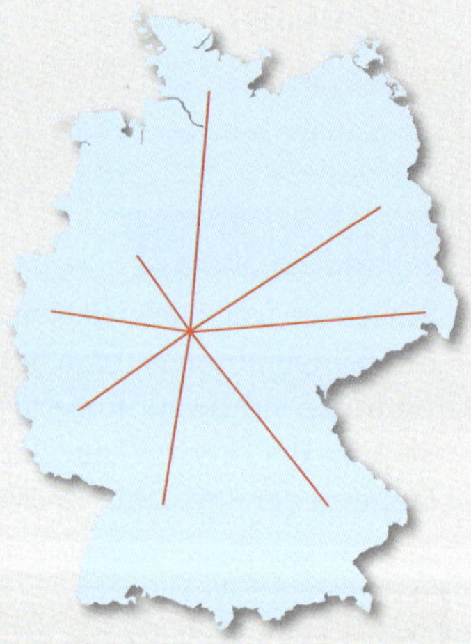

| Hub-and-Spoke-System (Mehr-Naben-System) | |
|---|---|
| Beschreibung | |
| Vorteile | |
| Nachteile | |

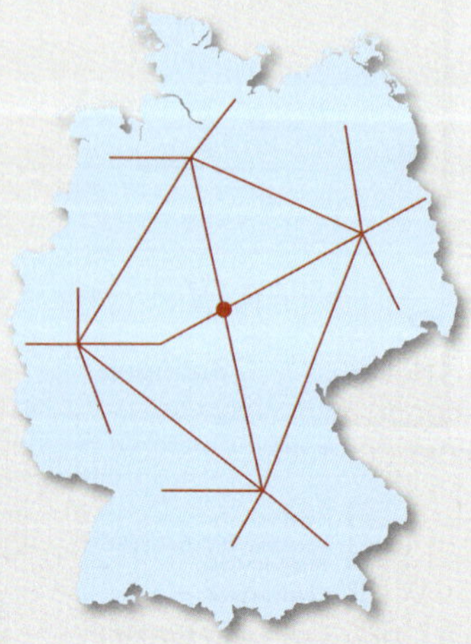

# Aufgaben

**1**

Ermitteln Sie mithilfe eines Routenplaners die Entfernungen und Fahrtzeiten zwischen
- a) Hamburg und München
- b) Dortmund und Berlin
- c) Dresden und Saarbrücken

**2**

Begründen Sie die Notwendigkeit, Hilfsmittel für die Tourenplanung zu nutzen. Welche Hilfsmittel sind hier denkbar?

**3**

Nennen und erläutern Sie vorhersehbare und nicht vorhersehbare Restriktionen bei der Tourenplanung.

**4**

Händler A muss auf einer Tour drei Kunden beliefern.
- a) Notieren Sie alle möglichen Touren.
- b) Ermitteln Sie, bei welcher Tour die gefahrene Kilometerzahl minimal ist.

**Entfernungstabelle (in km)**

| | A | B | C | D |
|---|---|---|---|---|
| A | – | 1 | 2 | 3 |
| B | 1 | – | 4 | 5 |
| C | 2 | 4 | – | 3 |
| D | 3 | 5 | 3 | – |

**5**

Ein Händler aus Regensburg muss am selben Tag Kunden in Donaustauf, Nittendorf, Obertraubling und Wenzenbach beliefern. Ermitteln Sie mithilfe eines Routenplaners im Internet die Entfernungen zwischen den einzelnen Standorten und erstellen Sie einen zeitoptimalen Tourenplan.

**6**

Ein Frachtführer soll von Kiel nach Freiburg fahren. Benennen Sie die Autobahnen, über die er auf dieser Strecke fahren muss.

**7**

Ein Spediteur plant eine Lkw-Tour von Kopenhagen nach Lissabon. Welche Länder muss er dabei durchqueren?

**8**

Ein Spediteur plant eine Tour von Wilhelmshaven nach Dresden. Welche Bundesländer werden durchfahren?

**9**

Die Kirch GmbH ist ein Zulieferbetrieb und möchte in Deutschland ein neues Werk bauen. Dafür stehen die Standorte Ingolstadt, München, Nürnberg, Regensburg und Ludwigshafen zur Auswahl. Da die gefertigten Teile auch nach Übersee verschifft werden, sollen sie per Binnenschiff zum Überseehafen in Hamburg transportiert werden.
- a) Welche der oben genannten Städte sind für die Binnenschifffahrt geeignet?
- b) Welcher Standort verspricht den kürzesten Transportweg nach Hamburg?
- c) Welche Binnenwasserstraßen werden von dem unter b genannten Hafen bis nach Hamburg befahren?
- d) Die Kirch GmbH will auch Kunden in Berlin, Prag, Linz und Amsterdam auf dem Wasserweg beliefern. Nennen Sie die vollständigen Routen zu diesen Kunden.
- e) Der größte deutsche Binnenhafen befindet sich am Anfang vom Rhein-Herne-Kanal. In welcher Stadt liegt dieser Hafen?
- f) Bei der Binnenschifffahrt wird zwischen Bergfahrt und Talfahrt unterschieden. Handelt es sich bei einem Transport von Dortmund nach Hamburg um eine Berg- oder eine Talfahrt?

**10**

Erläutern Sie mit eigenen Worten den Sammelgutverkehr.

**11**

Vier Personen stehen am Ufer eines Flusses und wollen auf die andere Seite. Jeder der vier braucht allerdings unterschiedlich lange:

A benötigt 5 Minuten.
B benötigt 10 Minuten.
C benötigt 20 Minuten.
D benötigt 25 Minuten.

Die Personen dürfen in Richtung anderes Ufer nur zu zweit (nicht alleine und auch nicht zu dritt oder zu viert) über die Brücke gehen. Dann muss einer zurück, um die Taschenlampe zurückzubringen, denn es ist dunkel.
Wie müssen die Personen laufen, wenn sie höchstens 60 Minuten insgesamt benötigen dürfen, um über die Brücke zu kommen?

# Lernsituation 82
## Just in Time

FK ☞ *LF6 Kap. 3.3*

### LERNSITUATION

Die Teewelt GmbH mit Sitz in Düsseldorf ist ein mittelgroßes Teehandelshaus, das sich auf den Vertrieb hochwertiger Tees aus Indien und Sri Lanka spezialisiert hat. Am Unternehmenssitz in Düsseldorf wird der Tee gemischt und abgepackt. Die Teewelt GmbH vertreibt ihren Tee an Tee-Fach- und Spezialgeschäfte und an die gehobene Gastronomie. Sie beschäftigt dazu 10 Reisende, die die Kunden regelmäßig besuchen und gleichzeitig versuchen, den Kundenstamm zu erweitern. Das Vertriebsgebiet umfasst ganz Deutschland.

Einen Teil ihres Tees bezieht die Teewelt GmbH von der Asien Teehandels AG, die ihren Sitz in Hamburg hat und den Rohtee auf Teeauktionen in den Erzeugerländern kauft. Etwa 60 % bis 70 % der Teeernte werden auf Auktionen in den Anbauländern versteigert. Daneben gibt es auch noch die Möglichkeit, direkte Kaufverträge mit den Teeplantagen bzw. Teefabriken vor Ort abzuschließen. Dadurch lassen sich besonders gute Qualitäten, die nur in kleinen Mengen verfügbar sind, sichern.

Unter Teekennern hat die Marke „Teewelt" eine hohe Reputation, da es dem Unternehmen gelungen ist, aufgrund der hohen Qualifikation ihrer Tea-Taster Tees mit vielen verschiedenen Geschmacksrichtungen, aber von gleich bleibend hoher Qualität anzubieten. Dazu hat die Teewelt GmbH immer relativ viele Rohteesorten im Lager vorrätig, da die entsprechenden Mischungen erst hergestellt werden können, wenn alle für eine Teemischung notwendigen Rohtees eingetroffen sind. Aus diesem Grund erwägt die Geschäftsführung der Teewelt GmbH, verschiedene Rohteesorten „Just in Time" zu beschaffen, diese sofort zu den Fertigsorten zu mischen und zum Verkauf anzubieten.

### ARBEITSAUFTRAG

Welche Auswirkungen hat die JIT-Einführung für

a) den Großhändler Teewelt GmbH,
b) die Zulieferer,
c) den Transport und die Umwelt?

Nutzen Sie für Ihre Überlegungen das Arbeitsblatt 82.1.

# Arbeitsblatt 82.1 Just in Time

| | |
|---|---|
| **Konsequenzen für den Großhändler Teewelt GmbH** | |
| **Konsequenzen für die Zulieferer** | |
| **Konsequenzen für den Transport und die Umwelt** | |

## Aufgaben zu Kapitel 3.3

**1**

Das Just-in-Time-Verfahren wird häufig lediglich als ein Verfahren der bedarfssynchronen Beschaffung gesehen. Erläutern Sie, welche Zielsetzungen Just-in-Time bei der Abwicklung von Unternehmensprozessen unterstützen kann.

**2**

In der BPK GmbH soll für einen Teil der zu beschaffenden Waren das Just-in-Time-Verfahren eingeführt werden. Dazu ist es erforderlich, die Waren herauszufinden, die für eine Just-in-Time-Anlieferung geeignet sind.

a) Erläutern Sie, auf welche Weise dies geschehen kann.
b) Erläutern Sie zwei organisatorische und zwei technische Voraussetzungen, um das Just-in-Time-Prinzip zu realisieren.
c) Die Realisierung des Just-in-Time-Verfahrens setzt voraus, dass die BPK GmbH JIT-fähige Lieferanten findet. Erläutern Sie zwei Voraussetzungen, die JIT-fähige Lieferanten erfüllen müssen.
d) Das Just-in-Time-Verfahren kann aus gesamtwirtschaftlicher Sicht, insbesondere aus der Sicht des Endverbrauchers mit Vor- und Nachteilen verbunden sein. Erläutern Sie je einen Vor- und einen Nachteil.

**3**

Durch konsequente Verhandlungen mit einem Lieferer wird eine tägliche Just-in-time-Lieferung vereinbart. Bei einem Umsatzvolumen von 250.000,00 € pro Monat wird eine Preiserhöhung in Höhe von 2 % akzeptiert. Durch diese Maßnahme sinken die Zinsen für das im Lager gebundene Kapital von 3,5 % auf 1,75 %. Die nicht mehr benötigte Lagerkapazität kann für 32.000,00 € im Monat vermietet werden.

a) Berechnen Sie die jährliche Kosteneinsparung der Lagerhaltung.
b) Welche Risiken entstehen durch diese Liefervereinbarung?

## Aufgaben zu Kapitel 3.4

**4**

Erläutern Sie den Unterschied zwischen einer Einzel- und einer Generalpolice.

**5**

a) Wie kommt ein Versicherungsvertrag zustande?
b) Erläutern Sie Rechte und Pflichten von Versicherer und Versicherungsnehmer.

**6**

Unterscheiden Sie
a) Kasko- und Kargoversicherung,
b) Über- und Unterversicherung.

**7**

Ein Großhändler hat seine Lagerhalle mit 500.000 € versichert (Versicherungssumme). Als ein versicherter Schaden in Höhe von 60.000 € durch austretendes Leitungswasser eintritt, wird festgestellt, dass die Lagerhalle einen Wert von 750.000 € hat (Versicherungswert).

a) Ermitteln Sie absolut und prozentual den Umfang der Unterversicherung.
b) Wie viel Prozent des entstandenen Schadens muss der Großhändler selbst tragen?
c) Wie viel Euro kostet ihn die riskante Unterversicherung?

**8**

Der Baustoffgroßhändler Blum hat sein Lager im Wert von 400.000 € mit 300.000 € versichert. Durch einen Brand entsteht ein Sachschaden von 50.000 €.

a) Wie hoch ist die Schadensersatzleistung der Versicherung?
b) Wie hoch wäre die Versicherungsleistung, wenn das Lager mit 450.000 € versichert gewesen wäre?
c) Wie hoch wäre die Versicherungsleistung bei korrekter Versicherung und einer Selbstbeteiligung des Versicherten von 15 %?
d) Wie kann ein Versicherter die Gefahr der Unterversicherung vermeiden?

**9**

a) Nennen sie diebstahlgefährdete Lager- und Transportgüter.
b) Wie kann der Versicherte zu einer Vermeidung von Diebstählen und Schäden beitragen?

**10**

Für welche Schäden kommt
a) die Transportversicherung,
b) die Lagerversicherung auf?

**11**

Nennen Sie Schäden, die im Rahmen der Transportversicherung nicht versichert werden können.

# Lernsituation 83
# Transportdokumente

FK ☞ *LF6 Kap. 4*

**LERNSITUATION**

Die BPK GmbH hat 640 Packungen zu je 250 Bögen hochwertiges Kunstdruckpapier „Phoenix-Ikono-Rex" an den Verlag Paint-Print OÜ in Estland, Tartu 11, 71004 Viljandi verkauft. Die Lieferbedingung lautet CIP Pärnu. Der Transport erfolgt in einem 20-ft-Container zunächst per Lkw vom Warenausgangslager der BPK GmbH in Wuppertal bis zum Hafenterminal in Rostock. Von dort erfolgt der Weitertransport per Seeschiff bis zum Hafen von Pärnu. Der Transport von Pärnu zur Paint-Print OÜ in Viljandi wird wiederum mit einem Lkw durchgeführt. Der Container wird bei der BPK GmbH in Wuppertal beladen und bei der Paint-Print OÜ in Viljandi entladen. Mit dem Lkw-Transport von Wuppertal nach Rostock soll ein Fuhrunternehmen beauftragt werden.
Sie sollen Herrn Wolf, den Abteilungsleiter „Lager/Versand" in der BPK GmbH bei der Versandabwicklung unterstützen. Herr Wolf erteilt Ihnen dazu unten stehende Aufträge.

**ARBEITSAUFTRÄGE**

1. Stellen Sie zunächst fest, welche Pflichten sich für die BPK GmbH aufgrund der Lieferbedingung ergeben.
   a) Geben Sie an, wer für die jeweiligen Transportstrecken die Kosten tragen muss.
   b) Geben Sie an, wer für die jeweiligen Transportstrecken einen Beförderungsvertrag abschließen muss.
   c) Geben Sie an, wo im vorliegenden Fall die Gefahr auf den Käufer übergeht.
   d) Geben Sie an:
      - ob im vorliegenden Fall eine Transportversicherung abzuschließen ist,
      - wer ggf. die Kosten für die Versicherung tragen muss,
      - über welchen Betrag die Versicherungssumme ggf. lauten muss,
      - welche Transportstrecke ggf. versichert werden muss.
2. Die BPK GmbH soll den Transport bis zum Hafen in Pärnu (Estland) organisieren und abwickeln. Da das Transportunternehmen, das für die BPK GmbH normalerweise Transporte übernimmt, zurzeit keine Kapazitäten frei hat, wird die MOTAPO GmbH mit dem Transport des Containers zum Hafen in Rostock beauftragt. Die MOTAPO GmbH wird dabei erstmalig für die BPK GmbH tätig.
   Nehmen Sie differenziert zu den folgenden Fragen im Zusammenhang mit dem Transportauftrag an die MOTAPO GmbH Stellung.
   a) Muss für den Transport des Papiers nach Rostock ein Frachtbrief ausgestellt werden?
   b) Könnte die MOTAPO GmbH ggf. die Austellung eines Frachtbriefes verlangen?
   c) Wer wäre ggf. für die Ausstellung eines Frachtbriefes zuständig?
3. Für den Lkw-Transport nach Rostock wird der unten stehende Frachtbrief auf Seite 140 ausgestellt. Prüfen Sie, ob der Frachtbrief alle Angaben gemäß § 408 HGB enthält. Geben Sie ggf. an, welche Angaben fehlen und äußern Sie sich auch zu möglichen Konsequenzen.
4. Für den Seetransport von Rostock nach Pärnu wurde das unten stehende Konnossement auf Seite 141 ausgestellt. Prüfen Sie das Konnossement und beantworten Sie dabei die folgenden Fragen:
   a) Wie viele Originalkonnossemente wurden ausgestellt?
   b) Handelt es sich bei dem Konnossement um ein
      - Rekta-
      - Order-
      - Inhaberpapier?

      Begründen Sie Ihre Angabe.
   c) Wer ist der Befrachter und wer ist der Verfrachter?
   d) Woran ist ersichtlich, dass es sich um ein „reines Bordkonnossement" handelt?
   e) Unter welcher Voraussetzung erhält der Empfänger die Ware ausgehändigt?
   f) Welche Bedeutung hat hier die Angabe „SHIPPER´s LOAD & COUNT"?
   g) Warum muss das Konnossement die Bezeichung „FREIGHT PREPAID" enthalten?

| Absender (Name, Anschrift)<br>Bergisches Papierkontor GmbH<br>Elberfelder Straße 85<br>42285 Wuppertal | **Frachtbrief für den gewerblichen Güterfrachtverkehr** |
|---|---|
| Empfänger (Name, Anschrift)<br>Baltic SeaCargo GmbH<br>Ost-West-Straße 38<br>18147 Rostock | Frachtführer (Name, Anschrift)<br>MOTAPO GmbH<br>Otto-Hahn-Straße 21<br>42369 Wuppertal |
| Meldeadresse (Name, Anschrift)<br>Baltic SeaCargo GmbH<br>Ost-West-Straße 38<br>18147 Rostock | Nachfolgende Frachtführer |
| Übernahme des Gutes<br>Versandort: Wuppertal<br>Beladestelle: Laderampe BPK GmbH, Elberfelder Str. 85 Tor 4, 42369 Wuppertal | Vorbehalte und Bemerkungen der Frachtführer<br>keine |
| Ablieferung des Gutes<br>Ort: Rostock<br>Entladestelle: Hafen Rostock, KLV Terminal, Am Skandinavienkai 7, 18147 Rostock | |
| Beigefügte Dokumente<br>Handelsrechnung 3-fach<br>Packliste 3-fach<br>Frachtbrief | |

| Anzahl der Packstücke | Zeichen und Nummern | Art der Verpackung | Bezeichnung des Gutes | Bruttogewicht in kg | Volumen in $m^3$ |
|---|---|---|---|---|---|
| 1 | HDSU 456321 8 | 20-ft-Container | | 14.490 kg | 33,1 $m^3$ |
| Containerinhalt | | | | | |
| 5 | P-P OÜ<br>Order Nr. 56478<br>EST Viljandi<br>Contry of Origin<br>Germany | mit Folie überzogene und verschweißte Sonderpaletten | 640 Packungen Phoenix-Ikono-Rex Qualitäts-Kunstdruckpapier zu je 250 Blatt | 12.160 kg | 22 $m^3$ |

| | | | |
|---|---|---|---|
| Gefahrgut-Klassifikation | | Nettomasse in kg/l | |
| UN-Nr. | Offizielle Benennung | | |
| Verpackungsgruppe | | Tunnelbeschränkungscode | |

Weisungen des Absenders (Zoll- und sonstige amtliche Behandlung des Gutes)

| | | |
|---|---|---|
| Nachnahme | | Besondere Vereinbarungen |
| Frankatur | 420,00 € / zu zahlen vom Absender | |

| | | |
|---|---|---|
| Ausgefertigt in Wuppertal | am 10. Sept. 20XX | Gut empfangen am |
| Unterschrift und Stempel des Absenders<br>Günter Wolf<br>BPK GmbH<br>Elberfelder Str. 85 Tor 4<br>42369 Wuppertal | Unterschrift und Stempel des Frachtführers<br>Ernst Müller<br>MOTAPO GmbH<br>Otto-Hahn-Straße 21<br>42369 Wuppertal | Unterschrift und Stempel des Empfängers |

**BILL OF LADING**

**B/L No.**
5601000018745

**Shipper**
Bergisches Papierkontor GmbH
Elberfelder Str. 85
42285 Wuppertal

**Carrier**
Baltic SeaCargo GmbH
Ost-West-Straße 38
18147 Rostock

**Consignee**
Paint-Print OÜ
Tartu 11
71004 Viljandi
ESTONIA

**Notify address**
Paint-Print OÜ
Tartu 11
71004 Viljandi
ESTONIA
Tel. +372 43 53784

**FIRST ORIGINAL**

| **Pre-carriage by** | **Place of receipt by pre-carrier** |
|---|---|
| | |
| **Vessel** | **Port of loading** |
| Marianna | Rostock |
| **Port of discharge** | |
| Pärnu | |

| **Marks and Nos.** | **Number and kind of packages; description of goods** | **Gross weight** |
|---|---|---|
| HDSU 456321 8 | 640 Packungen Phoenix-Ikono-Rex<br>Qualitäts-Kunstdruckpapier zu je 250 Blatt<br><br>"FREIGHT PREPAID"<br><br>SHIPPER´s LOAD & COUNT | 14.490 kg |

SHIPPED on board in apparent good order and condition unless otherwise stated and to be discharged at the aforesaid port of discharge or so near thereto as the vessel may safely get and be always afloat.

| **Freight payable at** | **Place and date of issue** |
|---|---|
| Rostock | Rostock, 12. Sept. 20XX |
| **Number of original Bs/L** | Baltic SeaCargo GmbH |
| 3/ THREE | **Signed for the Carrier** |
| | Karl-Heinz Pfefferling |

# Arbeitsblatt 83.1 Warenwertpapiere

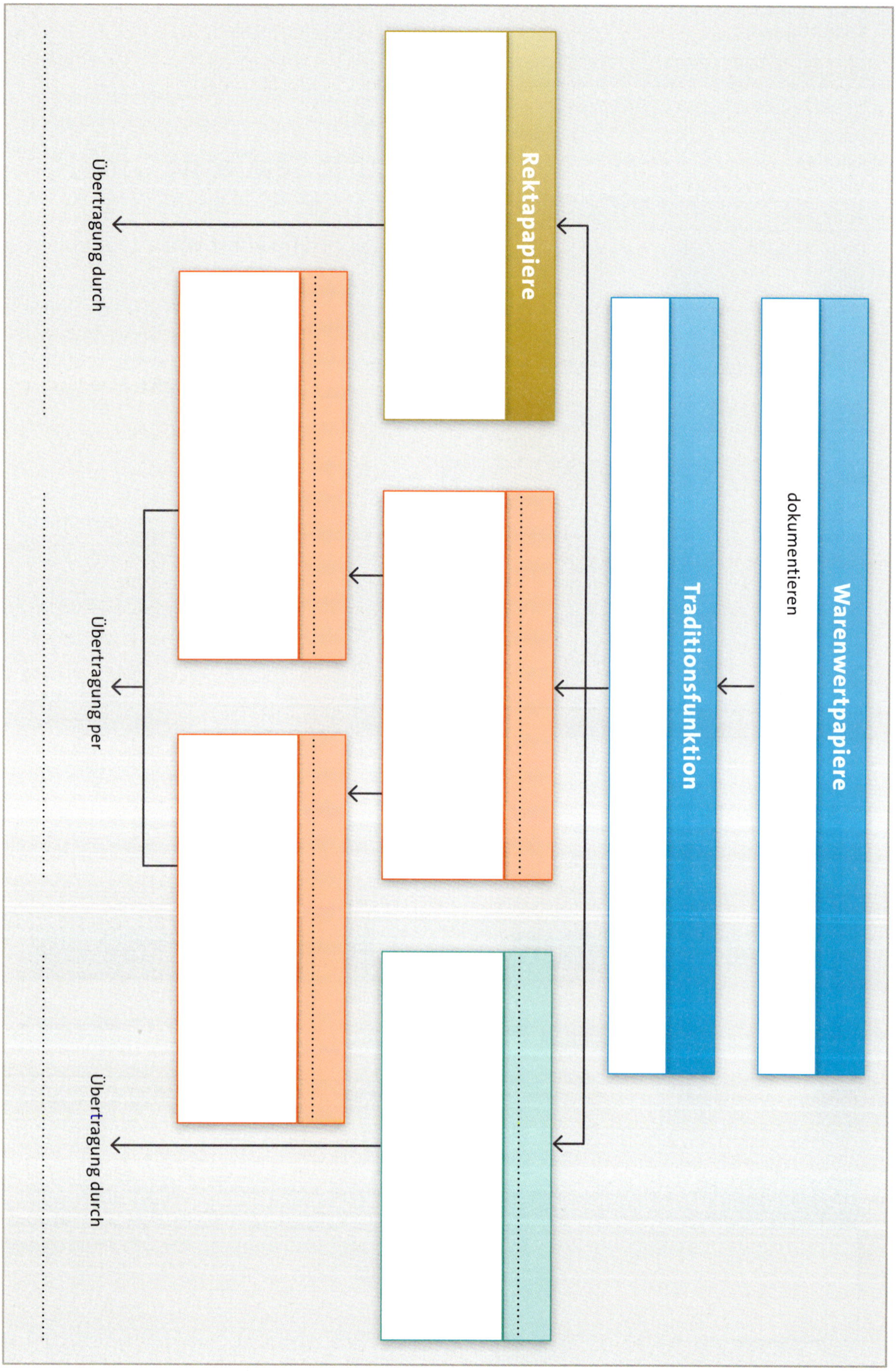

# Aufgaben

**1**

Geben Sie für die folgenden Transporte jeweils das zugehörige Transportdokument an. Geben Sie auch an, wenn kein Transportdokument erforderlich ist.

a) Es werden Waren per Lkw von Freiburg nach Köln transportiert.
b) Es werden Waren auf dem Rhein von Ludwigshafen nach Duisburg transportiert.
c) Es werden Waren per Schiff von Rotterdam nach New York transportiert.

**2**

Erläutern Sie, ob es sich bei einem Frachtbrief für einen Lkw-Transport um ein Warenbegleit- oder um ein Warenwertpapier handelt.

**3**

Erläutern Sie zwei Funktionen eines Frachtbriefes, falls der Frachtbrief vom Frachtführer unterschrieben wurde.

**4**

Die BPK GmbH bezieht von der Toronto Paper & Cellulose Inc., die ihren Sitz in Toronto (Kanada) hat, verschiedene Papiersorten. Das Papier soll in zwei Containern zu je 20 ft durch die Reederei Atlantic Sea Cargo PC vom Seehafen in Québec nach Rotterdam transportiert werden. Die Lieferbedingung lautet FCA Québec Seaport. Für den Seetransport werden drei Originalkonnossemente ausgestellt. Als Empfänger ist in den Konnossementen die BPK GmbH mit einer Orderklausel eingetragen.

a) Geben Sie zwei alternative Möglichkeiten für die Eintragung im Feld „Consignee“ an.
b) Wie lautet der
   - Port of loading?
   - Port of discharge?
c) Geben Sie eine mögliche Klausel an, durch die die Atlantic Sea Cargo PC ihre Haftung für die Warendeklaration ausschließt.
d) Geben Sie an, woraus ersichtlich ist, wann die Container auf das Seeschiff in Québec verladen wurden.
e) Geben Sie einen geeigneten Vermerk zur Frachtzahlung an und begründen Sie Ihre Angabe.
f) Geben Sie an, wodurch im vorliegenden Fall das Konnossement
   - die Beweisfunktion,
   - die Traditionsfunktion
   
   erfüllt.
g) Tragen Sie in dem unten stehenden Diagramm an den richtigen Stellen ein:
   - Toronto Paper & Cellulose Inc.
   - BPK GmbH
   - Atlantic Sea Cargo Inc. Vertretung Québec
   - Atlantic Sea Cargo Inc. Vertretung Rotterdam
h) Kennzeichnen Sie in dem unten stehenden Diagramm die Pfeile mit den richtigen Buchstaben:
   (a) Ware und drei ausgefüllte, aber nicht unterschriebene Konnossemente
   (b) drei vom Verfrachter unterschriebene Originalkonnossemente
   (c) ein vom Verfrachter unterschriebenes Originalkonnossement
   (d) Ware

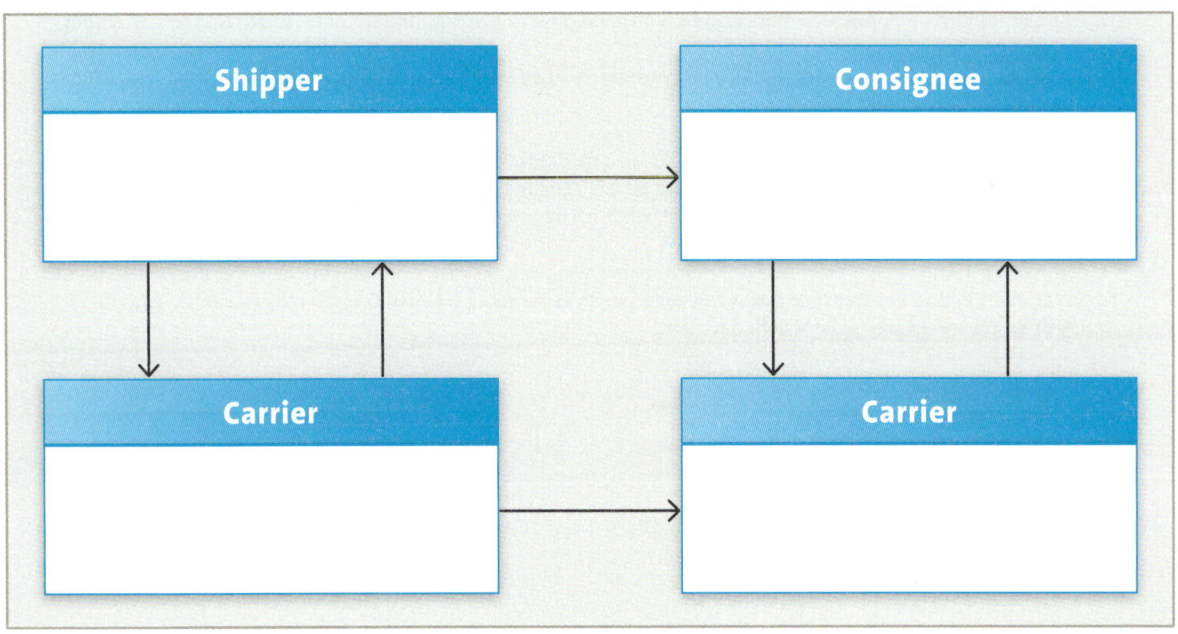

**5**

Die Print and More GmbH hat an das Unternehmen Dubai Printhouse LLC eine 5 Jahre alte Bogenoffsetdruckmaschine – Heidelberg SM72 FP – zum Preis von 221.561,00 USD zur Lieferbedingung CPT Dubai verkauft. Als Zahlungsbedingung wurde ein unbestätigtes Dokumentenakkreditiv vereinbart. Die Maschine wird in drei 20-ft-Containern transportiert. Folgende Transportstrecken sind zu berücksichtigen:

Düsseldorf – Rotterdam ............................................. Lkw-Transport
Rotterdam - Dubai Seaport ......................................... Seeschiff
Dubai Seaport – Geschäftssitz Dubai Printhouse LLC ........ Lkw-Transport

Sie sind für die Transportabwicklung dieses Auftrags zuständig.

a) Erläutern Sie, warum die Print and More GmbH die Transportkosten bis zum Hafen in Dubai tragen und auch die entsprechenden Beförderungsverträge abschließen muss.
b) Erläutern Sie, warum für den Lkw-Transport von Düsseldorf nach Rotterdam ein CMR-Frachtbrief ausgestellt werden muss.
c) Die Maschine hat ein Nettogesamtgewicht von 19.692 kg. Sie überlegen, ob Sie den Lkw-Transport von Düsseldorf nach Rotterdam versichern sollen.
   - Ermitteln Sie, in welcher Höhe das Transportunternehmen für Schäden haftet.
     **Hinweis:** Rechnen Sie mit einem Wert von 1,13218 EUR pro SZR und einem Wechselkurs von 1,3245 USD pro EUR.
   - Geben Sie eine Empfehlung, ob im vorliegenden Fall die Transportstrecke Düsseldorf – Rotterdam versichert werden sollte.
d) Ihnen liegen bereits das LC und das Konnossement für den Seetransport vor (Seiten 145 – 146). Prüfen Sie, ob das BL den Akkreditivbedingungen entspricht. Berücksichtigen Sie dabei die Angaben im LC und den unten stehenden Auszug aus den ERA 600.
e) Erläutern Sie, was es bedeutet, dass in dem LC „Partial Shipments“ und „Transshipments“ untersagt werden.

## § Auszug aus den ERA 600 – Artikel 20 Konnossement

a. Ein wie auch immer benanntes Konnossement muss dem Anschein nach:
   i. den Namen des Frachtführers ausweisen und unterzeichnet sein vom
      - Frachtführer oder einem namentlich genannten Agenten für den Frachtführer, oder
      - Master oder einem namentlich genannten Agenten für den Master.

      Jede Unterschrift des Frachtführers, Master oder Agenten muss als diejenige des Frachtführers, Master oder Agenten gekennzeichnet sein.
      Jede Unterschrift eines Agenten muss angeben, ob der Agent für den Frachtführer oder für den Master gezeichnet hat.
   ii. ausweisen, dass die Ware an dem im Akkreditiv vorgeschriebenen Ort an Bord eines namentlich genannten Schiffes verschifft worden ist, und zwar durch:
      - vorgedruckten Wortlaut, oder
      - einen An-Bord-Vermerk, der das Datum angibt, an dem die Ware an Bord verladen worden ist.

      Das Ausstellungsdatum des Konnossements gilt als das Verladedatum, es sei denn, das Konnossement enthält einen An-Bord-Vermerk, der das Verladedatum angibt, wodurch das im An-Bord-Vermerk angegebene Datum als das Verladedatum gilt. [...]
   iii. den Transport vom Verladehafen zum Löschungshafen, wie sie im Akkreditiv vorgeschrieben sind, ausweisen. [...]
   iv. das einzige Original des Transportdokuments oder, wenn es in mehr als einem Original ausgestellt ist, der im Transportdokument angegebene volle Satz sein.

Quelle: ERA 600, International Chamber of Commerce, Paris

**S.W.I.F.T-Nachricht MT700**

**Issue of a Documentary Credit**

| | | | |
|---|---|---|---|
| Issuing Bank | | : | Bank of Dubai PSC<br>Al Barsha 1<br>Dubai<br>United Arab Emirates |
| Sequence of Total | *27 | : | 1/1 |
| Form of Credit | *40 A | : | irrevocable |
| Doc. Credit Number | *20 | : | PVDR74K51Y429 |
| Date of Issue | *31 C | : | 20XX/06/28 |
| Date and Place of Expiry | *31 D | : | 20XX/09/28 at the counters of the advising bank |
| Applicant | *50 | : | DUBAI PRINTHOUSE LLC<br>Sheikh Rashid Road 4<br>Dubai<br>United Arab Emirates |
| Beneficiary | *59 | : | Print & More GmbH<br>Dagobertstraße 10<br>40225 Düsseldorf<br>Germany |
| Amount | *32 B | : | Currency: USD Amount: 221.561,00 |
| Available with/by | *41 A | : | Advising Bank<br>payment at sight |
| Partial Shipments | 43 P | : | not allowed |
| Transshipments | 43 T | : | not allowed |
| Loading in Charge | 44 A | : | Rotterdam SeaPort |
| For Transport to | 44 B | : | Dubai seaport (CPT Dubai, according to Incoterms® 2010[1], published by the International Chamber of Commerce in Paris |
| Latest Date of Shipment | 44 C | : | 20XX/08/15 |
| Description of Goods | 45 A | : | 1 Heidelberg printing machine sm72 FP<br>five years old |
| Details of Charges | 71 B | : | all charges outside of the United Arab Emirates are for beneficiaries account |
| Presentation Period | 48 | : | Documents to be presented within 20 days after shipment but within the validity of this credit |
| Confirmation | *49 | : | without |
| Instructions | 78 | : | All documents must be forwarded to us, Bank of Dubai, Al Barsha 1, Dubai, United Arab Emirates, by Courier Service.<br>One original transport document has to be airmailed directly to the applicant. |
| Documents Required | 46 B | : | • signed commercial invoice 5 copies indicating this credit number<br>• full set of clean on board marine bills of lading, issued to the order of the Bank of Dubai, marked freight prepaid and notify the applicant<br>• packing list in 3 copies signed by beneficiary |
| Send. To Rec. Info 72: | | | subject to UCP 2007, 6. Revision ICC publication No. 600 |

[1] © ICC International Chamber of Commerce

| Shipper | BILL OF LADING | B/L No. |
|---|---|---|
| Print and More GmbH<br>Großhandlung für Druckmaschinen<br>Dagobertstr. 10<br>40225 Düsseldorf<br>GERMANY | | 56010000018745 |

**Carrier**

Container Cargo GmbH
**Bremen**
Heinkenstr. 3
28195 Bremen

| Consignee |
|---|
| Bank of Dubai PSC<br>Al Barsha 1<br>Dubai<br>UNITED ARAB EMIRATES<br>or to order |

| Notify address |
|---|
| Dubai Printhouse LLC<br>Sheikh Rashid Road 4<br>Dubai<br>UNITED ARAB EMIRATES<br>Tel. +971 564895 Fax +971 564897 |

| Pre-carriage by | Place of receipt by pre-carrier |
|---|---|
| | |
| **Vessel** | **Port of loading** |
| Prinz Wilhelm | Rotterdam |
| **Port of discharge** | |
| Dubai | |

| Marks and Nos. | Number and kind of packages; description of goods | Gross weight |
|---|---|---|
| FHDU 674521 8, 20 ft | 1 Collo, Printing Machine, HB SM72 FP | 11.540,00 kg |
| KTMU 783521, 20 ft | 1 Collo, Printing Machine, HB SM72 FP | 10.580,00 kg |
| CSLU 413792 4, 20 ft | 8 Colli, Supplies for Printing Machine HB SM72 FP | 4.562,00 kg |
| | "FREIGHT PREPAID" | |

SHIPPED on board in apparent good order and condition unless otherwise stated and to be discharged at the aforesaid port of discharge or so near thereto as the vessel may safely get and be always afloat.
Weight, measure, marks, numbers, quality, contents and value, if mentioned in the Bill of Lading, are to be considered unknown unless the contrary has been expressly acknowledged and agreed to. The signing to this Bill of Lading is not to be considered as such an agreement.

| Freight payable at | Place and date of issue |
|---|---|
| Rotterdam | July, 25. 20XX |
| **Number of original Bs/L** | Container Cargo GmbH |
| 3/ THREE | |
| | **Signed for the Carrier** |
| | Piet Holingbrook |

## 6

Die Print and More GmbH hat an das französische Unternehmen Imprimer et Art SARL, 17 Quai des Waults, F-59027 Lille, eine gebrauchte Druckmaschine Slowmaster SM 74-1 für 35.000,00 € verkauft. Der Transport erfolgt als Stückgut per Lkw vom Warenausgangslager der Print and More GmbH bis zur Betriebsstätte des Kunden in Lille. Die Maschine wird dazu in eine massive Holzkiste verpackt. Das Bruttogewicht beträgt 5 125 kg.
Die Kiste ist wie folgt markiert: „IMPRIM F-34679"
Die Lieferbedingung lautet: FCA Düsseldorf, die Zahlungsbedingung „unbestätigtes Dokumentenakkreditiv".
Als Dokumente sind einzureichen: Handelsrechnung (3-fach), 1. Original des CMR-Frachtbriefes, Packliste. Warenbegleitpapiere sind: 2. Original des CMR-Frachtbriefes, Handelsrechnung (2-fach) und Packliste.
Sie sind in der Print and More GmbH mit der Transportabwicklung beauftragt.

a) Füllen Sie in dem unten stehenden Ausschnitt eines CMR-Frachtbriefes die Felder 1 bis 9 und 11 aus. Welches Blatt des CMR-Frachtbriefsatzes ist für den Empfänger bestimmt?
**Hinweis:** Datum nach Ihrer Wahl.

b) Erläutern Sie, unter welcher Voraussetzung die Maschine am Bestimmungsort ausgehändigt wird.

c) Begründen Sie, welchen Sinn es macht, dass in den Akkreditivbedingungen unter anderem die Einreichung des für den Absender bestimmten Frachtbrieforiginals gefordert wird.

d) Äußern Sie sich dazu, ob im vorliegenden Fall Zollformalitäten zu berücksichtigen sind und begründen Sie Ihre Angaben.

**weiß** = Exemplar für Auftraggeber **rosa** = Exemplar für Absender **blau** = Exemplar für Empfänger **grün** = Exemplar für Frachtführer
**blanc** = Exemplaire pour commettant **rose** = Exemplaire de l'expéditeur **bleu** = Exemplaire du destinataire **vert** = Exemplaire du transporteur
**wit** = Exemplaar voor lastgever **rose** = Exemplaar voor afzender **blauw** = Exemplaar voor geadresseerde **groen** = Exemplaar voor vervoerder
**bianco** = Essemplare per committente **rosa** = Essemplare per mittente **blu** = Essemplare per destinatario **verde** = Essemplare per transportatore
**white** = Copy for orderer **pink** = Copy for sender **blue** = Copy for consignee **green** = Copy for carrier
**hvid** = Exemplar for ordregiver **rosa** = Exemplar for afsender **blaa** = Exemplar for modtager **grön** = Exemplar for befordrer

**1** Absender (Name, Anschrift, Land)
Expéditeur (nom, adresse, pays)

**INTERNATIONALER FRACHTBRIEF**
**LETTRE DE VOITURE INTERNATIONAL**

Diese Beförderung unterliegt trotz einer gegenteiligen Abmachung den Bestimmungen des Übereinkommens über den Beförderungsvertrag im internationalen Straßengüterverkehr (CMR).

Ce transport est soumis, nonobstant toute clause contraire, à la Convention relative au contrat de transport international de marchandises par route (CMR).

**2** Empfänger (Name, Anschrift, Land)
Destinataire (nom, adresse, pays)

**16** Frachtführer (Name, Anschrift, Land)
Transporteur (nom, adresse, pays)

**3** Auslieferungsort des Gutes
Lieu prévu pour la livraison de la marchandise
Ort/Lieu
Land/Pays

**17** Nachfolgende Frachtführer (Name, Anschrift, Land)
Transporteurs successifs (nom, adresse, pays)

**4** Ort und Tag der Übernahme des Gutes
Lieu et date de la prise en charge de la marchandise
Ort/Lieu
Land/Pays
Datum/Date

**18** Vorbehalte und Bemerkungen der Frachtführer
Réserves et observations des transporteurs

**5** Beigefügte Dokumente
Documents annexés

| **6** Kennzeichen u. Nummern / Marques et numéros | **7** Anzahl der Packstücke / Nombre des colis | **8** Art der Verpackung / Mode d'emballage | **9** Offiz. Benennung f. d. Beförderung* / Désignation officielle de transport* | **10** Statistiknummer / No. statistique | **11** Bruttogewicht in kg / Poids brut, kg | **12** Umfang in m³ / Cubage m³ |
|---|---|---|---|---|---|---|
| | | | | | | |

CMR

Les parties encadrées de lignes grasses doivent être remplis par le transporteur.

Die mit fett gedruckten Linien eingerahmten Rubriken müssen vom Frachtführer ausgefüllt werden.

*Bei gefährlichen Gütern ist in der letzten Zeile der Rubrik anzugeben: UN-Nummer, Gefahrzettelmuster-Nummer und Verpackungsgruppe. Güter der Klasse 1 und 7: sieh
*En cas de marchandises dangereuses, indiquer à la dernière ligne du cadre: Numéro ONU, Numéro d'etiquette et Groupe d'emballage. Marchandises ces classes 1 et

**7**

Erläutern Sie, warum ein CMR-Frachtbrief kein Warenwertpapier ist.

**8**

Die Print and More GmbH hat eine gebrauchte Druckmaschine an das Unternehmen Sulei International Ltd. in Karatschi (Pakistan) verkauft. Als Zahlungsbedingung wurde D/P vereinbart. Der Transport erfolgt per Luftfracht von Düsseldorf bis Karatschi. Die Lieferbedingung lautet CPT Karatschi Cargo Airport

a) In dem Air Waybill ist als Empfänger (Consignee) die Sulei International Ltd. eingetragen. Erläutern Sie, welches Risiko für die Print and More GmbH damit verbunden ist und wie die Print and More GmbH dieses Risiko vermeiden könnte.

b) Die Ware wurde am 2. November 20XX dem Luftfrachtunternehmen in Düsseldorf übergeben; der Transport soll am 5. November erfolgen. Am Morgen des 03. November erfährt der Geschäftsführer der Print and More GmbH, dass die Sulei International Ltd. Insolvenz angemeldet hat.
Erläutern Sie, wie der Geschäftsführer der Print and More GmbH darauf reagieren sollte. Begründen Sie Ihre Empfehlung und gehen Sie auch auf die notwendigen Voraussetzungen ein.

**9**

Erläutern Sie, was man unter der Beweis- und Verfügungsfunktion des CIM-Frachtbriefes versteht.

**10**

Die Print and More GmbH lässt eine fast neue Druckmaschine von dem Frachtunternehmen Fahrgut GmbH von Düsseldorf nach Utrecht in den Niederlanden transportieren. Die Maschine wiegt 2.450 kg und hat einen Wert von 65.000,00 €.

a) Geben Sie an, was in diesem Fall die rechtliche Grundlage für den Frachtvertrag zwischen der Print and More GmbH und der Fahrgut GmbH ist und begründen Sie Ihre Angabe.

b) Geben Sie an, durch welches Dokument der Frachtvertrag in diesem Fall dokumentiert wird.

c) Durch einen von der Fahrgut GmbH angestellten Lkw-Fahrer wird die Druckmaschine völlig zerstört. Geben Sie an, in welcher Höhe die Fahrgut GmbH für den entstandenen Schaden haftet, wenn zu dem betreffenden Zeitpunkt ein Sonderziehungsrecht einen Wert von 1,17615 € hatte. Begründen Sie Ihre Angabe.

**11**

Die Print and More GmbH will eine gebrauchte Druckmaschine von Düsseldorf nach Indianapolis in den USA transportieren lassen. Der Haupttransport soll per Schiff von Hamburg nach New York erfolgen. Der Gesamttransport (Land- und Seetransport) soll von einem Speditionsunternehmen organisiert werden, das hierbei die Funktion eines CTO/MTO übernimmt.

a) Geben Sie an, welches Transportdokument in diesem Fall von dem Speditionsunternehmen ausgestellt werden sollte und begründen Sie Ihre Angabe.

b) Geben Sie an, was es bedeutet, dass das Speditionsunternehmen in diesem Fall der Carrierhaftung unterliegt.

c) Geben Sie an, welche Funktionen das von dem Speditionsunternehmen ausgestellte Transportdokument hat und erläutern Sie kurz diese Funktionen.

**12**

Geben Sie drei Unterschiede zwischen dem FCR und dem FCT an.

# Lernsituation 84
## Zolllager

FK ☞ *LF6 Kap. 5*

**LERNSITUATION**

Die Textilwarengroßhandlung Tuch & Faden GmbH mit Sitz in Mönchengladbach importiert regelmäßig große Mengen T-Shirts aus Taiwan. Diese werden gelagert und sukzessive an Textilwaren-Einzelhändler in Deutschland verkauft. Bei der Einfuhr in das Unionsgebiet müssen die T-Shirts mit einem Zollsatz von 12 % verzollt werden. Herr Zwirn, der Geschäftsführer der Tuch & Faden GmbH, ärgert sich, dass er den Zoll schon bei der Einfuhr der Waren in das Zollgebiet der Union entrichten muss, obwohl diese teilweise monatelang lagern, bis sie weiterverkauft werden. Er erwägt daher, die Einrichtung eines Zolllagers zu beantragen. Die im Zolllagerverfahren zu lagernden Waren sollen in einem abgegrenzten Bereich des Wareneingangslagers der Tuch & Faden GmbH in Mönchengladbach gelagert werden. Das Zolllager soll ausschließlich der Tuch & Faden GmbH zur Verfügung stehen.

Herr Zwirn beauftragt Sie, sich mit dem Thema Zolllager vertraut zu machen und ihm einen strukturierten Bericht vorzulegen. Der Bericht soll als Entscheidungsgrundlage dafür dienen, welchen Typ von Zolllager die Tuch und Faden GmbH einrichten könnte. Außerdem ist Herr Zwirn an weiteren Details interessiert: Wie erfolgt die Beantragung des Zolllagers, der Ablauf der Überführung von Waren in das Zolllager, was muss an zollrechtlichen Vorgaben beachtet werden?

**ARBEITSAUFTRAG**

Halten Sie alle wichtigen Informationen schriftlich fest und bereiten Sie sich darauf vor, Herrn Zwirn Ihren Bericht zu präsentieren.

## FOLGESITUATION

Herr Zwirn war von Ihrem Bericht sehr angetan und betraut Sie mit der Organisation des von Ihnen vorgeschlagenen Zolllagertyps. Als Erstes steht eine größere Lieferung aus Fernost an. Die Tuch und Faden GmbH kaufte 50 000 T-Shirts zu einem FCA-Preis von 2,00 € pro Stück von ihrem Lieferer in Taiwan.
Die Lieferbedingung lautet FCA Seaport Kaohsiung. Der Schiffstransport erfolgt von Kaohsiung bis Rotterdam. Von dort werden die Shirts per Lkw bis zum Zolllager der Tuch & Faden GmbH in Mönchengladbach transportiert.

Folgende Kosten sind zu berücksichtigen:

| | |
|---|---|
| Umschlagkosten im Hafen von Kaohsiung und Verladekosten auf das Schiff | 200,00 € |
| Seefracht | 4.340,00 € |
| Versicherungskosten | 620,00 € |
| Transportkosten von Rotterdam bis Mönchengladbach (Umsatzsteuer wird nicht in Rechnung gestellt) | 340,00 € |

## ARBEITSAUFTRÄGE

1. Die T-Shirts werden am 16.05.20XX in das Zolllager übernommen. Am 18.08.20XX werden 10 000 Stück aus dem Lager entnommen und an ein Warenhaus in Düsseldorf verkauft.
   a) Erläutern Sie, was Sie im Zusammenhang mit der Einlagerung der 50 000 T-Shirts am 16.05.20XX machen müssen.
   b) Erläutern Sie, was Sie im Zusammenhang mit der Entnahme der 10 000 T-Shirts am 18.08.20XX machen müssen.
   c) Ermitteln Sie die Einfuhrabgaben, die im Zusammenhang mit der Entnahme der 10 000 T-Shirts von der Tuch & Faden GmbH entrichtet werden müssen. Gehen Sie dabei davon aus, dass sich der Zollwert der T-Shirts durch die Einlagerung nicht verändert hat.
2. Am 20.12.20XX führen Sie im Zolllager eine Inventur durch. Dabei stellen Sie fest, dass 5 000 der T-Shirts, die am 16.05.20XX eingelagert wurden, fehlen. Erläutern Sie, welche Konsequenzen das für die Tuch & Faden GmbH hat.
3. Herr Zwirn möchte 10 T-Shirts aus dem Zolllager als Muster zu einem Kunden mitnehmen. Erläutern Sie, was dabei beachtet werden muss.

Vervollständigen Sie die Übersicht zum privaten Zolllager.

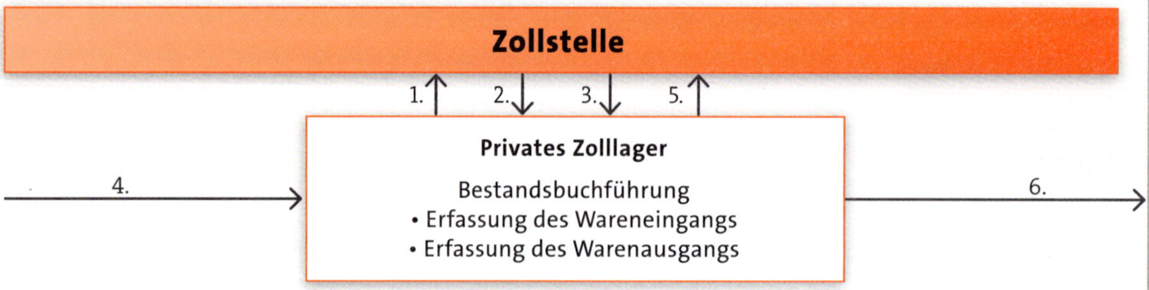


1. ____________________
2. ____________________
3. ____________________
4. ____________________
5. ____________________
6. ____________________

# Aufgaben

**1**

Erläutern Sie, welche Vorteile ein Zolllager einem Großhändler bietet, der hauptsächlich Transitgeschäfte, allerdings nicht als Streckengeschäfte, durchführt.

**2**

Geben Sie für die folgenden Fälle jeweils an, um welchen Zolllagertyp es sich handelt.

| Nr. | Fall | Typ |
|---|---|---|
| 1. | Nur der Lagerhalter darf Waren einlagern, die Waren müssen aber nicht zwingend an einem bestimmten Ort gelagert werden. | |
| 2. | Jeder darf Waren einlagern. Der Einlagerer ist alleine dafür verantwortlich, dass die aus dem Zolllagerverfahren sich ergebenden Pflichten erfüllt werden. | |
| 3. | Nur der Lagerhalter darf Waren einlagern. Der Lagerhalter hat die Bewilligung, dass Einlagerungen regelmäßig im Rahmen eines vereinfachten Verfahrens durchgeführt werden dürfen. | |
| 4. | Jeder darf Waren einlagern, das Lager wird von der Zollbehörde verwaltet. | |
| 5. | Jeder darf Waren einlagern, die Verantwortlichkeit liegt beim Lagerhalter und beim Einlagerer. | |

**3**

Es werden 50 000 CDs aus Taiwan bezogen.
Lieferbedingung: CPT Airport Frankfurt
CPT-Preis: 75.000,00 €
Die Frachtkosten sind in der Rechnung ausgewiesen und betragen 2.489,00 €, davon entfallen 70 % auf die Strecke bis zum Verbringungsort in das Unionsgebiet. Die Versicherungskosten betragen 245,00 €. Die CDs werden in ein privates Zolllager verbracht. Die Transportkosten vom Flughafen bis zum Zolllager betragen 65,00 €, dafür stellt der Frachtführer Umsatzsteuer in Rechnung.
**Hinweis:** Der Einführer hat keinen differenzierten Nachweis über die Höhe der Versicherungskosten für die jeweiligen Transportstrecken.

a) Ermitteln Sie den Zollwert, den Einfuhrumsatzsteuerwert und die Einfuhrabgaben für die 50.000 CDs, wenn der Zollsatz 4,9 % und die Einfuhrumsatzsteuer 19 % beträgt.

b) Nachdem die CDs in das Unionsgebiet eingeführt, gestellt und für das Zolllagerverfahren angemeldet wurden, müssen sie unverzüglich in das Zolllager verbracht werden. Geben Sie an, ob dazu ein Versandverfahren beantragt werden muss.

c) Drei Wochen nach der Einlagerung der CDs im Zolllager werden:
- 5.000 CDs an einen Einzelhändler in Deutschland verkauft,
- 10.000 CDs an einen Einzelhändler in den Niederlanden verkauft,
- 20.000 CDs an einen Händler in Russland verkauft.

Ermitteln Sie für die drei Fälle jeweils die zu entrichtenden Einfuhrabgaben. Gehen Sie jeweils davon aus, dass sich der Zollwert der CDs durch die Einlagerung nicht verändert.

**4**

Erläutern Sie, warum der Betrieb eines Zolllagers bewilligt werden muss, die Überführung von Waren in das Zolllager aber nicht.

**5**

Ein Unternehmen möchte ein privates Zolllager einrichten und betreiben. Erläutern Sie, wie das Unternehmen vorgehen muss, um eine Genehmigung für den Betrieb des Zolllagers zu erhalten.

# Lernsituation 85
## Container

FK ☞ *LF6 Kap. 7*

### LERNSITUATION

Die BPK GmbH hat an eine Einkaufskooperation in Lettland 25.200 Packungen Druckerpapier zu je 500 Blatt im Format DIN A4 mit einem Papiergewicht von 80 g/m² verkauft. Die 500-Blatt-Packungen sind zu jeweils fünf Packungen in Kartons verpackt. Die Kartons haben folgende Außenmaße: Länge: 32 cm; Breite 22 cm; Höhe 25 cm. Ein Karton mit 5 Packungen Papier hat ein Bruttogewicht von 12,824 kg.

Das Papier soll auf Spezialpaletten mit den Maßen: Breite: 96 cm; Länge: 110 cm; Höhe 14,4 cm in 20-ft-Standardcontainern transportiert werden. Die Paletten haben ein Eigengewicht von 22 kg pro Palette. Aus Stabilitätsgründen sollen die Paletten nur bis zu einer Höhe von höchstens 1,10 m beladen werden, wobei maximal vier beladene Paletten übereinandergestapelt werden dürfen. Der Haupttransport erfolgt per Schiff von Hamburg nach Riga. Die Lieferbedingung lautet CPT Riga. Die Container sollen bei der BPK GmbH beladen werden. Ab Riga wird das Papier auf die fünf Mitglieder der Einkaufskooperation A, B, C, D, E verteilt, die ihren Sitz in verschiedenen Orten in Lettland haben. Vergleichen Sie dazu die Karte.

### ARBEITSAUFTRAG

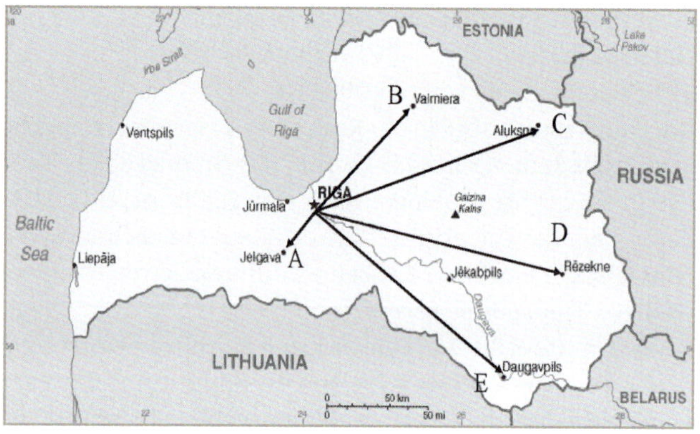


1. Ermitteln Sie, wie viele 20-ft-Standardcontainer Sie für den Transport benötigen. Berücksichtigen Sie die maximale Nutzlast pro 20-ft-Container. Beachten Sie, dass nur vollständig beladene Paletten verladen werden.
2. Die Fracht- inkl. Mietkosten betragen pro 20-ft-Standardcontainer 500,00 € und pro 40-ft-Standardcontainer 750,00 €. Prüfen Sie, ob es evtl. sinnvoller wäre, für den Transport 40-ft-Container zu verwenden.
3. Geben Sie eine begründete Empfehlung für eine der vier möglichen Abfertigungsformen FCL/FCL, FCL/LCL, LCL/FCL oder LCL/LCL.
   Tragen Sie für die von Ihnen vorgeschlagene Abfertigungsform die folgenden Bezeichnungen in die unten stehende Grafik ein:
   - BPK GmbH • Hamburg • Riga • Empfänger • Containerdepot des Eigentümers • Beladung
   - Entladung • Umladung • Verteilung an die Empfänger • Zufuhr • Vorlauf • Hauptlauf
   - Rückführung

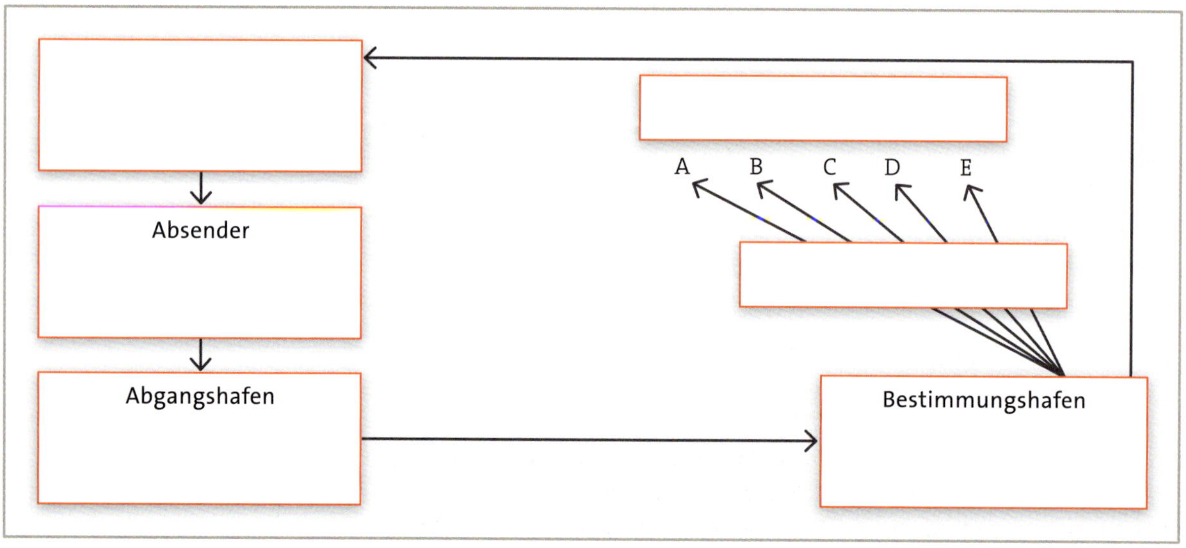

# Aufgaben

**1**

Warum ist die Nutzlast bei einem 40-ft-Container nur geringfügig größer als bei einem 20-ft-Container, obwohl das Ladevolumen bei einem 40-ft-Container mehr als doppelt so groß ist?

**2**

Warum ist die Nutzlast bei einem 45-ft-HQ-Container geringer als bei einem 40-ft-Standardcontainer, obwohl das Ladevolumen bei dem 45-ft-HQ-Container deutlich größer ist?

**3**

Für welche Art von Gütern ist ein 45-ft-HQ-Container als Transportmittel geeignet?

**4**

Ein Schiff hat eine Ladekapazität von 8 000 TEU. Wie viele 40-ft-Standardcontainer könnte das Schiff transportieren?

**5**

Zurzeit werden etwa 70 % aller Stückgutfrachten in Containern transportiert. Wodurch lässt sich dieser hohe Anteil erklären?

**6**

Die folgende Tabelle zeigt die Entwicklung des Container-Umschlags in TEU der weltweit 10 größten Häfen im Zeitraum von 2014 bis 2016.

a) Beschreiben Sie allgemein die Entwicklung des Containerumschlags im angegebenen Zeitraum.
b) Geben Sie Gründe für diese Entwicklung an.

| Rang | Land | Hafen | 2014 | 2015 | 2016 |
|---|---|---|---|---|---|
| 1 | CHN | Shanghai | 35.284.000 | 36.537.000 | 37.133.000 |
| 2 | SGP | Singapur | 33.869.000 | 30.922.000 | 30.904.000 |
| 3 | CHN | Shenzhen | 24.037.000 | 24.317.000 | 24.220.000 |
| 4 | CHN | Ningbo | 19.395.000 | 20.621.000 | 21.570.000 |
| 5 | CHN | Hongkong | 22.275.000 | 20.114.000 | 19.813.000 |
| 6 | KOR | Busan | 18.683.000 | 19.469.000 | 19.456.000 |
| 7 | CHN | Guangzhou | 16.378.000 | 17.397.000 | 18.580.000 |
| 8 | CHN | Qingdao | 16.580.000 | 17.436.000 | 18.010.000 |
| 9 | ARE | Dubai | 15.249.000 | 15.592.000 | 14.766.000 |
| 10 | CHN | Tianjin | 14.061.000 | 14.111.000 | 14.500.000 |

Quelle: www.Hafen-Hamburg.de

**7**

Die folgende Tabelle enthält Angaben zum Gesamtgüterumschlag im Hamburger Hafen im Jahr 2016, dessen Verteilung auf verschiedene Güterarten und die prozentuale Veränderung gegenüber dem Vorjahr. Erläutern Sie die Bedeutung des Containerumschlags für den Hamburger Hafen.

**Hafen Hamburg: Güterumschlag 2016**

| | Gesamt-umschlag | Massengut-umschlag | Stückgutumschlag gesamt | Stückgutumschlag konventionell | Stückgutumschlag Container |
|---|---|---|---|---|---|
| in Mio. Tonnen | 138,2 | 44,9 | 93,2 | 1,5 | 91,7 |
| Änderung ggü. Vorjahr in % | + 0,3 | − 1,3 | + 0,98 | − 11,0 | + 1,2 |

Quelle: www.Hafen-Hamburg.de

Hinweis: Der Containerisierungsgrad betrug 2016 98,4 %.

**Begriffserläuterungen:**
**Massengut:** Jede Ladung, die in großen Mengen transportiert wird, normalerweise eine ganze Schiffsladung.
**Stückgut:** Alles, was sich am Stück transportieren lässt.
**Containerisierungsgrad:** Anteil des Containerumschlags am Stückgut in %.

# Lernsituation 86
# Transportversicherung

FK ☞ LF6 Kap. 8

## LERNSITUATION

Das Großhandelsunternehmen Print and More GmbH mit Sitz in der Dagobertstraße 10, 40225 Düsseldorf, hat sich auf den Handel mit gebrauchten Druckmaschinen spezialisiert. Die Print and More GmbH hat einem Unternehmen in Poona (Indien) eine Druckmaschine zu einem Preis von 34.000,00 € auf der Basis FCA Seehafen Hamburg angeboten. Bei der Maschine handelt es sich um eine Fünffarb-Bogenoffsetdruckmaschine BTO von Heidelburg.

Maße: Länge: 4,87 m
Breite: 1,47 m
Höhe: 1,55 m
Gewicht: 6.940 kg

Das indische Unternehmen wünscht für die Druckmaschine ein Angebot auf Basis CIP Bombay. Durch eine Anfrage bei der Reederei erfahren Sie, dass die Fracht für die Maschine einschließlich Umschlagkosten in Hamburg 1.200,00 € beträgt. Für eine Transportversicherung über die Mindestdeckung gemäß Incoterms® 2010[1] beträgt der Prämiensatz 0,65 %.

Der indische Kunde kauft die Maschine schließlich zum Preis von 35.453,49 € CIP Bombay. Die Zahlungsbedingung lautet „unbestätigtes Dokumentenakkreditiv". Als Versicherungsnachweis wird eine Transportversicherungspolice über die Mindestdeckung gemäß Incoterms® 2010 gefordert. Sie erhalten von Ihrem Transportversicherungsunternehmen die auf der folgenden Seite abgebildete Einzelversicherungspolice.

[1]® International Chamber of Commerce (ICC)

## ARBEITSAUFTRÄGE

Sie sind in der Print and More GmbH der zuständige Sachbearbeiter.

1. Zeigen Sie, dass der CIP-Preis 35.453,49 € beträgt, wenn Sie die Fracht- und Versicherungskosten berücksichtigen. Warum ist die Versicherungssumme höher als der CIP-Preis?
2. Geben Sie an, wer im Schadensfall Rechte aus der Versicherungspolice geltend machen kann und begründen Sie Ihre Angabe.
3. Prüfen Sie, ob die Police den Akkreditivbedingungen entspricht. Geben Sie gegebenenfalls an, welche Bedingungen nicht erfüllt sind.

### § Auszug aus den ERA 600 – Artikel 28 Versicherungsdokument und -deckung

a. Ein Versicherungsdokument wie eine Versicherungspolice, ein Versicherungszertifikat oder eine »declaration« unter einem Open Cover (»laufende Police«) muss dem Anschein nach von einer Versicherungsgesellschaft, einem Versicherer (»underwriter«) oder deren Agenten oder deren Bevollmächtigten ausgestellt sein.
Jede Unterschrift eines Agenten oder Bevollmächtigten muss ausweisen, ob der Agent oder Bevollmächtigte für eine Versicherungsgesellschaft oder einen Versicherer gezeichnet hat.

[...]

e. Das Versicherungsdokument darf nicht nach dem Verladedatum datiert sein, es sei denn, aus dem Versicherungsdokument geht hervor, dass die Deckung ab einem Datum, das nicht nach dem Verladedatum liegt, wirksam wird.

f. i. Das Versicherungsdokument muss den Betrag der Versicherungsdeckung ausweisen und in derselben Währung wie das Akkreditiv ausgestellt sein.
ii. Verlangt ein Akkreditiv, dass die Versicherungsdeckung auf einen Prozentsatz des Werts der Waren, des Rechnungswerts oder eines ähnlichen Werts lauten muss, gilt dies als Anforderung eines Mindestbetrags der erforderlichen Versicherungsdeckung.
Wenn im Akkreditiv keine Angabe zur Höhe der erforderlichen Versicherungsdeckung enthalten ist, muss der Betrag der Versicherungsdeckung mindestens 110 % des CIF- oder CIP-Werts der Ware sein.
Wenn der CIF- oder CIP-Wert aufgrund der Dokumente nicht bestimmt werden kann, muss der Betrag der Versicherungsdeckung auf der Basis des Betrags berechnet werden, für den Honorierung oder Negoziierung verlangt wird, oder des Bruttowerts der Ware gemäß Handelsrechnung, je nachdem, welcher Betrag höher ist.
iii. Das Versicherungsdokument muss ausweisen, dass die Risiken mindestens zwischen dem im Akkreditiv vorgeschriebenen Übernahme- oder Verladeort und dem im Akkreditiv vorgeschriebenen Auslieferungs- oder endgültigen Bestimmungsort gedeckt sind.

[...]

j. Ein Versicherungsdokument darf ausweisen, dass die Deckung einer Franchise oder einer Abzugsfranchise unterworfen ist.

Quelle: ERA 600, International Chamber of Commerce, Paris

**Einzelversicherung**
**Marine/Cargo Policy** ☒

**Güterversicherungszertifikat**
**Cargo Insurance Certificate** ☐

| **Versicherungssumme** **Sum Insured** | **Ausfertigungsort/-tag** **Place and Date of Issue** | **Exemplare** **Issues** | **Einzelversicherungs-Nr.** **Policy-No.** | |
|---|---|---|---|---|
| 38.998,84 € | Hamburg, 10.11 20XX | 2 | 1235678340 | |
| | | | **General-Police-Nr.** **Open Cover No.** | **Zertifikat-Nr.** **Certificate No.** |

Hiermit wird bescheinigt, dass aufgrund der oben genannten Einzelversicherung/General-Police Versicherung übernommen worden ist gegenüber: / This is to certify that insurance has been granted under the above Policy/Open Cover to:

to the holder

für Rechnung wen es angeht, auf nachstehend näher bezeichnete Güter: / For account of whom it may concern, on following goods:

1 Heidelburg printing machine
Type: BTO FP-S
purchase order Nr. 45782
stowed in 1 container 20 ft, Nr. ASCU 321567 0

7060 kg gross 6940 kg net

Für folgenden Transport (Transportmittel, Transportweg) / For the following transport (means of transport, route):

Christina Vessel
From Hamburg port to Bombay port

Schäden zahlbar an den Inhaber dieser Einzelversicherung/dieses Zertifikates. Mit Schadenzahlung gegen eine Ausfertigung werden die anderen ungültig. Claims payable to the holder of this Policy/Certificate. Settlement under one copy shall render all others null and void.

**Bedingungen / Conditions:**

DTV-Güterversicherungsbedingungen 2000 (DTV-Güter 2000)/
DTV Cargo Insurance Conditions 2000 (DTV Cargo 2000)

Eingeschränkte Deckung/Limited Cover

Anweisungen für den Schadensfall siehe Rückseite.
See overleaf for instructions to be followed in case of loss or damage.

Im Schadensfall ist zur Schadenfeststellung unverzüglich hinzuziehen:
/ In case of loss or damages immediately apply for survey to:

Caleb Brett India Pvt. Ltd.
Unit No. D-1, Udyog Sadan 3
MIDC Central Road
Andheri-East
Mumbai 400093
Telefon: +91 22 28244767
Telefax: +91 22 28244768
operation.mumbai@intertek.com

Namens und in Vollmacht der beteiligten Gesellschaften:
/ For and on behalf of the leading company and all co-insurers:

Cargo Versicherungs AG
Frachtstr. 125
20251 Hamburg

in Vollmacht

*Klaus Trichter*

Prämie bezahlt / Premium paid

## FOLGESITUATION

Der Print and More GmbH wird von einem russischen Unternehmen eine gebrauchte Heidelburg Druckmaschine, Typ Slowmaster 52-4, Baujahr 2000, zu dem sensationell günstigen Preis von 84.000,00 €, FCA St. Petersburg Seaport, angeboten. Eine Besichtigung hat ergeben, dass sich die Maschine in einem ausgezeichneten Zustand befindet, sodass der Kaufvertrag zu den oben genannten Bedingungen abgeschlossen wird.

Maße: Länge: 4,68 m,
Breite: 1,85 m,
Höhe: 1,62 m
Gewicht: 7.750 kg

Die Maschine wird mit einem massiven Holzgerüst versehen und in der Betriebsstätte des russischen Verkäufers in einem 20-ft-Standardcontainer fixiert. Am 2. Oktober 20XX wird der Container auf einen Lkw verladen. Der Lkw erreicht den Hafen in St. Petersburg am Morgen des 3. Oktober.
Der Seetransport erfolgt von St. Petersburg nach Hamburg. Am 5. Oktober wird der Container auf das Frachtschiff verladen. Das Schiff erreicht den Hamburger Hafen am 8. Oktober. Der Container wird am selben Tag in Hamburg entladen und am 15. Oktober auf einen Lkw verladen. Am 16. Oktober erreicht der Lkw das Lager der Print and More GmbH in Düsseldorf und die Maschine wird entladen.
Es entstehen folgende Transportkosten:

| | |
|---|---|
| Verladekosten in St. Petersburg | 40,00 € |
| Seetransport bis Hamburg | 850,00 € |
| Umschlagkosten in Hamburg | 60,00 € |
| Lkw-Transport von Hamburg nach Düsseldorf einschließlich Entladekosten in Düsseldorf | 250,00 € |

## ARBEITSAUFTRÄGE

Auch hier sind Sie wieder als Sachbearbeiter für die Print and More GmbH tätig.
Sie werden von Ihrem Vorgesetzten beauftragt, eine Transportversicherung abzuschließen, die alle versicherbaren Risiken abdeckt und 40 % imaginären Gewinn berücksichtigt. Von Ihrem Transportversicherer, der Cargo Transportversicherung AG, erhalten Sie einen Auszug aus dem Versicherungstarif (siehe folgende Seite). Die Cargo AG akzeptiert die Berücksichtigung von 40 % imaginärem Gewinn, verlangt dafür aber eine Abzugsfranchise von 1,5 %. Ihr Vorgesetzter ist mit dieser Regelung einverstanden.

1. Begründen Sie, dass der Versand der Maschine in einem 20-ft-Container möglich ist.
2. Ermitteln Sie die Versicherungssumme und die Versicherungsprämie. Erläutern Sie Ihrem Vorgesetzen in diesem Zusammenhang, warum Sie bei der Bestimmung der Versicherungssumme nicht ohne Weiteres einen imaginären Gewinn von 40 % berücksichtigen dürfen.
   **Hinweis:** Da die Print and More GmbH hier als Importeur agiert, sind bei der Ermittlung der Versicherungssumme auch die Transportkosten in Deutschland einschließlich Entladekosten zu berücksichtigen.
3. Geben Sie jeweils konkret an, wann der Versicherungsschutz beginnt und wann er endet.
4. Angenommen, aufgrund eines starken Sturms während des Seetransports ist die Verankerung des Containers, in dem die Maschine transportiert wurde, gerissen und der Container ist etwa 3 m tief gestürzt. Dadurch wurde die in dem Container ordnungsgemäß fixierte Maschine beschädigt.
   a) Erläutern Sie, ob der Schaden versichert ist, wenn in der Versicherungspolice „volle Deckung" vereinbart wurde.
   b) Erläutern Sie, ob auch Versicherungsschutz bestünde, wenn Sie entgegen den Vorgaben Ihres Vorgesetzten nur eine Versicherung mit „eingeschränkter Deckung" abgeschlossen hätten.
   c) Der hinzugezogene Havariekommissar schätzt den Schaden an der Maschine auf 52.000,00 €. Welchen Betrag müsste die Versicherung ersetzen, wenn es sich hierbei um einen versicherten Schaden handelt?

# Cargo Transportversicherung AG

## Versicherungsbedingungen (Auszug)

Versicherungsbedingungen gemäß DTV-Güter 2000 „volle Deckung", Abweichungen nur durch schriftliche Vereinbarung.

Bei Versicherungsbedingungen gemäß DTV-Güter 2000 „eingeschränkte Deckung" verringern sich alle Prämiensätze um 0,15 %. Das gilt nicht für die Zuschläge.
Versicherungsende:
Gemäß DTV-Güter 2000, spätestens jedoch 60 Tage nach Entladung im Bestimmungshafen.

Zwischenlagerungsdauer: maximal 30 Tage

**Tarifauszug**

| **Kontinente/ Länder** von/nach... | **Prämiensatz in %** See | |
|---|---|---|
| **Europa** | Stückgut | Container |
| Belgien, Dänemark, Frankreich, Großbritannien, Irland, Niederlande, Norwegen, Schweden | 0,350 | 0,300 |
| Estland, Lettland, Litauen, Finnland, Italien, Polen, Portugal, Spanien | 0,400 | 0,350 |
| Albanien, Bosnien und Herzegowina, Bulgarien, Griechenland, Island, Malta, Rumänien, Serbien, Slowenien, Türkei, Zypern | 0,420 | 0,370 |
| Russland und andere GUS-Staaten europäischer Teil | 0,500 | 0,450 |
| **Asien** | | |
| Mittelmeerrandstaaten, arabische Halbinsel (inkl. Jordanien) | 0,500 | 0,450 |
| Bangladesch, Indien, Iran, Irak, Lakkadiven, Malediven, Pakistan, Sri Lanka | 0,950 | 0,800 |
| Hongkong, Japan, Taiwan, Singapur, Süd-Korea | 0,4250 | 0,350 |
| China, Indonesien, Kambodscha, Malaysia, Philippinen, Thailand | 0,750 | 0,600 |
| **Amerika** | | |
| Nordamerika: Alaska, Grönland, Hawaii, Kanada, USA | 0,350 | 0,300 |
| Mittelamerika: Mexiko bis Panama, Antillen, Bahamas, Bermudas | 0,650 | 0,550 |
| Südamerika und Inseln | 0,750 | 0,650 |
| **Australien/Ozeanien** | | |
| alle Länder | 0,500 | 0,450 |

**Zuschläge**

| **Einschluss der Kriegs-, Streik- und/oder Beschlagnahmegefahr** | |
|---|---|
| Nicht-Krisengebiete | je 0,05 % |
| Krisengebiete | auf Anfrage |
| **Nach- oder Vorlauf in Deutschland** | 0,08 % |

# Aufgaben

**1**

Die Print and More GmbH hat bei einem amerikanischen Unternehmen eine gebrauchte Druckmaschine für 145.000,00 USD gekauft. Die Lieferbedingung lautet CIP Hamburg Seehafen, die Zahlungsbedingung „unbestätigtes Dokumentenakkreditiv". Zu den einzureichenden Dokumenten gehört eine Versicherungspolice, die den Abschluss einer Transportversicherung über 110 % des CIP-Wertes mit einer Deckung gemäß ICC (A) nachweist.

a) Ermitteln Sie, über welchen Betrag in USD die Versicherungssumme lauten muss.

b) Erläutern Sie, warum sich die Print and More GmbH im vorliegenden Fall keine Sorgen machen muss, dass der amerikanische Lieferer die vereinbarte Versicherung vertragswidrig nicht abschließt.

c) Erläutern Sie, warum die Print and More GmbH evtl. trotzdem eine Import-Schutzversicherung abschließt, die das Transportrisiko abdeckt.

**2**

Die Print and More GmbH erhält von einem amerikanischen Unternehmen ein Angebot zum Kauf einer gebrauchten Druckmaschine. Der Preis auf Basis CIF Hamburg beträgt 124.000,00 USD. Auf Anfrage teilt das amerikanische Unternehmen einen CFR-Preis von 123.500,00 USD mit. Der Transport der Maschine erfolgt als Stückgut.

a) Zu welchem Preis sollte die Print and More GmbH die Maschine kaufen? Begründen Sie Ihre Empfehlung unter Berücksichtigung des Tarifauszugs der Cargo Versicherung AG auf der vorigen Seite. Berücksichtigen Sie bei Ihrer Begründung nicht ausschließlich ökonomische Aspekte.

b) Wie hoch sind die Einstandskosten für die Maschine in Euro, wenn die Print and More GmbH die Maschine zu einem Preis von 123.500,00 USD, CFR Hamburg, kauft und bei der Cargo Versicherung AG eine Transportversicherung mit voller Deckung einschließlich Nachlauf in Deutschland und unter Einschluss des Kriegs-, Streik- und Beschlagnahmerisikos abschließt? Die Transportkosten in Deutschland betragen 114,00 €.

| | **Geld** | **Brief** |
|---|---|---|
| Kurse für USD | 1,24562 | 1,25215 |

Bei der Einfuhr von Druckmaschinen aus den USA in das Zollgebiet der EG wird kein Einfuhrzoll erhoben.

**Hinweis:** Berücksichtigen Sie bei Ihrer Rechnung einen imaginären Gewinn von 10 %.

**3**

Die Print and More GmbH verkauft eine gebrauchte Druckmaschine für 65.000,00 € zur Lieferbedingung FCA Hamburg Seehafen an ein Unternehmen in der Türkei. Die Zahlungsbedingung lautet D/P. Erläutern Sie, warum es für die Print and More GmbH sinnvoll sein kann, in diesem Fall eine Export-Schutzversicherung abzuschließen.

**4**

Die Print and More GmbH hat eine gebrauchte Druckmaschine zu einem Einstandspreis von 45.000,00 € gekauft. Die Maschine soll an ein Unternehmen in Bangkok (Thailand) weiterverkauft werden. Der Transport erfolgt per Schiff von Hamburg bis Bangkok.

Zu welchem CIP-Preis kann die Print and More GmbH die Maschine anbieten, wenn sie auf den Einstandspreis 40 % aufschlägt, die Transportkosten bis Bangkok insgesamt 1.450,00 € betragen und eine Transportversicherung über die Mindestdeckung und die Mindestversicherungssumme gemäß Incoterms® 2010[1] abgeschlossen wird? Dabei soll der Vorlauf in Deutschland mitversichert werden.

Der Versand erfolgt in einem Container. Berücksichtigen Sie bei der Lösung den Tarifauszug der Cargo Versicherung AG.

[1]® International Chamber of Commerce (ICC)

# Lernsituation 87
## Frachtrechnen

FK ☞ *LF6 Kap. 9*

### LERNSITUATION

Die Print and More GmbH bietet eine gebrauchte Bogenoffsetdruckmaschine zu einem Preis von 125.000,00 € im Internet an. Die Lieferbedingung lautet FCA Warenausgangslager Düsseldorf. Das Unternehmen Goodprint Ltd. in Melbourne (Australien) interessiert sich für diese Maschine, bittet aber um ein Angebot auf der Basis CIF Melbourne und – da sie die Maschine relativ dringend benötigt – außerdem um ein Angebot auf der Basis CIP Melbourne Airport.
Die Maschine soll als Stückgut in einer quaderförmigen Holzkiste transportiert werden.

Maße der Kiste: Länge 3,10 m, Breite 2,20 m,
Höhe 1,95 m
Bruttogewicht der Kiste: 4.200 kg
Der Seetransport soll von Hamburg, der Lufttransport vom Flughafen Köln-Bonn aus starten. Der Transport vom Warenausgangslager der Print and More GmbH zum Flughafen Köln-Bonn bzw. zum Seehafen in Hamburg wird von dem Transportunternehmen Fahrgut GmbH übernommen, mit dem die Print and More GmbH schon seit Langem zusammenarbeitet.

### ARBEITSAUFTRÄGE

Sie werden beauftragt, die Kalkulation für die beiden Angebote durchzuführen. Dazu sollen Sie die jeweiligen Kosten auf den FCA-Preis aufschlagen. Ermitteln Sie unter Rückgriff auf die folgenden Daten den Angebotspreis:

a) CIF Melbourne
b) CIP Melbourne Airport

**Auszug aus dem Haustarif der Fahrgut GmbH:**

| Gewicht / Entfernung | bis 4.000 kg | bis 4.100 kg | bis 4.200 kg | bis 4.300 kg |
|---|---|---|---|---|
| 51 – 100 km | 97,50 € | 115,10 € | 131,30 € | 144,40 € |
| 101 – 150 km | 109,20 € | 125,40 € | 140,80 € | 155,30 € |
| 401 – 500 km | 158,20 € | 174,20 € | 189,20 € | 203,20 € |
| 501 – 600 km | 173,20 € | 189,00 € | 203,90 € | 217,70 € |

**Entfernungen:**

| | Airport Köln-Bonn | Seehafen Hamburg |
|---|---|---|
| Warenausgangslager Print and More | etwa 55 km | etwa 415 km |

**Auszug aus dem TACT:**

| Köln – Melbourne | Frachtrate |
|---|---|
| Mindestfracht (M) | 84,36 € |
| Normalfracht (N) | 15,74 €/kg |
| **Mengenrabattraten** | |
| ab 45 kg | 11,37 €/kg |
| ab 100 kg | 7,32 €/kg |
| ab 300 kg | 6,17 €/kg |
| ab 500 kg | 5,57 €/kg |
| ab 800 kg | 5,07 €/kg |

**weitere Kosten:**

| | |
|---|---|
| Umschlagkosten in Hamburg | 72,80 € |
| Frachtrate für den Schiffstransport | 228,00 € pro frt (M/G) |
| Umschlagkosten am Airport Köln-Bonn | 65,25 € |

**Hinweis:** Versicherungsbedingungen gemäß DTV Güter 2000. Die untenstehenden Prämiensätze gelten für „volle Deckung", wobei der Vorlauf in Deutschland mitversichert ist. Bei „eingeschränkter Deckung" verringern sich die Prämiensätze um jeweils 0,05 %.

**Auszug Versicherungstarif:**

| Kontinente/Länder von/nach | Luft | See | |
|---|---|---|---|
| | | Stückgut | Container |
| Australien/Ozeanien: alle Länder | 0,30 % | 0,50 % | 0,45 % |

# Arbeitsblatt 87.1 Frachtrechnen

**Seefrachtrechnen**

| Bestimmung der Tarife nach | Bedeutung | Berechnung |
|---|---|---|
| a) Gewichtsraten | | |
| b) | Fracht hängt vom Volumen der Güter ab. | |
| c) | | Maß/Gewichtseinheit<br>> 1 → Berechnung nach Maßraten<br>< 1 → Berechnung nach Gewichtsraten |
| d) | | $\frac{\text{Wert der Güter} \cdot \text{Preis entsprechend der Wertstaffel}}{\text{Gesamtgewicht oder Gesamtvolumen der Güter}}$ |
| e) Wertraten | | |
| f) | Pauschalfracht pro Transporteinheit z. B. Container | |

**Luftfrachtrechnen**

| Bestimmung der Tarife auf | Bedeutung | Berechnung |
|---|---|---|
| a) Volumenbasis | | Volumen-kg = $\frac{\text{größte Länge} \cdot \text{größte Breite} \cdot \text{größte Höhe}}{6000\ \text{cm}^3}$<br><br>Volumen-kg · Preis pro Volumen-kg |
| b) | Fracht hängt vom Gewicht der Güter ab. | |

# Aufgaben

**1**

Die Rohrgroßhandlung Rohrmann AG lässt 85 Stahlrohre von Hamburg nach Tromsö in Nordnorwegen verschiffen. Die Rohre haben jeweils eine Länge von 12,5 m und wiegen jeweils 13,4 t.
Ermitteln Sie die Gesamtfracht für den Seetransport der Rohre.

**Tarifauszug der Reederei:**

| | |
|---|---|
| Grundfrachtrate | 35,40 €/t |
| Zuschläge | |
| LL | 5,20 €/m für die über 12 m hinausgehenden Längenanteile je Frachtstück |
| HL | 4,80 €/t für die über 8 t hinausgehenden Gewichtsanteile je Frachtstück |

**2**

Ermitteln Sie die Seefracht in Euro für die folgende Stückgutsendung:

| Anzahl der Kolli | Form | Abmessungen | Gewicht |
|---|---|---|---|
| 5 | je quaderförmig | je 2,20 m · 1,80 m · 1,40 m | je 7,5 t |

**FOB-Wert** der gesamten Sendung: 140.472,50 USD
**Kurs:** 1,00 € = 1,2215 USD

**Tarifauszug der Reederei:**

| | |
|---|---|
| Grundfrachtrate | 120,50 USD M/G oder 2 % ad valorem in Schiffswahl |
| Zuschläge | |
| HL | 2,45 USD je t Gesamtgewicht für Kolli ab 7 t |
| CAF | plus 4 % auf die Grundfracht |
| Nachlässe | |
| Immediate rebate | 9,5 % auf die Gesamtfracht (Grundfracht + Zuschläge) |

**3**

Die BPK GmbH will 60 mit Druckerpapier (DIN A4, 80 g/m²) beladene Spezialpaletten von Hamburg nach Riga per Schiff versenden. Jede beladene Palette wiegt 791,44 kg und hat folgende Abmessungen: Länge 1,10 m, Breite 0,96 m, Höhe 1,144 m.
Die beladenen Paletten dürfen maximal 4-fach gestapelt werden. Der Transport soll in 20-ft-Standardcontainern erfolgen.
Berechnen Sie die Frachtkosten für diesen Transport.

**Tarifauszug der Reederei:**

| | |
|---|---|
| minimale Containerauslastung | 17 m³/17 t |
| maximale Containerauslastung | 31,6 m³/21,8 t |
| Grundfrachtrate | |
| bis 1,5-mal messend | 35,00 € M/G |
| bis 3-mal messend | 30,00 € M/G |
| über 3-mal messend | 28,00 € M/G |
| Zuschläge | |
| BAF | 4,00 € pro frt |
| THC | 112,00 € je Container |

**Hinweis:** Die minimale Containerauslastung wird in jedem Fall berechnet, auch wenn der Container geringer beladen wird.

**4**

Eine gebrauchte Druckmaschine wird von Hamburg nach San Francisco versendet.
Abmessungen der verpackten Maschine: Länge 8,75 m, Breite 2,05 m, Höhe 1,95 m,
Gewicht: 21740 kg
Berechnen Sie die Frachtkosten für diesen Transport.

**FOB-Wert:** 285.000,00 USD
**Kurs:** 1,00 € = 1,25 USD

**Tarifauszug der Reederei:**

| Abrechnung nach Reeders Wahl | |
|---|---|
| **Grundfrachtrate** | |
| bis 5.000 USD/frt | 130,00 USD/frt |
| bis 10.000 USD/frt | 140,00 USD/frt |
| bis 15.000 USD/frt | 155,00 USD/frt |
| ab 20.000 USD/frt | 180,00 USD/frt |
| **Zuschläge** | |
| HL | ab 15 t: 15,00 USD für jede t über 15 t |
| CAF | plus 3,2 % auf die Grundfracht |
| BAF | plus 4,1 % auf die Grundfracht |

**5**

Die Großhandlung Wertgut GmbH muss 150 Kisten einer Ware von Hamburg nach Kobe (Japan) versenden. Die Kisten sind stapelbar und haben die folgenden Abmessungen:
Länge 0,9 m, Breite 0,7 m, Höhe 0,5 m. Jede Kiste wiegt 50 kg.
Der Großhandlung liegen die Tarife zweier Reedereien vor, von denen nachfolgend jeweils ein Auszug wiedergegeben ist. Ermitteln Sie die Frachtkosten in USD für die günstigste Transportmöglichkeit.

**Stückguttarif einer Konferenzreederei, mit der die Wertgut GmbH häufiger zusammenarbeitet:**

| | |
|---|---|
| **Grundfrachtrate** | 164,25 USD W/M |
| **Zuschläge** | |
| CAF | 3,2 % auf die Grundfracht |
| **Nachlässe** | |
| Immediate rebate | 9,5 % auf die Gesamtfracht |

**Containertarif eines Outsiders (Reederei, die keiner Konferenz angehört):**

| | 20 ft | 40 ft |
|---|---|---|
| **Frachtrate** | 132,52 USD M/G | 118,40 USD M/G |
| **Minimale Containerauslastung** | | |
| bei Maßratengütern | 17 m³ | 34 m³ |
| bei Gewichtsratengütern | 17 t | 17 t |
| **Maximale Containerauslastung** | | |
| bei Maßratengütern | 32 m³ | 60 m³ |
| bei Gewichtsratengütern | 21,67 t | 26,48 t |
| **Zuschläge** | | |
| THC | 200,00 USD pro Container | |
| CAF | 4,2 % auf die Grundfracht | |

**6**

Eine kleine Druckmaschine hat im verpackten Zustand die folgenden Abmessungen:
Länge 1.550 mm, Breite 1.340 mm, Höhe 1.610 mm. Das Gewicht beträgt 510 kg.
Die Maschine soll per Luftfracht als Stückgut von Berlin nach Christchurch in Neuseeland transportiert werden.

a) Berechnen Sie die Frachtkosten unter Berücksichtigung des folgenden Tarifauszugs.
b) Ermitteln Sie, ab welchem Gewicht bzw. ab wie viel Volumen-Kilogramm der Druckmaschine die Abrechnung zum nächsten Break point günstiger wäre.

**Auszug aus dem TACT:**

| Berlin – Christchurch (NZ) | Frachtrate |
|---|---|
| Mindestfracht (M) | 84,36 € |
| Normalfracht (N) | 16,40 €/kg |
| **Mengenrabattraten** | |
| ab 45 kg | 12,02 €/kg |
| ab 100 kg | 7,97 €/kg |
| ab 300 kg | 6,83 €/kg |
| ab 500 kg | 6,22 €/kg |
| ab 800 kg | 5,73 €/kg |
| Containerklasse 5/Mindestgewicht: 2 000 kg | Mindestfracht 11.022,43 € |
| Containerklasse 8/Mindestgewicht: 1 000 kg | Mindestfracht 5.511,22 € |
| Over Pivot Weight Rate | 5,13 €/kg |

**7**

Es soll eine Ware mit einem Gewicht von 1 150 kg von Hamburg nach Brisbane in Australien transportiert werden.
Als Stückgutfracht hat die Ware folgende Abmessungen:
Länge 1,24 m, Breite 1,10 m, Höhe 1,45 m. Beachten Sie den folgenden Auszug aus dem TACT.

a) Ermitteln Sie die Luftfracht, wenn die Ware als Stückgut versendet wird.
b) Ermitteln Sie die Luftfracht, wenn die Ware in einem Container der Klasse 8 versendet wird.

**Auszug aus dem TACT:**

| Hamburg – Brisbane (AU) | Frachtrate |
|---|---|
| Mindestfracht (M) | 84,36 € |
| Normalfracht (N) | 15,74 €/kg |
| **Mengenrabattraten** | |
| ab 45 kg | 11,37 €/kg |
| ab 100 kg | 7,32 €/kg |
| ab 300 kg | 6,17 €/kg |
| ab 500 kg | 5,57 €/kg |
| ab 800 kg | 5,07 €/kg |
| Containerklasse 5/Mindestgewicht: 2.000 kg | Mindestfracht 9.707,43 € |
| Containerklasse 8/Mindestgewicht: 1.000 kg | Mindestfracht 4.854,72 € |
| Over Pivot Weight Rate | 4,47 €/kg |

# Lernsituation 88
## Marktpreisbildung

FK ☞ *LF7 Kap. 1–4*

**LERNSITUATION**

Sie planen, bei einem Internet-Auktionshaus ein neues Smartphone zu verkaufen, das Sie bei einer Tombola gewonnen haben. Im Vorhinein möchten Sie gern wissen, welchen Preis Sie erzielen können (vgl. Angebote und Nachfrage auf der nächsten Seite).
Zeichnen Sie dazu unter Berücksichtigung der folgenden Fragen eine Grafik.

**ARBEITSAUFTRÄGE**

1. Wie viele Nachfrager sind bereit, einen geringen Preis / hohen Preis zu zahlen? Bedenken Sie dabei, dass die Nachfrager mit hohen Geboten selbstverständlich auch für einen geringeren Preis kaufen würden.
2. Wie viele Anbieter gibt es demgegenüber, die das Gerät zu einem geringen / hohen Festpreis anbieten?

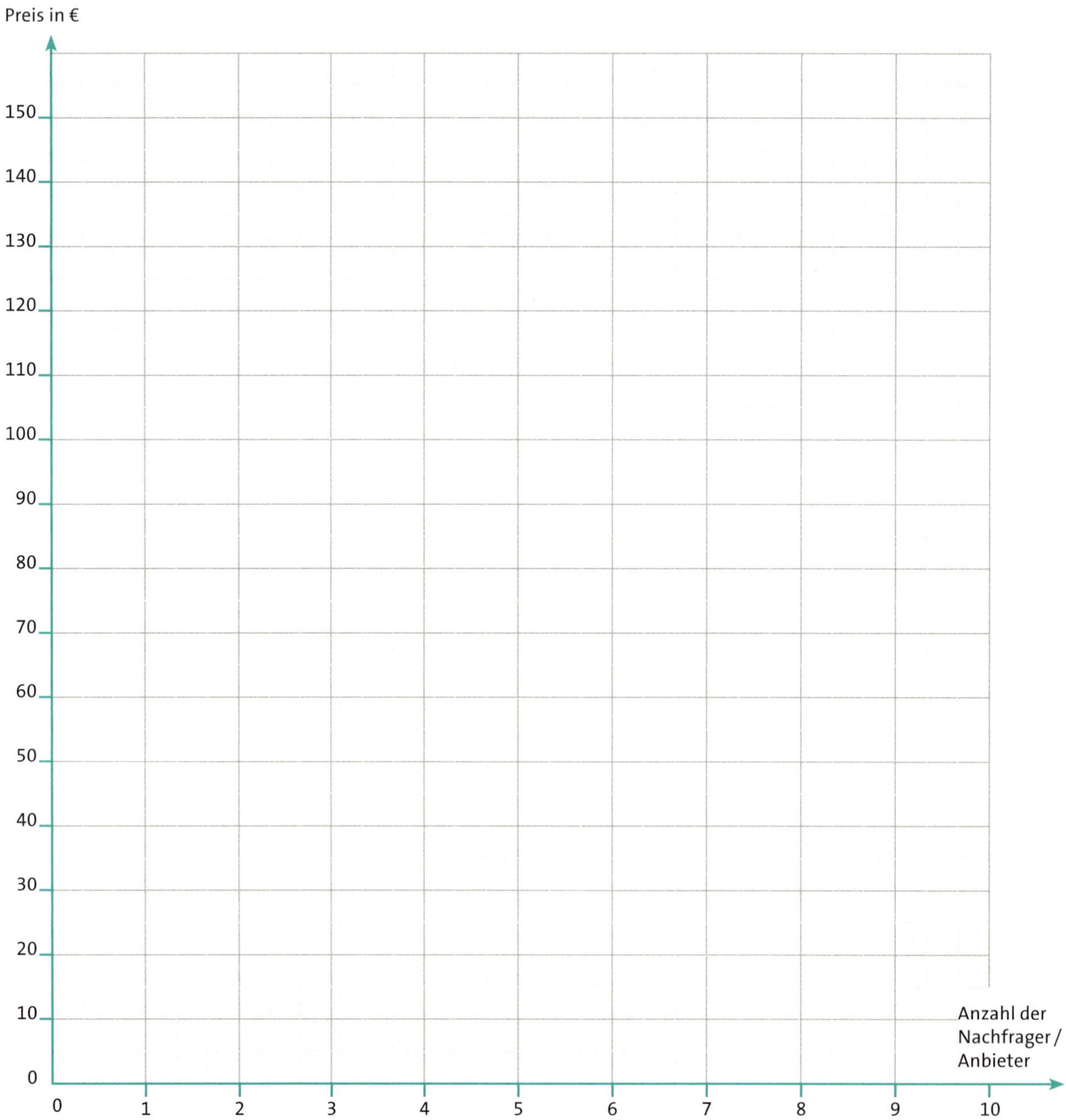

Angebot:

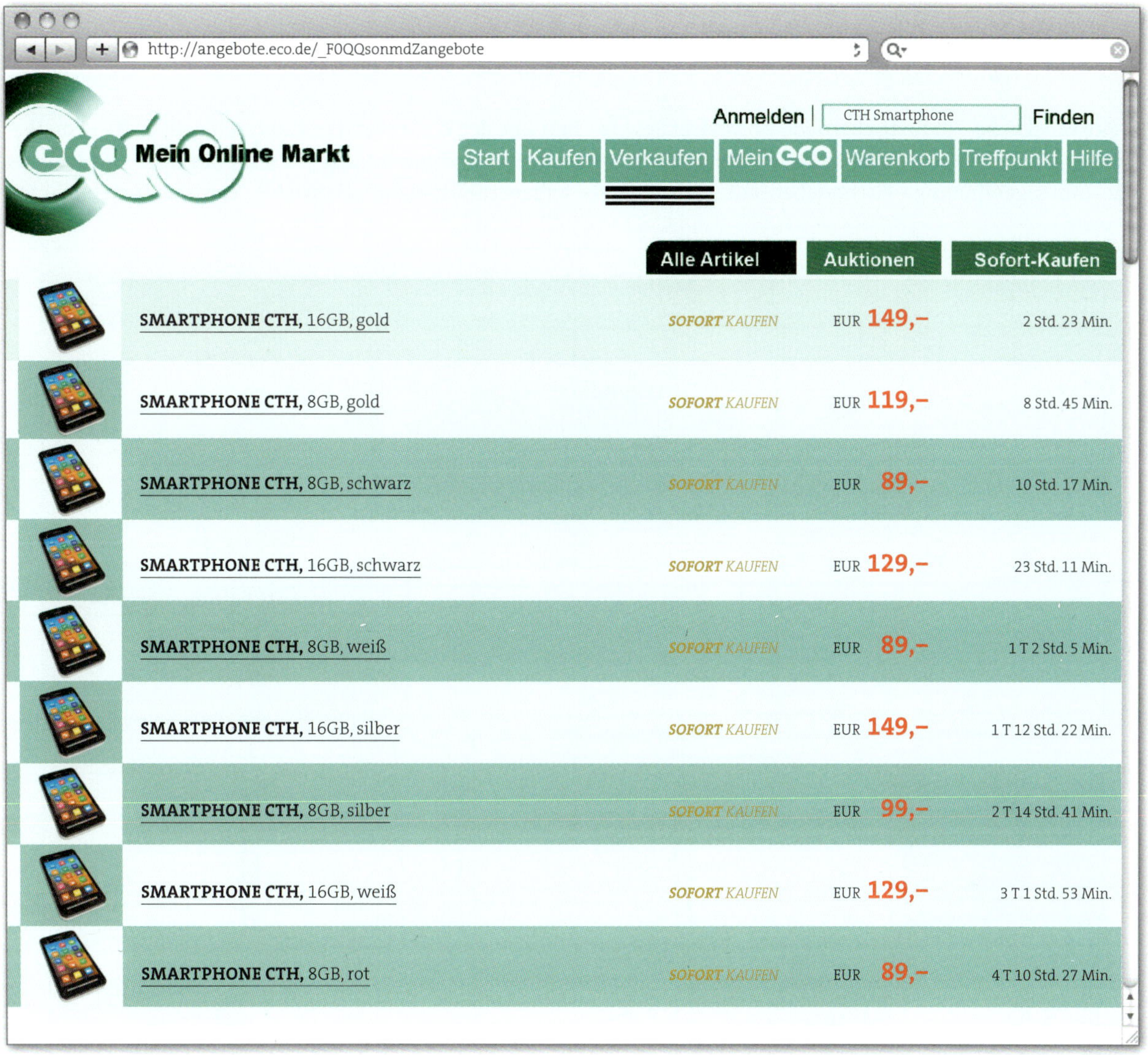


| Artikel | | Preis | Restzeit |
|---|---|---|---|
| SMARTPHONE CTH, 16GB, gold | SOFORT KAUFEN | EUR 149,– | 2 Std. 23 Min. |
| SMARTPHONE CTH, 8GB, gold | SOFORT KAUFEN | EUR 119,– | 8 Std. 45 Min. |
| SMARTPHONE CTH, 8GB, schwarz | SOFORT KAUFEN | EUR 89,– | 10 Std. 17 Min. |
| SMARTPHONE CTH, 16GB, schwarz | SOFORT KAUFEN | EUR 129,– | 23 Std. 11 Min. |
| SMARTPHONE CTH, 8GB, weiß | SOFORT KAUFEN | EUR 89,– | 1 T 2 Std. 5 Min. |
| SMARTPHONE CTH, 16GB, silber | SOFORT KAUFEN | EUR 149,– | 1 T 12 Std. 22 Min. |
| SMARTPHONE CTH, 8GB, silber | SOFORT KAUFEN | EUR 99,– | 2 T 14 Std. 41 Min. |
| SMARTPHONE CTH, 16GB, weiß | SOFORT KAUFEN | EUR 129,– | 3 T 1 Std. 53 Min. |
| SMARTPHONE CTH, 8GB, rot | SOFORT KAUFEN | EUR 89,– | 4 T 10 Std. 27 Min. |

Nachfrage:

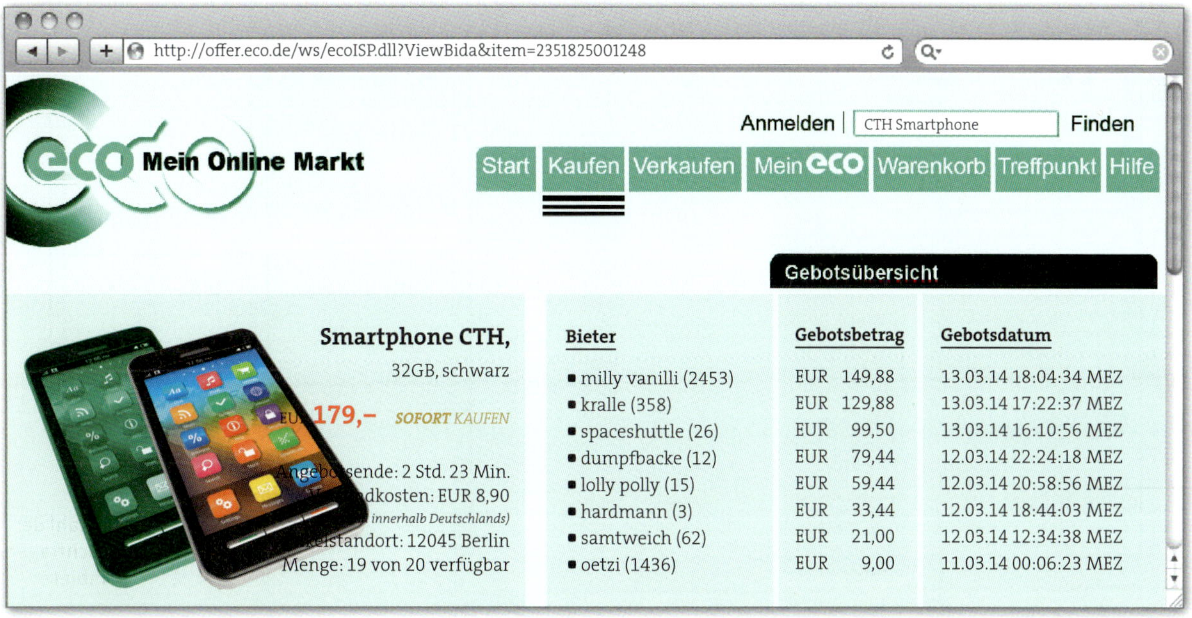


| Bieter | Gebotsbetrag | Gebotsdatum |
|---|---|---|
| milly vanilli (2453) | EUR 149,88 | 13.03.14 18:04:34 MEZ |
| kralle (358) | EUR 129,88 | 13.03.14 17:22:37 MEZ |
| spaceshuttle (26) | EUR 99,50 | 13.03.14 16:10:56 MEZ |
| dumpfbacke (12) | EUR 79,44 | 12.03.14 22:24:18 MEZ |
| lolly polly (15) | EUR 59,44 | 12.03.14 20:58:56 MEZ |
| hardmann (3) | EUR 33,44 | 12.03.14 18:44:03 MEZ |
| samtweich (62) | EUR 21,00 | 12.03.14 12:34:38 MEZ |
| oetzi (1436) | EUR 9,00 | 11.03.14 00:06:23 MEZ |

# Arbeitsblatt 88.1 Wirtschaftssektoren

Tragen Sie folgende Begriffe in die leeren Felder der nachfolgenden Übersicht ein.

Bergbaubetriebe – Industriebetriebe – primärer Sektor – Betriebe der Weiterverarbeitung – Einzelhandel – Forstbetriebe – Handel – Handwerksbetriebe – Banken – Betriebe der Rohstoffgewinnung – tertiärer Sektor – Betriebe der Gas- und Ölgewinnung – Fischereibetriebe – Schreinerei – andere Dienstleistungsbetriebe – Transportunternehmen

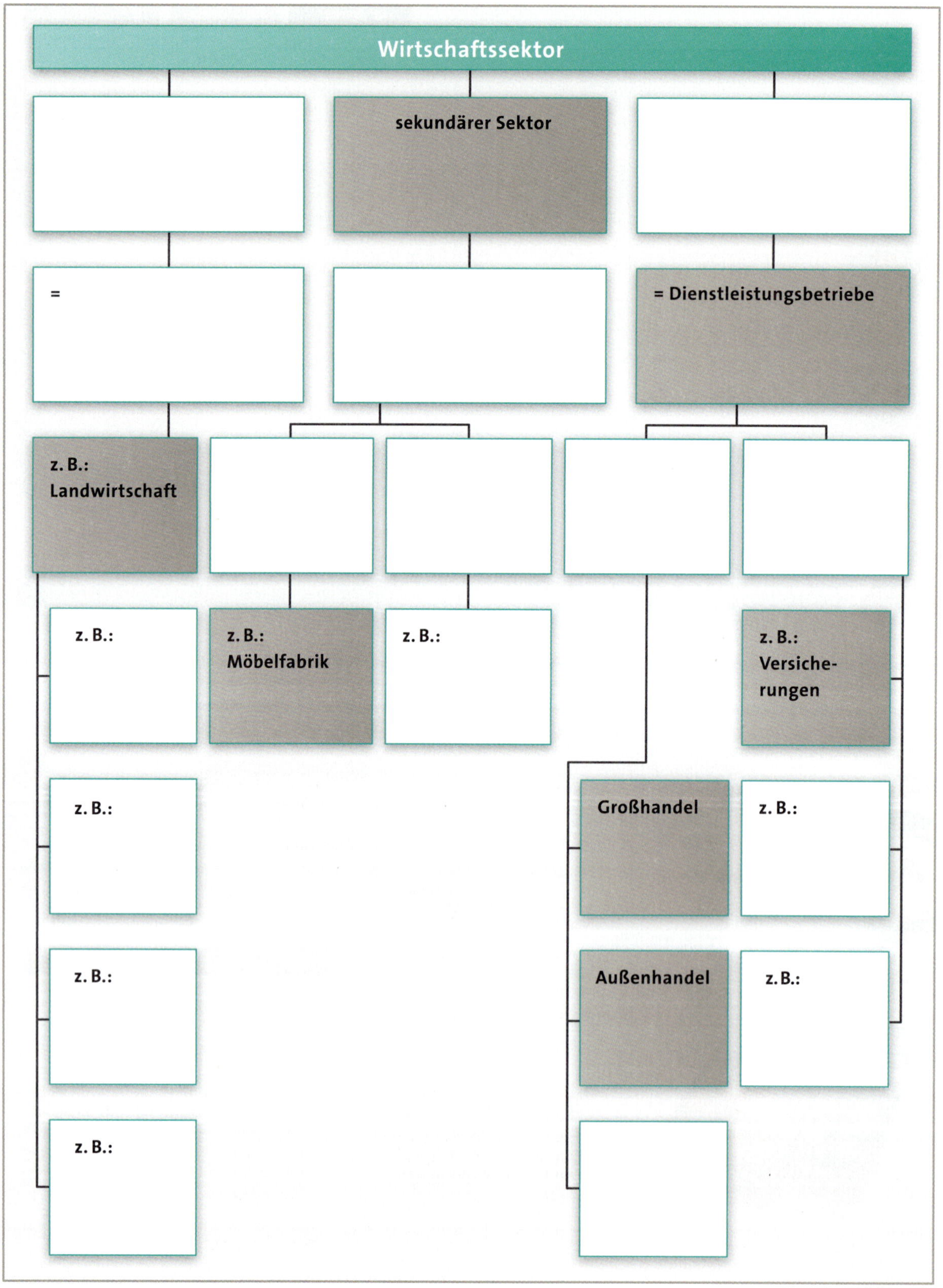

## Arbeitsblatt 88.2 Markt und Marktpreis

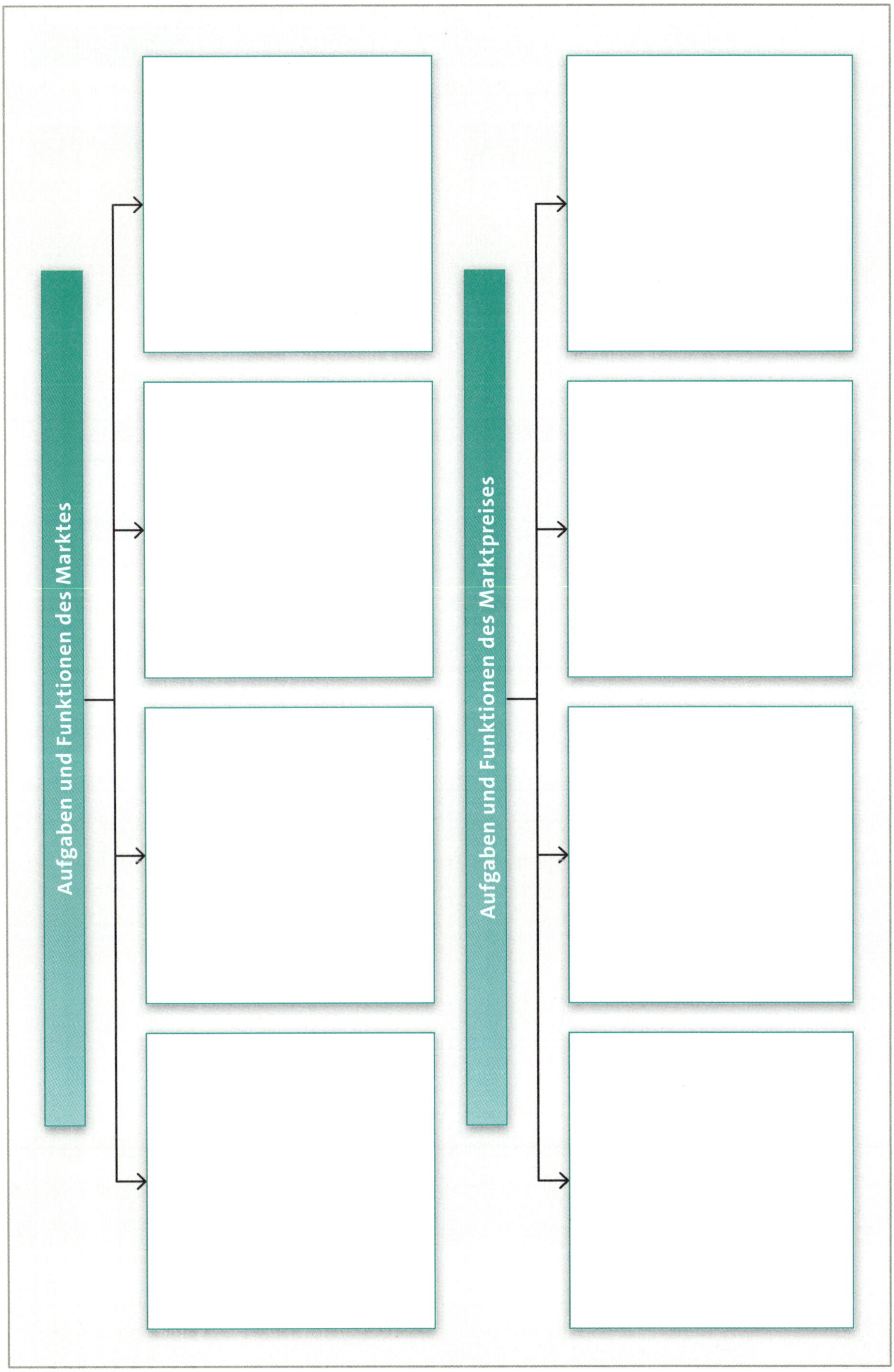

# Arbeitsblatt 88.3 Preisbildung

Preisbildung

... im Modell

Ein Modell ist ______________________

______________________

______________________

______________________

- ______________________
- ______________________
- ______________________
- ______________________
- ______________________

... in der Realität

unvollkommener Markt

- ______________________
- ______________________
- ______________________
- ______________________
- ______________________

# Arbeitsblatt 88.4 Wirtschaftsordnung

Wirtschaftsordnung

______________________________

______________________________

↓

regelt z. B.:

- ______________________________
______________________________
______________________________
- ______________________________
______________________________
______________________________
- ______________________________
______________________________
______________________________
- ______________________________
______________________________
______________________________
- ______________________________
______________________________
______________________________

↓ ↓

Theoretisches Modell

______________________________

______________________________

Realtypische Wirtschaftsordnung

______________________________

______________________________

## Arbeitsblatt 88.5 Soziale Marktwirtschaft

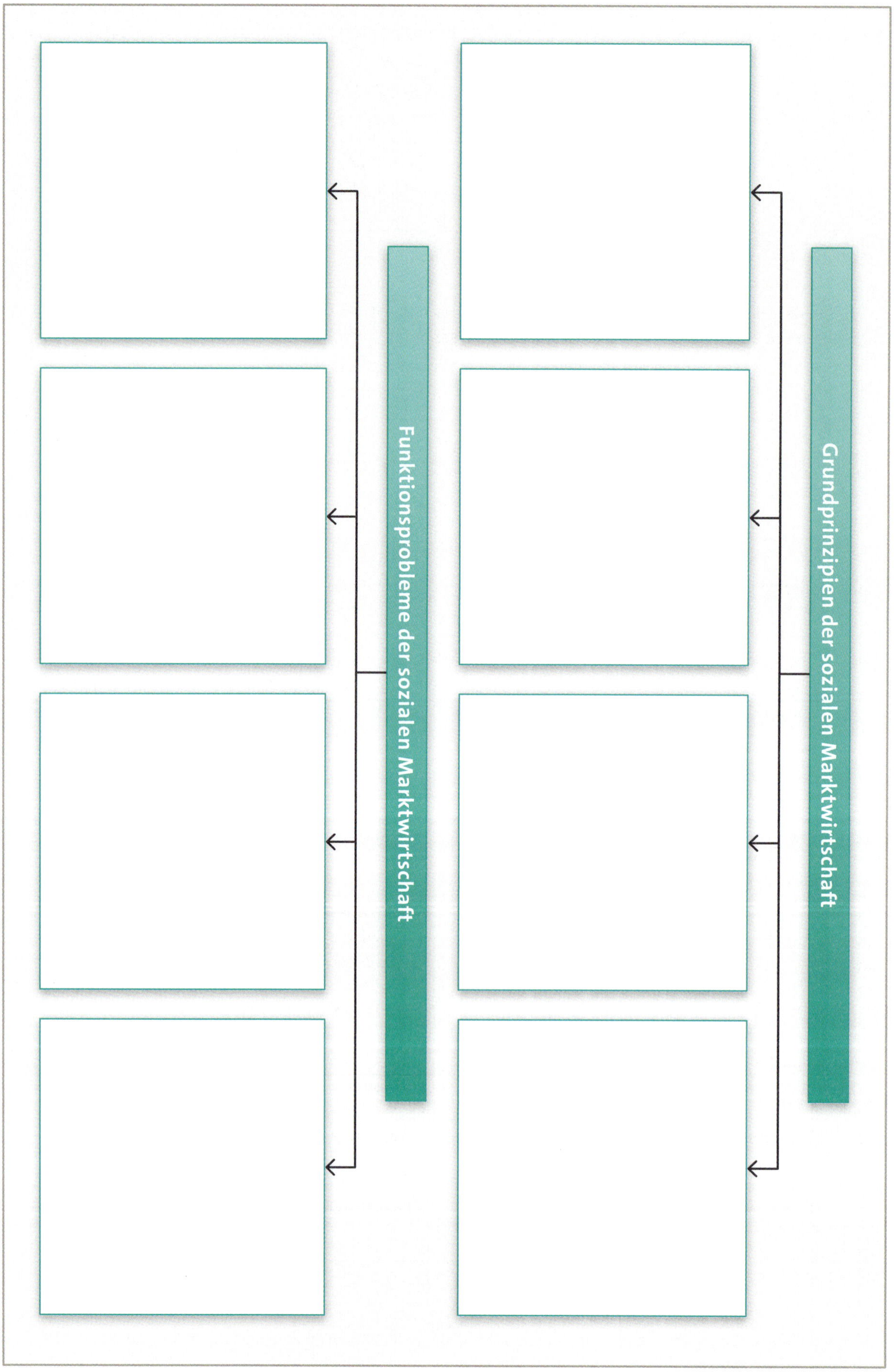

# Aufgaben

**1**

Erklären Sie den Begriff „Markt“.

**2**

Erläutern Sie die Preisbildungs- und Verteilungsfunktion des Marktes.

**3**

Erläutern Sie die verschiedenen Einflussgrößen für das Anbieter- und Nachfragerverhalten.

**4**

Formulieren Sie das Angebotsgesetz, wenn der Preis des Gutes fällt, und das Nachfragegesetz, wenn der Preis des Gutes steigt.

**5**

Unterscheiden Sie die Lenkungs- und Ausgleichsfunktion des Marktpreises.

**6**

Zeigen Sie, dass der Preis in einer Marktwirtschaft, obgleich er Härten mit sich bringt, eine nützliche Funktion hat. Diskutieren Sie, wie sich die Härten vermeiden lassen.

> „Zunächst einmal folgen Güter den Dollarstimmen, nicht den größeren Bedürfnissen. Die Katze eines reichen Mannes erhält vielleicht die Milch, die ein armes Kind braucht, um gesund zu bleiben.“
>
> Quelle: Paul A. Samuelson, Volkswirtschaftslehre, Bd. 1, S. 98

**7**

Wie verändert sich die Nachfrage nach Kaffee, wenn
a) der Preis für Kaffeefilter stark steigt,
b) Autos preiswerter werden,
c) der Preis für Tee fällt?

**8**

Erläutern Sie, warum ein Monopolist seine Preise nicht beliebig festsetzen kann.

**9**

Finden Sie für jede der neun Marktformen ein Beispiel aus der Realität.

**10**

Erläutern Sie die vier Grundprinzipien der sozialen Marktwirtschaft.

**11**

Grenzen Sie die soziale Marktwirtschaft vom Modell der freien Marktwirtschaft ab.

**12**

Auch die soziale Marktwirtschaft funktioniert nicht reibungslos. Erläutern Sie drei Probleme dieser Wirtschaftsordnung.

**13**

Welche zwei Prinzipien der sozialen Marktwirtschaft sind aus der freien Marktwirtschaft übernommen worden?

1. soziale Absicherung der Arbeitnehmer
2. Kartell- und Fusionskontrolle durch staatliche Stellen
3. Privateigentum an den Produktionsmitteln
4. Globalsteuerung der Wirtschaft
5. Vertragsfreiheit
6. Arbeitsschutzgesetze
7. Wettbewerbsordnung

**14**

Welche Aussage kennzeichnet die freie Marktwirtschaft?

1. Die Bundesregierung zahlt Wohngeld.
2. Die BPK GmbH entscheidet, den Kunden Schröder nicht mehr zu beliefern.
3. Der Steinkohlebergbau erhält Subventionen.
4. Die Arbeitgeber zahlen Kraft Gesetz in die Sozialversicherung ein.
5. Die Bundesregierung beschließt, strukturschwache Regionen besser zu unterstützen.

**15**

Der Staat greift mit bestimmten Maßnahmen in das Wirtschaftsgeschehen ein und verfolgt dabei bestimmte Zielsetzungen. Welche zwei der folgenden Maßnahmen sind im Rahmen der sozialen Marktwirtschaft möglich und werden als marktkonform bezeichnet?

1. Festlegung der Höhe von Managergehältern
2. Senkung der Einkommensteuer für Geringverdiener
3. Preisstopp für Benzin für Rentner
4. Festlegung der Preise für Handytarife
5. Subventionierung bestimmter Lebensmittel

**16**

Einem Warenmakler liegen folgende Kauf- und Verkaufsaufträge vor:

| **Kaufaufträge** |
|---|
| (Menge mit jeweils akzeptierter Preisobergrenze) |
| 25 t zu 120 €/t<br>15 t zu 150 €/t<br>10 t zu 160 €/t<br>6 t zu 180 €/t |

| **Verkaufsaufträge** |
|---|
| (Menge mit jeweils akzeptierter Preisuntergrenze) |
| 25 t zu 180 €/t<br>22 t zu 160 €/t<br>15 t zu 140 €/t<br>10 t zu 120 €/t |

a) Zeichnen Sie in einem Preis-Mengen-Diagramm die Angebots- und Nachfragekurve ein.
b) Wie hoch ist der von dem Makler festgestellte Preis?
c) Warum wird dieser Preis „Gleichgewichtspreis" genannt?
d) Wie hoch wäre der Angebotsüberschuss bei einem Preis von 160,00 €/t?

**17**

In Rotterdam findet eine Rohölauktion statt, in der die unterschiedlichen Preisvorstellungen der Käufer und Verkäufer aufeinandertreffen:

a) Zeichnen Sie die Angebots- und Nachfragekurve in ein Koordinatensystem ein und ermitteln Sie Gleichgewichtspreis und -menge.
b) Verschiedene Ereignisse verändern das Rohölangebot bzw. die Rohölnachfrage: Zeichnen Sie in jeweils ein neues Koordinatensystem, wie sich die Angebots- oder Nachfragekurve aufgrund der beschriebenen Ereignisse verschiebt.
   - Wegen kriegerischer Auseinandersetzungen auf der arabischen Halbinsel gehen die Ölfördermengen deutlich zurück
   - Einem ideenreichen Erfinder gelingt es, ein Auto zu entwickeln, das ausschließlich mit Solarenergie angetrieben wird.
   - In Russland werden neue Erdölvorkommen entdeckt. Um sich mit Devisen einzudecken, wirft die russische Regierung das geförderte Öl komplett auf den Weltmarkt.
   - Aufgrund der florierenden Wirtschaft können sich sehr viel mehr Bürger als bisher einen Zweitwagen leisten.

| **Preis pro Barrel (in €)** | **Angebotene Menge Rohöl (in Tsd.)** | **Nachgefragte Menge Rohöl (in Tsd.)** |
|---|---|---|
| 10 | 10 | 70 |
| 20 | 20 | 60 |
| 30 | 30 | 50 |
| 40 | 40 | 40 |
| 50 | 50 | 30 |
| 60 | 60 | 20 |
| 70 | 70 | 10 |

Tabelle zu Aufg. 17

# Lernsituation 89

## Staatliche Eingriffe in den Wettbewerb

FK ☞ *LF7 Kap. 4.4*

**LERNSITUATION**

Cornelia Grubers Mitschüler Peter macht seine Ausbildung im Pharmagroßhandel. Während einer Schulung hat er sich mit dem Zulassungsverfahren von Medikamenten in Deutschland beschäftigt. Heute morgen fiel ihm folgender Zeitungsartikel ins Auge.

### Brasilien setzt Preissenkung für AIDS-Medikamente aus USA und Europa durch

Die internationalen Pharmakonzerne lenken ein

Die brasilianische Regierung hat durchgesetzt, dass verschiedene AIDS-Medikamente aus Europa und den USA in Brasilien deutlich preiswerter abgesetzt werden müssen, als von den Herstellern veranschlagt. Sie hatte zuletzt damit gedroht, dass sie die entsprechenden Medikamente selbst als sogenannte Generika, also wirkstoffgleiche Kopien, auf den Markt bringt. Zu den betroffenen Medikamenten gehören Kaletra des US-Konzerns Abbott und Nelfinavir von Roche.
Die brasilianische Regierung begründete ihr Vorgehen mit einem nationalen Gesundheitsnotstand. Brasilien hat die höchste AIDS-Rate in Lateinamerika. In Brasilien sollen ca. 155 000 Menschen im Rahmen eines Anti-AIDS-Programmes kostenlos mit AIDS-Medikamenten versorgt werden, was nur durch die verminderten Preise möglich ist.
Nach Südafrika ist Brasilien schon das zweite Land, das sich gegen die Preisvorstellungen der Pharmakonzerne durchsetzt, um seinen Bürgern eine bestmögliche Versorgung mit AIDS-Medikamenten zu gewährleisten.

Quelle: Autorentext

### Das Zulassungsverfahren für Medikamente in Deutschland

Bevor ein Arzneimittel eine staatliche Zulassung erhält und damit vom Arzt verschrieben und in der Apotheke verkauft werden kann, durchläuft es eine langwierige Entwicklungsphase, die mehr als 10 Jahre dauern kann. Dabei bringt es nur ca. einer von 50 000 getesteten neuen Wirkstoffen bis zur Marktreife.

In einem ersten Schritt wird der Wirkstoff an Zellkulturen im Labor erprobt. In der zweiten Phase durchläuft der Wirkstoff das Stadium des Tierversuches, wo unter anderem getestet wird, wie der Wirkstoff von einem Organismus aufgenommen und abgebaut wird und ob Nebenwirkungen entstehen. Hat der Wirkstoff sich auch hier bewährt, wird der Wirkstoff in klinischen Studien zuerst in geringen Dosen an freiwilligen gesunden Probanden ausprobiert, bis er schließlich in einer abschließenden Studie an freiwilligen kranken Patienten getestet wird. Erst dann kann das Pharmaunternehmen die Zulassung beim Bundesinstitut für Arzneimittel beantragen.

Nachdem das Medikament auf den Markt gelangt ist, müssen eventuell auftretende Nebenwirkungen auf dem Beipackzettel vermerkt werden. Die Zulassung muss alle fünf Jahre neu beantragt werden.

Um die hohen Investitionen vor nationalen Nachahmern zu schützen, kann das Pharmaunternehmen gleichzeitig mit der Zulassung ein Patent beim Bundespatentamt anmelden. International ist das Medikament durch das sogenannte TRIPS-Abkommen für zwanzig Jahre vor Nachahmern geschützt..

Quelle: Autorentext

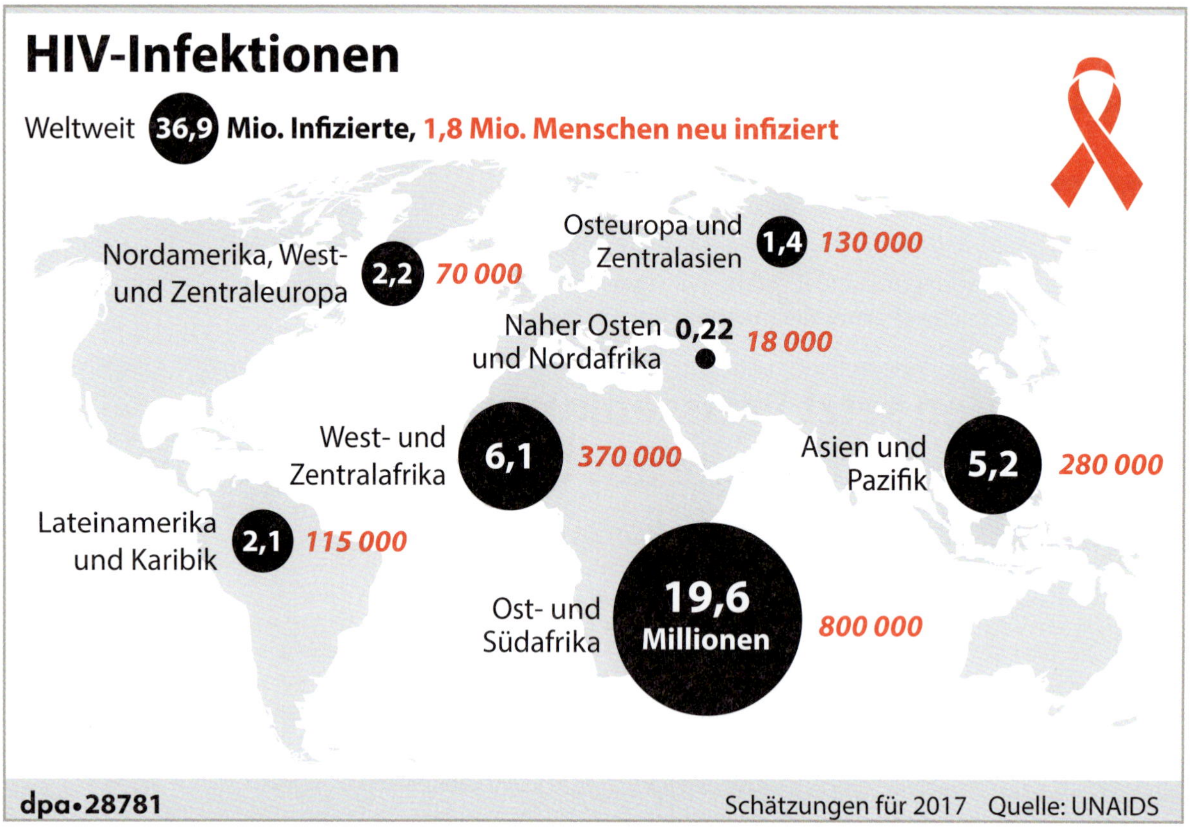




**ARBEITSAUFTRÄGE**

1. Ermitteln Sie anhand des Textmaterials, welche beiden staatlichen Eingriffe in den Pharmamarkt vorgenommen werden.
2. Begründen Sie das Vorgehen der brasilianischen (und südafrikanischen) Regierung. Welche humanitären, politischen und volkswirtschaftlichen Vorteile versprechen sich diese Regierungen von ihrem Handeln?
3. Begründen Sie, warum der Pharmamarkt (und alle anderen Märkte) in Deutschland und international durch Patente reglementiert wird. Welche negativen Konsequenzen könnten sich durch eine Aufhebung des Patentschutzes ergeben?
4. Nehmen Sie Stellung zu der These: „Die Lebenschancen eines AIDS-Patienten bzw. HIV-Infizierten hängen davon ab, ob er in Deutschland, Brasilien oder Malawi lebt."
5. Entwickeln Sie Ideen für Maßnahmen, die helfen können, die AIDS-Problematik v.a. in der Dritten Welt gerecht zu bekämpfen.

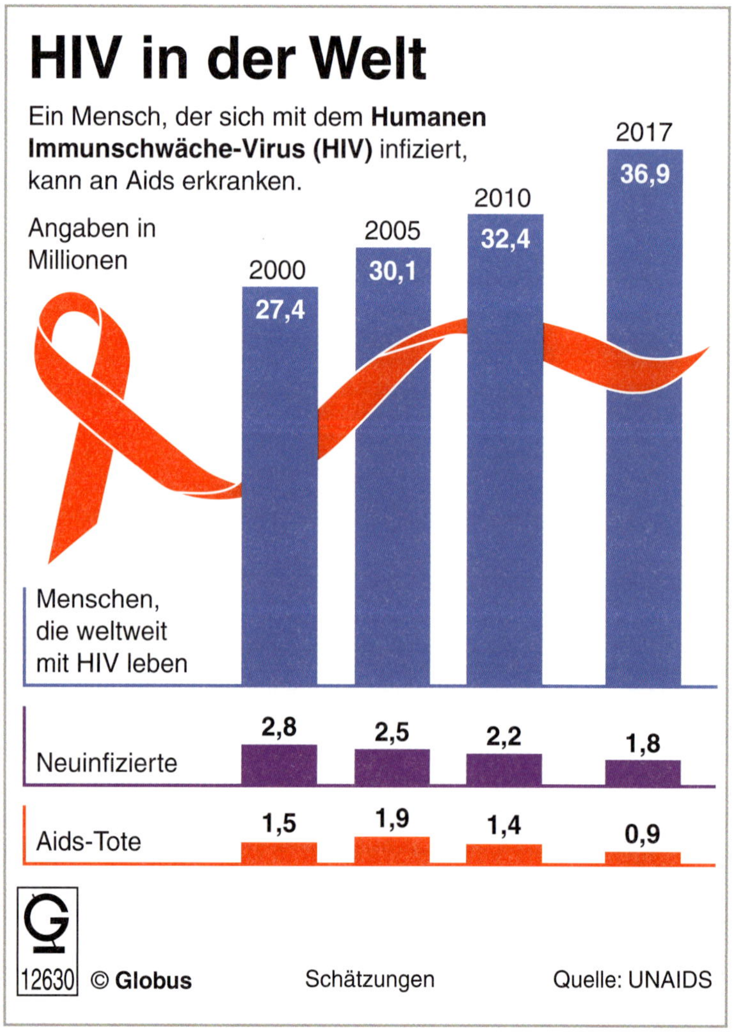

## Arbeitsblatt 89.1 Politische Preisbildung

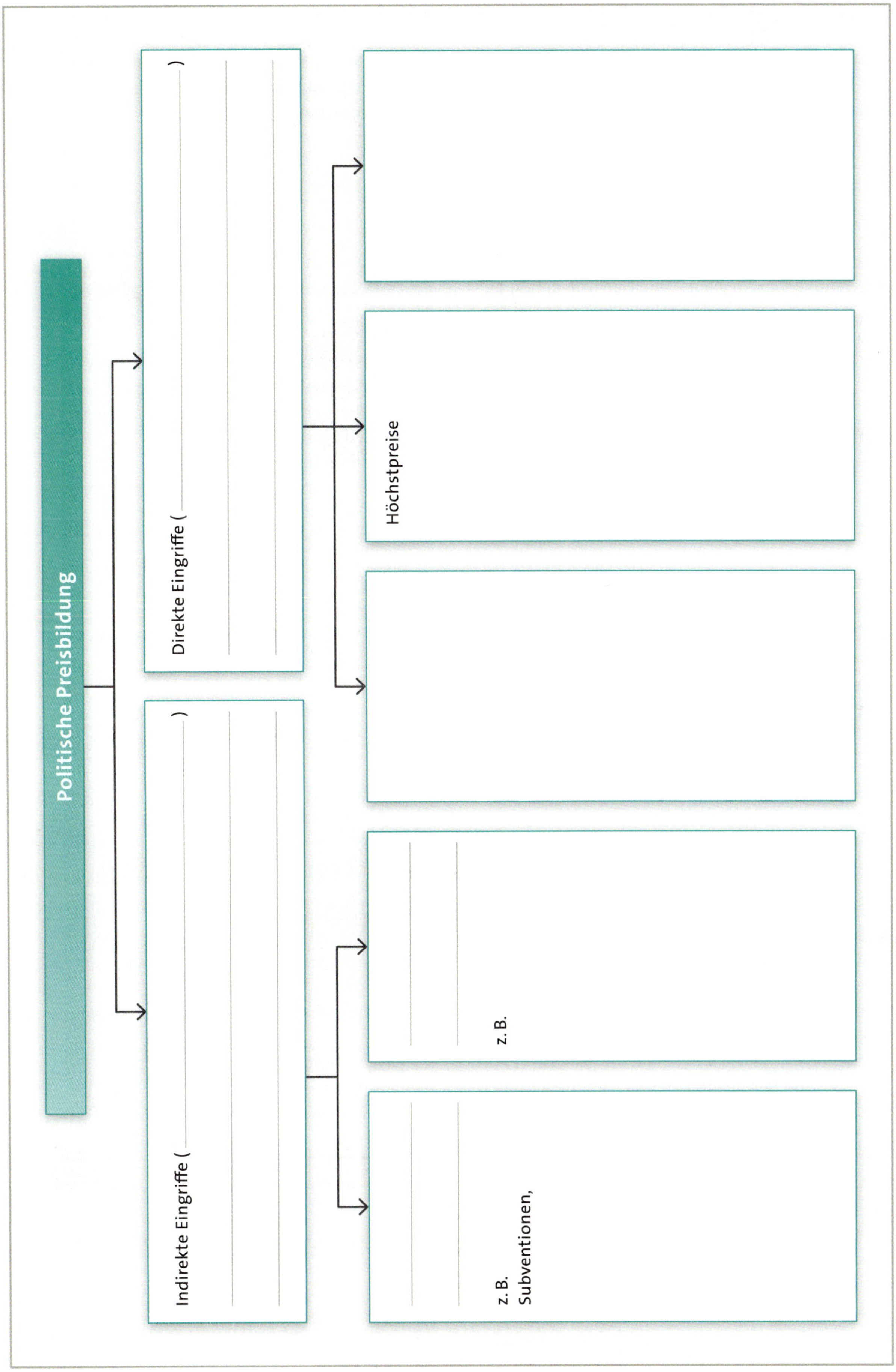

# Aufgaben

**1**

Unterscheiden Sie die direkte und die indirekte Preislenkung durch den Staat.

**2**

Erläutern Sie die Vor- und Nachteile, die mit Höchst- und Mindestpreisen für die Konsumenten und die Hersteller verbunden sind.

**3**

Durch die Festlegung von Mindest- und Höchstpreisen kommt es zu Angebots- und Nachfrageüberhängen. Erläutern Sie jeweils zwei Maßnahmen, die der Staat ergreifen kann, um diese Überhänge zu beseitigen.

**4**

Informieren Sie sich drüber, wie die Angebotsüberschüsse der Landwirtschaft verwertet werden.

**5**

Um das Überangebot an landwirtschaftlichen Erzeugnissen innerhalb der EU zu vermindern, werden verschiedene Maßnahmen diskutiert:

a) Festlegung von Höchstpreisen
b) Subventionierung von Brachflächen
c) Erhöhung der Einfuhrzölle

Nehmen Sie Stellung.

**6**

Damit sich auch die Menschen, die nur über wenig Geld verfügen, eine Wohnung leisten können, stehen dem Staat verschiedene Möglichkeiten zur Verfügung, z. B.:

a) Transferzahlungen in Form von Wohngeld
b) Bereitstellung von Sozialwohnungen
c) Steuererleichterungen für Bauherren von Mietwohnungen
d) Festlegung von Höchstmieten

Beurteilen Sie die vorgeschlagenen Eingriffe in den Markt aus volkswirtschaftlicher Sicht.

**7**

Auf dem Zentralmarkt findet eine Kartoffelauktion statt:

| Preis pro Zentner (in €) | Angebotene Menge (in Tsd.) | Nachgefragte Menge (in Tsd.) |
|---|---|---|
| 20 | 10 | 80 |
| 30 | 40 | 60 |
| 40 | 56 | 43 |
| 50 | 68 | 30 |
| 60 | 75 | 20 |
| 70 | 80 | 10 |

a) Zeichnen Sie die Angebots- und Nachfragekurve in ein Koordinatensystem ein.
b) Bestimmen Sie grafisch den Gleichgewichtspreis und die Gleichgewichtsmenge.
c) Nehmen Sie an, dass der Staat den Mindestpreis für einen Zentner Kartoffeln auf 50 € festlegt.
   - Bestimmen Sie grafisch und rechnerisch den Angebotsüberhang.
   - Erläutern Sie einen möglichen Grund, aus dem der Staat in diesem Fall einen Mindestpreis festlegen könnte.
d) Nehmen Sie an, dass der Staat den Höchstpreis für einen Zentner Kartoffeln auf 25 € festlegt.
   - Bestimmen Sie grafisch und rechnerisch den Nachfrageüberhang.
   - Erläutern Sie einen möglichen Grund, aus dem der Staat in diesem Fall einen Höchstpreis festlegen könnte.

**8**

Erklären Sie das Marktversagen am Beispiel der Umwelt.

# Lernsituation 90
## Wettbewerb und Konzentration

FK ☞ *LF7 Kap. 5*

**LERNSITUATION**

Der Geschäftsführer der BPK GmbH, Herr Dr. Schönhauser, verfolgt seit vielen Jahren die Börsenentwicklung. Er legt Geld in einem Investmentfonds an, der an der Deutschen Börse notiert ist. Durch die Börseninformationen kann er abschätzen, wie sich der Kurs entwickelt und ob und wie viel Dividende er zu erwarten hat. Mit Interesse hat Herr Dr. Schönhauser die Pläne verfolgt, dass sich Deutsche Börse und NYSE Euronext zusammenschließen wollen.

Er ist von den Vorteilen eines solchen Zusammenschlusses überzeugt: globale Präsenz, innovative Produkte, operative Effizienz, höhere Kapitaleffizienz und noch mehr Technologie- und Marktinformationslösungen. Mit Enttäuschung reagiert er deshalb auf die Information, dass der Zusammenschluss durch die EU-Kommission verboten wurde:

Die EU-Kommission legte am Mittwoch ihr Veto gegen einen Zusammenschluss von Deutscher Börse und NYSE Euronext ein. „Ungeachtet der von den Unternehmen angebotenen Abhilfemaßnahmen ist die Europäische Kommission zu der Einschätzung gelangt, der Zusammenschluss behindere in erheblichem Maße effektiven Wettbewerb", teilte die Deutsche Börse mit. Gegen das Nein aus Brüssel könnten die Konzerne vor dem Europäischen Gerichtshof klagen.

Die Brüsseler Prüfer rund um EU-Wettbewerbskommissar Joaquín Almunia stießen sich vor allem an der Marktmacht des angestrebten Börsenriesen im europäischen Derivatehandel. Deutsche und New Yorker Börse würden zusammen mehr als 90 Prozent der börslich gehandelten Derivate in Europa auf sich vereinen.

Quelle: http://www.ftd.de/unternehmen/finanzdienstleister/:wettbewerbsentscheid-eu-kommission-verbietet-boersen-hochzeit/60162575.html, Stand: 01.02.2012

**ARBEITSAUFTRÄGE**

1. Recherchieren Sie im Internet, welche Argumente der Deutsche-Börse-Chef Reto Francioni für den Zusammenschluss mit der NYSE Euronext anführt und wie demgegenüber die EU-Kommission ihr Verbot des Börsenzusammenschlusses begründet.
2. Gestalten Sie in Ihrer Klasse eine Diskussionsrunde.
   a) Bilden Sie dazu zwei Gruppen und wählen Sie einen Moderator.
   b) Eine Gruppe erarbeitet die Pro-Argumente für eine Fusion, die andere Gruppe die Kontra-Argumente gegen den Zusammenschluss.
   c) Führen Sie die Diskussion unter Anleitung Ihres Moderators durch.

## Arbeitsblatt 90.1 Aufgaben und Funktionen des Wettbewerbs

**Aufgaben des Wettbewerbs**

Gesellschaftliche:

Ökonomische:

**Funktionen des Wettbewerbs**

Verteilungsfunktion:

# Arbeitsblatt 90.2 Kooperation und Konzentration

## Gründe für einen Unternehmenszusammenschluss

## Formen von Unternehmenszusammenschlüssen

## Mögliche Probleme, die durch einen Zusammenschluss entstehen können

## Arbeitsblatt 90.3 Kooperations- und Konzentrationsformen

**Kooperation**

Erläuterung:

**Konzentration**

Erläuterung:

Konzern:

## Aufgaben

**1**
Erläutern Sie die zwei Zielsetzungen der Wettbewerbspolitik.

**2**
„Wenn auf den Märkten Wettbewerb herrscht, werden die Produktionsfaktoren dort eingesetzt, wo die höchste Rendite erwartet wird; Boden und Kapital werden dort genutzt, wo sie die höchsten Zinsen bringen. Die Beschäftigten werden dort arbeiten, wo sie den höchsten Lohn erwarten. Das führt dazu, dass unproduktiven Standorten quasi automatisch die Produktionsfaktoren entzogen werden."
Welche Wettbewerbsfunktionen werden oben beschrieben?

**3**
Begründen Sie, warum Unternehmen danach streben, sich mit anderen Unternehmen zusammenzuschließen bzw. miteinander zu kooperieren oder andere zu übernehmen.

**4**
Diskutieren Sie, welche Auswirkungen Konzentrationen für Unternehmen, Verbraucher und Arbeitnehmer haben können.

**5**
Bilden Sie Beispiele zu den drei verschiedenen Formen von Unternehmenszusammenschlüssen (horizontal, vertikal, anorganisch).

**6**
Erläutern Sie, welche Vor- und Nachteile durch die Unternehmenszusammenschlüsse für die Volkswirtschaft entstehen können.

**7**
Recherchieren Sie im Internet nach aktuellen Beispielen für nationale und internationale Unternehmenszusammenschlüsse.

**8**
Bilden Sie Beispiele zu den verschiedenen Kartellarten.

**9**
Recherchieren Sie im Internet, um die aktuelle Kartellgesetzgebung zu veranschaulichen.

**10**
Welche Gründe können Unternehmen veranlassen zu fusionieren?

**11**
Ein deutsches und ein amerikanisches Telekommunikationsunternehmen schließen sich zusammen:
a) Was versteht man unter einer Fusion und wodurch unterscheidet sie sich vom Kartell?
b) Welche Form der Konzernbildung liegt im vorliegenden Fall Ihrer Meinung nach vor?
c) Versuchen Sie anzugeben, wann sich positive, wann sich negative Auswirkungen für den Wettbewerb ergeben.

**12**
Was wird unter einem Unterordnungskonzern und einem Gleichordnungskonzern verstanden?

**13**
Konzentrationsvorhaben von Unternehmen sind unter bestimmten Bedingungen anmeldepflichtig. Erläutern Sie diese Bedingungen.

**14**
Wann wird nach dem Gesetz gegen Wettbewerbsbeschränkungen eine marktbeherrschende Stellung von Unternehmen vermutet?

**15**
Was bedeutet die „Ministererlaubnis"?

**16**
Nennen und erläutern Sie die Schwerpunkte der EU-Wettbewerbspolitik.

**17**
Suchen Sie in Zeitungen und im Internet nach Beispielen, bei denen Unternehmenszusammenschlüsse nicht die gewünschten Erfolge gebracht haben.

**18**
Beurteilen Sie die Fälle nach Ihrem persönlichen Rechtsgefühl. Halten Sie die getroffenen Absprachen gesamtwirtschaftlich für akzeptabel oder nicht?
a) Die Firmen Klaude und Braumann sind die marktbeherrschenden Bauunternehmen einer kleinen Stadt. Sie einigen sich darauf, dass Klaude nur noch im nördlichen Stadtgebiet Aufträge annimmt, während Braumann den Süden abdeckt.
b) Die Küchenhersteller Qualle und Diele einigen sich darauf, ihre Einbauküchenschränke künftig nur noch in einer Tiefe von 55 cm anzubieten, damit die Systeme beider Hersteller vom Verbraucher kombiniert werden können.

# Lernsituation 91
## Die alte Mär vom Mehr

FK ☞ LF 7 Kap. 6

### LERNSITUATION

## Wohlstands-Index statt BIP

Reich und glücklich – das ist nicht identisch. Deshalb wird es Zeit, für den Wohlstand von Nationen ein geeignetes Maß zu finden. Der Vorschlag, den Frankreichs Staatspräsident Nicolas Sarkozy am Montag in der Pariser Sorbonne-Universität machte, ist nicht neu. Aber noch nie hat er so große Chancen gehabt, eine internationale Debatte anzustoßen und vielleicht sogar eines Tages umgesetzt zu werden. Es geht darum, einen neuen Gradmesser für den Wohlstand zu finden.
Bisher ist das Bruttoinlandsprodukt (BIP) das einzige weltweit anerkannte Messinstrument. Per Definition addiert es alle produzierten Güter und Dienstleistungen einer Volkswirtschaft in einem bestimmten Zeitraum. Ob das Wachstum jeden Einzelnen auch wohlhabender oder zufriedener macht und die Natur schont, misst das BIP nicht. So wirken sich beispielsweise Reinigungsarbeiten, die eine Öltanker-Katastrophe notwendig macht, positiv auf das BIP aus. In dem Fall gibt es ein Wachstum, das niemand befürworten kann.
Sarkozy will das BIP daher ersetzen. Namhafte Ökonomen wie die Nobelpreisträger Joseph Stiglitz und Amartya Sen unterstützen ihn dabei. Sie leiteten in seinem Auftrag 18 Monate lang eine hochkarätige 22-köpfige Kommission und legten nun ihren 191 Seiten langen Bericht vor (www.ofce.sciences-po.fr). Die Kommission rät, Daten darüber zu erheben, wie viel Bier sich jeder einzelne leisten kann, und nicht nur die produzierte Biermenge zu zählen. Es geht also darum, Einkommen und Konsum gegenüber der rein quantitativen Produktion aufzuwerten. Wie das Vermögen verteilt ist, wollen die Wissenschaftler auch stärker berücksichtigen. In die Daten sollen zudem ehrenamtliche Arbeit und Heimarbeit einfließen, also Tätigkeiten, die den Lebensstandard heben, auch wenn „der Markt" nichts davon erfährt.
Zum Wohlergehen jedes Einzelnen zählt die Kommission natürlich auch die Gesundheitsversorgung, die Lebenserwartung, Freizeitmöglichkeiten, den Zugang zu Bildung und die Freiheit, sich politisch zu engagieren. Diesbezüglich vergleichbare Daten zu erheben, dürfte allerdings schwierig werden, dessen sind sich Stiglitz und Sen bewusst. Zudem muss man sich fragen: Wie will man den Wert der Freizeit messen? An der Anzahl von Museumsbesuchen wird man weder das Wohlbefinden Einzelner noch den Wohlstand einer Nation ableiten können. Leichter messen lässt sich hingegen, inwieweit das Wachstum die Umwelt schützt oder gefährdet.

Quelle: Michael Kläsgen, Süddeutsche Zeitung, 15.09.2009

### ARBEITSAUFTRÄGE

1. Stellen Sie zusammen, welche Faktoren nicht vom BIP erfasst werden. Begründen Sie, warum diese nicht erfasst werden.
2. Welche Probleme ergeben sich aus der Tatsache, dass die unter 1. von Ihnen recherchierten Faktoren im BIP nicht berücksichtigt werden?

# Arbeitsblatt 91.1 Volkswirtschaftliche Gesamtrechnung

**Volkswirtschaftliche Gesamtrechnung**

Wertschöpfung

Berechnung des BIP

Verwendungsrechnung

Außenbeitrag

Berechnung des BIP

Berechnung des Außenbeitrags

Volkseinkommen

Berechnung des BIP

## Arbeitsblatt 91.2 Verteilung des Volkseinkommens

**Primäre Verteilung**

Lohnquote

Gewinnquote

→ **Umverteilung, z. B. durch Steuern** →

**Sekundäre Verteilung**

Transfereinkommen

Problem der primären Verteilung

Problem der sekundären Verteilung

# Aufgaben

**1**

Unterscheiden Sie die Entstehungs-, Verwendungs- und Verteilungsrechnung zur Ermittlung des Bruttoinlandsproduktes.

**2**

Entwickeln Sie das Kreislaufbild einer kleinen Volkswirtschaft, die aus vier Unternehmen und den privaten Haushalten besteht. Es werden folgende Annahmen zugrunde gelegt: Bei den Unternehmen handelt es sich um einen Landwirtschaftsbetrieb, eine Mühle, eine Bäckerei und einen Lebensmittelhandel. Ein Landwirt verkauft Weizen im Wert von 700 Geldeinheiten (GE) an eine Mühle. Von dem Erlös bezahlt er seinen Auszubildenden; der Rest ist Gewinn für seine Arbeit und Kapitaleinsatz. In der Mühle wird das Korn gemahlen und das Mehl ausgesiebt. Das Mehl wird für 1.400 GE an eine Großbäckerei verkauft. Die dort produzierten Brötchen werden für 2.300 GE von einem Lebensmittelhändler gekauft und von diesem für 2.900 GE an seine Kunden verkauft.

a) Entwickeln Sie das Kreislaufbild.
b) Berechnen Sie die Wertschöpfung auf den einzelnen Stufen.

**3**

Grenzen Sie voneinander ab:

- nominales BIP,
- reales BIP,
- Volkseinkommen,
- Bruttonationaleinkommen.

**4**

Erläutern Sie, warum sich die Bundesbürger heutzutage erheblich mehr leisten können als früher.

**5**

Ein Braunkohlekraftwerk konnte seinen Gewinn durch die erhöhte Stromproduktion steigern. Die zusätzlichen Schadstoffemissionen zwingen die Forstbesitzer zum vermehrten Aufkalken der Wälder und führen zu vermehrten Atembeschwerden der Anwohner. Auf den Protest der Betroffenen reagiert das Kraftwerk mit dem Einbau einer neuen Filteranlage. Beschreiben Sie die Folgen für das Bruttoinlandsprodukt.

**6**

Es wird geschätzt, dass in der Bundesrepublik ca. zwei Millionen Verkehrsunfälle passieren, wobei nur solche Unfälle registriert werden, bei denen der Schaden mehr als 1.500 € beträgt.

a) Welchen Einfluss hat dies auf das BNE?
b) Wie beurteilen Sie vor diesem Hintergrund das BIP als Wohlstandsindikator?

**7**

Wie setzt sich die Lohn- und Gewinnquote zusammen?

**8**

Neben der primären Verteilung gibt es auch eine sekundäre Verteilung des Einkommens. Erläutern Sie die Unterschiede zwischen beiden Verteilungsarten.

**9**

Diskutieren Sie die folgende Aussage: „Das Ziel einer gerechten Einkommensverteilung lässt sich niemals erreichen."

**10**

Wie sollte Ihrer Meinung nach eine gerechte Einkommensverteilung aussehen?

**11**

Diskutieren Sie: Welche sozialen Zustände finden Sie in unserem Staat gerecht bzw. ungerecht?

**12**

Der Entertainer einer Quizsendung erhält für eine Sendung ein Honorar von 50.000,00 €. Ein Arbeiter bei einem Maschinenbauer erhält ein Monatsbruttoeinkommen von ca. 3.000,00 €, während ein Arbeiter bei einem Maschinenbauteil-Zulieferer nur ca. 2.000,00 € im Monat verdient. Diskutieren Sie die Frage, ob die Entlohnung in den drei Fällen dem Leistungsprinzip entspricht.

**13**

Welcher Vorgang wird im Bruttoinlandsprodukt erfasst?

1. Reparatur eines Kfz durch den Eigentümer
2. Kinderbetreuung durch die Eltern
3. Arbeitslohn eines deutschen Arbeitnehmers, der in Frankreich beschäftigt ist
4. Handwerker repariert unendgeldlich die Heizung seines Nachbarn
5. Gehalt eines österreichischen Arbeitnehmers in Deutschland

# Lernsituation 92
## Entscheidung vertagt

FK ☞ LF7 Kap. 7

LERNSITUATION

### Entscheidung vertagt

Es besteht dringender Reformbedarf für den Wirtschaftsstandort Deutschland: Steigende Arbeitslosigkeit, schwaches Wachstum und die anhaltende Investitionsschwäche belegen es. Seit Jahren listen Wirtschaftsforscher die unumgänglichen Reformschritte auf, von der nachhaltigen Absenkung der Steuer- und Abgabenquote bis zu mehr Flexibilität in den Arbeitsbeziehungen („betriebsnähere Tarifpolitik"). An Ideen mangelt es nicht. Aber es mangelt an der zügigen, beherzten und konsequenten Umsetzung. Eine Minireform wie beim Ladenschluss dauert ein Jahrzehnt. Wir können uns nicht entscheiden, allenfalls halbherzig, mühsam und zu langsam.

Warum diese Unfähigkeit zum Entscheiden? Es liegt an dem hierzulande außerordentlich weit getriebenen Pluralismus. An gesellschaftlichen Entscheidungsprozessen ist jeder zu beteiligen. Die Ebenen von Konflikt und Mitwirkung sind tief gegliedert. In der größeren Regierungspartei fängt die Kontroverse um die Ausgestaltung der Reform an. Während man sich dort zu einer Entscheidung durchringt, muss die Abstimmung mit dem Koalitionspartner gesucht werden. Die mit Brüssel hat hoffentlich schon vorher stattgefunden. Gibt es dann eine Regierungsvorlage, stemmt sich die Opposition im Bundestag dagegen. Eine Entscheidung des Bundestages kann häufig durch den Bundesrat aufgehalten werden. Der Entscheidungsprozess wird überlagert, abgebremst, emotionalisiert durch das Begleitkonzert der Gewerkschaften, Arbeitgeberverbände, Wirtschaftsverbände, Kirchen und der Vertreter sozialer Gruppen.

Ist endlich ein Kompromiss gefunden, wird er noch lange nicht umgesetzt. Jetzt reagieren die „betroffenen" Bürger. Sie nehmen Anhörungs- und Einspruchsrechte in Planfeststellungsverfahren wahr (und schlagen bei Ablehnung den Rechtsweg ein). Wer solche Rechte nicht hat, kann immer noch eine Bürgerinitiative gründen, die – wenn sie lautstark genug ist – Gehör findet. Und Umweltschützer und Denkmalpfleger fühlen sich ohnehin meist zum Einspruch aufgerufen. Eines steht fest: Vorschnell werden Entscheidungen für den Standort Deutschland nicht getroffen.

Es gibt gute historische Gründe, dass sich Deutschland nach dem schrecklichen Zentralismus des Naziregimes eine ausgeprägt dezentrale Verfassung gegeben hat. Pluralistisch und demokratisch muss es bleiben. Und doch müssen wir uns heute ernsthaft fragen, wie wir die Entscheidungsprozesse effizient machen können. Denn die Reform des Standortes Deutschland muss umfassend sein; wie selten zuvor wird man auch in vorhandene Rechte und Ansprüche („Besitzstände") eingreifen müssen. Statt an Entscheidungen möglichst viele zu beteiligen, muss Entscheidungsfähigkeit zurückgewonnen werden, indem die Verantwortung für Entscheidungen wieder konzentriert wird. Es sind nicht nur die Unternehmen, die im internationalen Wettbewerb stehen und sich dort bewähren müssen. Auch die Gesellschaften stehen in Hinblick auf ihre Reformierbarkeit in einem zunehmenden internationalen Wettbewerb. Entscheiden wir uns für die Reform!

Quelle: Beilage der Süddeutschen Zeitung vom 21. August 1996, „Wirtschaftsstandort Deutschland", Autor: R. Pohl

ARBEITSAUFTRÄGE

1. Begründen Sie, warum es in Deutschland schwierig ist, wirtschaftliche Reformen durchzusetzen.
2. Stellen Sie zusammen, wer in der Demokratie auf Entscheidungsprozesse Einfluss nehmen kann.
3. Stellen Sie sich folgende Situation vor: Die Bundesregierung plant eine neue Autobahn durch den Nationalpark der Eifel.
   a) Welche Gruppen und Institutionen sind am Entscheidungsprozess bis zum offiziellen Projektstart beteiligt?
   b) Welche Zielkonflikte gibt es zwischen den einzelnen am Entscheidungsprozess beteiligten Gruppen und Institutionen?

# Arbeitsblatt 92.1 Träger und gesellschaftliche Grundwerte der Wirtschaftspolitik

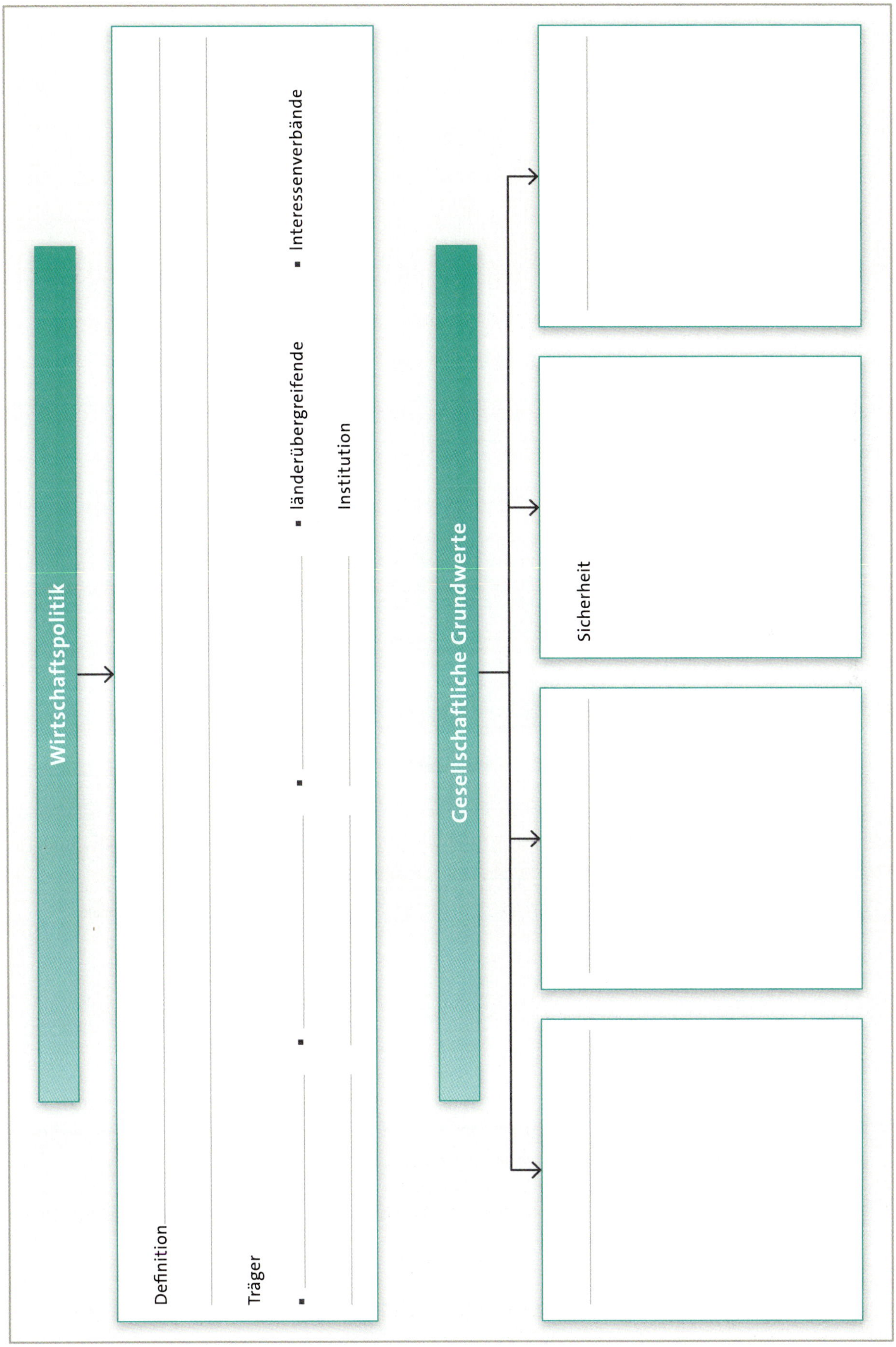

## Arbeitsblatt 92.2 Ziele der Wirtschaftspolitik

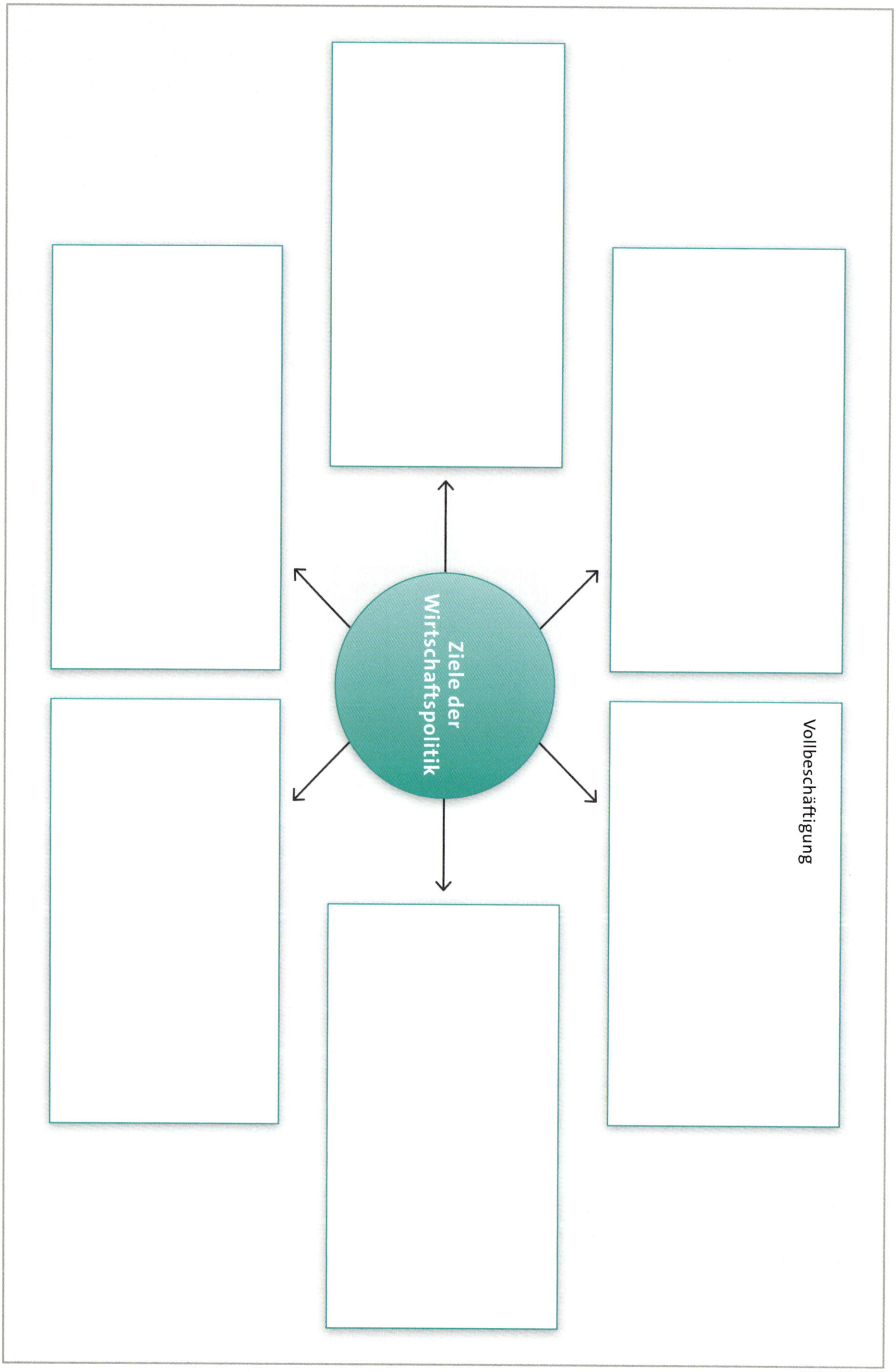

# Aufgaben

**1**

Erläutern Sie den Zusammenhang zwischen den gesellschaftlichen Grundwerten und den Zielen der Wirtschaftspolitik.

**2**

Wie würde sich ein Verzicht auf wirtschaftliches Wachstum auf den sozialen Frieden auswirken?

**3**

Nennen Sie typische Import- und Exportgüter aus deutscher Sicht.

**4**

Erleichtert die starke außenwirtschaftliche Verflechtung Deutschlands die Erreichung des gesamtwirtschaftlichen Gleichgewichts?

**5**

Stellen Sie sich vor, Deutschland würde aus umweltpolitischen Gründen die Automobilproduktion einstellen. Wie würden die anderen Ziele des magischen Sechsecks beeinflusst?

**6**

Nehmen Sie Stellung zu der Aussage: „Das Ziel Umweltschutz steht mit den Zielen Vollbeschäftigung und Wirtschaftswachstum in einem dauerhaften Konflikt."

**7**

Nennen Sie zwei Ziele des magischen Sechsecks, die gleichzeitig gut zu erreichen sind sowie schwer zu erreichen sind.

**8**

Informieren Sie sich bei der zuständigen Arbeitsagentur über die Entwicklung der Arbeitslosigkeit in Ihrer Region in den letzten fünf Jahren.

**9**

Arbeitslosigkeit entwickelt sich zunehmend zum Hauptproblem der Wirtschaftspolitik. Es hat den Anschein, dass selbst in konjunkturellen Aufschwungphasen keine wesentliche Entspannung auf den Arbeitsmärkten spürbar wird.

a) Beschreiben Sie mögliche Hintergründe dieser Entwicklung.
b) Welche Maßnahmen der aktiven Arbeitsmarkt- und Beschäftigungspolitik könnten geeignet sein, das Problem zumindest einzugrenzen?

**10**

Welche Aussage trifft zu?

a) Saisonale Arbeitslosigkeit ist konjunkturelle Arbeitslosigkeit, da die Nachfrage witterungs- oder jahreszeitlich bedingt schwankt.
b) Arbeitslosigkeit hat ausschließlich konjunkturelle Ursachen und wird deshalb bestimmt durch die Entwicklung der gesamtwirtschaftlichen Nachfrage.
c) Strukturelle Arbeitslosigkeit entsteht u. a. dann, wenn der Stückkostenvergleich alternativer Produktionsverfahren zugunsten kapitalintensiver Produktionsverfahren ausfällt.
d) Arbeitskostenbedingte Arbeitslosigkeit betrifft nur die Niedriglohnjobs.

**11**

Welche der folgenden Maßnahmen sind Bestandteil einer

a) aktiven Arbeitsmarkt- und Beschäftigungspolitik?
b) passiven Arbeitsmarkt- und Beschäftigungspolitik?

Ordnen Sie die Maßnahmen den richtigen Aussagen zu.

a) Verlängerung der Bezugsdauer von Entgeltersatzleistungen für ältere Arbeit Suchende
b) Einführung gesetzlicher Öffnungsklauseln für Tarifverträge
c) Altersteilzeit ab 55 Jahre
d) Anpassung der Entgelte an die Entwicklung der Arbeitsproduktivität
e) Insolvenzgeld

**12**

Arbeitslosigkeit kann durch Störungen des Arbeitsmarktes oder durch Störungen des Gütermarktes entstehen. Erläutern Sie den Unterschied.

**13**

Erläutern Sie das qualitative Wachstum und unterscheiden Sie es vom quantitativen Wachstum.

# Lernsituation 93
## Konjunkturpolitik

FK ☞ LF7 Kap. 8

**LERNSITUATION**

**Erstellung einer Wandzeitung zur wirtschaftlichen Lage in Deutschland**
Ein gutes Mittel, um sich über das aktuelle Wirtschaftsgeschehen und die wirtschaftliche Entwicklung zu informieren, ist das Internet. Recherchieren Sie Berichte, Karikaturen, Statistiken, Grafiken etc. im Internet, die sich mit Themen wie Konjunktur, Geld- und Fiskalpolitik, Arbeitslosigkeit und Steuerpolitik beschäftigen. Bereiten Sie dann in Gruppen mithilfe des zusammengetragenen Materials eine Präsentation über die wirtschaftliche Lage in der Bundesrepublik vor. Gestalten Sie dafür eine Wandzeitung nach unten stehender Vorlage.

**ARBEITSAUFTRÄGE**

1. Ordnen Sie das gefundene Material folgenden Bereichen zu:
   - fiskalpolitische Maßnahmen (z. T. Steuersenkungen, -reform)
   - geldpolitische Maßnahmen (z. T. Zinssenkungen, -erhöhungen)
   - Auswirkungen der Konjunktur auf den Arbeitsmarkt
   - Auswirkungen der Kursentwicklung an den Aktienbörsen
   - Prognosen der Wirtschaftsinstitute
2. Vergleichen und diskutieren Sie die Darstellung der Themen in unterschiedlichen Tageszeitungen.

# Arbeitsblatt 93.1 Konjunkturpolitik

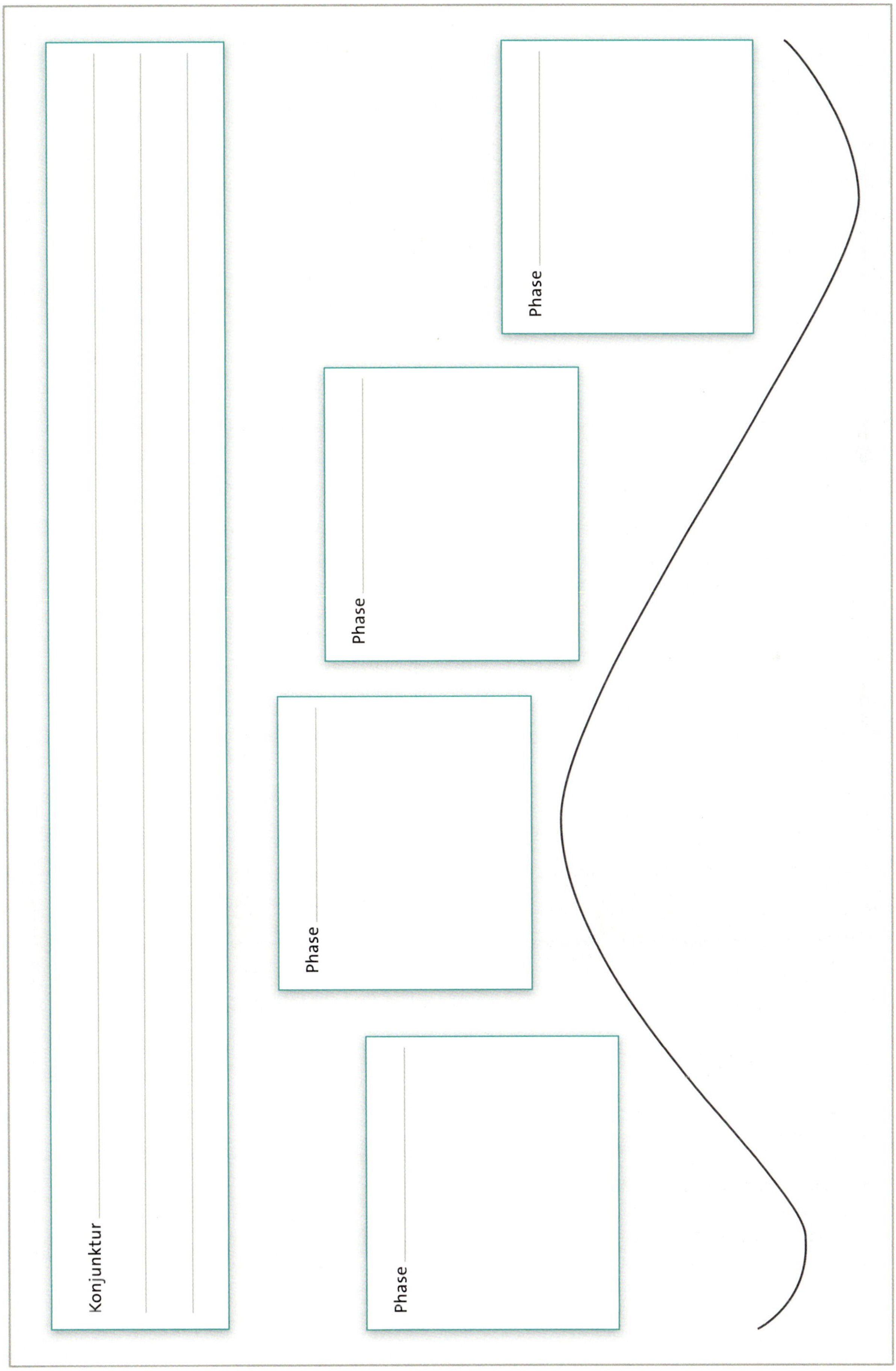

# Arbeitsblatt 93.2 Öffentliche Finanzpolitik

## Finanzpolitik

### Einnahmen- und Ausgabenpolitik

#### Einnahmen

#### Ausgaben

### Fiskalpolitik

#### Einnahmenpolitische Mittel

#### Ausgabenpolitische Mittel

# Arbeitsblatt 93.3 Instrumente der Geldpolitik

**Instrumente der Geldpolitik**
Ziel: Anregung oder Dämpfung der Geldnachfrage

### Offenmarktgeschäfte

Maßnahmen mit expansiver Wirkung:

Maßnahmen mit kontraktiver Wirkung:

### Fazilitäten

Maßnahmen mit expansiver Wirkung:

Maßnahmen mit kontraktiver Wirkung:

### Mindestreserven

Maßnahmen mit expansiver Wirkung:

Maßnahmen mit kontraktiver Wirkung:

# Arbeitsblatt 93.4 Geld und Geldwert in der Volkswirtschaft

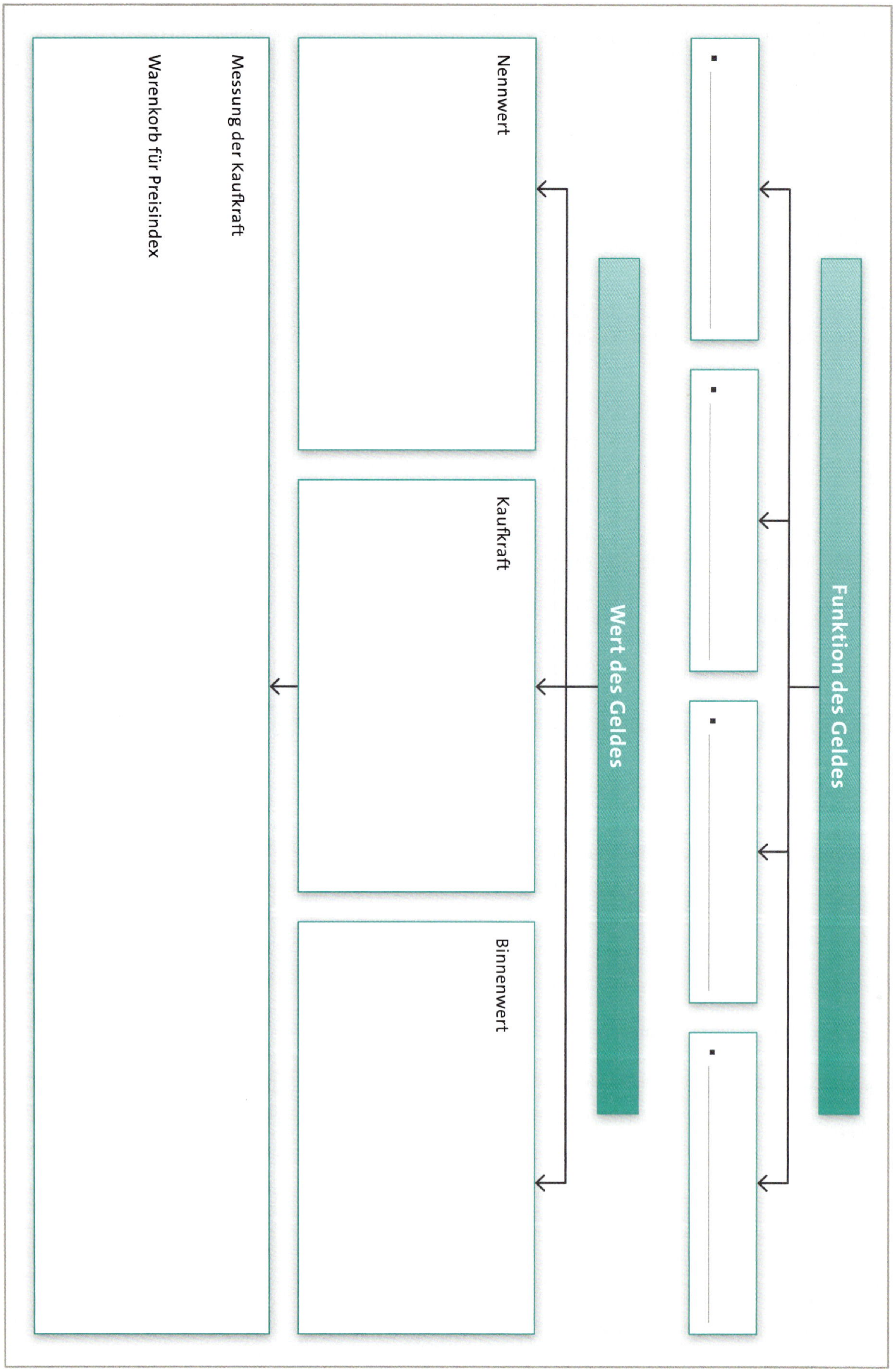

# Aufgaben

**1**

Erläutern Sie die Phasen des Konjunkturzyklus.

**2**

Wie ist die folgende Aussage gemeint: „Konjunktur ist zur Hälfte Psychologie."

**3**

Erklären Sie die Notwendigkeit staatlicher Konjunkturpolitik.

**4**

Erklären Sie, warum die Konjunkturpolitik zur Prozesspolitik gehört.

**5**

Welche Konjunkturindikatoren kennen Sie? Finden Sie Beispiele für die einzelnen Indikatoren.

**6**

Die Geldschöpfung erlaubt es den Banken, Kredite in einer Höhe zu gewähren, die den eingezahlten Betrag wesentlich übersteigen kann. Wir gehen in dem folgenden Beispiel von einer Volkswirtschaft mit vier Banken (A, B, C und D) aus. Ferner nehmen wir an, dass bei der Bank A 250.000,00 € eingezahlt werden. Der Mindestreservesatz beträgt 15 %. Außerdem wird vernachlässigt, dass jede Bank eine bestimmte Reserve bereithalten muss, um die Kundenwünsche zu befriedigen.
Gehen Sie davon aus, dass jeder aufgenommene Kredit wieder vollständig bei der nächsten Bank angelegt wird.

a) Berechnen Sie, welche Kredite die Banken (A, B, C und D) vergeben können.
b) Nennen Sie die beiden Faktoren, von denen die gesamtwirtschaftliche Kreditschöpfungsmöglichkeit entscheidend abhängt.

| | Neueinlage | Barreserve | Einlage – Barreserve | Mindest-reserve | Überschuss-reserve / gewährte Kredite | Geldmenge |
|---|---|---|---|---|---|---|
| Bank A | | | | | | |
| Bank B | | | | | | |
| Bank C | | | | | | |
| Bank D | | | | | | |

**7**

Ein Kunde zahlt 10.000 € bei seiner Geschäftsbank ein. Die Bargeldreserve beträgt 30 %, die Mindestreserve 2 %. Die Überschussreserve wird jeweils komplett ausgezahlt und bei der nächsten Bank als Neueinlage angelegt. Berechnen Sie die Geldmenge, die nach Anlage bei Bank D entsteht.

| | Neueinlage | Barreserve | Einlage – Barreserve | Mindest-reserve | Überschuss-reserve / gewährte Kredite | Geldmenge |
|---|---|---|---|---|---|---|
| Bank A | | | | | | |
| Bank B | | | | | | |
| Bank C | | | | | | |
| Bank D | | | | | | |

**8**

a) Erläutern Sie, was man unter dem Preisindex für die Lebenshaltung versteht und wie dieser ermittelt wird.
b) Erläutern Sie, inwiefern das Modell „Warenkorb“ kritisch hinterfragt werden muss.
c) Führen Sie die Berechnung für eine beispielhafte Volkswirtschaft mit nur drei Gütern durch. Wie hoch sind die Preissteigerungsraten für die einzelnen Güter und wie hoch ist die Preissteigerungsrate insgesamt?

| Güter | Preise in € im Basisjahr | Preise in € im Berichtsjahr | Gewichtung |
|---|---|---|---|
| Gut 1 | 12 | 18 | 1 |
| Gut 2 | 135 | 140 | 3 |
| Gut 3 | 310 | 325 | 5 |

**9**

a) Erklären Sie die Begriffe Inflation und Deflation.
b) Erläutern Sie eine Ursache, die zu einer Inflation führen kann.
c) Erläutern Sie jeweils mögliche Zusammenhänge zwischen einer Inflation und den folgenden Aspekten: Aktienmärkte – Zinsniveau – Außenhandel (Import / Export).
d) Begründen Sie, welche Personengruppen unter einer Inflation zu leiden haben und wer andererseits von ihr profitiert.
e) Erläutern Sie jeweils mögliche Zusammenhänge zwischen Deflation und den folgenden Aspekten: Lohnniveau – Arbeitslosenquote – Investitionsgüternachfrage.
f) Beurteilen Sie in diesem Zusammenhang den Werbeslogan „Geiz ist geil“.

**10**

Erläutern Sie die Begriffe Offenmarktpolitik, Mindestreservepolitik und ständige Fazilitäten.

**11**

Was kann die EZB tun, um eine Nachfrageinflation zu bekämpfen?

**12**

Die Offenmarktpolitik wird als ein besonders marktkonformes Instrument bezeichnet. Begründen Sie diese Aussage.

**13**

Welche Aufgaben hat die EZB im Rahmen des Eurosystems?

**14**

Warum ist es so wichtig, dass das ESZB unabhängig von den sonstigen Trägern der Wirtschaftspolitik ist?

**15**

Welche Aufgaben hat die Deutsche Bundesbank?

**16**

Beschreiben Sie den Grundgedanken der antizyklischen Fiskalpolitik.

**17**

Grenzen Sie die Finanz- und die Fiskalpolitik ab.

**18**

Welche fiskalpolitischen Instrumente stehen der Bundesregierung zur Verfügung? Wie wirken diese Instrumente?

**19**

Warum wird die antizyklische Fiskalpolitik heute eher skeptisch beurteilt?

**20**

Belegen Sie die folgende Aussage mit Beispielen aus gesammelten Zeitungsausschnitten.

„Heute hängt unser aller Leben an der Weltwirtschaft: Wo ist das gewachsen, was Sie heute früh gegessen und getrunken haben, woher kommt das Öl, das Ihr Flugzeug oder Auto hierher getrieben hat? Also muss ich von Weltwirtschaft reden, wenn ich die ökonomischen Probleme mit Blick auf die Zukunft behandeln will.“

(C. F. v. Weizsäcker)

# Lernsituation 94
## Globalisierung

FK ☞ ***LF7*** *Kap. 9, 10*

**LERNSITUATION**

Im Rahmen einer Projektwoche an Ihrer Berufsschule zum Thema Globalisierung haben Sie mit Ihrer Gruppe die Aufgabe übernommen, die Auswirkungen und Bedeutung der Globalisierung auf die Branche Ihres Ausbildungsbetriebs in einer Präsentation vorzustellen.

**ARBEITSAUFTRÄGE**

1. Bilden Sie eine Gruppe von 4 bis 5 Mitgliedern.
2. Recherchieren Sie Informationen aus dem Internet, der Tagespresse oder aber auch aus der Branche Ihres Ausbildungsbetriebes.
3. Bereiten Sie eine Präsentation vor Ihrer Klasse vor und nutzen Sie hierfür geeignete Präsentationsmedien.

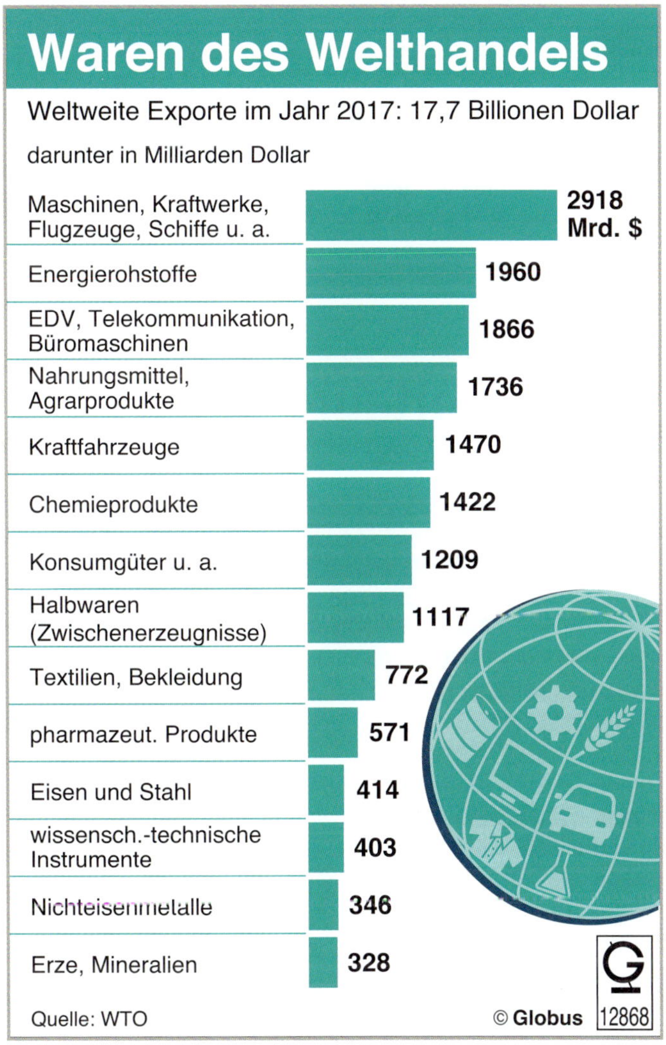

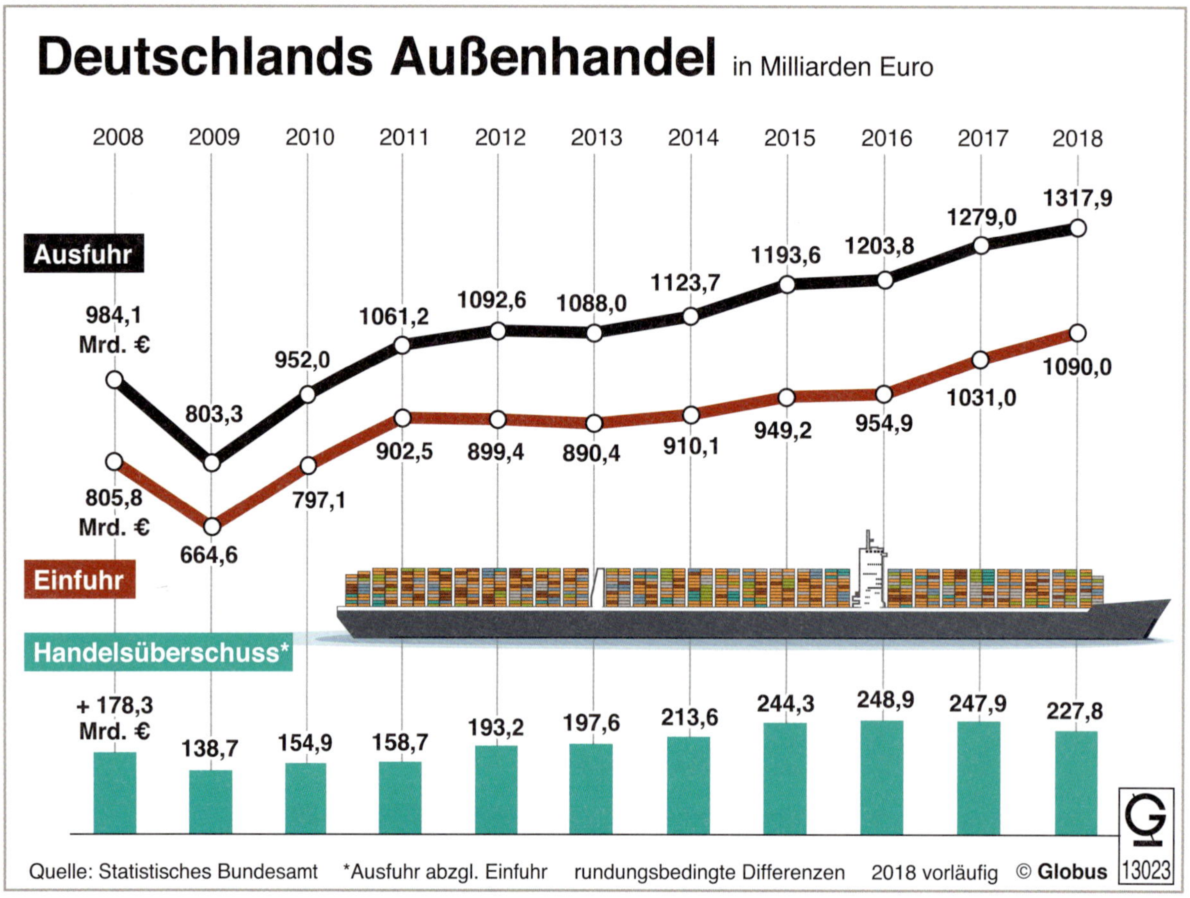
Deutschlands Außenhandel in Milliarden Euro
2008 2009 2010 2011 2012 2013 2014 2015 2016 2017 2018
Ausfuhr
984,1 Mrd. €
803,3
952,0
1061,2
1092,6
1088,0
1123,7
1193,6
1203,8
1279,0
1317,9
Einfuhr
805,8 Mrd. €
664,6
797,1
902,5
899,4
890,4
910,1
949,2
954,9
1031,0
1090,0
Handelsüberschuss*
+ 178,3 Mrd. €
138,7
154,9
158,7
193,2
197,6
213,6
244,3
248,9
247,9
227,8
Quelle: Statistisches Bundesamt *Ausfuhr abzgl. Einfuhr rundungsbedingte Differenzen 2018 vorläufig © Globus 13023

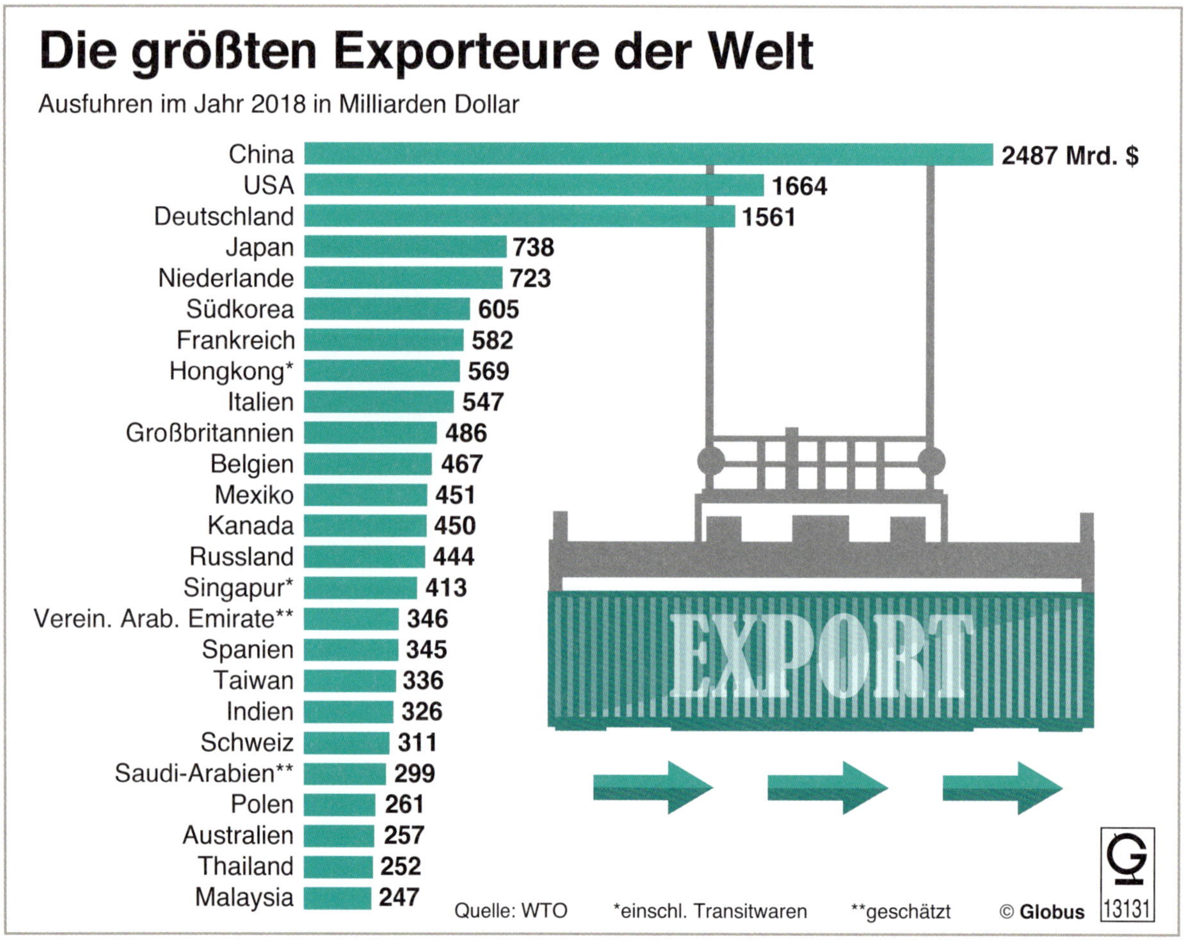
Die größten Exporteure der Welt
Ausfuhren im Jahr 2018 in Milliarden Dollar
China 2487 Mrd. $
USA 1664
Deutschland 1561
Japan 738
Niederlande 723
Südkorea 605
Frankreich 582
Hongkong* 569
Italien 547
Großbritannien 486
Belgien 467
Mexiko 451
Kanada 450
Russland 444
Singapur* 413
Verein. Arab. Emirate** 346
Spanien 345
Taiwan 336
Indien 326
Schweiz 311
Saudi-Arabien** 299
Polen 261
Australien 257
Thailand 252
Malaysia 247
EXPORT
Quelle: WTO *einschl. Transitwaren **geschätzt © Globus 13131

# Arbeitsblatt 94.1 Gründe für und Schutz vor Außenhandel

## Außenhandel und Handelsbeschränkungen

Außenwirtschaft

Außenhandel

Gründe für internationalen Handel

Gründe für Handelsbeschränkungen

Argumente für Handelsbeschränkungen

1.

2.

3.

## Arbeitsblatt 94.2 Gründe für fortschreitende Globalisierung

**Gründe für fortschreitende Globalisierung**

Politische und wirtschaftliche Entwicklung

▪

▪

▪ Gütermärkte

# Arbeitsblatt 94.3 Chancen und Risiken der Globalisierung

**Chancen und Risiken der Globalisierung**

Wirtschaftliche und politische Chancen

Wirtschaftliche und politische Risiken

Positive Auswirkungen auf den Ausbildungsbetrieb

Negative Auswirkungen auf den Ausbildungsbetrieb

# Arbeitsblatt 94.4 Zahlungsbilanz

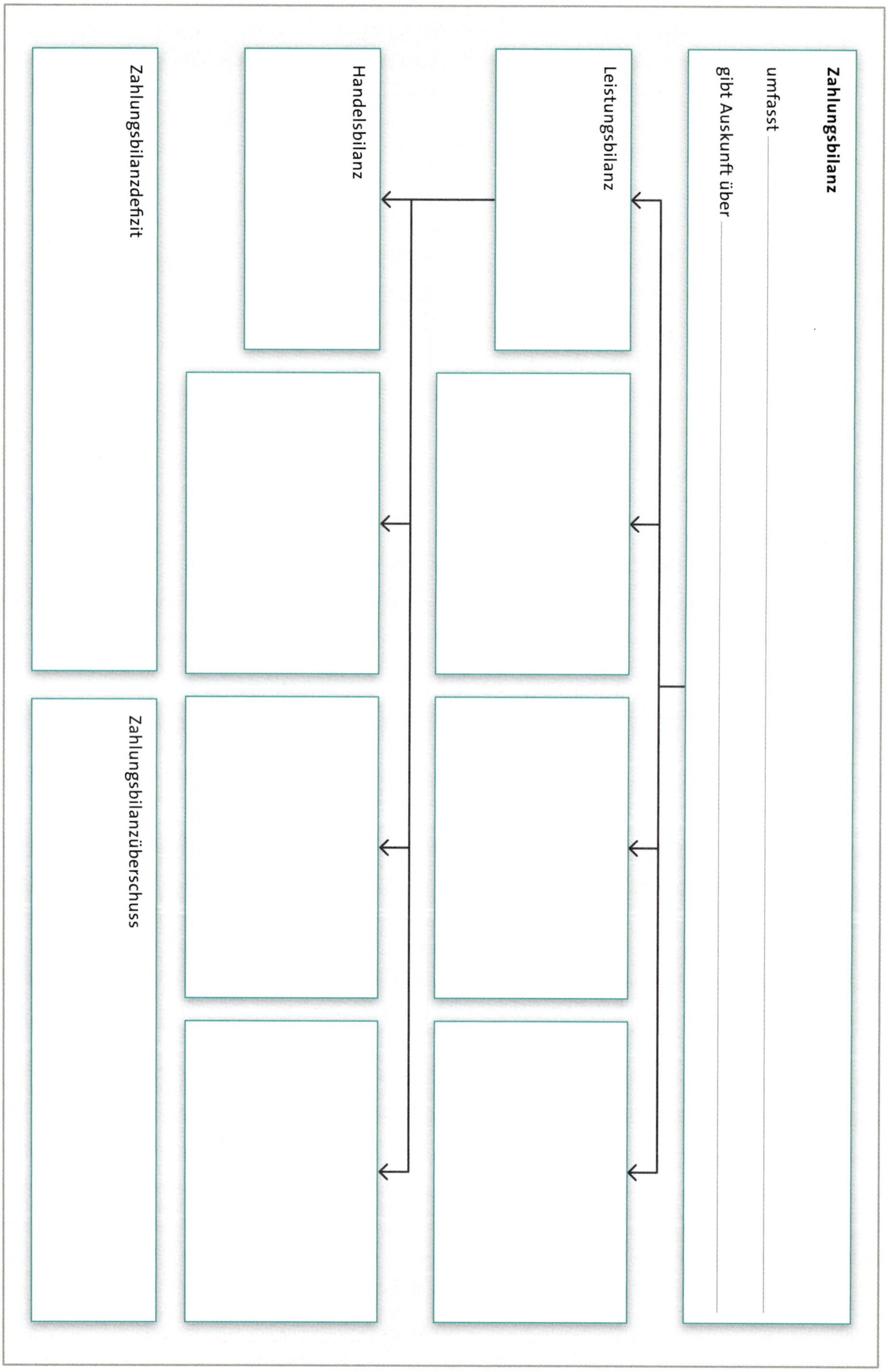

## Aufgaben

**1**

„Es ist höchst unwirtschaftlich, wenn eine Volkswirtschaft alle benötigten Waren und Dienstleistungen selbst produziert." Begründen Sie diese Aussage.

**2**

Finden Sie jeweils ein Beispiel für die verschiedenen Argumente, die zur Begründung der Handelshemmnisse herangezogen werden.

**3**

Lesen Sie den folgenden satirischen Brief des Frederic Bastiat. Worum geht es in diesem Brief und was will Frederic Bastiat damit ausdrücken?

### Satirischer Brief des Frederic Bastiat gegen den zunehmenden Protektionismus in Frankreich im 19. Jahrhundert

Petition der Hersteller von Kerzen, Talglichtern, Lampen, Leuchtern, Straßenlaternen, Lichtputzscheren und Löschhütchen sowie der Fabrikanten von Talg, Öl, Harz, Alkohol und allem, was mit Beleuchtung zu tun hat. Sehr geehrte Damen und Herren, Sie machen sich viele Gedanken über das Schicksal der Hersteller. Sie möchten sie von jeder äußeren Konkurrenz befreien, mit einem Wort, Sie wollen den heimischen Markt allein für heimische Arbeit reservieren (...) Wir müssen aber die unerträgliche Konkurrenz einer ausländischen Rivalin hinnehmen, die, wie es den Anschein hat, bei der Produktion von Licht von Bedingungen profitiert, die unsere bei Weitem übersteigen, und so unseren heimischen Markt mit Licht zu absurd herabgesetzten Preisen geradezu überschwemmt; sobald sie auftaucht, hat es mit unserem Geschäft ein Ende. Alle Verbraucher wenden sich ihr zu und auf einmal stagniert eine ganze, weit verzweigte Branche der heimischen Industrie. Diese Rivalin, die niemand anderes ist als die Sonne, führt einen so erbitterten Kampf gegen uns, dass man meinen möchte, unsere englischen Feinde hätten sie uns geschickt (...), zumal sie jener hochmütigen Insel eine Rücksicht entgegenbringt, auf die sie uns gegenüber vollkommen verzichtet. Wir fordern höflichst die Einführung eines Gesetzes, das den Verschluss aller Fenster, Dachluken, Lichtöffnungen, Fensterläden, Vorhänge, Oberlichter und Rouleaus gebietet, mit einem Wort alle Öffnungen, Löcher, Spalten und Risse, durch die das Sonnenlicht in unsere Häuser einzudringen pflegt und damit den schönsten Industrien zum Nachteil gereicht, mit denen wir, ohne uns schmeicheln zu wollen, dieses Land ausgestattet haben, welches sich heute nicht so undankbar zeigen wird, uns in diesem ungleichen Kampf im Stich zu lassen (...)

Quelle: Fourcans, A., Die Welt der Wirtschaft, Frankfurt / New York 1998, S. 117 f.

**4**

Die Zahlungsbilanz bildet eine wichtige Grundlage für wirtschaftspolitische Entscheidungen der Bundesregierung und der Bundesbank.

a) Was wird in der Zahlungsbilanz erfasst?
b) Welche Teilbilanzen der Zahlungsbilanz gibt es und welche Transaktionen erfassen sie?
c) Erklären Sie den Ausdruck eines Zahlungsbilanzüberschusses und eines Zahlungsbilanzdefizits.

**5**

Wann ist der Außenbeitrag negativ und wann null?

**6**

Prüfen Sie die folgenden außenwirtschaftlichen Vorgänge. Welche Teilbilanz der Zahlungsbilanz betreffen sie?

a) Italien importiert deutsche Maschinen.
b) Ein deutsches Ingenieurbüro plant einen Staudamm in Ägypten.
c) Herr Well kauft über seine Bank US-Aktien.
d) Deutschland importiert Erdöl aus Saudi-Arabien.
e) Ein arabischer Scheich beteiligt sich an einer deutschen Unternehmung.
f) Die Bundesregierung zahlt Beiträge an die EU.
g) Eine chinesische Reisegruppe macht Urlaub in Berlin.
h) Ein türkischer Arbeitnehmer überweist einen Teil seines Gehaltes nach Istanbul zu seiner Familie.

# Lernsituation 95
## Wenn man seine Kosten nicht kennt

FK ☞ *LF8 Kap. 1*

**LERNSITUATION**

Zwei Unternehmen, beide ohne „nennenswerte“ Kenntnisse über ihre eigenen Kosten, haben in der letzten Zeit „Schlagzeilen“ gemacht. Beide Unternehmen agieren am jeweiligen Markt ausschließlich über den Preis. Die übliche Vorgehensweise – Kosten ermitteln, Gewinn planen und erst dann Preise anbieten – gilt für diese Unternehmen nicht.

**Unternehmen 1:** Bau AG, Bauunternehmen für den Groß-Objekt-Bau (Einkaufzentren u. Ä.)
Interne Zielsetzung: Unterbietung von Konkurrenzunternehmen im Angebotspreis für den Erhalt von Anschluss-Aufträgen bei Großbauprojekten, die EU-weit ausgeschrieben werden

**Schlagzeilen aus der Tagespresse (in zeitlicher Reihenfolge)**

**Bau AG gewinnt Bieterstreit**
Neuer Auftrag für das INWA-Einkaufszentrum in Bonn

**Die Bau AG baut jetzt auch in Österreich**

*Niemand baut so preiswert wie die Bau AG*
Neuer Großauftrag aus Italien

Schadenersatzklagen gegen die Bau AG
Vorwurf der „schlampigen“ Bauausführung

**Keine Lohnzahlungen: Bau AG am Ende?**

**Unternehmen 2:** Moto-Import GmbH, alleiniger Importeur in Deutschland für MG-Motorräder und deren Ersatzteile aus italienischer Produktion
Interne Zielsetzung: moderate Motorradpreise bei gleichzeitiger Höchstpreispolitik bei allen Ersatzteilen

**Schlagzeilen aus der Tagespresse (in zeitlicher Reihenfolge)**

**Moto-Import meldet:** Zulassungszahlen für italienische MG-Motorräder erneut gestiegen

**Moto-Import GmbH übernimmt Importeur**
für italienische MG-Motorräder in den BeNeLux-Ländern

**Moto Import baut neues Zentrallager in Aachen**

Moto Import vermeldet das **erfolgreichste Jahr** der Firmengeschichte

*Motorrad-Händler sind „sauer“*
Hohe Ersatzteilpreise für MG-Motorräder verärgern die Kundschaft

**Neuer Anbieter**
Ersatzteile für italienische MG-Motorräder jetzt günstig online bestellen

**ARBEITSAUFTRÄGE**

1. Langfristig unternehmerisch erfolgreich ohne Kenntnisse über die eigenen Kosten? Überprüfen Sie diese Aussage anhand der obigen Schlagzeilen aus der Tagespresse aus Sicht der dargestellten Unternehmen.
2. Welche Zukunftsentwicklung ist für diese Unternehmen absehbar?

# Arbeitsblatt 95.1 Grundbegriffe der Kostenrechnung

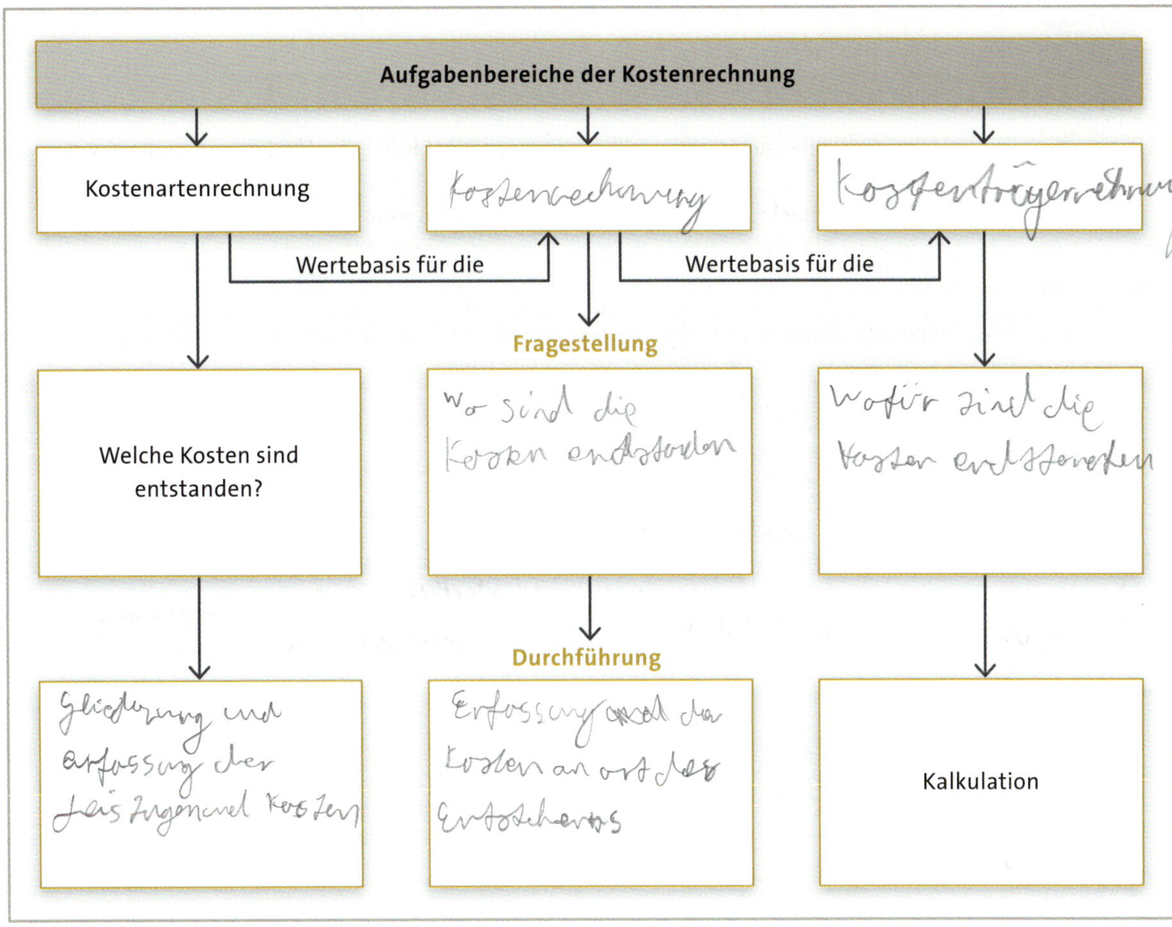


| Grundbegriffe der Kostenrechnung | Erläuterung | Beispiel |
|---|---|---|
| Einzelkosten | sind dem Kostenträger direkt zurechenbar und werden direkt zugeordnet | Anschaffungskosten für eine Ware können dem Kostenträger direkt zugerechnet werden. |
| echte Gemeinkosten | sind dem Kostenträger nicht direkt zurechenbar | Gehalt einer Sekretärin. |
| unechte Gemeinkosten | sind dem Kostenträger direkt zurechenbar werden es aber nicht | geringe Bezugskosten bei einer Sammelbestellung werden den jeweiligen Kostenträgern nicht einzeln zugeordnet. |
| fixe Kosten | ~~Kein~~ Kosten unabhängig von Absätzen | Gehälter, Mieten |
| sprungfixe Kosten | steigen oder sinken je nach Kapazität | Kauf eines Autos, Stilllegung einer Maschine |
| variable Kosten | steigen oder sinken je nach Absatzmenge | Löhne, Einsparungen |
| Mischkosten | Sowohl variable als auch fixe Kosten | Energiekosten |

## Arbeitsblatt 95.2 Grundbegriffe der Kosten- und Leistungsrechnung

**Definition**

| | |
|---|---|
| Kosten sind Sachzielbezogene<br>und Bewertete Güterverbräuche<br>in einer Rechnungsperiode. | Leistungen sind Sachzielbezogene<br>und bewertete Gütererstellungen<br>in einer Rechnungsperiode. |

**Abgrenzung**

| Aufwendungen sind | | Erträge sind | |
|---|---|---|---|
| betrieblich<br>und<br>ordentlich<br>und<br>periodengerecht<br>= Aufwände Kosten | Betriebsfremde<br>oder<br>außerordentlich<br>oder<br>Periodenfremd<br>= neutrale<br>Aufwände | betrieblich<br>und<br>ordentlich<br>und<br>periodengerecht<br>= Erträge Leistungen | Betriebsfremd<br>oder<br>außerordentlich<br>oder<br>periodenfremd<br>= neutrale<br>Erträge |

**Zeitbezug der Kosten**

| Istkostenrechnung | Normalkostenrechnung | Plankostenrechnung |
|---|---|---|
| Sie erfasst den sachlichen Werteverzehr der unmittelbaren<br>vergangener Abrechnungsperioden | Die Durchschnittswerte<br>vergangener Abrechnungsperioden | werteforschreibung in die Zukunft<br>für<br>zukünftige Abrechnungsperioden |

**Zurechenbarkeit der Kosten auf die Kostenträger**

| Einzelkosten | Echte Gemeinkosten | Unechte Gemeinkosten |
|---|---|---|
| sind den Kostenträgern<br>direkt zurechenbar | sind den Kostenträgern<br>nicht direkt zurechenbar | sind den Kostenträgern<br>direkt zurechenbar werden aber aus grund der Wirtschaftlichkeit nicht gemacht |

**Abhängigkeit der Kosten von der Beschäftigung**

| Fixe Kosten | Sprungfixe Kosten | Variable Kosten | Mischkosten |
|---|---|---|---|
| beschäftigungs-<br>unabhängige<br>Kosten | steigen oder<br>fallen wenn die Kapazität geändert wird | beschäftigungs-<br>abhängige<br>Kosten | Kostenarten mit<br>fixen und variablen<br>Bestandteilen |

# Arbeitsblatt 95.3 Fixe und variable Kosten

Die BPK GmbH nutzt einen eigenen Lkw für die Auslieferung von Waren und teilweise auch für die Abholung von Waren bei Lieferanten.

**ARBEITSAUFTRÄGE**

**1.** Ermitteln Sie die fixen Kosten pro Jahr und die variablen Kosten je km:

| Kostenart | Werte in € | fixe Kosten pro Jahr in € | variable Kosten je km in € |
|---|---|---|---|
| kalkulatorische Abschreibungen | 11.900,00 €/Jahr | | |
| kalkulatorische Zinsen | 3.500,00 €/Jahr | | |
| Versicherungsbeiträge | 2.500,00 €/Jahr | | |
| Kfz-Steuer | 900,00 €/Jahr | | |
| Miete für Stellplatz | 100,00 €/Monat | | |
| Dieselkraftstoff | 20 Liter/100 km zu 1,40 € je Liter | | |
| Inspektionen mit Material (Öl usw.) | 1.050,00 €/15.000 km | | |
| Ersatz von Verschleißteilen (Reifen usw.) | 500,00 €/10.000 km | | |
| Summe | | | |

**2.** Ermitteln Sie die jeweiligen Kosten für die angegebene km-Leistung:

| km | Gesamtkosten in € | | | Kosten je km in € | | |
|---|---|---|---|---|---|---|
| | KG | KF | KV | kg | kf | kv |
| 0 | | | | | | |
| 5.000 | | | | | | |
| 10.000 | | | | | | |
| 15.000 | | | | | | |
| 20.000 | | | | | | |
| 25.000 | | | | | | |
| 30.000 | | | | | | |
| 35.000 | | | | | | |
| 40.000 | | | | | | |
| 45.000 | | | | | | |
| 50.000 | | | | | | |

**3.** Stellen Sie die Entwicklung der Gesamtkosten und der Stückkosten grafisch dar. Verwenden Sie unterschiedliche Farben.

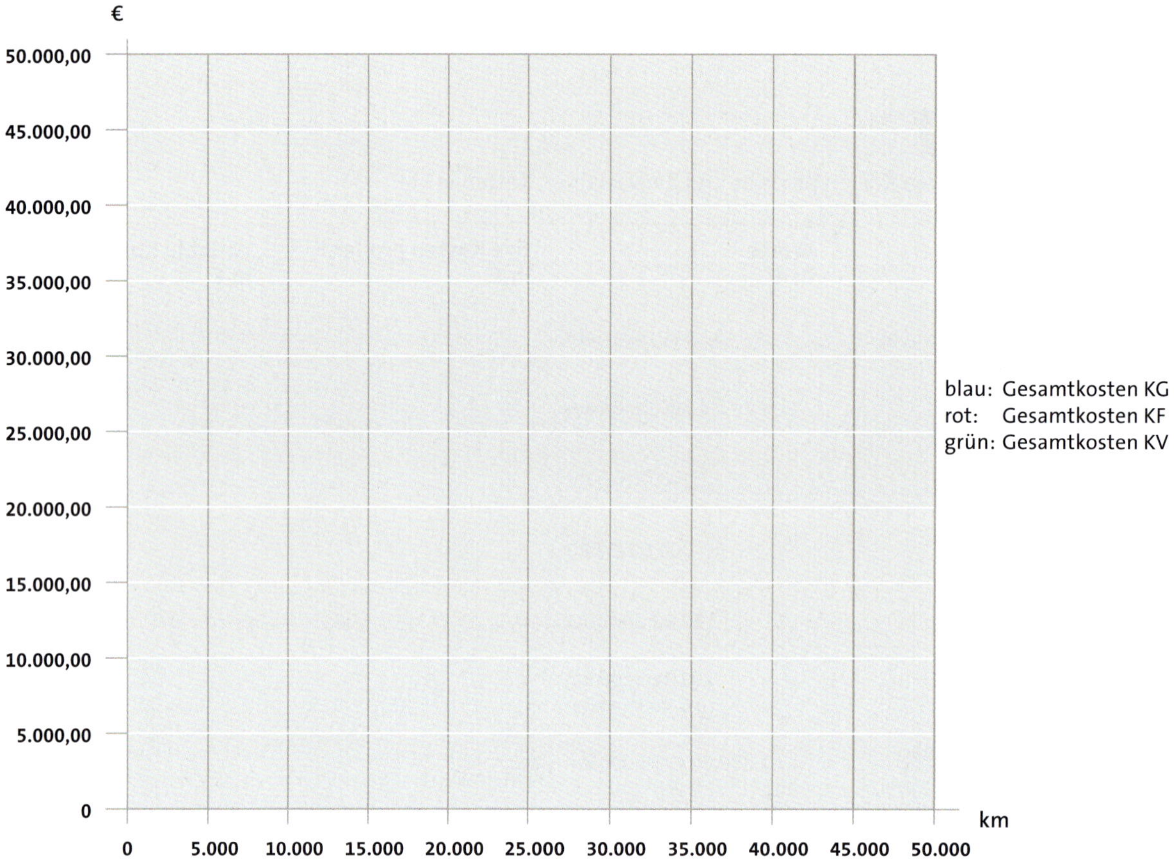


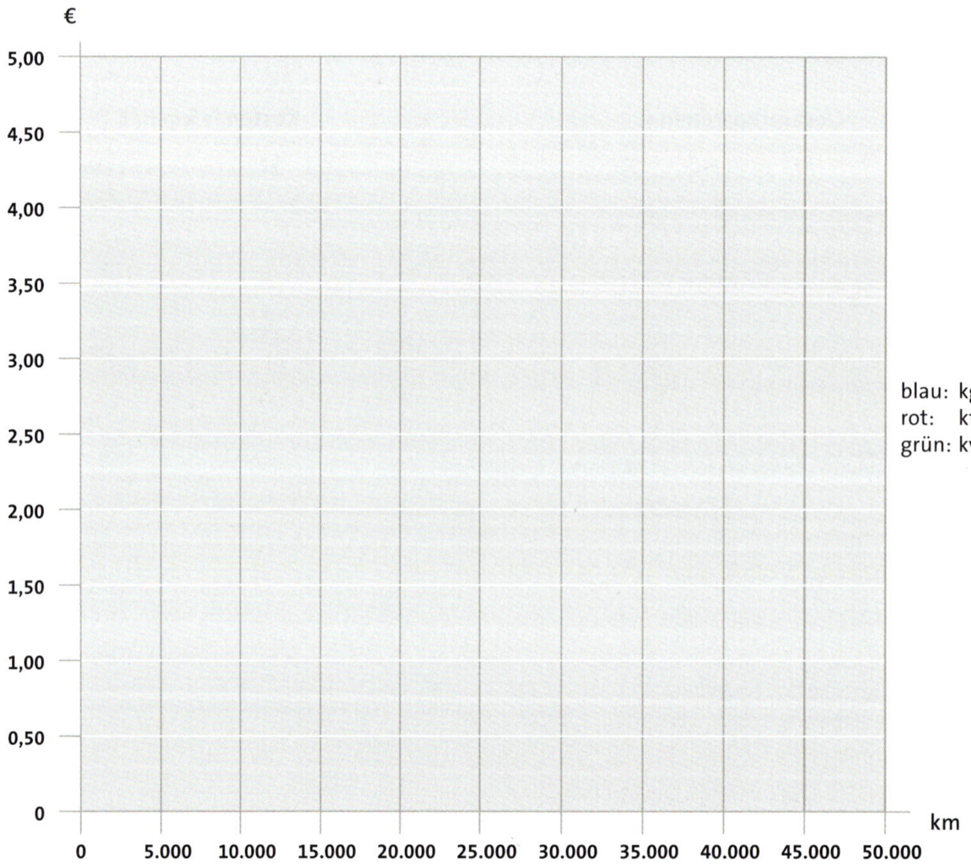

# Arbeitsblatt 95.4 Sachzielbezogene (betriebliche) Aufwendungen und Erträge

**1.** Ein Fahrradgroßhändler mit dem Absatzprogramm Fahrräder, Fahrradanhänger, Fahrradbekleidung sowie der Vermittlung von Fahrradreisen erzielt durch verschiedene Aktivitäten Aufwendungen oder Erträge. Kreuzen Sie folgende Aktivitäten an, wenn sie den Sachzielen des Fahrradgroßhändlers dienen.

| | | | |
|---|---|---|---|
| X | Verkauf von Fahrrädern | | Vermietung von Wohnungen |
| X | Vertrieb von Prospekten über Fahrradbekleidung und Fahrradreisen | X | Verkauf von Fahrradanhängern |
| X | Unterhalt eines Testzentrums für eingekaufte Waren | | Kauf (Verkauf) von Aktien anderer Unternehmen zur kurzfristigen, möglichst rentablen Geldanlage |
| X | Vermittlung von Fahrradreisen | X | Lagerhaltung von Waren |
| X | Gestaltung von Prospekten für neue Fahrradmodelle | | Betrieb einer Sportanlage |

**2.** Das oben beschriebene Unternehmen ermittelt für die laufende Rechnungsperiode folgende Arten von Aufwendungen (Güterverbräuche) und Erträgen (Gütererstellungen). Stellen Sie fest, ob diese Güterverbräuche den Sachzielen des Fahrradgroßhändlers dienen (= betrieblich) oder für die Erreichung der Sachziele nicht notwendig sind (= betriebsfremd). Kreuzen Sie das richtige Lösungsfeld an.

| Aufwendungen/Erträge | Sachzielbezogen (betrieblich) | Nicht sachzielbezogen (betriebsfremd) |
|---|---|---|
| Aufwendungen | | |
| a) Wasserverbrauch in der Verwaltung | X | |
| b) Verbrauch von Verpackungsmaterial | X | |
| c) Trikotwerbung bei einem ortsansässigen Fußballverein | X | |
| d) Renovierungsaufwand für vermietete Wohnungen | | X |
| e) Abschreibung einer Verpackungsmaschine | X | |
| f) Energieaufwand für die Beheizung der Sportanlage | | X |
| g) Verluste aus dem Verkauf von Aktien | | X |
| h) Löhne und Arbeitgeberanteile für die Sozialversicherung der Mitarbeiter/-innen | X | |
| i) Reisekosten des Geschäftsführers nach Mailand zum Besuch einer Fahrradmesse | X | |
| Erträge | | |
| a) Umsatzerlöse aus dem Verkauf von Fahrrädern | X | |
| b) Erlöse aus dem Verkauf von Eintrittskarten für die firmeneigene Sportanlage | | X |
| c) Erlöse aus der Vermittlung von Fahrradreisen | X | |
| d) Mieterträge aus vermieteten Wohnungen | | X |
| e) Erlöse aus der Vermittlung von Geschäften gegen Provision | X | |
| f) Erlöse aus dem Verkauf von Fahrradanhängern | X | |
| g) Fertigstellung selbst erstellter Lagereinrichtungen (aktivierte Eigenleistungen) | X | |
| h) Bestandserhöhung (Lageraufbau) von Fahrrädern | X | |
| i) Erlöse aus dem Verkauf von Aktien mit Gewinn | | X |

# Arbeitsblatt 95.5 Kalkulatorische Kosten

| **Geschäftsbuchhaltung** = Aufwandsermittlung | **Kostenrechnung** = Kostenermittlung |
|---|---|
| Basis: Handels- und Steuerrecht<br>Geltungsbereich: alle Unternehmen | Basis: Sachzielbezogener Güterverzehr<br>Geltungsbereich: ein bestimmtes Unternehmen |

**Abschreibungen (Beispiel: Abschreibung eines Fahrzeuges)**

| Geschäftsbuchhaltung | | Kostenrechnung | |
|---|---|---|---|
| Anschaffungskosten<br>Nutzungsdauer gemäß AfA-Tabelle | 50.000,00 €<br>6 Jahre | Wiederbeschaffungskosten<br>Betriebsindividuelle Nutzungsdauer | 54.000,00 €<br>8 Jahre |
| Abschreibungsbetrag 1. Jahr = **Aufwand** | | Abschreibungsbetrag 1. Jahr = **Kosten** | |

**Zinsen**

| Geschäftsbuchhaltung | | Kostenrechnung | |
|---|---|---|---|
| Tatsächlich gezahlte Zinsen auf das Fremdkapital:<br>▪ Darlehenszinsen<br>▪ Kontokorrentzinsen | <br><br>57.500,00 €<br>8.750,00 € | Betriebsnotwendiges Anlage- und Umlaufvermögen<br>– Abzugskapital<br>= Betriebsnotwendiges Kapital | 900.000,00 €<br>50.000,00 €<br> |
| | | Kalkulatorischer Zinssatz | 9 % |
| Summe der Zinszahlungen = **Aufwand** | | Kalkulatorische Zinsen = **Kosten** | |

**Wagnisse (Beispiel: Gewährleistungswagnis)**

| Geschäftsbuchhaltung | | Kostenrechnung | | |
|---|---|---|---|---|
| Tatsächlich im Jahr 20XX entstandene Aufwendungen für Gewährleistungen (Personal-, Material-, Porto- und weitere Kostenarten) | 22.500,00 € | Jahr | Umsatz | Gewährleistungen |
| | | 1 | 1.125.000,00 € | 10.250,00 € |
| | | 2 | 1.250.000,00 € | 14.510,00 € |
| | | 3 | 1.300.000,00 € | 11.000,00 € |
| | | 4 | 1.210.000,00 € | 13.125,00 € |
| | | Geplanter Umsatz im Jahr 20XX | | 1.150.000,00 € |
| **Aufwand** für eingetretene Gewährleistungen | | Kalkulatorisches Gewährleistungswagnis als Durchschnittssatz von 4 Jahren = **Kosten** | | |

**Miete (eigene Gebäude)**

| Geschäftsbuchhaltung | | Kostenrechnung | |
|---|---|---|---|
| Tatsächlich entstandene Aufwendungen für die Gebäude:<br>Hypothekenzinsen<br>Abschreibungen<br>Instandhaltung<br>Steuern/Versicherungen<br>Reinigung | <br><br>23.000,00 €<br>18.000,00 €<br>12.500,00 €<br>6.500,00 €<br>6.000,00 € | Ortsüblicher monatlicher Mietpreis für vergleichbare Unternehmensgebäude:<br>▪ Verwaltung 150 m²<br>▪ Lager 600 m² | <br><br>12 €/m²<br>8 €/m² |
| Summe der Gebäudeaufwendungen = **Aufwand** | | Kalkulatorische Jahresmiete = **Kosten** | |

# Aufgaben

**1**

Ordnen Sie die Ziffern der folgenden Kosten dem richtigen Feld der Tabelle darunter zu.

1. Wareneinsatz bewertet mit Einstandspreisen
2. Gehalt des Geschäftsführers
3. Telefonkosten der Verwaltung
4. Vertriebsprovisionen für Reisende
5. Verpackungskartons für Fahrräder
6. Abschreibungen auf Büromaschinen
7. Bezugskosten einer Sammelbestellung (Kostenträger nicht zugeordnet)

| Einzelkosten | Echte Gemeinkosten | Unechte Gemeinkosten |
|---|---|---|
| 1, 4, 5 | 2, 3, 6 | 7 |

**2**

Ordnen Sie die Ziffern der folgenden Kosten dem richtigen Feld der Tabelle darunter zu.

1. Mietzahlungen für ein Außenlager
2. Abschreibungen auf die Geschäftsausstattung
3. Abschreibung auf einen neu angeschafften Pkw
4. Lohnzuschläge für Nachtarbeit
5. Akkordlöhne im Versand
6. Verbrauch von Verpackungsmaterial (bei steigenden Absatzmengen)
7. Stilllegung und Verkauf einer Verpackungsmaschine (noch nicht abgeschrieben)
8. Energieverbrauch für Maschinen bei Vollauslastung

| Fixe Kosten | Sprungfixe Kosten | Proportional variable Kosten | Überproportional variable Kosten | Unterproportional variable Kosten |
|---|---|---|---|---|
| 1, 2 | 3, 7 | 5 | 4, 8 | 6 |

**3**

Ordnen Sie die Ziffern der folgenden Kosten dem richtigen Feld der Tabelle darunter zu.

1. Reparatur einer Verpackungsmaschine (normaler Verschleiß)
2. Erlöse aus Warenverkäufen
3. Gewerbesteuernachzahlung für das letzte Geschäftsjahr
4. Mieteinnahmen
5. Erheblicher Kassenfehlbetrag (Diebstahl?)
6. Wertverlust von Wertpapieren
7. Schadenersatzzahlung eines Lieferanten
8. Zahlungseingang auf eine bereits abgeschriebene Forderung aus dem Vorjahr

| Kosten | Betriebsfremde Aufwendungen | Außerordentliche Aufwendungen | Periodenfremde Aufwendungen |
|---|---|---|---|
| | | | |
| **Leistungen** | **Betriebsfremde Erträge** | **Außerordentliche Erträge** | **Periodenfremde Erträge** |
| | | | |

**4**

Das betriebsnotwendige Anlagevermögen der Ralle OHG hat einen Wert von 700.000,00 €. Das durchschnittliche betriebsnotwendige Umlaufvermögen ist mit 600.000,00 € anzusetzen. Zu berücksichtigen ist allerdings ein zinsfreies Fremdkapital in Höhe von 310.000,00 €. Der Kapitalmarktzins liegt bei günstigen 6,0 %. Eine neue, erst zum Jahresbeginn angeschaffte Verpackungsmaschine hat Anschaffungskosten in Höhe von 80.000,00 € verursacht. Die betriebsgewöhnliche Nutzungsdauer beträgt zwölf Jahre. Die Forderungsausfälle der Ralle OHG nach Zielverkäufen haben sich wie folgt entwickelt:

| | Umsätze auf Ziel in € | Forderungsausfall in € |
|---|---|---|
| 20X1 | 6.300.000,00 | 77.000,00 |
| 20X2 | 5.900.000,00 | 68.000,00 |
| 20X3 | 5.700.000,00 | 69.800,00 |
| 20X4 | 5.600.000,00 (geplant) | |

Ermitteln Sie für die Ralle OHG

a) die kalkulatorischen Zinsen in €,

b) die kalkulatorische Abschreibung für die Verpackungsmaschine, wenn eine betriebsindividuelle Nutzungsdauer von 10 Jahren unterstellt wird und für diese Maschine die lineare Abschreibung angewendet werden soll; die geplanten Wiederbeschaffungskosten betragen 90.000,00 €,

c) das kalkulatorische Wagnis für Forderungsausfälle in % und in € für das Jahr 20X4 auf Basis der durchschnittlichen Forderungsausfälle der Jahre 20X1–20X3.

**5**

Ordnen Sie die Ziffern der folgenden Kosten dem richtigen Feld der Tabelle darunter zu.

**1** Lohn- und Gehaltszahlungen

**2** kalkulatorische Abschreibung

**3** kalkulatorische Zinsen auf das betriebsnotwendige Eigenkapital

**4** Wareneinsatz zu Verrechnungspreisen

**5** Energieverbrauch in der Verwaltung

**6** kalkulatorische Miete

| Grundkosten (Zweckaufwand) | Anderskosten | Zusatzkosten |
|---|---|---|
| | | |

**6**

Ein Lkw mit Anschaffungskosten (AK) in Höhe von 180.000,00 € wird bilanziell innerhalb von 9 Jahren (betriebsgewöhnliche Nutzungsdauer gemäß AfA-Tabelle) linear abgeschrieben. Kalkulatorisch wird der Lkw ebenfalls linear, aber innerhalb von 8 Jahren (betriebsindividuelle Nutzungsdauer) von den Wiederbeschaffungskosten abgeschrieben. Dabei wird von einer durchschnittlichen Preissteigerungsrate von 3 % pro Jahr ausgegangen.

a) Berechnen Sie die bilanzielle Abschreibung im ersten Abschreibungsjahr.

b) Ermitteln Sie die Wiederbeschaffungskosten am Ende der betriebsindividuellen Nutzungsdauer (Wert auf volle 100,00 € abrunden!).

Formel zur Ermittlung der Wiederbeschaffungskosten = AK · $1{,}03^8$

(1,03: Preissteigerungsrate; 8: betriebsindividuelle Nutzungsdauer)

c) Berechnen Sie die kalkulatorische Abschreibung im ersten Abschreibungsjahr.

**7**

Die Kronos GmbH ermittelt in ihrer Finanzbuchhaltung folgende Werte zum Geschäftsjahresende:

- Anlagevermögen: Buchwerte 1.200.000,00 € (Buchwerte nach bilanzieller Abschreibung)
- Umlaufvermögen: Buchwerte 1.300.000,00 € (davon flüssige Mittel 600.000,00 €)
- Eigenkapital: 1.000.000,00 €
- Fremdkapital: 1.500.000,00 €

Der Betriebsbuchhaltung der Kronos GmbH liegen folgende Informationen vor:

| | |
|---|---|
| Zum Anlagevermögen | • Buchwert einer stillgelegten Lagerhalle (Grundstück mit Gebäude): 100.000,00 €<br>• Buchwert eines ungenutzten Grundstückes 50.000,00 €<br>• Die kalkulatorischen Abschreibungen auf das betriebsnotwendige Anlagevermögen sind um 50.000,00 € geringer als die bilanziellen Abschreibungen. |
| Zum Umlaufvermögen | • Die flüssigen Mittel einschließlich des Postens „Wertpapiere des UV" sind um 100.000,00 € überhöht.<br>• Die Jahresdurchschnittswerte des betriebsnotwendigen Umlaufvermögens (ohne die flüssigen Mittel) liegen um 20 % unter den Werten am Bilanzstichtag. |
| Zum Fremdkapital | • Verbindlichkeiten aus Lieferungen und Leistungen 500.000,00 € (kein Skontoabzug)<br>• Anzahlungen von Kunden 50.000,00 € |
| Langfristiger Kapitalmarktzins | 10,0 % |

a) Berechnen Sie die kalkulatorischen Restwerte für das betriebsnotwendige Anlagevermögen.

b) Berechnen Sie das betriebsnotwendige Umlaufvermögen.

c) Berechnen Sie das betriebsnotwendige Kapital.

d) Berechnen Sie die kalkulatorischen Zinsen für ein Geschäftsjahr.

# Lernsituation 96

FK ☞ *LF8 Kap. 1*

## Kosten, Leistungen und das Betriebsergebnis

**LERNSITUATION**

In der Finanzbuchhaltung der BPK GmbH ist der Monatsabschluss „gelaufen". Die Daten der Gewinn- und Verlustrechnung mit dem Gesamtergebnis des Unternehmens hat Herr Dr. Schönhauser schon auf seinem Schreibtisch liegen – die waren nicht so gut. Für seine am Abend stattfindende Besprechung mit den Gesellschaftern benötigt er aber dringend noch das Betriebsergebnis. Die Gesellschafter interessieren sich ja mehr für die Kosten und Leistungen (Betriebsergebnis) und weniger für das „Drumherum" (neutrales Ergebnis). „Langfristig erfolgreich und damit „gesund" ist ein Unternehmen nur dann, wenn der eigentliche Betriebszweck zum Erfolg führt." Diesen Satz hat Herr Dr. Schönhauser schon oft gehört. Eigentlich ist die Ergebnistabelle ja schon fast fertig – die Abgrenzungsfälle sind schon alle eingetragen – es fehlen nur noch die Kosten und Leistungen – und alle Ergebnisse.

**ARBEITSAUFTRÄGE**

1. Ermitteln Sie die Kosten und Leistungen mithilfe der Ergebnistabelle auf der folgenden Seite.
2. Ermitteln Sie anschließend alle Ergebnisse und werten sie diese aus.
3. Versetzen Sie sich in die Lage von Herrn Dr. Schönhauser. Wie kann er den Gesellschaftern die Zahlen möglichst positiv erläutern? Formulieren Sie drei positive Aussagen im Vergleich zur Ergebnistabelle vom Vormonat (Fachkunde Kap. 1.4).

| | Geschäftsbuchhaltung | | Unternehmensbezogene Abgrenzung | | Betriebsbezogene Abgrenzung | | Kosten- und Leistungsarten | |
|---|---|---|---|---|---|---|---|---|
| | 1 Aufwendungen | 2 Erträge | 3 Aufwendungen | 4 Erträge | 5 Aufwendungen | 6 Erträge | 7 Kosten | 8 Leistungen |
| Summen | | | | | | | | |
| Salden (Gewinn oder Verlust) | | | | | | | | |
| Ergebnisse | Gesamtergebnis | | Ergebnis der unternehmensbezogenen Abgrenzung | | Ergebnis der betriebsbezogenen Abgrenzung | | Betriebsergebnis | |
| | | | Neutrales Ergebnis | | | | | |

| Ergebnisermittlung: | Betrag in € | Gewinn oder Verlust? |
|---|---|---|
| Ergebnis der unternehmensbezogenen Abgrenzung | | |
| + Ergebnis der betriebsbezogenen Abgrenzung | | |
| = Neutrales Ergebnis | | |
| + Betriebsergebnis | | |
| = Gesamtergebnis | | |

| | Berechnung | | Ergebnis |
|---|---|---|---|
| Wirtschaftlichkeit des Unternehmens | $\frac{\text{Erträge}}{\text{Aufwendungen}}$ | | |
| Wirtschaftlichkeit des Betriebes | $\frac{\text{Leistungen}}{\text{Kosten}}$ | | |
| ⌀ Handlungskostenzuschlagssatz | $\frac{\text{Gemeinkosten}}{\text{Wareneinsatz}}$ | | |
| ⌀ Gewinnzuschlagssatz | $\frac{\text{Betriebsgewinn}}{\text{Selbstkosten}}$ | | |

| Geschäftsbuchhaltung | | | | Unternehmensbezogene Abgrenzung | | Betriebsbezogene Abgrenzung | | Kosten- und Leistungsarten | |
|---|---|---|---|---|---|---|---|---|---|
| Kto. Nr. | Kontenbezeichnungen | 1 Aufwendungen | 2 Erträge | 3 Aufwendungen | 4 Erträge | 5 Aufwendungen | 6 Erträge | 7 Kosten | 8 Leistungen |
| 201 | Außerordentliche Aufwendungen | 62.000 | | | | 62.000 | | | |
| 202 | Betriebsfremde Aufwendungen | 1.500 | | 1.500 | | | | | |
| 204 | Verluste a. d. Abgang von Sachanlagen | 700 | | | | 700 | | | |
| 210 | Zinsaufwendungen | 23.000 | | 1.000 | | 22.000 | | | |
| 230 | Forderungsverluste | 1.200 | | | | 1.200 | | | |
| 242 | Betriebsfremde Erträge | | 3.000 | | 3.000 | | | | |
| 243 | Periodenfremde Erträge | | 500 | | | | 500 | | |
| 260 | Zinserträge | | 2.800 | | 2.800 | | | | |
| 271 | Erträge a. d. Abgang von Sachanlagen | | 15.000 | | | | 15.000 | | |
| 301 | Wareneingang | 610.000 | | | | 610.000 | 605.000 | | |
| 400 | Personalkosten | 180.800 | | | | | 7.000 | | |
| 410 | Mieten, Pachten, Leasing | 7.600 | | | | | | | |
| 420 | Steuern, Beiträge, Versicherungen | 2.200 | | | | 900 | 75 | | |
| 430 | Energie, Betriebsstoffe | 2.300 | | | | | | | |
| 440 | Werbe- und Reisekosten | 3.925 | | | | | | | |
| 460 | Kosten der Warenabgabe | 4.400 | | | | | | | |
| 470 | Betriebskosten, Instandhaltung | 2.800 | | 500 | | | | | |
| 480 | Allgemeine Verwaltung | 6.100 | | | | | | | |
| 491 | Abschreibungen auf Sachanlagen | 12.600 | | | | 12.600 | | | |
| 801 | Warenverkauf | | 920.100 | | | | | | |
| | Kalkulatorische Abschreibungen | | | | | | 15.000 | | |
| | Kalkulatorische Zinsen | | | | | | 24.000 | | |
| | Kalkulatorische Wagnisse | | | | | | 1.200 | | |
| | Summen | | | | | | | | |

# Arbeitsblatt 96.1 Ergebnistabelle – Zuordnungen

Geben Sie für nachfolgende Aufwendungen und/oder Kosten bzw. Erträge und/oder Leistungen jeweils die Spaltennummer der Ergebnistabelle an, in der ein Eintrag erfolgen müsste:

| Geschäftsbuchhaltung | | Unternehmensbezogene Abgrenzung | | Betriebsbezogene Abgrenzung | | Kosten- und Leistungsarten | |
|---|---|---|---|---|---|---|---|
| 1 Aufwendungen | 2 Erträge | 3 Aufwendungen | 4 Erträge | 5 Aufwendungen | 6 Erträge | 7 Kosten | 8 Leistungen |

| 1. Spalte | 2. Spalte | Aufwendungen, Kosten, Erträge, Leistungen |
|---|---|---|
| 2 | 8 | Umsatzerlöse für Waren |
| | | Reparaturzahlung für ein vermietetes Haus |
| | | Kfz-Steuer für einen Lkw im Lieferverkehr |
| | | bilanzielle Abschreibungen auf Sachanlagen bei Ansatz von kalk. Abschreibungen |
| | | Gewerbeertragsteuernachzahlung für das Vorjahr |
| | | Abfindungszahlungen für ausscheidende Mitarbeiter |
| | | Wareneinsatz zu Anschaffungskosten bei Ansatz von Verrechnungspreisen |
| | | Wareneinsatz zu Verrechungspreisen |
| | | Gewerbeertragsteuerzahlung für das laufende Geschäftsjahr |
| | | Miete für ein Warenlager |
| | | Diebstahl von Waren |
| | | kalkulatorische Abschreibungen auf Sachanlagen |
| | | aktivierte Eigenleistungen für die Herstellung von Lagereinrichtungen |
| | | Erträge aus Finanzanlagen zur Spekulation |
| | | Zinserträge |
| | | außerordentliche Erträge |
| | | gezahlte Fremdkapitalzinsen bei Ansatz von kalkulatorischen Zinsen |
| | | kalkulatorische Zinsen auf das betriebsnotwendige Kapital |
| | | Abschreibungen auf Forderungen wegen Konkurs eines Großkunden |
| | | Abschreibungen auf Finanzanlagen |
| | | außerordentliche Aufwendungen durch Überschwemmung eines Außenlagers |
| | | kalkulatorische Wagnisse |
| | | Kassenfehlbetrag |

## Aufgaben

**1**

In welchen Spalten der Ergebnistabelle muss in nachfolgenden Fällen eingetragen werden?

| Geschäftsbuchhaltung | | Unternehmensbezogene Abgrenzung | | Betriebsbezogene Abgrenzung | | Kosten- und Leistungsarten | |
|---|---|---|---|---|---|---|---|
| 1 Aufwendungen | 2 Erträge | 3 Aufwendungen | 4 Erträge | 5 Aufwendungen | 6 Erträge | 7 Kosten | 8 Leistungen |

a) Die nicht sachzielbezogenen (betriebsfremden) Aufwendungen stehen in der Ergebnistabelle in den Spalten ................ und ................ .

b) Der Rechnungskreis I betrifft nur die Spalten ................ und ................ .

c) Die Aufwendungen und Steuern des GuV-Kontos stehen in Spalte ................ .

d) Das neutrale Ergebnis betrifft nur die Spalten ................ bis ................ .

e) Das neutrale Ergebnis und das Betriebsergebnis ergeben das ............................ ;

im Falle eines Gewinnes steht diese Differenz in Spalte ................ .

f) Die Differenz der Summen der Spalten .......7....... und .......8....... ergibt das ............................ .

g) Die Erträge des GuV-Kontos stehen in der Ergebnistabelle in Spalte ................ .

h) Die periodenfremden und außerordentlichen Aufwendungen stehen in der Ergebnistabelle in den Spalten ................ und ................ .

i) Ersetzen Verrechnungspreise die Einstandspreise, so sind diese in Spalte ................ und in Spalte .............. einzutragen.

j) Werden Aufwendungen der Finanzbuchhaltung durch für kostenrechnerische Zwecke ermittelte Kosten in anderer Höhe (Anderskosten) ersetzt, so werden die Aufwendungen in Spalte ................ eliminiert und die Kosten in Spalte ................ und Spalte ................ neu eingefügt.

k) Die periodenfremden und außerordentlichen Erträge stehen in der Ergebnistabelle in den Spalten ............. und ................ .

l) Die nicht sachzielbezogenen (betriebsfremden) Erträge stehen in der Ergebnistabelle in den Spalten ........... und ................ .

**2**

In welchen der unten stehenden Fälle sind die Aufwendungen oder Erträge

1. betriebsbezogen,
2. betriebsfremd,
3. periodenfremd oder
4. außerordentlich?

Ein Großhandelsunternehmen

a) ☐ spendet an den Förderverein einer kaufmännischen Schule,
b) ☐ kauft Waren ein, die sofort im Streckengeschäft weiterverkauft werden,
c) ☐ nimmt Mieten aus Werkswohnungen ein,
d) ☐ muss eine Maschine aufgrund technischer Überalterung außerplanmäßig abschreiben,
e) ☐ muss für das vorherige Geschäftsjahr eine nicht eingeplante Gewerbesteuernachzahlung leisten,
f) ☐ bezahlt die Rechnung für die Inspektion eines betrieblich genutzten Lkw,
g) ☐ erzielt Zinserträge aus Kapitalanlagen.

**3**

| | | Geschäftsbuchhaltung in € | | Unternehmensbezogene Abgrenzung in € | | Betriebsbezogene Abgrenzung in € | | Kosten- und Leistungsarten in € | |
|---|---|---|---|---|---|---|---|---|---|
| Konto-Nr. | Kontenbez. | 1 Aufw. | 2 Erträge | 3 Aufw. | 4 Erträge | 5 Aufw. | 6 Erträge | 7 Kosten | 8 Leist. |
| | Summen | 862.800,00 | | 60.830,00 | 10.500,00 | 209.000,00 | 160.900,00 | 695.170,00 | 955.000,00 |
| | Salden (Gewinn oder Verlust) | | | | 50.330,00 | | 48.100,00 | 259.830,00 | |

Ermitteln Sie:

a) den Gesamtgewinn oder den Gesamtverlust,
b) die Summe der Erträge in Spalte 2.

**4**

In einer Ergebnistabelle weisen die vorläufigen Spaltensummen die folgenden Werte auf:

| | Geschäftsbuchhaltung | | Unternehmensbezogene Abgrenzung | | Betriebsbezogene Abgrenzung | | Kosten- und Leistungsarten | |
|---|---|---|---|---|---|---|---|---|
| | 1 Aufwendungen | 2 Erträge | 3 Aufwendungen | 4 Erträge | 5 Aufwendungen | 6 Erträge | 7 Kosten | 8 Leistungen |
| | 375.000 | 450.000 | 5.000 | 15.000 | 6.000 | 24.000 | 364.000 | 411.000 |
| 1 | | | | | | | | |
| 2 | | | | | | | | |
| 3 | | | | | | | | |
| Summen | | | | | | | | |
| Ergebnisse | | | | | | | | |

a) Folgende drei Abgrenzungsfälle sind noch in der Tabelle zu erfassen:
   1. Von insgesamt 24.000,00 € Instandhaltungskosten entfallen 2.400,00 € auf ein vermietetes Gebäude.
   2. Die bilanziellen Abschreibungen betragen 30.000,00 €.
   3. Die kalkulatorischen Abschreibungen betragen 25.000,00 €.

b) Ermitteln Sie das
   - Gesamtergebnis,
   - neutrale Ergebnis,
   - Betriebsergebnis.

**5**

Die Textilgroßhandlung Daniel KG ermittelte laut Finanzbuchhaltung in der abgelaufenen Abrechnungsperiode (Monat) folgende Werte:

| Konto | Ertrags- und Aufwandspositionen | Aufwendungen (€) | Erträge (€) |
|---|---|---|---|
| 801 | Warenverkauf | – | 175.541,75 |
| 203 | Periodenfremde Aufwendungen | 5.000,00 | – |
| 204 | Verluste aus dem Abgang von Sachanlagen | 2.000,00 | – |
| 271 | Erträge aus dem Abgang von Sachanlagen | – | 3.000,00 |
| 301 | Wareneingang | 120.425,00 | – |
| 400 | Personalkosten | 21.000,00 | – |
| 440 | Werbe- und Reisekosten | 4.500,00 | – |
| 480 | Allgemeine Verwaltung | 2.000,00 | – |
| 491 | Abschreibungen auf Sachanlagen | 3.000,00 | – |

| | | |
|---|---|---|
| Kalkulatorische Kosten | Kalkulatorische Abschreibungen | 2.500,00 € |
| | Kalkulatorische Miete | 6.000,00 € |

a) Erstellen Sie eine Ergebnistabelle und ermitteln Sie das
- Gesamtergebnis,
- Ergebnis der unternehmensbezogenen Abgrenzung,
- Ergebnis der betriebsbezogenen Abgrenzung,
- Betriebsergebnis.

b) Erläutern und beurteilen Sie die Ergebnisse.

c) Beurteilen Sie die Wirtschaftlichkeit des Betriebes.

**6**

Die Ergebnistabelle eines Handelsunternehmens weist folgende Werte aus:

| Rechnungskreis I | | | |
|---|---|---|---|
| **Konto** | **Ertrags- und Aufwandspositionen** | **Aufwendungen (€)** | **Erträge (€)** |
| 801 | Warenverkauf | – | 800.000,00 |
| 204 | Verluste aus dem Abgang von Sachanlagen | 16.000,00 | – |
| 242 | Betriebsfremde Erträge | – | 48.000,00 |
| 301 | Wareneingang | 400.000,00 | – |
| 402 | Gehälter | 288.000,00 | – |
| 491 | Abschreibungen auf Sachanlagen | 80.000,00 | – |

Von den Abschreibungen entfallen 16.000,00 € auf vermietete Gebäude.
Berechnen Sie das

a) Gesamtergebnis im Rechnungskreis I,

b) neutrale Ergebnis,

c) Betriebsergebnis.

**7**

Die Papiergroßhandels-GmbH hat im abgelaufenen Geschäftsjahr laut GuV-Rechnung folgende Aufwendungen und Erträge ermittelt (siehe folgende Seite).

a) Erstellen Sie eine Ergebnistabelle und ermitteln Sie das
- Gesamtergebnis,
- Ergebnis der unternehmensbezogenen Abgrenzung,
- Ergebnis der betriebsbezogenen Abgrenzung,
- Betriebsergebnis.

b) Erläutern und beurteilen Sie die Ergebnisse.

c) Beurteilen Sie die Wirtschaftlichkeit des Betriebes.

| Soll | 930 GuV-Konto Papiergroßhandels-GmbH | | | | Haben |
|---|---|---|---|---|---|
| 301 | Wareneingang | 1.500.000,00 | 801 | Warenverkauf | 2.500.000,00 |
| 204 | Verluste aus dem Abgang von Sachanlagen | 30.000,00 | 242 | Betriebsfremde Erträge | 48.000,00 |
| 210 | Zinsaufwendungen | 75.000,00 | 260 | Zinserträge | 3.600,00 |
| 400 | Personalkosten | 535.000,00 | 271 | Erträge aus dem Abgang von Sachanlagen | 12.000,00 |
| 420 | Steuern | 24.000,00 | | | |
| 426 | Versicherungen | 7.500,00 | | | |
| 440 | Werbe- und Reisekosten | 50.100,00 | | | |
| 450 | Vertriebsprovisionen | 41.000,00 | | | |
| 462 | Ausgangsfrachten | 37.500,00 | | | |
| 470 | Betriebskosten, Instandhaltung | 18.000,00 | | | |
| 480 | Allgemeine Verwaltung | 13.000,00 | | | |
| 491 | Abschreibungen | 80.000,00 | | | |
| 061 | Eigenkapital | 152.500,00 | | | |
| | | 2.563.600,00 | | | 2.563.600,00 |

Für die Abgrenzungsrechnung stehen folgende Informationen zur Verfügung (ansonsten müssen eigene Entscheidungen gefällt werden):

| | Konto | Abgrenzung | Betrag (€) |
|---|---|---|---|
| Erträge | 260 | Verzinsung von Wertpapieren<br>Verzugszinsen von Kunden | 2.400,00<br>1.200,00 |
| | 271 | betriebliche Gegenstände wurden über Buchwert verkauft | 12.000,00 |
| Aufwendungen | 204 | betriebliche Gegenstände wurden unter Buchwert verkauft | 30.000,00 |
| | 210 | Zinsen für Grundschuld des vermieteten Gebäudes (Rest: tatsächlich gezahlte Zinsen für Fremdkapital; in der Betriebsbuchhaltung werden für das betriebsnotwendige Kapital kalkulatorische Zinsen angesetzt) | 15.000,00 |
| | 400 | Entgelt für den Hausmeister des vermieteten Gebäudes | 6.000,00 |
| | 420 | Grundsteuern für das vermietete Gebäude (Rest: Betriebsausgaben) | 4.000,00 |
| | 426 | Versicherung für das vermietete Gebäude (Rest: entfällt auf betriebliche Anlässe) | 2.500,00 |
| | 440 | Anzeige (Mietersuche) für das betriebsfremde Gebäude | 100,00 |
| | 470 | Reparatur an vermietetem Gebäude (Rest: für betriebliche Gegenstände) | 6.000,00 |
| | 480 | Büroaufwendungen für das vermietete Gebäude | 500,00 |
| | 491 | Abschreibungen auf das vermietete Gebäude (Rest: bilanzmäßige Abschreibungen; hierfür wurden kalkulatorische Abschreibungen gebildet) | 24.000,00 |
| Kalkulatorische Kosten | | Kalkulatorische Abschreibungen | 60.000,00 |
| | | Kalkulatorische Zinsen | 90.000,00 |
| | | Kalkulatorische Wagnisse | 36.000,00 |

**8**

Ermitteln Sie die Ergebnisse und die Höhe der Aufwendungen in Spalte 1.

| Geschäftsbuchhaltung | | | | Unternehmensbezogene Abgrenzung | | Betriebsbezogene Abgrenzung | | Kosten- und Leistungsarten | |
|---|---|---|---|---|---|---|---|---|---|
| Kto. Nr. | Kontenbezeichnungen | 1 Aufwendungen | 2 Erträge | 3 Aufwendungen | 4 Erträge | 5 Aufwendungen | 6 Erträge | 7 Kosten | 8 Leistungen |
| | **Summen** | | 684.920 | 10.508 | 3.200 | 115.650 | 100.900 | 578.831 | 670.320 |
| | **Salden** (Gewinn oder Verlust) | | | | | | | | |

# Lernsituation 97

## Betriebsabrechnungsbogen mit Angebotskalkulation

FK ☞ *LF8 Kap. 2.1, 2.2*

### LERNSITUATION

Die Gesellschafter der Aller Teakmöbel GmbH haben ein Problem. Neue Mitbewerber bieten hochwertige Gartenmöbel zu sagenhaften Preisen an. Kann die Aller Teakmöbel GmbH da mithalten?
Herr Aller bereitet die Gesellschafterversammlung vor, bei der unter anderem auch über eine Änderung der Barverkaufspreise für Gartenmöbel entschieden werden soll: „Unsere Gemeinkosten und unsere Nettoerlöse der letzten Abrechnungsperiode habe ich auf dem nachfolgenden BAB zusammengestellt. Leider habe ich noch nicht alle Werte vollständig berechnet. Die Kosten des Fuhrparks und die Vertriebskosten müssen noch auf die Hauptkostenstellen verteilt werden."

**Verteilungsschlüssel:**

| | Hilfskostenstellen | | | | Hauptkostenstellen | | | |
|---|---|---|---|---|---|---|---|---|
| | Einkauf | Lager | Verwaltung | Vertrieb | Tische | Bänke, Stühle | Schränke, Kleinmöbel | Textilien, Zubehör |
| Kosten Fuhrpark | 2 | 1 | 1 | 2 | 4 | 2 | 3 | 1 |
| Vertriebskosten | | | | | 4 | 2 | 3 | 1 |

### ARBEITSAUFTRÄGE

Bereiten Sie die Gesellschafterversammlung der Aller GmbH vor.

1. Ermitteln Sie die im Betriebsabrechnungsbogen auf der folgenden Seite noch fehlenden Werte:
   a) die Summe der Handlungskosten je Hauptkostenstelle,
   b) die Handlungskostenzuschlagssätze je Hauptkostenstelle (Warengruppe) in Prozent,
   c) die Selbstkosten je Hauptkostenstelle,
   d) die Gewinnzuschlagssätze in Prozent,
   e) den Gesamtgewinn in Euro.
2. Zu welchem Barverkaufspreis bietet das Konkurrenzunternehmen den Gartenstuhl laut nebenstehendem Angebot?
3. Zu welchem Barverkaufspreis kann die Aller Teakmöbel GmbH den Gartenstuhl anbieten, wenn der Einstandspreis 44,50 € beträgt? Beachten Sie die im BAB ermittelten Daten.
4. Entscheiden Sie, ob die Aller Teakmöbel GmbH ihren Kunden denselben Barverkaufspreis wie die Konkurrenz anbieten sollte.

| Kostenstelle / Kostenträger – Kostenarten | Zahlen der Kostenrechnung | Allg. Hilfskostenstelle | Hilfskostenstellen | | | | Hauptkostenstellen (= Kostenträger) | | | |
|---|---|---|---|---|---|---|---|---|---|---|
| | | Fuhrpark | Einkauf | Lager | Verwaltung | Vertrieb | Tische | Bänke, Stühle | Schränke, Kleinmöbel | Textilien, Zubehör |
| **Einzelkosten (Wareneinsatz)** (Einzelkosten) | | | | | | | | | | |
| Tische | 162.500,00 | → | | | | | 162.500,00 | | | |
| Bänke, Stühle | 187.500,00 | → | | | | | | 187.500,00 | | |
| Schränke, Kleinmöbel | 112.500,00 | → | | | | | | | 112.500,00 | |
| Textilien | 37.500,00 | → | | | | | | | | 37.500,00 |
| Summe Einzelkosten | 500.000,00 | | | | | | 162.500,00 | 187.500,00 | 112.500,00 | 37.500,00 |
| Summe Gemeinkosten | 200.000,00 | 30.000,00 | 6.500,00 | 19.500,00 | 16.000,00 | 28.000,00 | 32.500,00 | 37.500,00 | 22.500,00 | 7.500,00 |
| Umlage Fuhrpark | | → | 3.750 | 1.875 | 1.875 | 3.750 | 7.500 | 3.750 | 5.625 | 2.875 |
| Zwischensumme | | | 10.250 | 21.375 | 17.875 | 31.750 | 40.000 | 41.250 | 28.125 | 9.375 |
| Umlage Einkauf | | | → | | | | 3.175,00 | 3.050,00 | 2.050,00 | 1.975,00 |
| Umlage Lager | | | | → | | | 5.775,00 | 2.400,00 | 9.300,00 | 3.900,00 |
| Umlage Verwaltung | | | | | → | | 6.600,00 | 3.200,00 | 5.000,00 | 3.075,00 |
| Umlage Vertrieb | | | | | | → | 12.700 | 6.350 | 9.525 | 3.175 |
| Summe Handlungskosten | | | | | | | 68.250 | 56.250 | 54.000 | 27.500 |
| HK-Zuschlagssatz in Prozent | | | | | | | 42 % | 30 % | 48 % | 57 % |
| Selbstkosten | Einzelkosten + Summe Handlungskosten | | | | | | 230.750 | 243.750 | 166.500 | 59.000 |
| Gewinnzuschlagssatz in Prozent | | | | | | | 45 % | 30 % | 65 % | 110 % |
| Nettoumsatzerlöse | | | | | | | 334.587,50 | 316.875,00 | 274.725,00 | 123.900,00 |

# Arbeitsblatt 97.1 Aufbau eines BAB am Beispiel der BPK GmbH

**1. Schritt:** Ermittlung des ______________________ je Warengruppe

**Warenverkauf (Umsatzerlöse)**

– Einzelkosten → direkte Zurechnung auf die

= ______________________ ______________________

**2. Schritt:** Ermittlung der ______________________ je Hauptkostenstelle (Warengruppe)

Gemeinkostenarten → Verteilung der Gemeinkosten auf alle

______________________

und anschließende Kostenumlage der ______________________ und der Hilfskostenstellen auf die

______________________

**3. Schritt:** Ermittlung der realisierten ______________________ der Abrechnungsperiode

Summe der Gemeinkosten je Hauptkostenstelle (Warengruppe)

\+ ______________________ je Warengruppe

= ______________________ je Warengruppe

Umsatzerlöse je Warengruppe

– Selbstkosten je Warengruppe

= ______________________ je Warengruppe

Handlungskostenzuschlagssatz für die Warengruppe: ______________________ / Einzelkosten

Gewinnzuschlagssatz für die Warengruppe: ______________________ / Selbstkosten

# Arbeitsblatt 97.2 BAB mit Angebotskalkulation (Teil I)

Die Woller OHG ermittelt ihre Handlungskostenzuschlagssätze mit nachfolgendem BAB.

**ARBEITSAUFTRAG**

Vervollständigen Sie den nachfolgenden BAB und ermitteln Sie diese Handlungskostenzuschlagssätze.
Hinweis: Runden Sie ggf. die Handlungskostenzuschlagssätze kaufmännisch auf zwei Nachkommastellen!

| Kostenstellen / Gemeinkosten | Gesamtkosten | Fuhrpark | Warengruppe I | Warengruppe II | Warengruppe III | Warengruppe IV |
|---|---|---|---|---|---|---|
| Personalkosten | 198.000,00 | | | | | |
| Mieten | 172.600,00 | | | | | |
| Allgemeine Verwaltung | 96.600,00 | | | | | |
| Kalkulatorische Abschreibungen | 91.000,00 | | | | | |
| Kalkulatorische Zinsen | 42.500,00 | | | | | |
| Übrige Kosten | 365.000,00 | | | | | |
| Summe Gemeinkosten | 965.700,00 | | | | | |
| Umlage Fuhrpark | siehe Hinweis | → | | | | |
| Handlungskosten in € je Warengruppe | | | | | | |
| Handlungskosten in Prozent | | | | | | |

Hinweis: Die Gemeinkosten des Fuhrparks werden im Verhältnis 20 % : 30 % : 30 % : 20 % auf die Hauptkostenstellen verteilt.

**Wareneinsatz (Aufwendungen für Waren) = Einzelkosten**

| | |
|---|---|
| Warengruppe I | 863.535,00 |
| Warengruppe II | 721.862,00 |
| Warengruppe III | 1.017.940,00 |
| Warengruppe IV | 355.546,67 |

# Arbeitsblatt 97.3 BAB mit Angebotskalkulation (Teil II)

**Verteilungsgrundlagen**

| | | Fuhrpark | Warengruppe I | Warengruppe II | Warengruppe III | Warengruppe IV |
|---|---|---|---|---|---|---|
| Personalkosten | direkt über Listen | 12.000,00 | 64.000,00 | 68.000,00 | 30.000,00 | 24.000,00 |
| Mieten | qm | 200 qm | 4600 qm | 3200 qm | 150 qm | 480 qm |
| Allgemeine Verwaltung | Anteile | 4 | 6 | 8 | 6 | 4 |
| Abschreibungen | nach Anlagenwerten | 384.000,00 | 1.024.000,00 | 1.088.000,00 | 320.000,00 | 384.000,00 |
| Zinsen | Anteile | 2 | 4 | 5 | 2 | 4 |
| Übrige Kosten | Prozent | 15 % | 30 % | 35 % | 15 % | 5 % |

**ARBEITSAUFTRAG**

Kalkulieren Sie den Angebotspreis für folgende Artikel mit den Zuschlagssätzen aus dem BAB.

**Angebotskalkulation eines Artikels**

| | Artikel X, Warengruppe I | | Artikel Y, Warengruppe II | | Artikel Z, Warengruppe III | |
|---|---|---|---|---|---|---|
| | Zuschlagssatz in % | Wert in Euro | Zuschlagssatz in % | Wert in Euro | Zuschlagssatz in % | Wert in Euro |
| Bezugspreis | | 320,00 | | 65,00 | | 62,00 |
| Handlungskosten lt. BAB | | | | | | |
| Selbstkosten | | | | | | |
| Gewinnzuschlag | 20,00 % | | 5,00 % | | 12,00 % | |
| Barverkaufspreis | | | | | | |
| Kundenskonto | 3,00 % | | 2,50 % | | 2,00 % | |
| Zielverkaufspreis | | | | | | |
| Kundenrabatt | 25,00 % | | 12,50 % | | 5,00 % | |
| Angebotspreis | | | | | | |

# Aufgaben

**1**

Ein Versandgroßhandel gliedert seinen Betriebsabrechnungsbogen in die folgenden Kostenstellen. Der BAB hat nach der Verteilung der Gemeinkosten folgende Werte:

| Zahlen der Betriebs-buchhaltung | Allgemeine Hilfskostenstellen | | Hilfskostenstellen | | Hauptkostenstellen | |
|---|---|---|---|---|---|---|
| | Lager | Näherei | Versand | Verwaltung | Textilien | Haushalts-waren |
| 677.420,00 € | 39.840,00 € | 19.520,00 € | 74.800,00 € | 68.900,00 € | 175.710,00 € | 298.650,00 € |

Verteilungsschlüssel für die Umlage:

| Kostenstelle | Näherei | Versand | Verwaltung | Textilien | Haushaltswaren |
|---|---|---|---|---|---|
| Lager | 1 | 1 | 1 | 2 | 3 |
| Näherei | – | 1 | 1 | 3 | – |
| Versand | – | – | 1 | 4 | 3 |
| Verwaltung | – | – | – | 3 | 2 |

Wareneinsatz:
Textilien 888.987,00 €
Haushaltswaren 1.524.364,00 €

Erstellen Sie einen mehrstufigen Betriebsabrechnungsbogen und berechnen Sie die Handlungskostenzuschlagssätze.

**2**

Ein Großhandelsunternehmen ermittelte im Rahmen der Abgrenzungsrechnung in einem Monat für die Kosten- und Leistungsrechnung die folgenden Zahlen. Erstellen Sie einen mehrstufigen BAB und berechnen Sie die Handlungskostenzuschlagssätze.

| Kostenarten | Angefallene Kosten | Verteilungsgrundlage |
|---|---|---|
| Personalkosten | 21.000,00 € | Gehaltsliste |
| Allgemeine Verwaltung | 2.000,00 € | Verteilungsschlüssel |
| Mietkosten | 6.000,00 € | m² |
| Werbung | 4.500,00 € | Verteilungsschlüssel |
| Kalkulatorische Abschreibung | 2.500,00 € | Verteilungsschlüssel |

Verteilung der Kostenarten auf die Kostenstellen:

| Kostenarten | Hilfskostenstellen | | Hauptkostenstellen | | |
|---|---|---|---|---|---|
| | Lager | Verwaltung/ Vertrieb | A | B | C |
| Personalkosten | 2.700,00 € | 4.500,00 € | 4.800,00 € | 6.000,00 € | 3.000,00 € |
| Allgemeine Verwaltung | 6 | 18 | 5 | 7 | 4 |
| Mietkosten | 300 m² | 50 m² | 100 m² | 100 m² | 50 m² |
| Werbung | 0 | 15 | 10 | 12 | 8 |
| Kalkulatorische Abschreibung | 3 | 1 | 2 | 3 | 1 |

Verteilungsschlüssel für die Umlage auf die Hauptkostenstellen:

| | A | B | C |
|---|---|---|---|
| Lager | 40 | 50 | 30 |
| Verwaltung/Vertrieb | 45 | 60 | 30 |
| Wareneinsatz | 77.187,50 € | 77.562,50 € | 54.250,00 € |

**3**

Für den Monat März ist der BAB zu erstellen.

Ermitteln Sie

a) den Ist-Handlungskostenzuschlagssatz,
b) die Normal-Handlungskosten,
c) die Kostenüber- oder Kostenunterdeckung der einzelnen Warengruppen.

| Kostenarten / Kostenträger | Feinpapiere | Kopierpapiere | Folien |
|---|---|---|---|
| Wareneinsatz | 400.000,00 € | 500.000,00 € | 300.000,00 € |
| Ist-Handlungskosten | 168.000,00 € | 270.000,00 € | 144.000,00 € |
| Ist-Handlungskostenzuschlagssatz | | | |
| Normal-Handlungskostenzuschlagssatz | 44 % | 55 % | 47 % |
| Normal-Handlungskosten | | | |
| Kostenüberdeckung | | | |
| Kostenunterdeckung | | | |

**4**

Ein Sanitärgroßhandel hat für den Monat Juni folgende Kosten und Zuschlagssätze ermittelt. Berechnen Sie

a) den Ist-Handlungskostenzuschlagssatz,
b) die Normal-Handlungskosten,
c) die Kostenüber- oder Kostenunterdeckung der einzelnen Warengruppen.

| Kostenarten / Kostenträger | Bad | Küche | Sauna und Freizeit | Summen |
|---|---|---|---|---|
| Wareneinsatz | 60.000,00 € | 90.000,00 € | 10.000,00 € | |
| Ist-Handlungskosten | 18.000,00 € | 37.800,00 € | 2.800,00 € | |
| Ist-Handlungskostenzuschlagssatz | | | | |
| Normal-Handlungskostenzuschlagssatz | 33 % | 41 % | 30 % | |
| Normal-Handlungskosten | | | | |
| Kostenüberdeckung | | | | |
| Kostenunterdeckung | | | | |

# Lernsituation 98
## Einen Verkaufspreis kalkulieren (Vorwärtskalkulation)

FK ☞ **LF8** *Kap. 2.3.1 – 2.3.3*

**LERNSITUATION**

Löschen | Ist Werbung | Antworten | An alle | Weiterleiten | Drucken | Aufgabe

**Von:** Dr. Peter Schönhauser
**Betreff:** Verkaufspreis Artikel Nr. 30511
**Datum:** 20.03.20XX, 10.13 Uhr
**An:** Fritz Stoll

Hallo Herr Stoll,

die Geschäftsleitung hat auf ihrer letzten Sitzung neue Kalkulationsgrundlagen für unser Recycling-Computerpapier (Artikel Nr. 30511) für das 2. Quartal 20XX diskutiert. Ausgangspunkt war ein Angebot unseres Lieferanten. Ziel sollte ein Gewinnzuschlag von 10 % sein. Weiterhin wird überlegt, unsere Zahlungsbedingungen dahingehend anzupassen, dass wir unseren Kunden zusätzlich zum Skontosatz von 3 % einen Rabatt in Höhe von 10 % einräumen wollen.
Kalkulieren Sie bitte unseren sich daraus ergebenden Listenverkaufspreis je 1 000 Blatt auf Grundlage des vorliegenden Angebotes und des aktuell vorhandenen Zahlenmaterials aus der Kosten- und Leistungsrechnung.

P. Schönhauser

| Istkosten Warengruppe 3 (1. Quartal 20XX) | Betrag in € | Istkosten Warengruppe 3 (1. Quartal 20XX) | Betrag in € |
|---|---|---|---|
| Wareneinsatz | 433.100,00 | Werbe- und Reisekosten | 2.960,00 |
| Personalkosten | 224.260,00 | Allgemeine Verwaltung | 5.240,00 |
| Mieten, Pachten, Leasing | 6.540,00 | Kalkulatorische Abschreibungen | 7.950,00 |
| Energie | 2.200,00 | Kalkulatorische Zinsen | 3.150,00 |
| Steuern | 7.560,00 | | |

**Dresdener Papiermanufaktur AG**

Dresdener Papiermanufactur AG | Hauptallee 50 | 01069 Dresden

Bergisches Papierkontor GmbH
Elberfelder Straße 85
42285 Wuppertal

| Ihr Zeichen, Ihre Nachricht vom | Unser Zeichen, unsere Nachricht vom | Telefon, Name | Datum |
|---|---|---|---|
| 12.03.20XX | ho | 0351 47480, Silvia Hoffmann | 13.03.20XX |

**Ihre Antrage vom 12. März 20XX**

Sehr geehrte Damen und Herren,

Wir danken für Ihre Anfrage und können Ihnen das folgende Angebot unterbreiten.

| Artikel Nr. | Bezeichnung | Preis in €/ 1 000 Blatt |
|---|---|---|
| 45100 | Zweckform Computerpapier, Recycling Marken-Tabellierpapier, bestehend aus 100 % Altpapier | 8,14 |

Unsere Lieferungs- und Zahlungsbedingungen lauten wie folgt:
1. Wir gewähren Ihnen einen Rabatt von 25 %.
2. Die Lieferung erfolgt innerhalb von 3 Tagen nach Eingang der Bestellung.
Die Versandkosten betragen 2 % vom Warenwert. Zahlungsziel: 30 Tage. Bei Zahlung innerhalb von 7 Tagen 2 % Skonto.

Handlungskostenzuschlagssatz (%) = $\frac{\text{Gemeinkosten}}{\text{Wareneinsatz}}$

Handlungskostenzuschlagssatz (%) = $\frac{\_\_\_\_\_\_\_\_ €}{\_\_\_\_\_\_\_\_ €}$ = ________ %

**Vorwärtskalkulation Artikel Nr. 30511**

| Kalkulationsschema | | Prozent | | Berechnung | Betrag in € |
|---|---|---|---|---|---|
| | Listeneinkaufspreis | | | | |
| | Lieferantenrabatt | | | | |
| | Zieleinkaufspreis | | | | |
| | Lieferantenskonto | | | | |
| | Bareinkaufspreis | | | | |
| | Bezugskosten | | | | |
| | Bezugspreis/Einstandspreis | | | | |
| | Handlungskosten | | | | |
| | Selbstkosten | | | | |
| | Gewinnzuschlag | | | | |
| | Barverkaufspreis | | | | |
| | Kundenskonto | | | | |
| | Zielverkaufspreis | | | | |
| | Kundenrabatt | | | | |
| | Listenverkaufspreis | | | | |

## Arbeitsblatt 98.1 Berechnungen bei der Vorwärtskalkulation

| Begriff | Berechnung |
|---|---|
| Listeneinkaufspreis | Wert in € wird vorgegeben |
| Lieferantenrabatt | Listeneinkaufspreis · Lieferantenrabatt in % |
| Zieleinkaufspreis | |
| Lieferantenskonto | |
| Bareinkaufspreis | |
| Bezugskosten | Wert in € wird angegeben, ggf. prozentualer Zuschlagssatz |
| Bezugspreis/Einstandspreis | |
| Handlungskosten | |
| Selbstkosten | |
| Gewinnzuschlag | |
| Barverkaufspreis | |
| Kundenskonto | |
| Vertriebsprovision | |
| Zielverkaufspreis | |
| Kundenrabatt | |
| Listenverkaufspreis | Zielverkaufspreis + Kundenrabatt in € |

## FOLGESITUATION

Herr Dr. Schönhauser ist der Meinung, dass alle EDV-Papiere aus dem Staffelpreissystem der BPK herausgenommen werden sollten: „Niemand bestellt wirklich jemals 1 000 Blatt! Das Kleinmengenproblem haben wir doch bei diesen Artikeln gar nicht. Wir sollten hier auf ein Bruttopreissystem umstellen. Für unsere nächste Preisliste sollten alle Artikel aus diesem Bereich mit den aktuellen Zuschlagssätzen kalkuliert werden, die wir gerade für unser Zweckform Computerpapier festgelegt haben. – Wie hoch waren noch mal die Sätze?"

| | | |
|---|---|---|
| Handlungskostenzuschlagssatz | = | |
| Gewinnzuschlagssatz | = | |
| Kundenskonto in % | = | |
| Kundenrabatt in % | = | |

„Das müssen wir ja nicht für jeden Artikel einzeln durchrechnen. Das ist mit ein und demselben Kalkulationszuschlagssatz oder Kalkulationsfaktor doch schnell gemacht!"

## ARBEITSAUFTRAG

Ermitteln Sie die neuen Listenverkaufspreise für EDV-Papiere.
Hinweis: Kalkulationszuschlagssatz und Kalkulationsfaktor sind auf vier Nachkommastellen zu berechnen.

**Aktueller Kalkulationszuschlagssatz für das Zweckform Computerpapier (Artikel Nr. 30511):**

$$\text{Kalkulationszuschlagssatz in \%} = \frac{(\text{Listenverkaufspreis} - \text{Bezugspreis}) \cdot 100\,\%}{\text{Bezugspreis}}$$

Kalkulationszuschlagssatz in % = ______________________ =

**Aktueller Kalkulationsfaktor für das Zweckform Computerpapier:**

$$\text{Kalkulationsfaktor} = \frac{\text{Listenverkaufspreis}}{\text{Bezugspreis}} \quad \text{oder} \quad \frac{\text{Kalkulationszuschlagssatz} + 100\,\%}{100\,\%}$$

Kalkulationsfaktor = ______________________ =

| Artikel Nr. | Bezeichnung | Bezugspeis in € je 1 000 Blatt | Kalkulationszuschlag in € je 1 000 Blatt | Listenverkaufspreis in € je 1 000 Blatt |
|---|---|---|---|---|
| 30511 | Zweckform Computerpapier DIN A4 | | | |
| 30521 | Zweck Computerpapier DIN A4, umweltfreundlich | 6,75 | | |
| 30531 | BPK „Siegel" Computerpapier DIN A4, weiß | 5,90 | | |
| 30532 | BPK „Siegel" Computerpapier DIN A3, weiß | 11,45 | | |
| 30541 | BPK-„Siegel-SD" Computerpapier DIN A4 | 12,80 | | |

# Aufgaben

**1**

Ermitteln Sie die Listenverkaufspreise für nachfolgende Aufträge:

| Auftrag Nr. | 1 | 2 | 3 | 4 | 5 |
|---|---|---|---|---|---|
| Bezugspreis je Karton (€) | 24,00 | 6,30 | 10,50 | 24,00 | 27,10 |
| + Handlungskostenzuschlag (%) | 20,0 | 15,0 | 7,5 | 25,0 | 10,0 |
| = Selbstkosten (€) | | | | | |
| + Gewinnzuschlag (%) | 5,0 | 10,0 | 12,5 | 5,0 | 10,0 |
| = Barverkaufspreis (€) | | | | | |
| + Kundenskonto (%) | 3,0 | 2,0 | 1,5 | 2,5 | 4,0 |
| + Vertriebsprovision (%) | --- | 3,0 | 1,0 | 2,5 | 5,0 |
| = Zielverkaufspreis (€) | | | | | |
| + Kundenrabatt (%) | 30,0 | 20,0 | 25,0 | 7,5 | 5,0 |
| = Listenverkaufspreis (€) | | | | | |

**2**

Ermitteln Sie den Listenverkaufspreis einer Jeans bei folgenden Angaben:
Listeneinkaufspreis 58,82 €, Lieferantenrabatt 42,5 %, Lieferantenskonto 3 %, Bezugskosten 5 % vom Zieleinkauf, Handlungskosten 25 %, Gewinnzuschlag 33 1/3 %, Kundenskonto 3 %, Vertriebsprovision 5 %, Kundenrabatt 37,5 %.

**3**

Ermitteln Sie den Kalkulationszuschlagssatz für folgende Warengruppen:

| Zuschläge in Prozent | Warengruppe I | Warengruppe II | Warengruppe III |
|---|---|---|---|
| Handlungskostenzuschlag | 15,5 | 20,0 | 5,0 |
| Gewinnzuschlag | 20,0 | 10,0 | 30,0 |
| Kundenskonto | 3,0 | 2,0 | 2,5 |
| Kundenrabatt | 25,0 | 12,5 | 7,5 |

Hinweis: Zur Lösung dieser Aufgabe ist ein beliebiger Bezugspreis festzusetzen.

**4**

Ermitteln Sie den Kalkulationszuschlagssatz für folgende Artikel:

| Preise in € | Artikel 1 | Artikel 2 | Artikel 3 | Artikel 4 |
|---|---|---|---|---|
| Bezugspreis | 12,40 | 45,80 | 42,00 | 32,50 |
| Listenverkaufspreis | 18,30 | 95,00 | 59,50 | 53,00 |

**5**

Errechnen Sie für folgende Artikel den Listenverkaufspreis und den Kalkulationsfaktor:

| | Artikel 1 | Artikel 2 | Artikel 3 | Artikel 4 |
|---|---|---|---|---|
| Bezugspreis in € | 420,40 | 43,00 | 2.500,00 | 62.500,00 |
| Kalkulationszuschlagssatz in % | 24,30 | 45,2456 | 42,50 | 68,45 |

**6**

Berechnen Sie den Kalkulationsfaktor für folgende Kalkulationszuschlagssätze:

a) 46,00 b) 34,85 c) 69,4598 d) 36,50

## 7

Berechnen Sie unter Berücksichtigung der nachfolgenden Verteilungsschlüssel die fehlenden Werte des Betriebsabrechnungsbogens.

| Kostenarten (Werte in T €) | Zahlen der Buchhaltung | Fuhrpark | Hilfskostenstellen | | | | Hauptkostenstellen | | | |
|---|---|---|---|---|---|---|---|---|---|---|
| | | | Einkauf | Lager | Verwaltung | Vertrieb | Haushalt | Papier | Spielwaren | Textilien |
| Summe Einzelkosten | 7.600 | | | | | | 1.300 | 1.400 | 1.100 | 3.800 |
| Summe Gemeinkosten | 2.140 | 160 | 260 | 200 | 316 | 384 | 120 | 140 | 140 | 420 |
| Umlage Fuhrpark | | → | 16 | 8 | 8 | 16 | 24 | 8 | 24 | 56 |
| Zwischensumme | | | 276 | 208 | 324 | 400 | 144 | 148 | 164 | 476 |
| Umlage Einkauf | | | | | | | 32 | 28 | 50 | 166 |
| Umlage Lager | | | | | | | 20 | 20 | 32 | 136 |
| Umlage Verwaltung | | | | | | | 36 | 72 | 52 | 164 |
| Umlage Vertrieb | | | | | | | 80 | 40 | 120 | 160 |
| Summe Handlungskosten | | | | | | | 372 | 308 | 418 | 1102 |
| HKZ in % | | | | | | | 24 | 22 | 38 | 29 |
| Selbstkosten | | | | | | | 1.612 | 1.708 | 1.518 | 4.902 |

**Verteilungsschlüssel**

| | Hilfskostenstellen | | | | Hauptkostenstellen | | | |
|---|---|---|---|---|---|---|---|---|
| | Einkauf | Lager | Verwaltung | Vertrieb | Haushalt | Papier | Spielwaren | Textilien |
| Umlage Fuhrpark | 2 | 1 | 1 | 2 | 3 | 1 | 3 | 7 |
| Umlage Vertrieb | | | | | 2 | 1 | 3 | 4 |

## 8

Kalkulieren Sie mit den Handlungskostenzuschlagssätzen des BAB (Aufgabe 7) nachfolgende Artikel mit 3 % Kundenskonto und 20 % Kundenrabatt.

| | Haushalt | Papier | Spielwaren | Textilien |
|---|---|---|---|---|
| Bezugs-/Einstandspreis in €/Stück | 16,00 | 6,90 | 24,00 | 22,00 |
| + Handlungskosten in % | 24 % | 22 % | | |
| Handlungskosten in € | 3,84 € | 1,52 € | | |
| = Selbstkosten in € | 19,84 € | 8,42 € | | |
| + Gewinn in % | 6 % | 4 % | 10 % | 5 % |
| Gewinn in € | 1,19 | 0,34 € | | |
| = Barverkaufspreis in € | 21,03 | 8,76 | | |
| + Kundenskonto (3 %) in € | 0,63 | 0,27 | | |
| = Zielverkaufspreis in € | 21,66 | 9,02 | | |
| + Kundenrabatt (20 %) in € | 4,33 | 1,80 | | |
| = Listenverkaufspreis in € | 25,99 | 10,82 € | | |

**9**

Einem Betriebsabrechnungsbogen (BAB) einer Großhandlung für Randsortimente im Lebensmittelfilialhandel sind nachfolgende Werte zu entnehmen.

a) Berechnen Sie die fehlenden Werte.

| BAB-Werte | Warengruppe 1 Spielwaren | Warengruppe 2 Textilien | Warengruppe 3 Haushaltswaren |
|---|---|---|---|
| Wareneinsatz (Einzelkosten) | 500.000,00 | 300.000,00 | 180.000,00 |
| Handlungskosten | 100.000,00 | 66.000,00 | 45.000,00 |
| Handlungskosten-zuschlagssatz in Prozent | | | |
| Selbstkosten | | | |
| Nettoumsatzerlöse | 630.000,00 | 398.940,00 | 218.250,00 |
| Gewinnzuschlagssatz in Prozent | | | |

b) Kalkulieren Sie auf Basis der BAB-Zuschlagssätze nachfolgende Artikel bis zum Listenverkaufspreis mit jeweils 20 % Rabatt und 3 % Skonto:

| | Einstandspreis je Stück |
|---|---|
| Kinderplanschbecken | 6,50 € |
| Damenbluse | 12,60 € |
| Brotbackautomat | 44,70 € |

c) Wie hoch wäre der Verlust, wenn 500 Brotbackautomaten zum kalkulierten Listenverkaufspreis abgesetzt würden?

d) Kalkulieren Sie den Brotbackautomat aus Aufgabe b) mit einem Handlungskostenzuschlagssatz von 20 %. Wie hoch wäre der Gewinn, wenn 500 Brotbackautomaten zum unveränderten Barverkaufspreis abgesetzt würden?

e) Wie könnte durch unternehmerisches Handeln die Selbstkosten für Haushaltswaren gesenkt werden? Nennen Sie drei Beispiele.

f) Ein Großabnehmer möchte 3.000 Damenblusen „frei Haus" geliefert bekommen. Die Transportkosten betragen 500,00 €. Wie hoch wäre der mögliche Gewinn dieser „frei Haus Lieferung"?

g) Ein Filialhändler wäre bereit 1.000 Kinderplanschbecken zu je 8,00 € gegen Barzahlung abzunehmen. Wie hoch wäre der Gewinn in Euro und Prozent?

h) Die Zahlungsbedingungen sollen allgemein wie folgt geändert werden:
Zahlungsziel 30 Tage, Skontofrist 14 Tage, Skontosatz 3 %
Zahlungsziel 14 Tage, Skontofrist 7 Tage, Skontosatz 2 %
Welche Vorteile könnte diese Änderung dem Unternehmen bringen? Welche Risiken sind damit verbunden?

**10**

Ein Großhandelsunternehmen hat 500 Stück Handelswaren zum Listeneinkaufspreis von 50,00 € je Stück bestellt. Der Hersteller gewährt bei dieser Abnahmemenge 12 % Rabatt und 3 % Skonto. Er berechnet allerdings zusätzlich 5 % Fracht- und Verpackungskosten auf seinen Zielverkaufspreis. Das Großhandelsunternehmen verkauft diese Handelswaren mit einem Handlungskostenzuschlagssatz von 20 % und einem Gewinnzuschlagssatz von 15 %. Die Kunden erhalten 2 % Skonto und 5 % Rabatt.

Hinweis: Alle Zwischenergebnisse kaufmännisch runden.

Ermitteln Sie für 500 Stück dieser Handelswaren

a) den Bezugspreis,

b) die Selbstkosten,

c) den Listenverkaufspreis,

d) den Kalkulationszuschlagssatz und

e) die Handelsspanne.

# Lernsituation 99

## Einen Einkaufspreis kalkulieren (Rückwärtskalkulation)

FK ☞ LF8 Kap. 2.3.4, 2.3.5

**LERNSITUATION**

Löschen | Ist Werbung | Antworten | An alle | Weiterleiten | Drucken | Aufgabe

**Von:** Dr. Peter Schönhauser
**Betreff:** Einkaufspreis Artikel Nr. 30131
**Datum:** 15.04.20XX, 15.09 Uhr
**An:** Fritz Stoll

Hallo Herr Stoll,

unser Mitbewerber geht beim Artikel „Diana Feinpost" in die Preisoffensive!
Bei uns kostet ein Karton mit 5 000 Blatt 51,20 €. Warum kann die Badener Papiergroßhandel GmbH den entsprechenden Artikel in ihrem Sortiment für 48,60 € anbieten?
Wir müssen unbedingt mit unserem Lieferanten neu verhandeln – bitte bereiten Sie dieses Verhandlungsgespräch vor. Welchen Rabatt auf ihren Listenpreis müsste uns die Freiburger Papier AG einräumen, damit wir ab einer Abnahmemenge von 40 Kartons zum gleichen Listenpreis anbieten können wie der Badener Papiergroßhandel?
Bitte beachten Sie, dass wir bei dieser Warengruppe aktuell folgende Zuschlagssätze zugrunde legen:
- Handlungskosten 25,00 % • Gewinnzuschlag 15 % • Kundenskonto 3 %
- Vertriebsprovision 5 % • Kundenrabatt 25 %

P. Schönhauser

Auszug aus dem Verzeichnis Warengruppe 03 Büropapiere (Preise für jeweils 500 Blatt):

| Artikel Nr. | Bezeichnung | Kleinste lieferbare Menge | Mengenstaffelpreise (€) | | |
|---|---|---|---|---|---|
| | | | 500 Blatt | ab 5 Kartons | ab 20 Kartons (1 Palette) |
| 30131 | bp-„Diana"-Feinpost, Büro-Gebrauchspapier, Format DIN A4, 90 g/m², chlorfrei, holzfrei, weiß, matt | 1 Karton mit 10 × 500 Blatt | 6,95 | 5,58 | 5,12 |

Letzter Einkauf bei der Freiburger Papier AG:

Freiburger Papier AG, Käferweg 16, 79110 Freiburg
Bergisches Papierkontor GmbH
Elberfelder Straße 85
42285 Wuppertal

**FREIBURGER PAPIER AG**

Rechnung Nr. R1509 — **Rechnungsdatum** 28.02.20XX

| Pos.-Nr. | Artikel-Nr. | Bezeichnung | Menge | Preis/Einheit | Rabatt | Gesamtbetrag |
|---|---|---|---|---|---|---|
| 1 | 10110 | Feinpost Spezial | 200 000 Blatt | 2,92 €/ 500 Blatt | 15 % | 992,80 € |
| | | Warenwert | | | | 992,80 € |
| | | Versandpauschale 0,10 € je 1 000 Blatt | | | | 20,00 € |
| | | Nettorechnungsbetrag | | | | 1.012,80 € |
| | | + 19 % Umsatzsteuer | | | | 192,43 € |
| | | **= Bruttorechnungsbetrag** | | | | **1.205,23 €** |

Zahlbar netto innerhalb von 30 Tagen oder 10 Tagen mit 3 % Skonto vom Warenwert

**Rückwärtskalkulation mit altem Lieferantenrabatt (5 000 Blatt)**

| Kalkulationsschema | Prozent | Berechnung | Betrag in € |
|---|---|---|---|
| Listeneinkaufspreis | | | |
| Lieferantenrabatt | | | |
| Zieleinkaufspreis | | | |
| Lieferantenskonto | | | |
| Bareinkaufspreis | | | |
| Bezugskosten | | | |
| Bezugspreis | | | |
| Handlungskosten | | | |
| Selbstkosten | | | |
| Gewinnzuschlag | | | |
| Barverkaufspreis | | | |
| Kundenskonto | | | |
| Vertriebsprovision | | | |
| Zielverkaufspreis | | | |
| Kundenrabatt | | | |
| Listenverkaufspreis | | | 51,20 |

**Rückwärtskalkulation mit neuem Lieferantenrabatt/Rabattforderung (5 000 Blatt)**

| Kalkulationsschema | Prozent | Berechnung | Betrag in € |
|---|---|---|---|
| Listeneinkaufspreis | | | |
| Lieferantenrabatt | | | |
| Zieleinkaufspreis | | | |
| Lieferantenskonto | | | |
| Bareinkaufspreis | | | |
| Bezugskosten | | | |
| Bezugspreis | | | |
| Handlungskosten | | | |
| Selbstkosten | | | |
| Gewinnzuschlag | | | |
| Barverkaufspreis | | | |
| Kundenskonto | | | |
| Vertriebsprovision | | | |
| Zielverkaufspreis | | | |
| Kundenrabatt | | | |
| Listenverkaufspreis | | | 48,60 |

## Arbeitsblatt 99.1 Berechnungen bei der Rückwärtskalkulation

| Begriff | Berechnung |
|---|---|
| Listeneinkaufspreis | Zieleinkaufspreis + Lieferantenrabatt in € |
| Lieferantenrabatt | |
| Zieleinkaufspreis | |
| Lieferantenskonto | |
| Bareinkaufspreis | |
| Bezugskosten | Wert in € wird angegeben, ggf. prozentualer Zuschlagssatz |
| Bezugspreis/Einstandspreis | |
| Handlungskosten | |
| Selbstkosten | |
| Gewinnzuschlag | |
| Barverkaufspreis | |
| Kundenskonto | |
| Vertriebsprovision | |
| Zielverkaufspreis | |
| Kundenrabatt | Listenverkaufspreis · Kundenrabatt in % |
| Listenverkaufspreis | Wert in € wird vorgegeben |

## Arbeitsblatt 99.2 Rückwärtskalkulation

Ein potenzieller Käufer bietet für eine Ware 600,00 €. Wie hoch darf der Listeneinkaufspreis sein, wenn die bekannten Kalkulationsprozentsätze eingehalten werden sollen und die angegebenen Bezugskosten tasächlich anfallen würden?

Ermitten Sie den möglichen Listeneinkaufspreis manuell oder mit einem Tabellenkalkulationsprogramm.

| Kalkulation | % | € |
|---|---|---|
| Listeneinkaufspreis | | |
| Liefererrabatt | 5 % | |
| = Zieleinkaufspreis | | |
| Liefererskonto | 2 % | |
| = Bareinkaufspreis | | |
| Bezugskosten | | 20,00 |
| = Bezugspreis | | |
| Handlungskosten | 20 % | |
| = Selbstkosten | | |
| Gewinn | 50 % | |
| = Barverkaufspreis | | |
| Kundenskonto | 2 % | |
| = Zielverkaufspreis | | |
| Kundenrabatt | 5 % | |
| = Listenverkaufspreis | | 600,00 |

**Nebenrechnungen:**

## FOLGESITUATION

**Von:** Dr. Peter Schönhauser
**Betreff:** Überprüfung der Bezugspreise
**Datum:** 03.06.20XX, 11.51 Uhr
**An:** Michael Schneider

Hallo Herr Schneider,

wir müssen auf die aggressive Preispolitik unserer Mitbewerber reagieren und senken sämtliche Artikelpreise unserer Büro-Gebrauchs- und Offsetpapiere um 5 %. Diese Preissenkung versuchen wir aber aufgrund unserer Marktstellung weitestgehend auf unsere Lieferanten abzuwälzen.

Hier kommt es auf Ihr Verhandlungsgeschick an! Bitte bereiten Sie die Lieferantengespräche soweit vor, als dass Sie für alle betroffenen Artikel die Bezugspreise ermitteln, die wir maximal bereit sind zu zahlen, wenn wir unsere Listenpreise um 5 % senken. Unsere Zuschlagssätze sollen dabei nicht verändert werden.

Folgende Zuschläge werden zugrunde gelegt:
- Handlungskosten 25,00 %
- Gewinnzuschlag 15 %
- Kundenskonto 3 %
- Vertriebsprovision 5 %
- Kundenrabatt 25 %

P. Schönhauser

## ARBEITSAUFTRÄGE

Ermitteln Sie für die von der Preissenkung betroffenen Artikel

1. den um 5 % reduzierten Listenverkaufspreis der BPK GmbH,
2. die Handelspanne in Prozent,
3. die neuen geplanten Bezugspreise.

| Artikel Nr. | Bezeichnung | Listenverkaufspreise je 500 Blatt | | Handels-spanne | Bezugspreis |
|---|---|---|---|---|---|
| | | alter Preis | neuer Preis | = ______ % | |
| 30221 | „Neusiedler Japan Post“ | 8,48 € | | | |
| 30241 | BPK „Continental- Recycling“ | 8,60 € | | | |
| 30311 | BPK „Multus“ | 3,53 € | | | |
| 30321 | BPK „Favorit-SM“ | 4,18 € | | | |
| 30331 | BPK „Neutral-SM“ | 4,45 € | | | |
| 30341 | BPK „Pilot-Extra-SM” | 5,93 € | | | |

# Aufgaben

**1**

Ermitteln Sie die Bezugspreise. Folgende Zuschlagssätze sind zu berücksichtigen:

| Zuschlagssätze in % | Artikel 1 | Artikel 2 | Artikel 3 |
|---|---|---|---|
| Handlungskostenzuschlag | 15,0 | 20,0 | 5,0 |
| Gewinnzuschlag | 20,0 | 10,0 | 30,0 |
| Kundenskonto | 3,0 | 2,0 | 2,5 |
| Vertriebsprovision | 5,0 | 3,0 | 2,0 |
| Kundenrabatt | 25,0 | 12,5 | 7,5 |
| Listenverkaufspreis in € | 24,00 | 12,00 | 8,00 |

**2**

Errechnen Sie den Kalkulationszuschlagssatz und die Handelsspanne für folgende Artikel:

| Preise in € | Artikel 1 | Artikel 2 | Artikel 3 | Artikel 4 |
|---|---|---|---|---|
| Bezugspreis | 21,40 | 85,80 | 22,00 | 42,50 |
| Listenverkaufspreis | 28,30 | 125,00 | 41,50 | 63,00 |

**Hinweis:** Runden Sie die Handelsspanne kaufmännisch auf zwei Nachkommastellen!

**3**

a) Errechnen Sie die Listenverkaufspreise.
b) Geben Sie die Handelsspannen an.

Folgende Zuschlagssätze sind zu berücksichtigen:

| Zuschlagssätze in % | Artikel 1 | Artikel 2 | Artikel 3 |
|---|---|---|---|
| Handlungskostenzuschlag | 15,0 | 20,0 | 5,0 |
| Gewinnzuschlag | 20,0 | 10,0 | 30,0 |
| Kundenskonto | 3,0 | 2,0 | 2,5 |
| Vertriebsprovision | 5,0 | 3,0 | 2,0 |
| Kundenrabatt | 25,0 | 12,5 | 7,5 |
| Bezugspreis in € | 4.600,00 | 24,50 | 800,00 |

**4**

Ermitteln Sie für folgende Artikel die Bezugspreise:

| | Artikel 1 | Artikel 2 | Artikel 3 | Artikel 4 |
|---|---|---|---|---|
| Listenverkaufspreis in € | 420,40 | 43,00 | 2.500,00 | 62,50 |
| Handelsspanne in % | 21,30 | 45,2456 | 38,50 | 28,45 |

**Hinweis:** Beachten Sie – falls notwendig – die kaufmännische Rundung der Einzelergebnisse.

**5**

Ein Unternehmen kalkuliert mit einem Kalkulationszuschlagssatz in Höhe von 48,50 %. Ein neuer Artikel kann zu einem Listenverkaufspreis von 12,20 € je kg angeboten werden. Berechnen Sie

a) die Handelsspanne in Prozent und in Euro,
b) den maximalen Bezugspreis in Euro.

**6**

Welcher Handelsspanne entspricht ein Kalkulationsfaktor von

a) 1,8
b) 1,65
c) 1,25
d) 1,7
e) 2,0
f) 1,5?

**7**

Der Listenverkaufspreis eines Artikels beträgt 75,00 €, die Handelsspanne 35 %. Der Handlungskostenzuschlag beträgt 10 %, der Gewinn 5,20 €. Berechnen Sie

**a)** den Bezugspreis, die Handlungskosten und die Selbstkosten in Euro,
**b)** den Gewinnzuschlagssatz in Prozent.

**8**

Ein Anbieter kalkuliert mit 10 % Handlungskostenzuschlag, 20 % Gewinnzuschlag, 2 % Kundenskonto und 25 % Kundenrabatt. Berechnen Sie den Kalkulationszuschlagssatz, den Kalkulationsfaktor und die Handelsspanne.
**Hinweis:** Zur Lösung dieser Aufgabe ist ein beliebiger Bezugspreis festzusetzen.

**9**

Die Kalkulation für zwei Artikel ist zu erstellen:

| | **Artikel 1** | **Artikel 2** |
|---|---|---|
| Listenverkaufspreis | 18,00 € | 30,00 € |
| Kalkulationsfaktor | 2,4 | 2,5 |
| Handlungskostenzuschlag | 60 % | 50 % |
| Kundenskonto | 3 % | |

Mengenrabattstaffel:

| **Abnahmemenge** | **Rabattsatz** |
|---|---|
| ab 25 Stück | 10 % |
| ab 100 Stück | 20 % |
| ab 200 Stück | 25 % |

Erstellen Sie die Kalkulation und ermitteln Sie

**a)** den Selbstkostenpreis für 1 Stück.
**b)** den Gewinnzuschlag bei Abnahme von 50 Stück durch einen Kunden, der Skonto ausnutzt.
**c)** den Rechnungsbetrag für einen Kunden, der 190 Stück benötigt, aber 200 Stück kauft.
**d)** den Zahlungseingang bei Abnahme von 200 Stück durch einen Kunden, der Skonto ausnutzt.
**e)** die benötigte Stückzahl, ab der es sich lohnt, 25, 100 bzw. 200 Stück abzunehmen.

**10**

Eine Ware ist zu einem Barverkaufspreis von maximal 120,00 € verkäuflich. Wie hoch darf der Listeneinkaufspreis sein, wenn folgende Vorgaben gelten?

| | |
|---|---|
| Gewinn | 15 % |
| Handlungskosten | 12,5 % |
| Bezugskosten | 5,00 € |
| Lieferantenskonto | 3 % |
| Lieferantenrabatt | 7,5 % |

**11**

Ein Käufer bietet für eine Ware 1.200,00 €. Wie hoch darf der Listeneinkaufspreis sein, wenn die bekannten Kalkulationsprozentsätze eingehalten werden sollen und die angegebenen Bezugskosten tatsächlich anfallen?

| | |
|---|---|
| Lieferantenrabatt | 15 % |
| Lieferantenskonto | 3 % |
| Bezugskosten | 58,72 € |
| Handlungskosten | 25 % |
| Gewinn | 50 % |
| Kundenskonto | 3 % |
| Kundenrabatt | 10 % |
| Listenverkaufspreis | 1.200,00 € |

# Lernsituation 100

## Den Gewinn für einen Auftrag ermitteln (Differenzkalkulation)

FK ☞ *LF8 Kap. 2.3.6*

**LERNSITUATION**

Löschen | Ist Werbung | Antworten | An alle | Weiterleiten | Drucken | Aufgabe

**Von:** Dr. Peter Schönhauser
**Betreff:** Gewinn Artikel 40111
**Datum:** 09.08.20XX, 14.01 Uhr
**An:** Anna Voss

Hallo Frau Voss,

unser Mitbewerber bietet zurzeit in einer Aktion seinen Artikel „Offset-Studio“, der vergleichbar ist mit unserem „Prima-Offset-Professional“ (Artikel Nr. 40111), für 33,20 € je 500 Bogen bei Abnahme von mindestens einer Palette an. Wie unser Reisender nach einem Kundenbesuch berichtete, gewährt der Mitbewerber auf diesen Artikel 5 % Rabatt und 3 % Skonto.

Bitte prüfen Sie unsere Kalkulation!
Wie hoch wären unsere Gewinneinbußen in Euro und Prozent bei diesem Artikel, wenn wir zu dem Mitbewerberpreis, ebenfalls mit 5 % Rabatt und 3 % Skonto anbieten würden? Bitte unterbreiten Sie außerdem Vorschläge, wie wir diese Einbußen vermeiden oder ausgleichen könnten.

P. Schönhauser

Aktuelle Daten für die Kalkulation je 500 Bogen bei einer Mindestabnahme von 1 Palette:

| **Artikel Nr. 40111** | |
|---|---|
| Listenverkaufspreis | 35,20 € |
| Bezugspreis | 23,74 € |
| Handlungskostenzuschlag | 25 % |
| Gewinnzuschlag | ? |
| Kundenskonto | 3 % |
| Kundenrabatt | 0 % |

**Differenzkalkulation Artikel Nr. 40111**

| Kalkulationsschema | Prozent | | Berechnung | Betrag in € |
|---|---|---|---|---|
| Bezugspreis | | | | |
| Handlungskosten | | | | |
| Selbstkosten | | | | |
| **Gewinn** | | | | |
| Barverkaufspreis | | | | |
| Kundenskonto | | | | |
| Zielverkaufspreis | | | | |
| Kundenrabatt | | | | |
| Listenverkaufspreis | | | | |

**Differenzkalkulation Artikel Nr. 40111 – Aktionskalkulation**

| Kalkulationsschema | Prozent | | Berechnung | Betrag in € |
|---|---|---|---|---|
| Bezugspreis | | | | |
| Handlungskosten | | | | |
| Selbstkosten | | | | |
| **Gewinn** | | | | |
| Barverkaufspreis | | | | |
| Kundenskonto | | | | |
| Zielverkaufspreis | | | | |
| Kundenrabatt | | | | |
| Listenverkaufspreis | | | | |

## Arbeitsblatt 100.1 Berechnungen bei der Differenzkalkulation

| Begriff | Berechnung |
|---|---|
| Listeneinkaufspreis | Wert in € wird vorgegeben |
| Lieferantenrabatt | Listeneinkaufspreis · Lieferantenrabatt in % |
| Zieleinkaufspreis | |
| Lieferantenskonto | |
| Bareinkaufspreis | |
| Bezugskosten | |
| Bezugspreis/Einstandspreis | |
| Handlungskosten | |
| Selbstkosten | |
| Gewinn in € | |
| Gewinn in % | |
| Barverkaufspreis | |
| Kundenskonto | |
| Vertriebsprovision | |
| Zielverkaufspreis | |
| Kundenrabatt | |
| Listenverkaufspreis | Wert in € wird vorgegeben |

# Arbeitsblatt 100.2 Kalkulationen im Absatzbereich

Ermitteln Sie die Zielwerte manuell oder mit einem Tabellenkalkualtionsprogramm.

| | Vorwärtskalkulation | | Rückwärtskalkulation | | Differenzkalkulation | |
|---|---|---|---|---|---|---|
| | % | € | % | € | % | € |
| Listeneinkaufspreis | | 600,00 | Ziel | | | 450,00 |
| Liefererrabatt | 10 % | | 15 % | | 18 % | |
| = Zieleinkaufspreis | | | | | | |
| Liefererskonto | 2 % | | 3 % | | 3 % | |
| = Bareinkaufspreis | | | | | | |
| Bezugskosten | | 39,00 | | 58,72 | | 17,46 |
| = Einstandspreis | | | | | | |
| Handlungskosten | 15 % | | 25 % | | 18 % | |
| = Selbstkosten | | | | | | |
| Gewinn | 20 % | | 50 % | | Ziel | |
| = Barverkaufspreis | | | | | | |
| Kundenskonto | 2 % | | 3 % | | 2 % | |
| = Zielverkaufspreis | | | | | | |
| Kundenrabatt | 5 % | | 10 % | | 5 % | |
| = Listenverkaufspreis | Ziel | | | 1.100,00 | | 850,00 |

**Nebenrechnungen:**

# Aufgaben

**1**

Berechnen Sie den Gewinn in Euro und den Gewinnzuschlag in Prozent.

| | Artikel 1 | Artikel 2 | Artikel 3 | Artikel 4 |
|---|---|---|---|---|
| Bezugspreis | 16,50 € | 75,50 € | 89,50 € | 1,56 € |
| Handlungskostenzuschlag | 15,0 % | 20,0 % | 5,0 % | 12,5 % |
| Selbstkosten | | | | |
| Gewinn in € | | | | |
| Gewinn in % | | | | |
| Barverkaufspreis | | | | |
| Kundenskonto | 3,0 % | 2,0 % | 3,0 % | 2,5 % |
| Zielverkaufspreis | | | | |
| Kundenrabatt | 10,0 % | 25,0 % | 40,0 % | 7,5 % |
| Listenverkaufspreis | 24,00 € | 148,00 € | 220,00 € | 2,50 € |

**2**

Der Listenverkaufspreis einer Ware beträgt 1.500,00 € bei 25 % Kundenrabatt, 3 % Kundenskonto und 5 % Vertriebsprovision. Der Listeneinkaufspreis beträgt 1.093,30 € bei 30 % Lieferantenrabatt, 2 % Lieferantenskonto, 34,10 € Bezugskosten und 20 % Handlungskostenzuschlagssatz.

a) Berechnen Sie den Gewinn in Euro und den Gewinnzuschlagssatz in Prozent.

b) Berechnen Sie den Gewinn in Euro und in Prozent, wenn der Lieferer seinen Listenpreis auf 1.000,00 € senkt.

c) Um wie viel Prozent steigt der Gewinn in Euro durch diese Preissenkung?

**3**

Ein Handelsartikel mit einem Selbstkostenpreis von 216,00 € bei einem Handlungskostenzuschlagssatz von 44 % wird mit einem Kalkulationsfaktor von 2,5 kalkuliert.
Rabattstaffel:

| Abnahmemenge | Rabatt |
|---|---|
| ab 25 Stück | 10 % |
| ab 100 Stück | 20 % |
| ab 250 Stück | 30 % |

Zahlungsbedingung: Zahlbar innerhalb von 10 Tagen mit 4 % Skonto oder 45 Tage Ziel ohne Abzug.
Ermitteln Sie

a) den Listenverkaufspreis je Stück,

b) den Gewinnzuschlag bei Abnahme von 100 Stück ohne Ausnutzung von Skonto,

c) den Gewinn insgesamt bei Abnahme von 25 Stück bei Ausnutzung von Skonto,

d) die benötigte Stückzahl, ab der es sich lohnt, 100 (250) Stück abzunehmen.

**4**

Ein Einzelhändler fragt den Bezug von 50 Herrenanzügen an. Er geht dabei von einem Verkaufspreis von 222,00 € aus. Der Hersteller KOSS bietet diese Anzüge zum Preis von 140,00 € an.
Zahlungsbedingung: Zahlbar innerhalb von 10 Tagen unter Abzug von 2 % Skonto oder 30 Tage Ziel.
Handlungskostenzuschlagssatz: 33 1/3 %.
Bezugskosten: Fracht und Versicherung 10,80 € je Anzug.
Gewinnzuschlagssatz bisher: 8 %.

Reicht der hier mögliche Gewinn aus, um diesen Gewinnzuschlagssatz zu erreichen? Berechnen Sie den tatsächlichen Gewinn in Euro und in Prozent.

**5**

Ein Elektrogerätegroßhändler kalkuliert eine Elektro-Kettensäge wie folgt:

| | | |
|---|---|---|
| Einstandspreis | | 45,00 € |
| + Handlungskostenzuschlag | 15 % | 6,75 € |
| = Selbstkosten | | 51,75 € |

Der Barverkaufspreis an Baumärkte beträgt üblicherweise 77,50 €.

a) Ermitteln Sie den Gewinn in Euro und den Gewinnzuschlag in Prozent der Selbstkosten, wenn der Großhändler die Elektro-Kettensäge zum normalen Barverkaufspreis verkauft.

b) Der Großhändler gewährt für eine Woche in einer Sonderaktion einen „20-%-auf-Alles-Preisvorteil". Um wie viel Euro und um wie viel Prozent sinkt der Gewinn je verkaufter Elektro-Kettensäge?

c) Durchschnittlich werden vom Großhändler wöchentlich 15 Elektro-Kettensägen verkauft. Wie viele derartige Geräte müssen in der Sonderaktionswoche verkauft werden, um den durchschnittlichen Wochengewinn zu erreichen?

d) Dem Großhändler gelingt es, den Hersteller an seiner Sonderaktionswoche zu beteiligen. Für alle Elektro-Kettensägen, die in dieser Sonderaktionswoche verkauft werden, gibt der Hersteller eine Gutschrift in Höhe von 10 % auf den Einstandspreis des Großhändlers. Ermitteln Sie den Gewinn des Großhändlers für die Elektro-Kettensäge, wenn in der Sonderaktionswoche bei unverändertem Handlungskostenzuschlagssatz 35 Geräte zum Sonderpreis verkauft werden.

e) Welche Nachteile könnten dem Hersteller der Elektro-Kettensäge, der alle deutschen Elektrogerätegroßhändler und den sonstigen Werkzeughandel beliefert, durch die Sonderaktion eines seiner Kunden entstehen?

**6**

Papierfabrik
**MÜHLENFELD**

Papierfabrik Mühlenfeld, Oberländer Ufer 19, 40221 Düsseldorf

Bergisches Papierkontor GmbH
Elberfelder Straße 85
42285 Wuppertal

Lieferschein-Nr.: 3200
Lieferdatum: 24.06.20XX
Rechnungs-Nr.: 3200
Rechnungsdatum: 24.06.20XX

**Rechnung: 3200**

| | | | |
|---|---|---|---|
| Lieferung mit: Lkw | Ab: Düsseldorf | An: Wuppertal | Lieferungsbedingungen: ab Werk |
| Zeichen: Wer/12 | Qualität: Kraftpapier Nr. 50206 | | Nettogewicht: 48 420 kg |

| Pos. | Rollenbreite | g/m² | Hülse | Lfm. | Rollengewicht | Rollenzahl | Quantität in kg | Preis/1 000 kg | Betrag in Euro |
|---|---|---|---|---|---|---|---|---|---|
| 1 | 1 530 | 90 | 76 | 1200 | – | 36 | 48 420 | 1.350,00 | 65.367,00 |
| | | | | | | Listenpreis Kraftpapier<br>– Großkundenrabatt | | | 65.367,00<br>6.536,70 |
| | | | | | | Nettopreis Kraftpapier<br>+ Fracht und Verpackung | | | 58.830,30<br>1.200,00 |
| | | | | | | Nettorechnungsbetrag<br>19 % Umsatzsteuer | | | 60.030,30<br>11.405,76 |
| | | | | | | = Bruttorechnungsbetrag | | | 71.436,06 |

Zahlungsbedingungen: 3 % Skonto innerhalb von 10 Tagen, 30 Tage Zahlungsziel
Bankverbindung: Deutsche Bank, Düsseldorf, BLZ: 30070200, Konto: 42622398

Berechnen Sie

a) den Großkundenrabatt in Prozent.

b) den Preisaufschlag für Fracht- und Verpackungskosten bezogen auf den Nettopreis für das Kraftpapier in Prozent.

c) den Bezugspreis in Euro, wenn der Rechnungsausgleich am 30. Juni 20XX erfolgt.

d) den Verlust in Prozent, wenn aus Liquiditätsgründen das Kraftpapier unbearbeitet weiterverkauft wird und Handelswaren üblicherweise mit einem Handlungskostenzuschlag von 17,1 % kalkuliert werden müssen. Der Nettoerlös beträgt 62.000,00 €.

**7**

**Hinweis:** Alle Zwischenergebnisse müssen auf zwei Nachkommastellen kaufmännisch gerundet werden!

**Bezugskalkulation**

a) Ein Lieferer bietet einen Sonderposten Kopierpapier für 2.000,00 € an. Er gewährt auf diesen Preis 10 % Rabatt und 2 % Skonto bei Zahlung innerhalb von 8 Tagen. Er liefert das Kopierpapier frei Haus. Ermitteln Sie den Bezugspreis.

b) Ein Lieferant von Plotterpapieren auf Rollen bietet bei einer Mindestabnahme von 100 Rollen die Rolle für 2,00 € an. Er bietet zusätzlich einen Wiederverkäuferrabatt von 10 % und bei Zahlung innerhalb von 10 Tagen 2 % Skonto. Die Lieferung kostet pauschal 20,00 €. Ermitteln Sie den Bezugspreis für 500 Rollen.

**Selbstkostenkalkulation**

Ein Büroartikelgroßhändler hat für die Warengruppe Kopierpapier einen Handlungskostenzuschlagssatz von 12 % ermittelt. Bei Plotterpapier beträgt der Handlungskostenzuschlagssatz 10 %. Ermitteln Sie jeweils die Selbstkosten.

c) Angebot über Kopierpier: Listenpreis je 500 Blatt, weiß, DIN-A4: 3,50 €, Rabatt 5 %, Skonto 2 %, Kosten der Lieferung je 500 Blatt 3 % des Zieleinkaufspreises.

d) Angebot über Plotterpapier auf Rollen: Listenpreis für 100 Rollen: 250,00 €, Rabatt 12 %, Skonto 2,5 %, Kosten der Lieferung: 2 % des Listenpreises.

**Barverkaufspreiskalkulation**

Ein Büroartikelgroßhändler hat für die Warengruppe Kopierpapier einen Handlungskostenzuschlagssatz von 10 % ermittelt, der Gewinnzuschlagssatz beträgt 20 %. Bei Plotterpapieren auf Rollen beträgt der Handlungskostenzuschlagssatz 8 %, der Gewinnzuschlagssatz 30 %. Ermitteln Sie jeweils den Barverkaufspreis.

e) Angebot über Kopierpier: Listenpreis je 500 Blatt, weiß, DIN-A4: 2,50 €, Rabatt 10 %, Skonto 3 %, Kosten der Lieferung je 500 Blatt 2,5 % des Zieleinkaufspreises.

f) Angebot über Plotterpapier auf Rollen: Listenpreis für 10 Rollen: 30,00 €, Rabatt 8 %, Skonto 3 %, Kosten der Lieferung 3 % des Listenpreises.

**Angebotspreiskalkulation**

Ein Großhändler kalkuliert seine Listeverkaufspreise mit 3 % Skonto und 15 % Rabatt.
Ermitteln Sie seine Listenverkaufspreise (Angebotspreise).

g) Bezugspreis für einen Posten Overheadfolien 4.000,00 €, Handlungskostenzuschlag 5 %, Gewinnzuschlag 25 %.

h) Listeneinkaufspreis bei Frei-Haus-Lieferung für Offset-Papier 2.000,00 €, Lieferantenrabatt 10 %, Lieferantenskonto 2 %, Handlungskosten 12 %, Gewinnzuschlag 20 %.

**Rückwärtskalkulation**

Ein Großhändler der mit 20 % Kundenrabatt, 2 % Skonto, 10 % Gewinnzuschlag und mit durchschnittlich 10 % Handlungskostenzuschlag kalkuliert, erhält folgende Anfragen. Ermitteln Sie den maximalen Bezugspreis.

i) Ein Kunde benötigt 200 000 Blatt Kopierpapier. Der erwartete Listenverkaufspreis je 500 Blatt beträgt 5,00 €.

j) Ein Kunde benötigt Faxrollen, deren Listenverkaufspreis maximal 3,50 € betragen darf.

**Differenzkalkulation**

Ein Großhändler kalkuliert mit 25 % Kundenrabatt und 3 % Skonto. Sein Handlungskostenzuschlagssatz beträgt 5 %. Ermitteln Sie jeweils den Gewinn in € und den Gewinnzuschlagssatz in Prozent.

k) Bezugspreis je 1 000 Bogen Kunstdruckpapier 125,00 €, Listenverkaufspreis 200,00 €.

l) Listeneinkaufspreis für Briefkassetten 5.000,00 €, Lieferantenrabatt 10 %, Lieferantenskonto 2 %, Bezugskosten 200,00 €, Listenverkaufspreis 7.800,00 €.

# Lernsituation 101
## Importkalkulation und Exportkalkulation

FK ☞ *LF8 Kap. 2.4*

**LERNSITUATION**

Die Fahrradwelt GmbH, eine Fahrradgroßhandlung mit Sitz in Düsseldorf, fragt bei dem Unternehmen Special Bicycle PLC, abgekürzt SB PLC, in Pittsburgh USA den Preis für 110 hochwertige Mountainbikes SB 715 MB an. Die SB PLC bietet die Fahrräder zu einem Listenpreis von 2.125 USD pro Fahrrad an. Die Lieferbedingung wäre dabei **FCA Special Bicycle PLC Pittsburgh**. Die Fahrräder würden in zwei 20-Fuß-Standardcontainern transportiert. Die Container würden bei der SB PLC beladen und bei der Fahrradwelt GmbH entladen. Die SB PLC gewährt folgende Mengenrabatte:

| | | |
|---|---|---|
| ab | 20 Fahrrädern | 3 % Rabatt |
| ab | 50 Fahrrädern | 6 % Rabatt |
| ab | 100 Fahrrädern | 8 % Rabatt |
| ab | 200 Fahrrädern | 10 % Rabatt |

Bei Zahlung innerhalb von 10 Tagen nach Rechnungsdatum oder bei Zahlung per Akkreditiv gewährt die SB PLC 2 % Skonto. Folgende Transportstrecken sind zu berücksichtigen:

| | | |
|---|---|---|
| Vorlauf | Pittsburgh – New York Seaport | Lkw-Transport durch beauftragten Frachtführer |
| Haupttransport | New York Seaport – Hamburg Seaport | Seeschiff |
| Nachlauf | Hamburg Seaport – Düsseldorf | Lkw-Transport durch beauftragten Frachtführer |

Als Zahlungsbedingung verlangt die SB PLC ein unbestätigtes Dokumentenakkreditiv. Der Einkaufsleiter der Fahrradwelt GmbH möchte, dass die Fahrräder auf der gesamten Transportstrecke versichert sind. Sie sollen den zuständigen Einkaufsachbearbeiter bei der Ermittlung der Einstandskosten, die sich bei diesem Angebot ergeben, unterstützen. Dazu ermitteln Sie zunächst die folgenden Kostenbestandteile, die bei der Abwicklung dieses Geschäftes anfallen können. Beachten Sie, dass Sie evtl. nicht alle der angegebenen Kosten bei der Kalkulation berücksichtigen müssen.

| Lade-, Entlade-, Umlade-, Transportkosten (jeweils für 2 Container) | |
|---|---|
| Kosten für die Beladung der Container in Pittsburgh | 160,00 USD |
| Vorlaufkosten: Pittsburgh – New York Seaport | 840,00 USD |
| THC New York | 620,00 USD |
| Seefracht New York – Hamburg | 8.540,00 USD |
| BAF | 325,00 USD |
| THC Hamburg | 420,00 EUR |
| Nachlaufkosten: Hamburg – Düsseldorf | 540,00 EUR |
| Entladekosten in Düsseldorf | 150,00 EUR |
| **Versicherungskosten** | |
| Transportstrecke: Pittsburgh – Düsseldorf | 0,55 % von der Versicherungssumme in EUR<br>Versicherungssumme = Versicherungswert + 10 % imaginärer Gewinn vom Versicherungswert<br>Versicherungswert = Barverkaufspreis (FCA) + Fracht (Vor- und Nachlauf) + Zuschläge (THC, BAF) + Versicherungsprämie |
| Versicherungsanteil für den Nachlauf | 85,00 EUR |
| **Dokumente/Zoll** | |
| Kosten für die Beschaffung von Ausfuhrdokumenten | 145,00 USD |
| Drittlandzollsatz für die Einfuhr | 14,00 % |
| **Bankgebühren/Wechselkurs** | |
| Eröffnungsgebühr für das Dokumentenakkreditiv | 0,20 % vom Akkreditivbetrag |
| Wechselkurs 1 EUR = 1,3450 USD | |

**ARBEITSAUFTRAG**

Ermitteln Sie die Einstandskosten für ein Fahrrad in einer übersichtlichen und nachvollziehbaren Rechnung.

## FOLGESITUATION

Von den 110 Fahrrädern SB 715 MB, die die Fahrradwelt GmbH aus den USA importiert hat, können 50 an die Fahrradhandlung Especialista Bicicleta S. L., abgekürzt EB S. L., in Burgos (Nordspanien) verkauft werden. Die EB S. L. bittet die Fahrradwelt GmbH um ein entsprechendes Angebot auf der Basis DAT Bilbao Seehafen Containerterminal. Die EB S. L. wünscht als Zahlungsbedingung „Dokumente gegen Akzept" (D/A), wobei der Wechsel 60 Tage nach der Verladung auf das Seeschiff fällig sein soll.

## ARBEITSAUFTRAG

Ermitteln Sie, zu welchem Preis pro Fahrrad die Fahrradwelt GmbH der EB S. L. die Fahrräder anbieten kann. Berücksichtigen Sie dabei die folgenden Aspekte und Kosten, die bei der Kalkulation eine Rolle spielen können:

- Die Fahrradwelt GmbH kalkuliert bei den Fahrrädern SB 715 MB mit einem Handlungskostenzuschlagsatz von 15 % und einem Gewinnzuschlagsatz von 12 %.
- Die Fahrradwelt GmbH möchte, dass die Fahrräder auf der Transportstrecke, auf der sie die Gefahr trägt, versichert sind.
- Die Fahrräder werden in einem 20-Fuß-Standardcontainer wie folgt transportiert:

| | | |
|---|---|---|
| Vorlauf | Düsseldorf – Rotterdam | Lkw-Transport |
| Haupttransport | Rotterdam – Bilbao | Transport per Seeschiff |
| Nachlauf | Bilbao – Burgos | Lkw-Transport |

Der Container wird im Auslieferungslager der Fahrradwelt GmbH gepackt und bei der EB S. L. entpackt (FCL – FCL).

- 

| Transport-/Lade-/Umladekosten | |
|---|---|
| Packen des Containers | 85,00 EUR |
| Vorlaufkosten | 450,00 EUR |
| THC Rotterdam | 200,00 EUR |
| Frachtkosten für den Seetransport | 175,00 EUR |
| BAF | 211,00 EUR |
| THC Bilbao | 150,00 EUR |
| Nachlaufkosten | 320,00 EUR |
| Entladen des Containers | 55,00 EUR |
| **Versicherungskosten** | |
| Düsseldorf – Bilbao | 0,3 % vom (Verkaufspreis zuzüglich 10 % imaginärer Gewinn vom Verkaufspreis) |
| Versicherungskosten Bilbao – Burgos | 15,00 EUR |
| **Bankgebühren/Finanzierung** | |
| Bankgebühren für das Dokumenteninkasso | 0,15 % vom Inkassobetrag |
| Finanzierungskosten | 6 % p. a. für 60 Tage vom Verkaufspreis |

# Aufgaben

**1**

Die Print and More GmbH, ein Großhandelsunternehmen mit Sitz in Düsseldorf, das sich auf den Handel mit gebrauchten Druckmaschinen spezialisiert hat, erhält das Angebot eine gebrauchte Bogenoffsetdruckmaschine „Mitsubishi D 3000 S4" zu kaufen. Der folgenden Tabelle können die relevanten Informationen entnommen werden:

| | | |
|---|---|---|
| Standort | Nagoya (Japan) | |
| Preis | 24.093.000,00 JPY | |
| Lieferbedingung | CPT Hamburg Seehafen | |
| Transport | in fünf 20-Fuß-Standardcontainern | |
| Transportstrecken | • Nagoya – Kobe Seaport<br>• Kobe Seaport – Hamburg Seehafen<br>• Hamburg Seehafen – Düsseldorf | ⟶ Lkw, beauftragter Frachtführer<br>⟶ Seeschiff<br>⟶ Lkw, beauftragter Frachtführer |
| Zahlungsbedingung | unbestätigtes Dokumentenakkreditiv, Bankkosten in Japan trägt der Verkäufer, Bankkosten in Deutschland trägt der Käufer | |

Im Zusammenhang mit der Abwicklung des Geschäftes sind folgende Kosten zu berücksichtigen, die bei der Bestimmung des Bezugspreises eine Rolle spielen können.

| Transport-, Umschlagkosten | |
|---|---|
| Vorlaufkosten: Nagayo – Kobe | 46.847,50 JPY pro Container |
| THC Kobe | 20.077,50 JPY pro Container |
| Seefracht Kobe – Hamburg (Entladekosten sind nicht in den Frachtkosten enthalten) | 1.250,00 USD pro Container |
| BAF | 460,00 USD pro Container |
| THC Hamburg | 180,00 EUR pro Container |
| Nachlaufkosten: Hamburg – Düsseldorf | 385,00 EUR pro Container |
| **Versicherungskosten** | |
| Transportversicherung: Kobe Seaport – Düsseldorf | 0,65 % von der Versicherungssumme in EUR<br>Versicherungssumme = Versicherungswert + 10 % imaginärer Gewinn vom Versicherungswert<br>Versicherungswert = CPT-Preis + THC Hamburg + Nachlaufkosten + Versicherungskosten |
| Versicherungsanteil Transportstrecke Hamburg – Düsseldorf | 124,00 EUR |
| **Zoll** | |
| Drittlandzollsatz | 1,7 % |
| **Bankgebühren** | |
| Kosten für die Akkreditiveröffnung | 0,2 % vom Akkreditivbetrag in EUR |
| Kurssicherungskosten | 1.200,00 EUR |
| **Wechselkurse** | |
| 1 EUR = 133,8500 JPY | |
| 1 EUR = 1,3500 USD | |

Ermitteln Sie den Bezugspreis für die Druckmaschine in EUR.

**2**

Ein Unternehmen in Uppsala (Schweden) fragt bei der Print and More GmbH den Preis für eine gebrauchte Druckmaschine Sakurai Oliver 466 SIP an. Der folgenden Tabelle können die relevanten Informationen entnommen werden:

| | |
|---|---|
| Standort | Print and More GmbH Düsseldorf |
| Lieferbedingung | CIP Seehafen Stockholm |
| Transport | in zwei 20-Fuß-Standardcontainern FCL/ FCL |
| Transportstrecken | • Düsseldorf – Rostock Seehafen ⟶ Lkw beauftragter Frachtführer<br>• Rostock Seehafen – Stockholm Seehafen ⟶ Seeschiff<br>• Stockholm Seehafen – Uppsala ⟶ Lkw beauftragter Frachtführer |
| Zahlungsbedingung | offenes Zahlungsziel von 30 Tagen, der Käufer stellt als Sicherheit eine Bankgarantie |

Im Zusammenhang mit der Abwicklung des Geschäftes sind folgende Kosten zu berücksichtigen, die bei der Bestimmung des Angebotspreises eine Rolle spielen können:

| Transport-, Lade-, Umschlag-, Entladekosten | |
|---|---|
| Packen der Container in Düsseldorf | 120,00 EUR pro Container |
| Vorlaufkosten: Düsseldorf – Rostock | 450,00 EUR pro Container |
| THC Rostock | 210,00 EUR pro Container |
| Seefracht Rostock – Stockholm (Entladekosten sind nicht in den Frachtkosten enthalten) | 650,00 EUR pro Container |
| BAF | 110,00 EUR pro Container |
| THC Stockholm | 1.800,00 SEK pro Container |
| Nachlaufkosten: Stockholm – Uppsala | 3.850,00 SEK pro Container |
| Entpacken der Container in Uppsala | 1.320,00 SEK pro Container |
| **Versicherungskosten** | |
| Transportversicherung: Düsseldorf bis Stockholm | 0,45 % vom (CIP-Preis zuzüglich 10 % imaginärer Gewinn vom CIP-Preis) |
| **Wechselkurs** | |
| 1 EUR = 8,7535 SEK | |

Die Print and More GmbH hat für die Maschine einen Bezugspreis von 155.000,00 EUR gezahlt. Die Print and More GmbH kalkuliert mit einem Handlungskostenzuschlagsatz von 24 % und einem Gewinnzuschlagsatz von 12 %. Außerdem berücksichtigt sie für das Zahlungsziel Finanzierungskosten von 5,4 % p. a. vom CIP-Preis.

Ermitteln Sie, zu welchem Preis in EUR die Print and More GmbH die Druckmaschine anbieten kann.

3

Das Unternehmen IRP PLC mit Sitz in Dublin fragt bei der Print and More GmbH den Preis für eine gebrauchte Druckmaschine Heidelberg MOVP-H an. Das Unternehmen wünscht die Lieferbedingung **DAP IRP Business Place, Dublin**. Als Zahlungsbedingung würde die IRP PLC ein unbestätigtes Deferred Payment Akkreditiv akzeptieren, das 45 Tage nach der Verladung der Maschine auf das Seeschiff fällig ist. Die Bankgebühren wären dabei zu teilen. Die Gebühren der irischen Bank würde die IRP PLC tragen, die Gebühren für die deutsche Bank gingen zu Lasten der Print and More GmbH. Die Print and More GmbH möchte, dass der Transport auf den Strecken, auf denen sie die Gefahr zu tragen hat, versichert wird, wobei die Versicherungssumme 110 % des Verkaufspreises betragen soll. Der Print and More GmbH liegt ein Angebot für die gewünschte Maschine aus Frankreich vor. Die Maschine wird für 95.000,00 EUR zur Lieferbedingung **FCA Le Havre Seaport** angeboten. Der Transport könnte in zwei 20-Fuß-Standardcontainern direkt von Le Havre nach Dublin erfolgen. Der Verkäufer wäre mit einem Dokumenteninkasso und Teilung der Kosten (Verkäufer zahlt nur die Gebühren der französischen Bank) einverstanden.

Im Zusammenhang mit der Abwicklung des Geschäftes sind folgende Kosten zu berücksichtigen, die bei der Bestimmung des Angebotspreises eine Rolle spielen können:

| Transport-, Lade-, Umschlag-, Entladekosten | |
|---|---|
| Packen der Container in Frankreich | 140,00 EUR pro Container |
| Vorlaufkosten: bis zum Seehafen Le Havre | 380,00 EUR pro Container |
| THC Le Havre | 180,00 EUR pro Container |
| Seefracht Le Havre – Dublin (Entladekosten sind darin nicht enthalten) | 460,00 EUR pro Container |
| BAF | 80,00 EUR pro Container |
| THC Dublin | 220,00 EUR pro Container |
| Nachlaufkosten: Dublin Seehafen – Geschäftssitz IRP PLC | 195,00 EUR pro Container |
| Entpacken der Container am Geschäftssitz der IRP PLC | 75,00 EUR pro Container |
| **Versicherungskosten** | |
| Transportversicherung: Le Havre – Geschäftssitz IRP PLC | 0,5 % von der Versicherungssumme = Verkaufspreis + 10 % imaginärer Gewinn |
| **Bankgebühren/Finanzierung** | |
| Gebühren der deutschen Bank für das Akkreditiv | 0,25 % vom Akkreditivbetrag |
| Gebühren der deutschen Bank für das Dokumenteninkasso | 133,00 EUR |
| Zinsen für das Zahlungsziel | 5,4 % p. a. vom Verkaufspreis für 45 Tage |

Die Print and More GmbH berücksichtigt bei Aufträgen dieser Art einen Nutzen (Gewinnaufschlag) von 15 % bezogen auf den Verkaufspreis.

a) Ermitteln Sie, zu welchem Preis die Print and More GmbH der IRP PLC die Maschine zu den genannten Bedingungen anbieten kann.

b) Die IRP PLC ist bereit, für die Maschine lediglich einen Preis von 110.000,00 EUR zu zahlen, wäre aber dafür mit der Zahlungsbedingung **CIP Dublin Seaport** einverstanden. Dadurch verringert sich die Versicherungsprämie auf 0,45 %. Alle anderen Bedingungen bleiben unverändert. Ermitteln Sie, welchen Preis zur Lieferbedingung **FCA Le Havre Seaport** die Print and More GmbH maximal akzeptieren kann, wenn sie den angestrebten Gewinnaufschlag von 15 % des Verkaufspreises realisieren will.

c) Der französische Anbieter ist nicht bereit, den Preis zu reduzieren, würde aber die Lieferbedingung **CPT Dublin Seaport** akzeptieren. Ermitteln Sie, welchen Nutzenaufschlag die Print and More GmbH realisieren würde, wenn sie der IRP PLC die Maschine zu dem Preis von 110.000,00 EUR zur Lieferbedingung **CIP Dublin Seaport** verkauft.

# Lernsituation 102

## Break-even-Point und Deckungsbeitragsrechnung

FK ☞ *LF8 Kap. 3*

**LERNSITUATION**

Herr Werner, Leiter der Verkaufsabteilung der Sektkellerei Söhngen GmbH, erhält folgende Anfrage per Mail:

Löschen | Ist Werbung | Antworten | An alle | Weiterleiten | Drucken | Aufgabe

**Von:** dr.klein@lida-weinundsekt.de
**Betreff:** Dringende Anfrage
**Datum:** 14.01.20XX
**An:** werner@soehngen.de

Sehr geehrter Herr Werner,

auch in diesem Jahr möchte die Lida Wein- und Sektgroßhandels GmbH wieder in der Karnevalszeit eine für beide Seiten erfolgreiche Sonderaktion mit Ihrem Qualitätssekt durchführen. Kurzfristig benötigen wir für diese Aktion 4.800 Flaschen Ihres Markensekts. Allerdings können wir – wie im Vorjahr – nur einen Barverkaufspreis von 4,00 € akzeptieren, da wir zurzeit aufgrund der Konkurrenzsituation keinerlei Preiserhöhungen in unserem Sortiment vornehmen können.

Darüber hinaus wären wir stark an einer Sekt-Eigenmarke für die Lida Wein- und Sektgroßhandels GmbH interessiert. Wir gehen hier langfristig von einem monatlichen Bedarf von ca. 10.000 Flaschen aus; die Etikettierung müsste auf unser Haus hinweisen und im Detail noch abgesprochen werden. Für dieses Produkt bieten wir Ihnen einen Barverkaufspreis in Höhe von 2,80 € je Flasche an.

Wir danken Ihnen für ein schnellstmögliches Angebot im Voraus.

Mit freundlichen Grüßen

Lida Wein- und Sektgroßhandels GmbH
Leiter Einkauf
Dr. Klein

Herr Werner beauftragt umgehend Herrn Sommers, Leiter der Kosten- und Leistungsrechnung der Sektkellerei Söhngen GmbH, aktuelle Daten für eine Entscheidung bereitzustellen. Ergebnisse:

| | | |
|---|---|---|
| **Variable Kosten** | | |
| je Flasche (0,75 l) | | |
| Flasche (hochwertig nach Champagner-Art) | 0,30 € | |
| Korken (echter Kork) | 0,12 € | |
| Sekt (Selbstkosten der Erzeugung) | 2,18 € | |
| Etikett | 0,05 € | |
| Befüllungs- und Verpackungskosten | 0,12 € | |
| je 6 Flaschen wird ein Karton benötigt | 1,20 € | 0,2 |
| je 20 Kartons wird eine (Mini-)Palette mit Schrumpffolie benötigt | 3,60 € | 0,03 |
| **Variable Kosten je Flasche** = | 3,00 € | |

| | |
|---|---|
| Weitere Angaben | |
| Fixe Kosten | 60.000,00 € (Monat) |
| Üblicher Nettoverkaufspreis (Barverkaufspreis) | 5,50 € je Flasche |
| Durchschnittliche Absatzmenge derzeit | 36.000 Flaschen (Monat) |
| Kapazitätsgrenze | 45.000 Flaschen je Abrechnungsmonat |

## ARBEITSAUFTRÄGE

**1.** Vervollständigen Sie für Herrn Sommers die nachfolgende Tabelle.

| Absatzmenge in Flaschen | Variable Kosten in € | Fixe Kosten in € | Gesamtkosten in € | Erlöse in € | Verlust (–) oder Gewinn (+) in € |
|---|---|---|---|---|---|
| 0 | 0 | 60.000 | 60.000 | 0 | − 60.000 |
| 5 000 | 15.000 | 60.000 | 75.000 | 27.500 | − 47.500 |
| 10 000 | 30.000 | 60.000 | 90.000 | 55.000 | − 35.500 |
| 15 000 | 45.000 | 60.000 | 105.000 | 82.500 | − 22.500 |
| 20 000 | 60.000 | 60.000 | 120.000 | 110.000 | − 10.000 |
| 25 000 | 75.000 | 60.000 | 135.000 | 137.500 | 2.500 |
| 30 000 | 90.000 | 60.000 | 150.000 | 165.000 | 15.000 |
| 35 000 | 105.000 | 60.000 | 165.000 | 192.500 | 27.500 |
| 40 000 | 120.000 | 60.000 | 180.000 | 220.000 | 40.000 |
| 45 000 | 135.000 | 60.000 | 195.000 | 247.500 | 52.500 |

**2.** Berechnen Sie für den Abrechnungszeitraum (Absatz: 36 000 Flaschen ohne Zusatzaufträge)

a) den Gewinn im Abrechnungszeitraum,

b) den Break-even-Point. x = Fixkosten / DB (Stück)

| Absatzmenge in Flaschen | Variable Kosten in € | Fixe Kosten in € | Gesamtkosten in € | Erlöse in € | Verlust (–) oder Gewinn (+) in € |
|---|---|---|---|---|---|
| 36 000 | 108.000 | 60.000 | 168.000 | 198.000 | 30.000 |

Erlöse − V.kosten = DB (90.000)

**3.** Stellen Sie in einer Grafik

a) die Verläufe aller Kostenarten und die Erlöse (mit Benennungen) bis zur Kapazitätsgrenze dar und

b) kennzeichnen Sie den Break-even-Point, die Verlustzone und die Gewinnzone.

**Erlös- und Kostenverläufe**

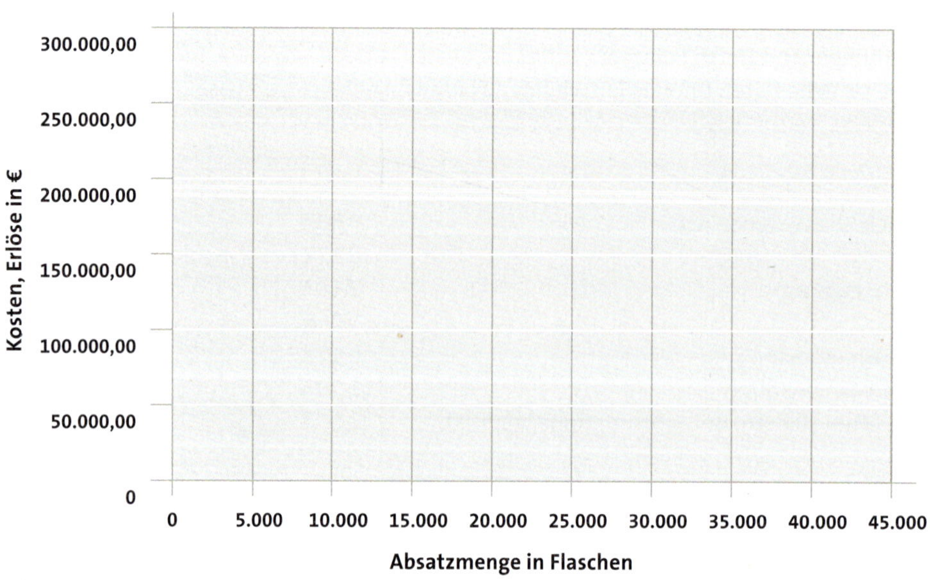


**4.** Welche Entscheidung ist für die Söhngen GmbH hinsichtlich der Anfrage der Lida Wein- und Sektgroßhandels GmbH bei der aktuellen Kostensituation sinnvoll?

**5.** Wie könnte die Entscheidung der Söhngen GmbH aussehen, wenn für die Eigenmarke der Lida Wein- und Sektgroßhandels GmbH preiswertere Flaschen (0,12 €) und Plastikkorken (0,05 €) verwendet würden sowie Sekt befreundeter Sektkellereien mit einem Einstandspreis von 1,56 € je Liter abgefüllt würde (alle anderen Kosten bleiben konstant)?

# Arbeitsblatt 102.1 Deckungsbeitragsrechnung

**1.** Grundbegriffe und Definitionen

**Gesamtkosten**

| ____________ Kosten | ____________ Kosten |
|---|---|
| Beispiele: | Beispiele: |
| Kosten, die | Kosten, die |

**2.** Berechnungen

Nettoverkaufserlös
– ____________ Kosten
= Deckungsbeitrag

$$\frac{\text{fixe Kosten einer Abrechnungsperiode}}{\text{\_\_\_\_\_\_\_\_\_\_\_\_}^{1}} = \text{Gewinnschwelle (break-even-point)}$$

[1] je Stück

**3.** Grafische Darstellung

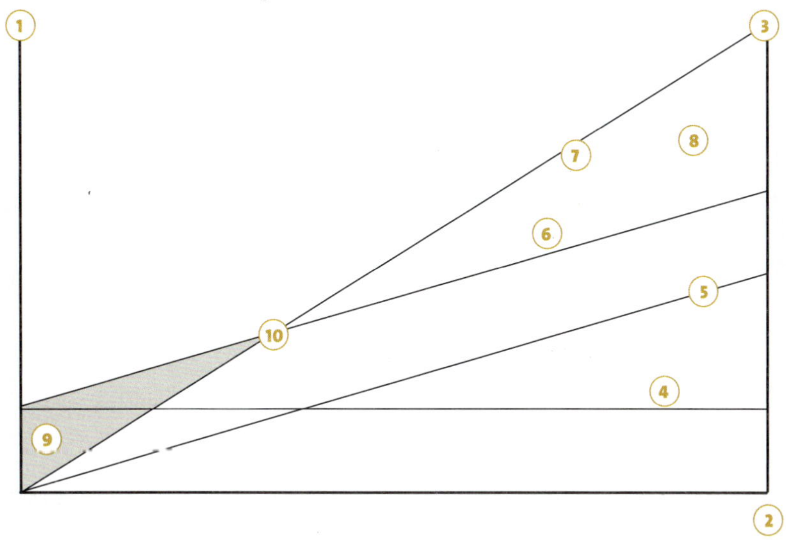


Geben Sie die richtigen Begriffe für nebenstehende Grafik an.

1. Kosten, Erlöse
2. Absatzmenge
3. ____________
4. Fixe Kosten
5. Variable Kosten
6. Gesamtkosten
7. Erlöse
8. Gewinn
9. Verlustzone
10. Breakeven Point

## Arbeitsblatt 102.2 Deckungsbeitragsrechnung im Großhandelsunternehmen

Ein Großhandelsunternehmen mit drei Warengruppen plant einen Abrechnungsmonat mit folgenden Verkaufserlösen und Kosten. Das geplante Betriebsergebnis muss noch ermittelt werden.

| Planwerte in € | Warengruppe I | | | Warengruppe II | | | Warengruppe III | | |
|---|---|---|---|---|---|---|---|---|---|
| Artikel-Nummer | Nr. 100 | Nr. 101 | Nr. 102 | Nr. 201 | Nr. 202 | Nr. 203 | Nr. 301 | Nr. 302 | Nr. 303 |
| Verkaufserlös/Stück (€) | 48,60 | 46,80 | 102,00 | 214,00 | 260,60 | 320,00 | 160,00 | 180,00 | 145,00 |
| Variable Kosten/Stück (€) | 26,60 | 32,00 | 84,90 | 145,00 | 110,00 | 210,50 | 105,00 | 185,50 | 85,00 |
| Absatzmengen (Stück) | 4000 | 3800 | 3200 | 400 | 500 | 1850 | 6200 | 3200 | 4800 |
| DB Artikel (€) | 88.000 | 56,240 | 54,720 | 27.600 | 75.300 | 202.575 | 341.000 | −17.600 | 288.000 |
| DB Warengruppe (€) | 198.960 | | | 305.475 | | | 611.400 | | |
| DB Unternehmen (€) | 1.115.835,00 | | | | | | | | |
| Fixe Kosten (€) | 1.002.500,00 | | | | | | | | |
| Betriebsergebnis (€) | 113.335 | | | | | | | | |

Ermitteln Sie das tatsächliche Betriebsergebnis auf Basis der Istwerte, wenn der Artikel mit der Nummer 302 nicht mehr gehandelt wird, die Verkaufserlöse je Stück für die verbleibenden Artikel der Warengruppe III um 10 % steigen und die geplanten Absatzmengen der Warengruppe III um 5 % sinken. Alle weiteren Istwerte sind der Tabelle zu entnehmen.

| Istwerte in € | Warengruppe I | | | Warengruppe II | | | Warengruppe III | | |
|---|---|---|---|---|---|---|---|---|---|
| Artikel-Nummer | Nr. 100 | Nr. 101 | Nr. 102 | Nr. 201 | Nr. 202 | Nr. 203 | Nr. 301 | Nr. 302 | Nr. 303 |
| Verkaufserlös/Stück (€) | 47,60 | 48,80 | 101,50 | 212,00 | 265,60 | 326,00 | 176 | / | 169,5 |
| Variable Kosten/Stück (€) | 26,80 | 32,50 | 82,90 | 145,50 | 110,50 | 211,50 | 105,00 | / | 85,00 |
| Absatzmengen (Stück) | 4100 | 3420 | 3000 | 100 | 400 | 1670 | 5890 | / | 4510 |
| DB Artikel (€) | 85.280 | 55.746 | 55.800 | 6.650 | 62.040 | | | / | |
| DB Warengruppe (€) | | | | | | | | | |
| DB Unternehmen (€) | | | | | | | | | |
| Fixe Kosten (€) | 1.006.500,00 | | | | | | | | |
| Betriebsergebnis (€) | | | | | | | | | |

# Aufgaben

**1**

Herr Schlinkmann von der Bergischen Metall GmbH ist seit einiger Zeit unzufrieden. Die Umsätze entwickeln sich erfreulich, doch die Gewinne bleiben hinter den Erwartungen zurück. Nach längerer Diskussion in der Abteilungsleiterkonferenz beschließt man, den Unternehmensberater Hassel zu engagieren, der die Situation analysieren und Verbesserungsvorschläge unterbreiten soll.

Herr Hassel begibt sich umgehend in die Buchhaltung und verschafft sich einen Überblick über die in der Bergischen Metall GmbH im letzten Geschäftsjahr angefallenen Kosten. Diese stellt er in einer Übersicht zusammen:

| Kosten | Betrag in € | Variator | Fixe Kosten | Variable Kosten |
|---|---|---|---|---|
| Wareneinsatz | 4.796.954,00 | 100 | | |
| Personalkosten | 3.658.000,00 | 20 | | |
| Allgemeine Verwaltung | 220.000,00 | 0 | | |
| Werbung | 285.000,00 | 0 | | |
| Kosten der Warenabgabe | 225.450,00 | 55 | | |
| Mieten, Pachten, Leasing | 660.000,00 | 0 | | |
| Energie | 254.896,00 | 0 | | |
| Abschreibungen | 886.000,00 | 0 | | |
| | | Summe: | | |

Hinweise:

- Der Variator gibt den Anteil der variablen Kosten einer Kostenart bei vorgegebener Beschäftigung (Absatzmenge) an.
- Die Bergische Metall GmbH handelt nur mit einem Artikel, Bremsscheiben für Pkw in Standardgröße, den sie in großen Mengen ein- und verkauft.

a) Ermitteln Sie die Gesamtsumme der fixen und der variablen Kosten.
b) Ermitteln Sie die fixen und variablen Kosten pro Stück. Gehen Sie dabei von einer verkauften Menge von 478 770 Stück aus. **Runden Sie Ihre Ergebnisse auf 2 Nachkommastellen!**
c) Ermitteln Sie den Gesamtumsatz des abgelaufenen Geschäftsjahres. Der Barverkaufspreis beträgt 25,00 € pro Stück.
d) Berechnen Sie die Kosten sowie die Erlöse für mögliche Absatzmengen von 0, 200 000, 400 000 und 600 000 Stück. Nutzen Sie hierfür die folgende Tabelle.

| Menge (Stück) | Fixe Kosten (€) | Variable Kosten (€) | Gesamtkosten (€) | Erlöse (€) |
|---|---|---|---|---|
| 0 | | | | |
| 200 000 | | | | |
| 400 000 | | | | |
| 600 000 | | | | |

e) Stellen Sie die Verläufe für die fixen, variablen und Gesamtkosten sowie für die Erlöse in einem Koordinatensystem dar.

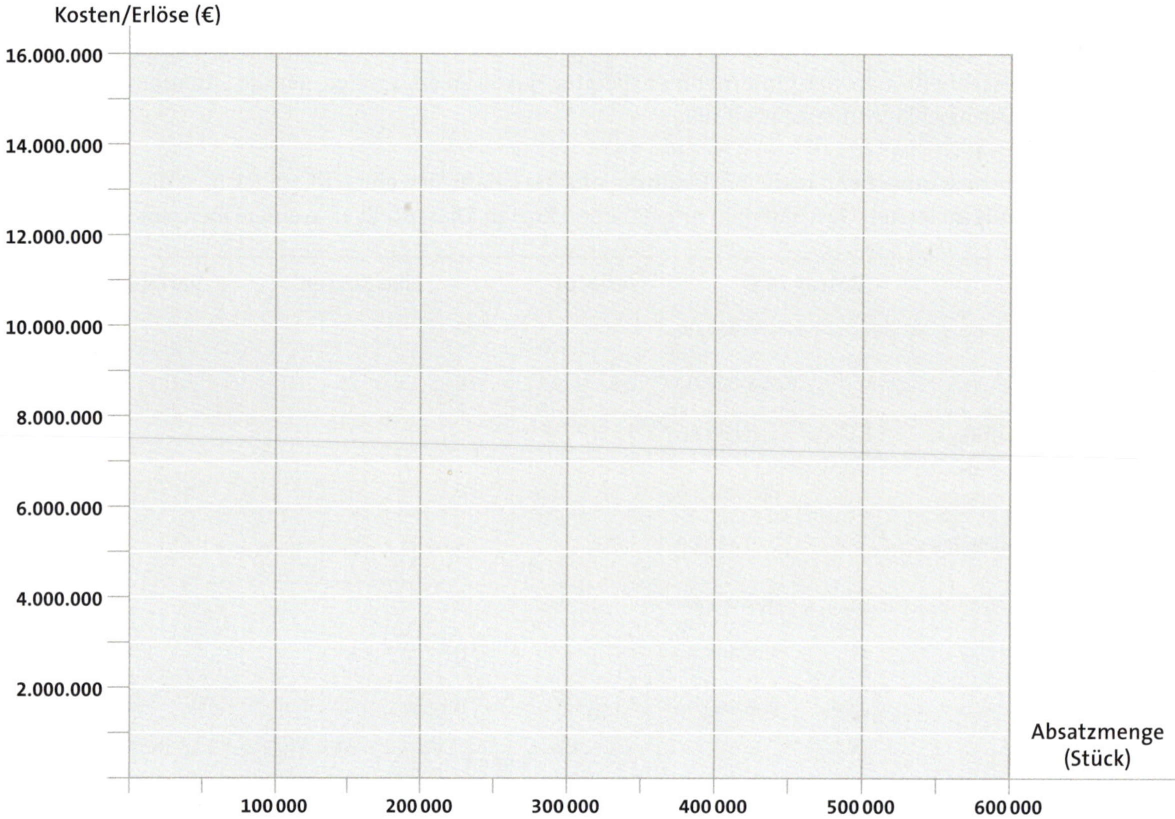


f) Ermitteln Sie grafisch und rechnerisch, bei welcher Absatzmenge die Kosten und die Erlöse der Bergischen Metall GmbH gleich hoch sind.

g) Machen Sie begründete Vorschläge, wie der Gewinn der Bergischen Metall GmbH gesteigert werden könnte.

**2**

Voller Begeisterung ruft Herr Schlinkmann seinen Freund Dr. Schönhauser von der BPK GmbH an, um ihm von der Break-even-Point-Analyse zu berichten. Dieser ist eher skeptisch. „Ja, für euch ist das eine sinnvolle Möglichkeit. So weiß man immer, wie viel Stück man verkaufen muss, um in die Gewinnzone zu kommen. Bei uns sieht das etwas anders aus, weil wir viele verschiedene Artikel führen, jeweils unterschiedliche variable Kosten anfallen und unterschiedlich hohe fixe Kosten zugerechnet werden."
Herrn Dr. Schönhauser geht das Telefonat aber nicht aus dem Sinn und so regt er an, auch in seinem Unternehmen die Kosten für einzelne Artikelgruppen genauer unter die Lupe zu nehmen.
Dabei ergibt sich bei den Briefhüllen folgendes Bild:

| Artikel Nr. | Absatzmenge (Stück) | Verkaufspreis pro Stück (€) | Variable Kosten pro Stück (€) | Gesamtkosten pro Stück (€) |
|---|---|---|---|---|
| 10311 | 1 500 | 149,50 | 85,90 | 175,00 |
| 10321 | 2 800 | 49,50 | 23,60 | 36,60 |
| 10331 | 1 500 | 49,50 | 52,80 | 65,80 |
| 10341 | 9 750 | 19,05 | 8,95 | 15,50 |

„Die Artikel 10311 und Artikel 10331 sollten dringend aus dem Sortiment genommen werden", meint Herr Schönhauser, nachdem er sich die Tabelle angeschaut hat. „Die verursachen ja mehr Kosten, als dass sie uns etwas einbringen!"

Überprüfen Sie Herrn Schönhausers Aussage mithilfe der Deckungsbeitragsrechnung. Gehen Sie dabei von der Annahme aus, dass die fixen Kosten auch nach einer etwaigen Sortimentsbereinigung gleich hoch bleiben. Machen Sie gegebenenfalls einen Alternativvorschlag.

**3**

Die Betriebsbuchhaltung einer Sektgroßhandlung hat folgende Werte ermittelt:

| | |
|---|---|
| **Fixe Kosten im Abrechnungszeitraum** | 100.000,00 € |
| **Variable Kosten je Flasche** | 3,50 € |
| **Barverkaufspreis je Flasche** | 7,50 € |
| **Absatz im Abrechnungszeitraum** | 40 000 Flaschen |

Ermitteln Sie
a) die Selbstkosten je Flasche,
b) den Gewinn im Abrechnungszeitraum,
c) den Break-even-Point.

In dieser Situation gehen zusätzlich folgende Aufträge ein:
Auftrag 1: 5 000 Flaschen zu 3,00 € je Flasche
Auftrag 2: 10 000 Flaschen zu 4,50 € je Flasche

d) Sollte die Sektgroßhandlung die beiden Zusatzaufträge unter kostenrechnerischen Gesichtspunkten annehmen? Begründen Sie Ihre Entscheidung für beide Zusatzaufträge jeweils mithilfe der Vollkosten- und der Teilkostenrechnung.

**4**

In einer Großhandelsunternehmung wird für eine Handelsware die Deckungsbeitragsrechnung durchgeführt. Der Einkaufspreis der Handelsware beträgt 22,75 € je Stück. In der Abrechnungsperiode fallen für ein gemietetes Lager 12.000,00 € Kosten an. Der Nettoverkaufspreis für die Handelsware beträgt 45,00 € je Stück, der Reisende erhält 5 % Provision vom Nettoverkaufspreis. Insgesamt werden 850 Stück abgesetzt.
2,25

Ermitteln Sie
a) den Stückdeckungsbeitrag, 20,00 €
b) den Break-even-Point, 600
c) den Gesamtgewinn für diese Handelsware. 5000

**5**

Ein Großhandelsunternehmen mit zwei Warengruppen hat für den Monat Oktober folgende Daten ermittelt:

| | **Warengruppe 1** | | **Warengruppe 2** | |
|---|---|---|---|---|
| | **Artikel A** | **Artikel B** | **Artikel C** | **Artikel D** |
| Absatzmenge (Stück) | 5 000 | 2 000 | 6 000 | 2 000 |
| Verkaufspreis (€) | 7,00 | 12,00 | 6,00 | 18,00 |
| Variable Stückkosten (€) | 3,00 | 8,00 | 7,00 | 8,25 |
| Artikelfixkosten (€) | 2.000,00 | 800,00 | 1.200,00 | 1.500,00 |
| Gruppenfixkosten (€) | 3.800,00 | | 4.500,00 | |
| Unternehmensfixkosten (€) | 32.000,00 | | | |

a) Ermitteln Sie
- die jeweiligen Deckungsbeiträge im Rahmen einer mehrstufigen Deckungsbeitragsrechnung,
- das Betriebsergebnis.

b) Entscheiden Sie unter kostenrechnerischen Gesichtspunkten, ob alle Artikel des Sortiments im Absatzprogramm bleiben sollen.

**6**

Die Kosten- und Leistungsrechnung eines Handelsbetriebes hat folgende Zusammenhänge zwischen Absatz und Kostenentwicklung für einen Artikel ermittelt:

| Absatz | Gesamtkosten |
|---|---|
| 10 000 Stück | 680.000,00 € |
| 15 000 Stück | 920.000,00 € |

Der Nettoverkaufspreis beträgt 64,00 €.

Ermitteln Sie
a) die gesamten fixen und variablen Kosten,
b) die variablen Stückkosten,
c) den Stückdeckungsbeitrag,
d) den Break-even-Point,
e) den Gewinn bei einem Absatz von 16 000 Stück.

**7**

Einem Großhandelsbetrieb entstehen bei einem Absatz in Höhe von 6 400 Stück und einem Beschäftigungsgrad von 80 % 256.000,00 € Gesamtkosten. Von diesen Gesamtkosten sind 40 % fix. Der Verkaufspreis der Ware beträgt 49,00 €. In dieser Situation erhält das Unternehmen einen Auftrag über 800 Stück von der Selbsthilfeorganisation „Notleidende Lehrer". Die Organisation ist allerdings nur bereit, 36,00 € je Stück zu zahlen.
a) Ermitteln Sie den neuen Beschäftigungsgrad.
b) Analysieren Sie die Kosten- und Erlössituation vor der Annahme des Auftrags, indem Sie die fixen Kosten, die variablen Kosten pro Stück und den Umsatz ermitteln.
c) Ermitteln Sie den Break-even-Point.
d) Ermitteln Sie im Rahmen der Vollkostenrechnung
   - den Gewinn/Verlust pro Stück,
   - den Gewinn/Verlust des Gesamtauftrags.
e) Ermitteln Sie im Rahmen der Deckungsbeitragsrechnung
   - den Stückdeckungsbeitrag des Auftrags,
   - den Gesamtdeckungsbeitrag des Auftrags.
f) Entscheiden Sie, ob der Auftrag unter kostenrechnerischen Gesichtspunkten angenommen werden sollte.

**8**

Ein Großhändler ermittelte für zwei aufeinander folgende Monate folgende Daten:

| | Dezember | Januar |
|---|---|---|
| Umsatz | 600.000,00 € | 360.000,00 € |
| Gesamtkosten | 500.000,00 € | 340.000,00 € |

Verkaufspreis: 60,00 €
variable Kosten/Stück: 40,00 €

Ermitteln Sie
a) den Absatz in den Monaten Dezember und Januar,
b) die fixen Kosten,
c) die Gesamtdeckungsbeiträge in den Monaten Dezember und Januar,
d) den Break-even-Point.

**9**

In einem Betriebsabrechnungsbogen (BAB) werden die Einzelkosten (Wareneingang = Bezugs- bzw. Einstandspreise) für eine Warengruppe Spielwaren mit 200.000,00 € angegeben. Nach Umlage der Gemeinkosten auf die Hauptkostenstellen wird für die Warengruppe Spielwaren eine Gemeinkostensumme in Höhe von 34.000,00 € ermittelt.

Ermitteln Sie für die Warengruppe Spielwaren

a) den Handlungskostenzuschlagssatz.
b) die Selbstkosten.
c) den Gewinnzuschlagssatz, wenn die Nettoumsatzerlöse 269.100,00 € betragen.
d) den Betriebsgewinn.
e) den Listenverkaufspreis für eine Kinderküche je Stück, wenn der Einstandspreis je Stück 14,00 € beträgt und den Kunden 2 % Skonto und 15 % Wiederverkäuferrabatt angeboten werden soll.
f) den Gewinn für 2.500 verkaufte Kinderküchen.
g) den Deckungsbeitrag je Kinderküche, wenn die variablen Gemeinkosten mit 12 % ermittelt werden.
h) den Gewinn bei einem Zusatzauftrag von 3.000 Kinderküchen mit einem Barverkaufspreis von 16,80 € je Stück, wenn bereits alle fixen Kosten der Abrechnungsperiode gedeckt sind.

**10**

Ein Großhändler kalkuliert auf Vollkostenbasis mit einem Handlungskostenzuschlagssatz von 22 % und einem Gewinnzuschlagssatz von 15 %. Grundsätzlich gewährt er einen Skontosatz von 2 % und einen Rabattsatz von 10 %.

a) Berechnen Sie den Listenverkaufspreis einer Ware, die im Einkauf (Bezugspreis) 25,00 € je Stück kostet.
b) Wie hoch ist der Gewinn bei einem Absatz von 5 000 Stück?
c) Berechnen Sie die kurzfristige Preisuntergrenze als Barverkaufspreis, wenn die variablen Handlungskosten einen Zuschlagssatz von 8 % verursachen.
d) Ein Kunde bietet für einen Zusatzauftrag über 500 Stück einen Barverkaufspreis von 30,00 €. Erhöht der Auftrag den Gewinn des Unternehmens?
e) Was versteht man unter einem Deckungsbeitrag?
f) Wann ist der Deckungsbeitrag = Gewinn?
g) Nennen Sie drei variable und drei fixe Kostenarten.

**11**

Ein Großhandelsunternehmen ermittelt 200.000,00 € fixe Kosten pro Monat. Die variablen Kosten der verkauften Artikel betragen 60,00 € pro Stück. Der Barverkaufspreis je Artikel beträgt 100,00 €.

Ermitteln Sie den Erfolg eines Monats unter Berücksichtigung nachfolgender Absatzmengen:

a) den Erfolg, wenn 4 000 Artikel verkauft werden.
b) den Erfolg, wenn 5 000 Artikel verkauft werden.
c) den Erfolg, wenn 6 000 Artikel verkauft werden.
d) den Erfolg, wenn 5 500 Artikel für 100,00 € und 500 Artikel für 80,00 € verkauft werden.
e) den Erfolg, wenn zusätzlich zu den Verkäufen bei d) ein weiterer Zusatzauftrag über 200 Stück zu 60,00 € angenommen würde.

# Lernsituation 103

FK ☞ LF8 Kap. 4

## Controlling – Eine Kostenstellenabrechnung auswerten und interpretieren

### LERNSITUATION

Herr Roose, Leiter der Verkaufsabteilung Inland der Papierwarengroßhandlung ARENZ GmbH, hat es eilig. Heute noch muss er die aktuellen Kosten seiner Kostenstelle für den Abrechnungsmonat Mai 20XX in einem Bericht an die Geschäftsleitung interpretieren und damit auch rechtfertigen – denn er ist der Kostenstellenverantwortliche. Herr Roose hat im Vorjahr einem Budget für seine Kostenstelle zugestimmt; jetzt werden ihm jeden Monat seine aktuellen Istkosten und die Plankosten laut Kostenstellenbudget mitgeteilt.

**Kostenstellenabrechnung** Monat Mai 20XX

**Kostenstelle:** Verkaufsabteilung/Inland
**Kostenstellenverantwortlicher:** Herr Roose

ARENZ GMBH

Erstellt: 04. Juni 20XX
Zur Kenntnis genommen:

Datum Unterschrift

Bericht an Geschäftsleitung:

Datum Unterschrift

**Personalbestand der Kostenstelle**

| Planstellen | Ist | Soll |
|---|---|---|
| Abteilungsleitung | 1 | 1 |
| Sachbearbeiter | 10 | 9 |
| Hilfskräfte | 2 | 1 |
| Summen | 13 | 11 |

| Kostenvergleich | Istkosten | | Plankosten | Abweichungen | |
|---|---|---|---|---|---|
| **Kostenarten** | **Abrechnungsmonat Mai** | **Kumuliert Jan. – Mai** | **Kumuliert Jan. – Mai** | **Euro** | **Prozent** |
| Energie | 2.200 | 10.500 | 10.000 | | |
| Instandhaltung | 1.600 | 3.200 | 4.000 | | |
| Löhne | 5.600 | 28.000 | 14.000 | | |
| Gehälter | 49.500 | 247.000 | 227.500 | | |
| Personalnebenkosten | 27.550 | 137.750 | 120.750 | | |
| Leasing | 12.500 | 62.500 | 54.000 | | |
| Rechtskosten | 0 | 4.200 | 5.000 | | |
| Bürobedarf | 0 | 2.500 | 2.000 | | |
| Reisekosten | 1.800 | 8.200 | 6.000 | | |
| Bewirtung | 3.200 | 14.200 | 5.000 | | |
| Werbung | 20.000 | 60.000 | 140.000 | | |
| Kalk. Abschreibungen | 8.000 | 40.000 | 30.000 | | |
| Kalk. Miete | 4.000 | 20.000 | 16.000 | | |
| Kalk. Zinsen | 3.000 | 15.000 | 12.000 | | |
| **Summen** | 138.950 | 653.050 | 646.250 | | |

Soll-/Ist-Vergleich Gesamtunternehmen

| Personalbestand | Einkauf | Lager | Verwaltung | Vertrieb |
|---|---|---|---|---|
| Ist 140 Soll 135 | - 4,5 % | - 2,3 % | + 2,5 % | + 2,7 % |

### ARBEITSAUFTRÄGE

1. Ermitteln Sie die Kostenabweichungen bis zum Abrechnungsmonat Mai 20XX in Euro und in Prozent.
2. Formulieren Sie zwei Argumente für Herrn Roose, die die Kostenentwicklung der Kostenstelle positiv bewerten.
3. Formulieren Sie zwei negative Argumente zur Kostenentwicklung, auf die sich Herr Roose für ein bevorstehendes Gespräch mit der Geschäftsleitung vorbereiten sollte.

# Arbeitsblatt 103.1 Regelkreis des Controllings

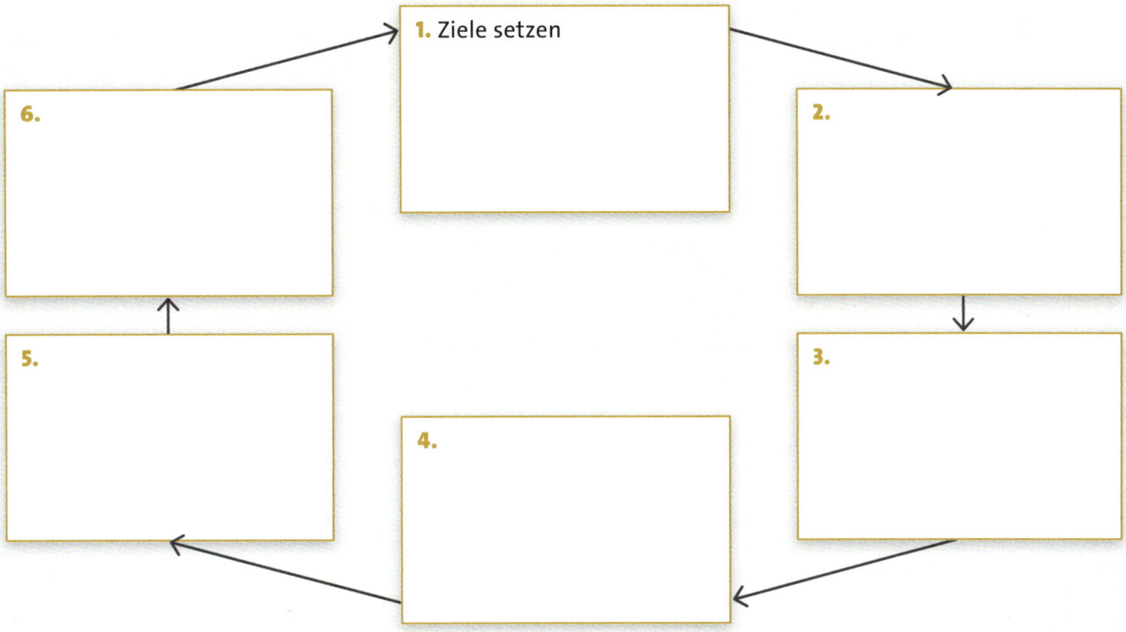


Ordnen Sie die nachfolgend beschriebenen Tätigkeiten der Reihenfolge im Regelkreis zu.

| | |
|---|---|
| | Die Umsatzerlöse und die variablen Selbstkosten des Artikels 30111 werden am Ende der Abrechnungsperiode 10 zusammengestellt. |
| | Am Ende der Abrechnungsperiode 9 werden alle Kunden in einem Werbebrief über die Preissenkung des Artikels 30111 informiert und die Qualität des Artikels umfassend beschrieben. |
| | Der Deckungsbeitrag für den Artikel 30111 soll in der Abrechnungsperiode 10 um 20 % gesteigert werden. |
| | Preissenkungen bei der Konkurrenz für mit dem Artikel 30111 vergleichbare Produkte verhinderten die geplante Steigerung der Absatzmenge. |
| | Der geplante Deckungsbeitrag für den Artikel 30111 wird mit dem realisierten Deckungsbeitrag in der Abrechnungsperiode 10 verglichen. Der realisierte Deckungsbeitrag unterschreitet den geplanten Deckungsbeitrag um 50 %. |
| | Der Verkaufspreis für den Artikel 30111 soll in der Abrechnungsperiode 10 um 5 % gesenkt werden. Die Absatzmenge soll um 20 % steigen. Gleichzeitig soll eine Werbeaktion für diesen Artikel am Ende der Abrechnungsperiode 9 gestartet werden. |

Welche Handlungsalternativen könnten sich nach der Abweichungsanalyse für dieses Unternehmen anbieten?

# Arbeitsblatt 103.2 Plankostenrechnung

Ein Großhandelsunternehmen plant folgende Werte für eine Abrechnungsperiode:

| | |
|---|---|
| Planbeschäftigung (Absatzmenge): | 20 000 Einheiten |
| Plankosten bei Planbeschäftigung: | 160.000,00 € |
| Variator: | 6 |
| Variable Kosten bei Planbeschäftigung: | 60 % |

Am Ende der Abrechnungsperiode werden folgende Werte ermittelt:

| | |
|---|---|
| Istbeschäftigung (Absatzmenge): | 18 000 Einheiten |
| Istkosten bei Istbeschäftigung inkl. Preiserhöhungen von 5 %: | 157.500,00 € |

Ermitteln Sie

a) den Plankostenverrechnungssatz,

$$\frac{\text{Plankosten bei Planbeschäftigung}}{\text{Planbeschäftigung}} = \underline{\qquad\qquad\qquad} = \underline{\qquad}$$

b) die Plankosten bei Istbeschäftigung,

Plankostenverrechnungssatz · Istbeschäftigung = ______________ = ________

c) die Fixkosten und die variablen Stückkosten bei Planbeschäftigung,

Fixkosten = ______________ variable Stückkosten = ________

d) die Sollkosten (mit Plankosten) für die Istbeschäftigung.

$K_F + (k_v \cdot x_{IST})$ = ______________ = ________

| **Abweichungsanalyse** | | |
|---|---|---|
| **Preisabweichung** | | |
| | Istkosten einschließlich Preiserhöhung: | |
| – | Istkosten ohne Preiserhöhung: | |
| = | Preisabweichung (Preiserhöhung bei den Kosten): | |
| **Beschäftigungsabweichung** | | |
| | Sollkosten bei Istbeschäftigung: | |
| – | Plankosten bei Istbeschäftigung: | |
| = | Beschäftigungsabweichung (ungedeckte Fixkosten): | |
| **Verbrauchsabweichung** | | |
| | Istkosten der Istbeschäftigung (ohne Preiserhöhungen): | |
| – | Sollkosten bei Istbeschäftigung: | |
| = | Verbrauchsabweichung (verbesserte Wirtschaftlichkeit): | |

# Aufgaben

**1**

Als Planwerte für einen Artikel wird eine Absatzmenge von 6 000 Stück zum Preis von je 35,00 € vorgegeben. Tatsächlich werden aber nur 4 800 Stück zu einem Preis von 32,50 € verkauft.

Ermitteln Sie
a) die Planumsatzerlöse,
b) die Istumsatzerlöse und
c) die Abweichung zwischen Plan- und Isterlösen in Euro und in Prozent.

**2**

Für Aushilfslöhne (variable Gemeinkosten) im Lager wurden in einem Abrechnungsmonat folgende Kosten geplant und realisiert:

| Plankosten | Istkosten |
|---|---|
| Arbeitsaufwand 185 Stunden | Arbeitsaufwand 140 Stunden |
| Stundenlohn 8,70 € | Stundenlohn 9,20 € |

Ermitteln Sie die Gesamtkostenabweichung für Aushilfslöhne im Lager in Euro und in Prozent.

**3**

Für die Kostenstelle Fuhrpark wurden für eine Abrechnungsperiode folgende Plan- und Istkosten ermittelt.

| Kostenstelle Fuhrpark Soll-Ist-Vergleich Monat Juni 20XX | Plankosten | Istkosten | Abweichungen in € | Abweichungen in % |
|---|---|---|---|---|
| Personalkosten | 23.500,00 € | 24.700,00 € | | |
| Mieten, Pachten, Leasing | 7.900,00 € | 7.900,00 € | | |
| Steuern, Beiträge, Versicherungen | 6.200,00 € | 5.800,00 € | | |
| Energie, Betriebsstoffe | 12.490,00 € | 14.320,00 € | | |
| Werbe- und Reisekosten | 7.820,00 € | 12.590,00 € | | |
| Betriebskosten, Instandhaltung | 25.600,00 € | 28.600,00 € | | |
| Allgemeine Verwaltung | 2.190,00 € | 1.780,00 € | | |
| Kalkulatorische Abschreibungen | 44.200,00 € | 44.200,00 € | | |
| Kalkulatorische Zinsen | 28.600,00 € | 32.200,00 € | | |
| Kalkulatorische Wagnisse | 5.000,00 € | 5.000,00 € | | |
| Summe | | | | |

Ermitteln Sie
a) die Abweichungen in Euro und in Prozent je Kostenart,
b) die Summen aller Spalten,
c) für die Kostenart Werbe- und Reisekosten den Anteil der Kostenabweichung an der Gesamtabweichung in Prozent.

**4**

Folgende Vor- und Istkalkulation ist auszuwerten:

| Plankalkulation (Vorkalkulation) je Stück | | | Istkalkulation (Nachkalkulation) je Stück | | |
|---|---|---|---|---|---|
| | geplanter Bezugspreis | 25,00 € | | realisierter Bezugspreis | 24,50 € |
| + | geplante variable HK | 25 % | + | realisierte variable HK | 27 % |
| = | geplante variable Selbstkosten | | = | realisierte variable Selbstkosten | |
| | geplanter Verkaufspreis | 42,50 € | | realisierter Verkaufspreis | 39,60 € |
| – | geplante variable Selbstkosten | | – | realisierte variable Selbstkosten | |
| = | geplanter Deckungsbeitrag | | = | realisierter Deckungsbeitrag | |

Ermitteln Sie

a) den Plandeckungsbeitrag je Stück,
b) den Istdeckungsbeitrag je Stück,
c) den Plandeckungsbeitrag für 12 000 Einheiten,
d) den Istdeckungsbeitrag für 14 200 Einheiten,
e) den Istgewinn, wenn die fixen Kosten 52.000,00 € betragen.

**5**

Die Plankosten einer Kostenart bei einer Absatzmenge von 1 000 Einheiten betragen 20.000,00 €. Davon sind 60 % fixe Kosten. Es wird davon ausgegangen, dass die variablen Kosten proportional zur Absatzmenge steigen oder fallen. Bei einer Absatzmenge von 800 Einheiten werden Istkosten in Höhe von 19.000,00 € ermittelt. Preisabweichungen liegen nicht vor.

Berechnen Sie

a) die Sollkosten der Istabsatzmenge,
b) die Plankosten der Istabsatzmenge,
c) die Verbrauchsabweichung,
d) die Beschäftigungsabweichung.

**6**

Ein Textilgroßhändler will edle Shirts der Marke HOSS für 30,00 € pro Stück verkaufen. Der Einstandspreis beträgt 16,00 €. Der variable Handlungskostenzuschlagssatz beträgt 25 %. Die Erzeugnisfixkosten betragen 2.800,00 €.

Ermitteln Sie

a) den Stückdeckungsbeitrag,
b) den Break-even-Point.
c) Die Shirts können nur mit einem Preisabschlag von 10 % und nach einer Werbeaktion (Anzeige zum Preis von 700,00 €) verkauft werden. Insgesamt können 600 Shirts abgesetzt werden. Ermitteln Sie den neuen Stückdeckungsbeitrag und den neuen Break-even-Point.

# Lernsituation 104
## Preisstrategien und Unternehmenserfolg

FK ☞ *LF8 Kap. 4*

### LERNSITUATION

Ein italienischer Produzent von Servietten möchte seine Ware erstmals auf dem deutschen Markt anbieten. Das Produkt: hochwertige Servietten auf Papierbasis, die sich (fast) wie echte Servietten aus Baumwolle anfühlen. Sie sind hochreißfest und in vielen attraktiven Farben oder mit Saisonmotiven zu erhalten. Die Mindestbestellmenge beträgt 10 000 Einheiten zu je 10 Servietten bei freier Farb- und Motivwahl.

Der Einstandspreis für die BPK GmbH liegt bei 1,40 € je Einheit, die variablen Handlungskosten werden mit 25 % berechnet. Die BPK ist von der einmaligen Qualität dieses Produktes völlig überzeugt. Hinsichtlich der Preisgestaltung gibt es allerdings verschiedene Vorstellungen.

Das Marketing hat nach einer Marktanalyse Planzahlen für dieses Produkt erarbeitet (siehe folgende Seite). Zusatzinformation des Marketings: Bei Verkaufspreisen ab 2,50 € oder höher muss für die Kundenakzeptanz des Preises die Verpackungsfolie durch einen Karton ersetzt werden, der die variablen Kosten um 0,10 € erhöht.

### ARBEITSAUFTRÄGE

1. Ermitteln Sie in Abhängigkeit von der Preisstrategie den geplanten Deckungsbeitrag je Monat und für das Plan-Halbjahr.
2. Stellen Sie die Entwicklung der Deckungsbeiträge für jede Preisstrategie grafisch dar.
3. Von welcher Preisstrategie würden Sie annehmen, dass sie den Erfolg der BPK langfristig sichern kann? Begründen Sie Ihre Ansicht.

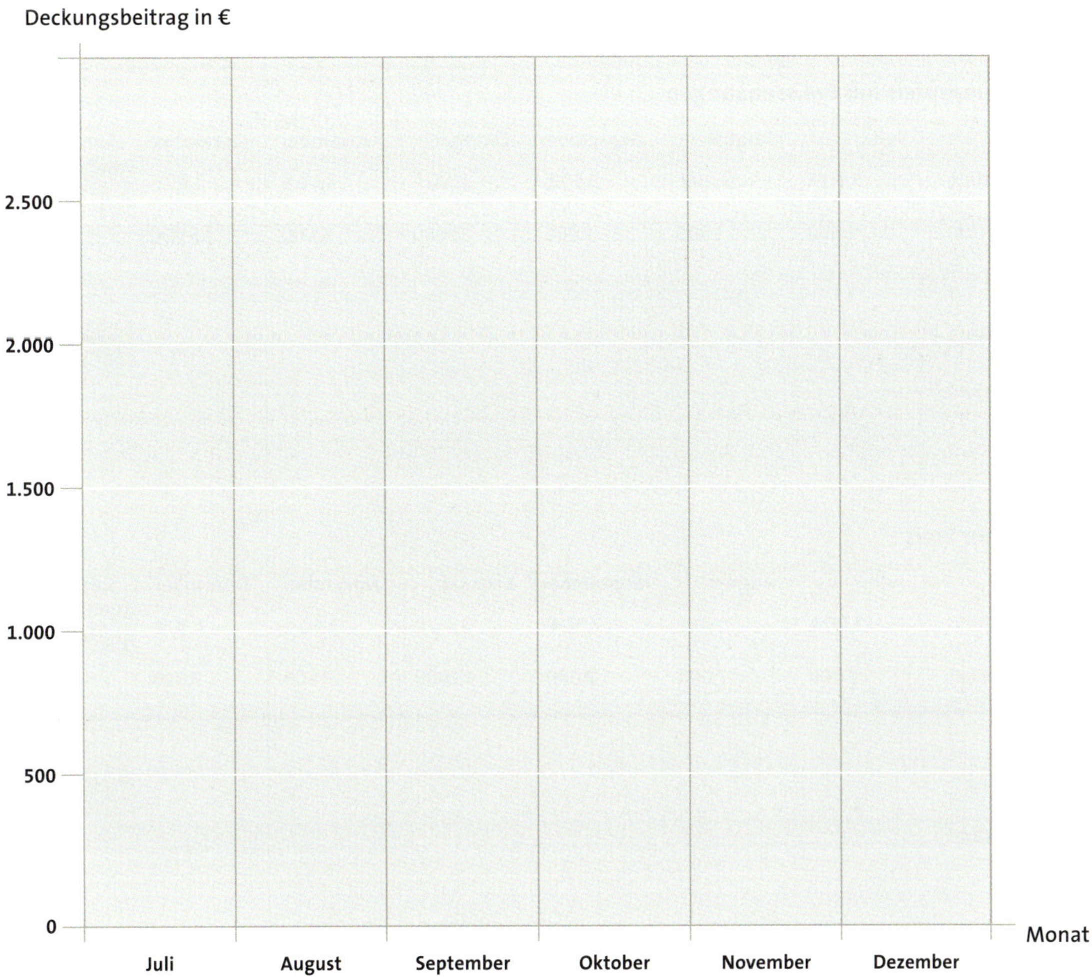

## Plandaten aus dem Marketing

**1. Niedriger Einführungspreis mit Preiserhöhungen**

| | Juli | August | September | Oktober | November | Dezember | Summe |
|---|---|---|---|---|---|---|---|
| Barverkaufspreis/Stück | 1,80 € | 1,80 € | 2,00 € | 2,00 € | 2,50 € | 2,50 € | |
| Absatzmenge (in Stück) | 5 000 | 5 000 | 4 000 | 4 000 | 3 000 | 3 000 | 24 000 |
| Umsatzerlöse | | | | | | | |
| Variable Kosten/Stück | | | | | | | |
| Variable Kosten/gesamt | | | | | | | |
| Deckungsbeitrag | | | | | | | |

**2. Dauerhaft niedriger Preis**

| | Juli | August | September | Oktober | November | Dezember | Summe |
|---|---|---|---|---|---|---|---|
| Barverkaufspreis/Stück | 2,00 € | 2,00 € | 2,00 € | 2,00 € | 2,00 € | 2,00 € | |
| Absatzmenge (in Stück) | 3 000 | 3 000 | 4 000 | 5 000 | 6 000 | 6 000 | 27 000 |
| Umsatzerlöse | | | | | | | |
| Variable Kosten/Stück | | | | | | | |
| Variable Kosten/gesamt | | | | | | | |
| Deckungsbeitrag | | | | | | | |

**3. Hoher Einführungspreis mit Preissenkungen**

| | Juli | August | September | Oktober | November | Dezember | Summe |
|---|---|---|---|---|---|---|---|
| Barverkaufspreis/Stück | 3,00 € | 3,00 € | 2,50 € | 2,50 € | 2,00 € | 2,00 € | |
| Absatzmenge (in Stück) | 1 500 | 1 500 | 2 000 | 3 000 | 4 000 | 5 000 | 17 000 |
| Umsatzerlöse | | | | | | | |
| Variable Kosten/Stück | | | | | | | |
| Variable Kosten/gesamt | | | | | | | |
| Deckungsbeitrag | | | | | | | |

**4. Dauerhaft hoher Preis**

| | Juli | August | September | Oktober | November | Dezember | Summe |
|---|---|---|---|---|---|---|---|
| Barverkaufspreis/Stück | 2,50 € | 2,50 € | 2,50 € | 2,50 € | 2,50 € | 2,50 € | |
| Absatzmenge (in Stück) | 2 000 | 2 000 | 2 000 | 3 000 | 3 000 | 3 000 | 15 000 |
| Umsatzerlöse | | | | | | | |
| Variable Kosten/Stück | | | | | | | |
| Variable Kosten/gesamt | | | | | | | |
| Deckungsbeitrag | | | | | | | |

# Lernsituation 105

FK ☞ *LF8 Kap. 1–4*

## Konkurrenzdruck für die Robert Maier GmbH

### LERNSITUATION

Die Robert Maier GmbH, eine kleine Spezialpapier-Großhandlung mit dem Absatzmarkt Schreibwarenhandel, hat ein Konkurrenzproblem. Die Preise der Konkurrenten – insbesondere aus dem Ausland – fallen ständig. Die Robert Maier GmbH versucht aktuell gegenzusteuern: Optimierung der Beschaffungs-, Lager- und Absatzprozesse im Verbund mit Personalabbau und weiteren Kosteneinsparungen in allen Bereichen. Mit Spannung wird die aktuelle Ergebnistabelle für den Monat August 20XX betrachtet:

| Geschäftsbuchhaltung | | | | Unternehmensbezogene Abgrenzung | | Betriebsbezogene Abgrenzung | | Kosten- und Leistungsarten | |
|---|---|---|---|---|---|---|---|---|---|
| Kto. Nr. | Kontenbezeichnungen | 1 Aufw. | 2 Erträge | 3 Aufw. | 4 Erträge | 5 Aufw. | 6 Erträge | 7 Kosten | 8 Leistungen |
| 201 | Außerordentliche Aufw. | 6.000 | | | | 6.000 | | | |
| 202 | Betriebsfremde Aufw. | 2.500 | | 2.500 | | | | | |
| 203 | Periodenfremde Aufw. | 5.000 | | | | 5.000 | | | |
| 210 | Zinsaufwendungen | 22.000 | | 1.000 | | 21.000 | | | |
| 242 | Betriebsfremde Erträge | | 6.000 | | 6.000 | | | | |
| 260 | Zinserträge | | 4.600 | | 4.600 | | | | |
| 301 | Wareneingang | 852.400 | | | | 852.400 | 868.811 | | |
| 400 | Personalkosten | 160.000 | | | | | | | |
| 410 | Mieten, Pachten | 12.000 | | | | | | | |
| 420 | Steuern, Beiträge, Versicherungen | 4.200 | | | | 1.200 | 100 | | |
| 430 | Energie, Betriebsstoffe | 12.600 | | | | | | | |
| 440 | Werbe- und Reisekosten | 13.200 | | | | | | | |
| 460 | Kosten der Warenabgabe | 6.700 | | | | | | | |
| 470 | Betriebskosten, Instandhaltung | 8.700 | | 500 | | | | | |
| 480 | Allgemeine Verwaltung | 16.000 | | | | | | | |
| 491 | Abschreibungen auf Sachanlagen | 12.600 | | | | 12.600 | | | |
| 801 | Warenverkauf | | 1.260.000 | | | | | | |
| | Kalkulatorische Abschreibungen | | | | | | 16.000 | | |
| | Kalkulatorische Zinsen | | | | | | 25.000 | | |
| | Summen | | | | | | | | |
| | Salden (Gewinn oder Verlust) | | | | | | | | |
| | **Ergebnisse** | **Gesamtergebnis** | | Ergebnis der unternehmensbezogenen Abgrenzung | | Ergebnis der betriebsbezogenen Abgrenzung | | **Betriebsergebnis** | |
| | | | | **Neutrales Ergebnis:** | | | | | |

### ARBEITSAUFTRÄGE

**1.** Ermitteln Sie in der Ergebnistabelle alle fehlenden Werte und bearbeiten Sie die wertmäßig darauf aufbauenden Arbeitsblätter 105.1 bis 105.3. Haben sich die „Anstrengungen" für die Robert Maier GmbH aufgrund der dort ermittelten Ergebnisse gelohnt?

## Arbeitsblatt 105.1 Betriebsabrechnungsbogen der Robert Maier GmbH

Übernehmen Sie die Kosten aus der Ergebnistabelle in die Gesamtkostenspalte des Betriebsabrechnungsbogens. Verteilen Sie diese Kosten auf die Kostenstellen und ermitteln Sie die aktuellen Handlungskostenzuschlagssätze je Warengruppe.

Hinweis: Alle Handlungskostenzuschlagssätze auf zwei Nachkommastellen kaufmännisch runden!

**Betriebsabrechnungsbogen August 20XX**

| Gemeinkosten \ Kostenstellen | Gesamtkosten | Fuhrpark | Warengruppe I | Warengruppe III | Warengruppe II | Warengruppe IV |
|---|---|---|---|---|---|---|
| Personalkosten | | | | | | |
| Mieten, Pachten | | | | | | |
| Steuern, Beiträge, Versicherungen | | | | | | |
| Energie, Betriebsstoffe | | | | | | |
| Werbe- und Reisekosten | | | | | | |
| Kosten der Warenabgabe | | | | | | |
| Betriebskosten, Instandhaltung | | | | | | |
| Allgemeine Verwaltung | | | | | | |
| Kalkulatorische Abschreibungen | | | | | | |
| Kalkulatorische Zinsen | | | | | | |
| Summe Gemeinkosten | | | | | | |
| Umlage Fuhrpark | siehe Hinweis unten | → | | | | |
| Handlungskosten in € je Warengruppe | | | | | | |
| Handlungskosten in Prozent | | | | | | |

Hinweis: Die Gemeinkosten des Fuhrparks werden im Verhältis 20 % : 30 % : 30 % : 20 % auf die Hauptkostenstellen verteilt.

**Wareneinsatz (Aufwendungen für Waren) = Einzelkosten**

| | |
|---|---|
| Warengruppe I | 375.130,00 |
| Warengruppe II | 265.516,00 |
| Warengruppe III | 96.935,00 |
| Warengruppe IV | 131.230,00 |
| Summe | 868.811,00 |

| Verteilungsgrundlagen | | Fuhrpark | Warengruppe I | Warengruppe II | Warengruppe III | Warengruppe IV |
|---|---|---|---|---|---|---|
| Personalkosten | direkt über Listen | 24.000,00 € | 44.000,00 € | 48.000,00 € | 20.000,00 € | 24.000,00 € |
| Mieten, Pachten | qm | 100 qm | 600 qm | 1200 qm | 300 qm | 200 qm |
| Steuern, Beiträge, Versicherungen | Anteile | 8 | 8 | 7 | 5 | 3 |
| Energie, Betriebsstoffe | Prozent | 15 % | 30 % | 35 % | 15 % | 5 % |
| Werbe- und Reisekosten | Prozent | 0 % | 35 % | 35 % | 15 % | 15 % |
| Kosten der Warenabgabe | Belege | – | 1.500,00 € | 2.000,00 € | 1.700,00 € | 1.500,00 € |
| Betriebskosten, Instandhaltung | Prozent | 22 % | 18 % | 30 % | 15 % | 15 % |
| Allgemeine Verwaltung | Anteile | 5 | 8 | 8 | 6 | 5 |
| Kalk. Abschreibungen | nach Anlagenwerten | 74.400,00 | 198.400,00 | 210.800,00 | 62.000,00 | 74.400,00 |
| Kalk. Zinsen | Anteile | 2 | 6 | 6 | 2 | 4 |

# Arbeitsblatt 105.2 Vor- und Nachkalkulation auf Vollkostenbasis der Robert Maier GmbH

Hinweis: Alle Zwischenergebnisse sind kaufmännisch auf zwei Nachkommastellen zu runden!

**Vor- und Nachkalkulation August 20XX**

**Vorkalkulation mit Ist-Handlungskosten-Zuschlagssätzen und geplanten Gewinn-, Skonto- und Rabattsätzen**

| Angebotskalkulation ausgewählter Artikel | Artikel A, Warengruppe I | | Artikel B, Warengruppe II | | Artikel C, Warengruppe III | | Artikel D, Warengruppe IV | |
|---|---|---|---|---|---|---|---|---|
| | Zuschlagssatz in % | Wert in Euro | Zuschlagssatz in % | Wert in Euro | Zuschlagssatz in % | Wert in Euro | Zuschlagssatz in % | Wert in Euro |
| Bezugspreis | | 24,00 | | 75,00 | | 48,20 | | 12,60 |
| Handlungskosten lt. BAB | | | | | | | | |
| Selbstkosten | | | | | | | | |
| Gewinnzuschlag | 14 | | 12 | | 18 | | 18 | |
| Barverkaufspreis | | | | | | | | |
| Kundenskonto | 3 | | 3 | | 3 | | 3 | |
| Zielverkaufspreis | | | | | | | | |
| Kundenrabatt | 15 | | 15 | | 15 | | 15 | |
| Angebotspreis | | | | | | | | |

**Nachkalkulation mit Ist-Handlungskosten-Zuschlagssätzen und realisierten Angebotspreisen, Skonto- und Rabattsätzen**

Hinweis: Die tatsächlich angebotenen Verkaufspreise wurden gegenüber der rechnerischen Angebotskalkulation geglättet. Die realisierten Rabattsätze sind das Ergebnis von Preisverhandlungen mit Kunden.

| Differenzkalkulation ausgewählter Artikel | Artikel A, Warengruppe I | | Artikel B, Warengruppe II | | Artikel C, Warengruppe III | | Artikel D, Warengruppe IV | |
|---|---|---|---|---|---|---|---|---|
| | Zuschlagssatz in % | Wert in Euro | Zuschlagssatz in % | Wert in Euro | Zuschlagssatz in % | Wert in Euro | Zuschlagssatz in % | Wert in Euro |
| Bezugspreis | | 24,00 | | 75,00 | | 48,20 | | 12,60 |
| Handlungskosten lt. BAB | | | | | | | | |
| Selbstkosten | | | | | | | | |
| Gewinnzuschlag | | | | | | | | |
| Barverkaufspreis | | | | | | | | |
| Kundenskonto | 3 | | 3 | | 3 | | 3 | |
| Zielverkaufspreis | | | | | | | | |
| Kundenrabatt | 15 | | 15 | | 10 | | 18 | |
| Angebotspreis | | 40,00 | | 140,00 | | 100,00 | | 20,00 |

# Arbeitsblatt 105.3 Deckungsbeitragsermittlung der Robert Maier GmbH

Hinweise: Der ausgewählte Artikel gehört zur Warengruppe IV – nur deren Kosten (siehe BAB) sind in der Deckungsbeitragsrechnung in Form einer Differenzkalkulation zu berücksichtigen. Alle Zwischenergebnisse sind kaufmännisch auf zwei Nachkommastellen zu runden!

**Deckungsbeitragsermittlung August 20XX**

| Kosten der Warengruppe IV lt. BAB | Gesamte Gemeinkosten | Variator in % | variable Gemeinkosten |
|---|---|---|---|
| Personalkosten | | 20 | |
| Mieten, Pachten | | 0 | |
| Steuern, Beiträge, Versicherungen | | 0 | |
| Energie, Betriebsstoffe | | 32 | |
| Werbe- und Reisekosten | | 50 | |
| Kosten der Warenabgabe | | 100 | |
| Betriebskosten, Instandhaltung | | 40 | |
| Allgemeine Verwaltung | | 20 | |
| Kalkulatorische Abschreibungen | | 0 | |
| Kalkulatorische Zinsen | | 0 | |
| Umlage Fuhrpark | | 15 | |
| Summe Gemeinkosten | | | |
| Hinweis: Der Variator gibt den Anteil der variablen Kosten einer Kostenart bei vorgegebener Beschäftigung (Absatzmenge) an. Aus Vereinfachungsgründen wird der Variator hier in Prozent angegeben. | | | |

Handlungskostenzuschlagssatz (nur variable Gemeinkosten) $= \frac{\text{variable Gemeinkosten}}{\text{Wareneinsatz}} =$ ______

| Differenzkalkulation mit variablem Gemeinkostenzuschlagssatz | Artikel D, Warengruppe IV | |
|---|---|---|
| | Zuschlagssatz in % | Wert in Euro |
| Bezugspreis | | 12,60 |
| Handlungskostenzuschlagssatz lt. BAB | | |
| variable Selbstkosten | | |
| Deckungsbeitrag | je Stück | |
| Barverkaufspreis | | |
| Kundenskonto | 3,00 % | |
| Zielverkaufspreis | | |
| Kundenrabatt | 18,00 % | |
| Angebotspreis | | 20,00 |

# Lernsituation 106
## Preisbildung und Preisstrategien

FK ☞ *LF8 Kap. 5.1*

### LERNSITUATION

Herr Dr. Schönhauser kommt von einer Messe der Papierwarenhersteller und -Importeure zurück und bespricht seine aktuellen Informationen mit Herrn Schneider, dem Abteilungsleiter Verkauf, der gleichzeitig Prokurist der BPK GmbH und sein Stellvertreter ist.

Dr. Schönhauser: „Ich habe auf der Messe einen neuen Anbieter von Kopierpapier mit sehr hohem Altpapieranteil – also umweltfreundlich – bei bester Qualität aus Polen kennengelernt, der uns dieses Papier zu einem sagenhaften Preis frei Wuppertal anbietet. Seine Preise gelten für uns allerdings nur dann, wenn wir komplette Lkw-Ladungen abnehmen." „Derartiges Kopierpier haben wir noch gar nicht in unserem Sortiment und damit auch noch nicht in unserer Preisliste", antwortet Herr Schneider. „Da müssen wir uns nicht nur bei unserem Verkaufspreis etwas einfallen lassen. Da wir derartige Einkaufsmengen nicht langfristig lagern können, müssen wir für diese Ware eine eigene Preisstrategie entwickeln."

Herr Schneider hat nach diesem Gespräch mit seinem Verkaufsteam im Hause der BPK GmbH und auf dem Absatzmarkt recherchiert. Es liegen jetzt folgende Ergebnisse vor.

### ARBEITSAUFTRÄGE

1. Legen Sie unter Beachtung der Rechercheergebnisse einen Angebotspreis je 1000 Blatt für die BPK GmbH fest und erläutern Sie Ihre Preisstrategie, die Sie mit dieser Entscheidung verfolgen.
2. Ermitteln Sie zusätzlich die kurz- und langfristige Preisuntergrenze für die BPK GmbH.

**Übliche Musterkalkulation für Streckengeschäfte je 1000 Blatt Kopierpapier:**

| | | |
|---|---|---|
| Barverkaufspreis des Lieferanten | | 2,60 € |
| + Bezugskosten | | 0,00 € (Frei-Haus-Lieferung) |
| = Bezugs-/Einstandspreis | | 2,60 € |
| + Handlungskostenzuschlag | 25 % | |
| = Selbstkosten | | |
| + Gewinnzuschlag | 15 % | |
| = **Möglicher Barverkaufspreis (Angebotspreis) der BPK GmbH** | | |

**Ermittlung der variablen Kosten der BPK GmbH:**

| | |
|---|---|
| Bezugspreis (Einzelkosten) | |
| + variable Gemeinkosten = 20 % der Handlungskosten | |
| = **Variable Kosten** | |

**Ermittlung der Deckungsbeiträge:**

| | |
|---|---|
| Recherchierter Marktpreis[1] je 1000 Blatt | 4,00 € |
| – variable Kosten der BPK GmbH | |
| = **Deckungsbeitrag** | |
| | |
| Recherchierter (einmaliger) Konkurrenzpreis[2] je 1000 Blatt | 3,80 € |
| – variable Kosten der BPK GmbH | |
| = **Deckungsbeitrag** | |

[1] Durchschnittspreis aller bekannten Anbieter in Deutschland für vergleichbares Kopierpapier.
[2] Preisgünstigster Anbieter in Deutschland für vergleichbares Kopierpapier.

# Arbeitsblatt 106.1 Preisbildung und Preisstrategien

**Preisbildung des Großhändlers**

| Kostenorientierte Preisbildung | Nachfrageorientierte Preisbildung | Konkurrenzorientierte Preisbildung | Preisuntergrenze |
|---|---|---|---|
| ▪ Ermittlung der ____________ durch ____________ | ▪ Es wird durch ____________ der Preis ermittelt, zu dem ____________ ____________ kaufen. | ▪ Bezugspunkt zur ____________ ____________ Konkurrenz. | ▪ Stellt den Preis dar, ____________ ____________ ____________ ____________ ____________ |
| ▪ Diese Preisbildung folgt dem Prinzip ____________ ____________ ____________ ____________ | ▪ Diese Preisbildung folgt dem Prinzip ____________ ____________ ____________ ____________ | ▪ Preisveränderungen der Konkurrenz führen zu ____________ ____________ ____________ ____________ ____________ ____________ | ▪ Bei der ____________ Preisuntergrenze ist der Deckungsbeitrag ____________ ____________ |
| ▪ Sie dient der Ermittlung der Preise, die der Großhändler ____________ ____________ ____________ ____________ müsste. | ▪ Die ermittelten Preise müssen zwingend ____________ ____________ ____________ ____________ leisten. | | ▪ Die ____________ Preisuntergrenze liegt in Höhe der ____________ |

**Preisstrategie = ..........................................................................**

| Merkmale der Penetration-Strategie | Merkmale der Skimming-Strategie |
|---|---|
| ▪ ____________ | ▪ ____________ |
| ▪ ____________ | ▪ ____________ |
| ▪ ____________ | ▪ ____________ |
| ▪ ____________ | ▪ ____________ |
| ▪ ____________ | ▪ ____________ |
| ▪ ____________ | |

# Aufgaben

**1**

Unterscheiden Sie drei grundsätzliche Varianten der Preispolitik und erläutern Sie das jeweils zugrunde liegende Prinzip.

**2**

Häufig werden Unternehmen zu Preiskämpfen herausgefordert bzw. von Großkunden zu Sonderpreisen gedrängt. Erläutern Sie in diesem Zusammenhang die Bedeutung der kurz- und der langfristigen Preisuntergrenze und zeigen Sie die Berechnung beider Größen.

**3**

Die Wagner KG handelt mit Spielzeugautos. Folgende Kalkulationsdaten liegen vor:

| | |
|---|---|
| Einzelkosten | 17,06 € |
| Handlungskostenzuschlag | 30 % |
| Gewinnzuschlag | 8 % |
| Kundenrabatt | 15 % |
| Kundenskonto | 2 % |

a) Welche Art der Preisfestsetzung betreibt die Wagner KG?
b) Bestimmen Sie den Barverkaufspreis pro Stück (netto).

**4**

Nennen Sie aus Sicht eines Großhandelsunternehmens je ein Beispiel für folgende Preisdifferenzierungsarten und geben Sie die zwingend notwendigen Voraussetzungen dafür an:
a) räumlich
b) sachlich
c) zeitlich
d) persönlich

**5**

Ein Großhändler für Herrenbekleidung bietet dem Facheinzelhandel Polohemden mit einem sehr bekannten Firmenlogo zu einem empfohlenen Verkaufspreis von 69,00 € an. Absolut vergleichbare Polohemden (Qualität, Schnitt, Farben, aber ohne Logo bzw. auf Wusch des Kunden mit beliebigem Logo) bietet der Großhändler zu einem empfohlenen Verkaufspreis von 39,00 € an. Die Käufer (Einzelhändler) zahlen 50 % des empfohlenen Verkaufspreises an den Großhändler.
a) Welches Ziel verfolgt der Großhändler bei den Polohemden mit seiner Preisgestaltung?
b) Welche Gefahren könnte diese Preisgestaltung mit sich bringen?

**6**

Welche Maßnahmen der Preisgestaltung werden von den nachfolgenden Anbietern verfolgt?
a) Ein Großhändler für eine neuartige Spielkonsole verlangt zuerst einen sehr hohen Preis, der dann im Zeitablauf stetig zurückgenommen wird.
b) Ein Großhändler von Freizeithemden verkauft bestimmte Hemden eines Herstellers stetig zu einem gleich hohen Preis. Preisveränderungen werden nicht vorgenommen. Sonderangebote werden durch die Auswahl der Einzelhändler bei entsprechenden Vertragsvereinbarungen unterbunden.
c) Ein Großhändler für Süßwaren bietet einen neuen Artikel zu einem sehr niedrigen Preis an. Nach einiger Zeit werden die Preise in mehreren kleinen Stufen erhöht.

**7**

Geben Sie an, um welche Form der Preisdifferenzierung es sich in den folgenden Fällen handelt:
a) Ein deutscher Pkw-Hersteller bietet seine Fahrzeuge in Dänemark zu einem um 15 % niedrigeren Verkaufspreis im Vergleich zum Inland an.
b) Ein Möbelhändler wirbt mit einem Sonderpreisnachlass für alle Möbel in Höhe von 20 % für einen Sonntagsverkauf an einem bestimmten Tag.
c) Für Kinder bis zu 6 Jahren ist der Eintritt in einen Erlebnispark kostenlos.
d) Beim Kauf einer Palette Fliesen (50 m²) kostet der Quadratmeter statt 10,95 € nur noch 8,50 €.
e) Ein China-Restaurant bietet ein Sonntagsbüfett zum Preis von 12,00 € je Person. Personen unter 14 Jahren zahlen die Hälfte. Personen, die nach 13.45 Uhr erscheinen (Büfett bis 14.30 Uhr), zahlen ebenfalls die Hälfte. Auf alle Speisen gemäß Karte erhalten alle Kunden, die das Essen „außer Haus" mitnehmen, 10 % Rabatt auf den Kartenpreis.

## 8

a) Berechnen Sie die Preiselastizität der Nachfrage für die beiden folgenden Güter.
b) Übertragen Sie die Nachfragekurven in das unten stehende Diagramm.
c) Begründen Sie, ob es sich jeweils um eine elastische oder unelastische Nachfrage handelt.

| **Gut 1** | |
|---|---|
| **Preis** | **verkaufte Menge** |
| P1: 3,00 € | 20 Stück |
| P2: 4,00 € | 10 Stück |

| **Gut 2** | |
|---|---|
| **Preis** | **verkaufte Menge** |
| P1: 20,00 € | 100 Stück |
| P2: 25,00 € | 95 Stück |

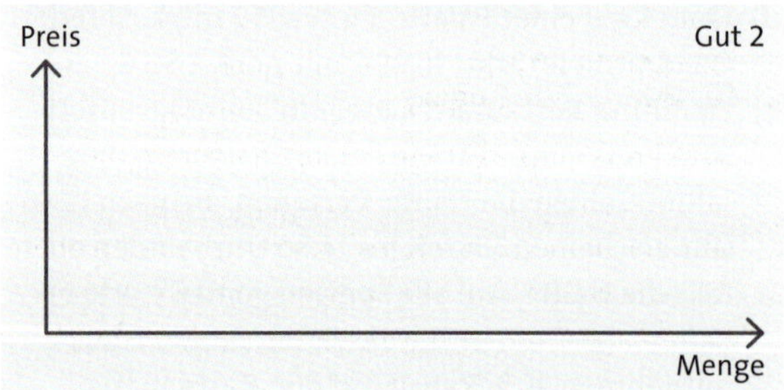


## 9

Ordnen Sie die Güter Mineralwasser, Betablocker (Medikament gegen Bluthochdruck) und Kinokarte einer der drei Nachfragekurven zu und begründen Sie Ihre Entscheidung.

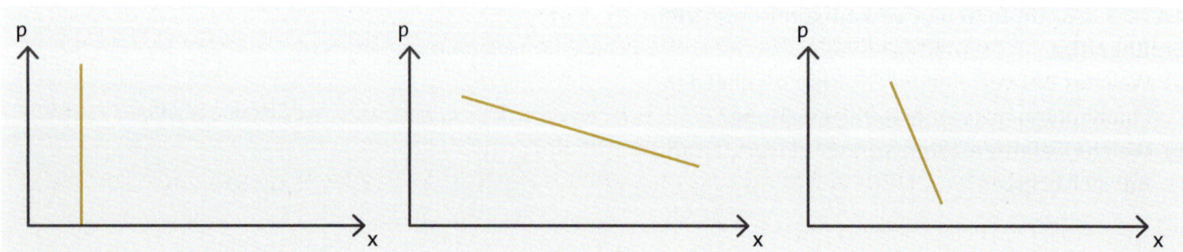


## 10

Ein Großhandelsunternehmen verkauft Haartrockner einer bekannten Herstellermarke. Je Monat entstehen 25.000,00 € fixe Kosten, die variablen Kosten je Stück betragen 5,00 €.

| | **Januar** | **Februar** |
|---|---|---|
| Absatzmengen | 4 000 Stück | 3 600 Stück |
| Verkaufspreise | 15,00 € | 15,75 |

a) Berechnen Sie den Gewinn im Monat Januar.
b) Berechnen Sie den Gewinn im Monat Februar.
c) Wie hat sich die Preiserhöhung auf den Gewinn ausgewirkt?
d) Berechnen Sie die Preiselastizität der Nachfrage.
e) Welcher Verkaufspreis ist zu empfehlen, wenn nach einer Marktanalyse bei einem Verkaufspreis von 14,60 € ein Absatz von 4 200 Stück möglich ist?

## 11

Ein Papiergroßhändler verkauft 100 Blatt Briefpapier mit 100 Hüllen in einer Kassette zusammen zum Preis von 14,20 € je Kassette. Dasselbe Papier kostet je 500 Blatt 12,90 €; die dazugehörigen Hüllen kosten je 250 Stück 16,30 €. Vergleichbare Kassetten ohne Aufdruck kosten leer 0,40 € je Stück. Ermitteln Sie
a) den Preis für jeweils 10 Kassetten als Bündel.
b) den Preis für jeweils 10 Kassetten im Einzelverkauf von Schreibpapier, Hüllen und Kassetten.
c) den Preisunterschied in Prozent.

## 12

Die Selbstkosten eines Großhändlers betragen für eine Ware 230,00 €. Davon sind 80 % variable Kosten. Sein Barverkaufspreis beträgt zurzeit 320,00 €.
a) Ermitteln Sie Gewinn und Deckungsbeitrag des Großhändlers je Stück.
b) Ein Konkurrent senkt für eine vergleichbare Ware seinen Verkaufspreis auf 250,00 €. Der Großhändler will auf dieses Angebot reagieren. Welche Preisuntergrenzen muss er beachten?
c) Der Großhändler senkt seinen Preis auf 240,00 €. Ermitteln Sie jetzt den Gewinn und den Deckungsbeitrag je Stück.

# Lernsituation 107
## Preis- und Konditionenpolitik

FK ☞ *LF8 Kap. 5.2*

**LERNSITUATION**

Bestellungsaufnahme durch den Reisenden Herrn Richter:

bpk Bergisches Papierkontor GmbH

### Aufnahme einer Kundenbestellung

**Kunde**
*Verlagshaus Bücher OHG*
*Bachstr. 102*
*59077 Hamm*

**Bestellung vom:** *20.04.20XX* **Liefertermin bis:** *24.04.20XX*

| Artikel Nr. | Artikelbezeichnung | Bestellmenge/ Einheit |
|---|---|---|
| 40121 | BPK Natur-Print Format 61 × 86 cm | 50 000 Bogen |
| | | |
| | | |

*Der Kunde machte die Erteilung seines Auftrages davon abhängig, dass er über den günstigsten Staffelpreis hinaus und zusätzlich zum Skontosatz von 3 % noch einen Sonderrabatt auf das Nettoauftragsvolumen erhält. Ich konnte ihn hier von den ursprünglich geforderten 20 % auf 15 % drücken. Ich habe mich auf den Sonderrabatt eingelassen, da die Bücher OHG ein langjähriger Stammkunde ist und außerdem weitere Aufträge in einem Volumen von ca. 80.000,00 Euro in Aussicht gestellt hat.*

*gez. Richter, 20.04.20XX*

Auszug aus der Preisliste der BPK:

| Artikel Nr. | Bezeichnung | Mengenstaffelpreise (€) (Preise für jeweils 500 Bogen) | | |
|---|---|---|---|---|
| | | 500 Bogen | ab 3 000 Bogen | ab 11 000 Bogen |
| 40121 | BPK Natur-Print Qualitäts-Offsetpapier, Format 61 × 86 cm, holzfrei, weiß, matt, chlorfrei gebleicht, für Bücher, Broschüren, Festschriften geeignet | 99,75 | 80,00 | 73,10 |

**ARBEITSAUFTRÄGE**

1. Vollziehen Sie für jeweils 500 Bogen kalkulatorisch nach, ob Herr Richter im Sinne der BPK GmbH gehandelt hat, als er sich auf den Sonderrabatt eingelassen hat.
   Gehen Sie dabei von einem Handlungskostenzuschlagssatz von 15 % und einem Gewinnzuschlagssatz von 12,5 % aus. Der Einstandspreis für 500 Bogen beträgt 54,81 €.
2. Wie viel Rabatt hätte Herr Richter maximal gewähren dürfen, damit zumindest die Selbstkosten abgedeckt gewesen wären?
3. Begründen Sie, ob Sie den Auftrag an der Stelle von Herrn Richter angenommen hätten. Beziehen Sie außer dem Preis noch weitere Aspekte in Ihre Überlegungen ein.
4. Wie hätte man dem Kunden in dieser Situation außer mit einem Rabatt noch entgegenkommen können?

# Arbeitsblatt 107.1 Konditionenpolitik

## Preisstellungssysteme

| | |
|---|---|
| ________________<br>Listenverkaufspreis<br>– ________________<br>= ________________ | ________________<br>________ preis in Abhängigkeit von der<br>________________<br>________________ |

## Preisnachlässe

| | | |
|---|---|---|
| ________________<br>Preisnachlass, der sofort in der Rechnung offen ausgewiesen wird, z. B.<br>1. ________<br>2. ________<br>3. ________<br>4. ________<br>5. ________ | ________________<br>Preisnachlass, der<br>________<br>________<br>________<br>________<br>________ | **Skonto**<br>Preisnachlass, der<br>________<br>________<br>________<br>________<br>________ |

## Preiszuschläge

| | | |
|---|---|---|
| Beim ________ system ergeben sich Preisaufschläge bei niedrigen<br>________ mengen bereits durch die<br>Preis ________ | In den Lieferungsbedingungen des Verkäufers findet man häufig preiserhöhende<br>________ oder<br>________ | Dieser Preiszuschlag erfolgt immer dann, wenn der Lieferort außerhalb der<br>________<br>des Verkäufers liegt. |

## Serviceleistungen, die (auch) ein Großhändler erbringen kann

| | | | |
|---|---|---|---|
| | | | |
| | | | |

# Aufgaben

**1**

Einem Großhandelsunternehmen wird ein neuer Artikel besonders günstig angeboten. Der Einstandspreis beträgt 25,00 €. Üblicherweise kalkuliert der Großhändler seine Waren mit 20 % Handlungskostenzuschlag, 5 % Gewinnzuschlag, 2 % Kundenskonto und 20 % Wiederverkäuferrabatt.

a) Mit welchem Preis könnte diese Ware in der Verkaufspreisliste angeboten werden?

b) Nach einer Kostenanalyse wird festgestellt, dass sowohl die Bestellkosten als auch die Lagerkosten für diese neue Waren geringer ausfallen werden als bei den anderen Waren des Sortimentes. Berechnen Sie den Angebotspreis für die Verkaufspreisliste, wenn ein Handlungskostenzuschlag in Höhe von 12 % zur Deckung der Kosten ausreichen würde.

c) Nach einer Absatzmarktanalyse wird festgestellt, dass die Konkurrenz vergleichbare Waren zu einem Barverkaufspreis von 32,00 € anbietet. Berechnen Sie den Gewinnaufschlag in Euro und in Prozent, wenn der Konkurrenzpreis um 5 % unterboten werden soll.

d) Welcher Angebotspreis sollte in der Verkaufspreisliste (abzüglich 2 % Kundenskonto und 20 % Wiederverkäuferrabatt) angegeben werden? Begründen Sie Ihre Entscheidung:

| Verkaufskalkulation | Kalkulation a) | | Kalkulation b) | | Kalkulation c) | |
|---|---|---|---|---|---|---|
| | Betrag in € | Prozent | Betrag in € | Prozent | Betrag in € | Prozent |
| Einstandspreis | | | | | | |
| + Handlungskosten | | | | | | |
| = Selbstkostenpreis | | | | | | |
| + Gewinn | | | | | | |
| = Barverkaufspreis | | | | | | |
| + Skonto | | | | | | |
| = Zielverkaufspreis | | | | | | |
| + Rabatt | | | | | | |
| = Angebotspreis | | | | | | |

**2**

In einem Bruttopreisstellungssystem gewährt ein Großhändler für Haushaltsgeräte gleichzeitig folgende Preisnachlässe:

| | | |
|---|---|---|
| Wiederverkäuferrabatt: | 20 % zuzüglich | |
| Mengenrabatt : | ab 100 Stück | 10 % |
| | ab 500 Stück | 15 % |
| Skonto: | bei Zahlung innerhalb von 8 Tagen | 3,0 % |
| Jahresbonus: | bei Nettoumsätzen über 100.000,00 € | 2,5 % |
| Jahresbonus: | bei Nettoumsätzen über 500.000,00 € | 3,0 % |

Ein Einzelhändler kauft in einem Großauftrag 2 000 Haushaltsgeräte zum Stückpreis von je 500,00 €.

a) Ermitteln Sie den Nettoverkaufserlös.

b) Welchen Gewinnzuschlag hat der Großhändler bei diesem Auftrag realisiert, wenn er mit durchschnittlichen Selbstkosten in Höhe von 300,00 € je Haushaltsgerät kalkuliert?

c) Wie hoch wäre der Gewinnzuschlagssatz in Prozent, wenn ein Mitarbeiter im Personalverkauf ein Haushaltsgerät unter Abzug von 30 % Personalrabatt auf einen Bruttoverkaufspreis von 595,00 € inkl. 19 % Umsatzsteuer direkt beim Großhändler kauft?

**3**

Wie kann ein Großhändler den Absatz von unrentablen Kleinmengen beschränken?

# Bildquellenverzeichnis

**cover: 1/** Heidi Mayer, München, **2/**shutterstock/Jakov Kalinin

**S. 4:** Cornelsen Verlagarchiv (CVK); **S. 18:** Fotolia / Picture-Factory; **S. 20:** Fotolia / Picture-Factory; **S. 21:** Fotolia / Robert Kneschke; **S. 25:** Bundesagentur für Arbeit; **S. 34:** Verlagsgruppe Hüthig Jehle Rehm, Heidelberg (www.rehmnetz.de); **S. 42:** Verlagsgruppe Hüthig Jehle Rehm, Heidelberg (www.rehmnetz.de); **S. 49:** Verlagsgruppe Hüthig Jehle Rehm, Heidelberg (www.rehmnetz.de); **S. 54:** Anette Schamhuhn, Berlin; **S. 55:** Anette Schamhuhn, Berlin; **S. 57:** Picture-Alliance / Globus Grafik; **S. 61:** Picture-Alliance / Globus Grafik; **S. 70:** Fotolia / goodluz; **S. 82:** Fotolia / rdnzl; **S. 98:** Berufsgenossenschaft Handel und Warendistribution (BGHW); **S. 116:** Fotolia / Jürgen Fälchle; **S. 121:** Fotolia / Eisenhans; **S. 127:** Fotolia / pics; **S. 129:** Picture-Alliance / Globus Grafik; **S. 133:** Joscha Belling, Berlin; **S. 136:** Fotolia / njr_2011; **S. 147:** Purschke + Hensel GmbH; **S. 149:** Shutterstock / hxdbzxy; **S. 156:** Fotolia / kamonrat; **S. 165:** Shutterstock / Oleksiy Mark; **S. 174:** Picture-Alliance / Globus Grafik; **S. 177:** Picture-Alliance / dpa; **S. 182:** Horst Haitzinger, München; **S. 186:** Picture-Alliance / dpa; **S. 197:** Picture-Alliance / Globus Grafik; **S. 198/1-2:** Picture-Alliance / Globus Grafik; **S. 241:** Joachim Gottwald, Berlin; **S. 249:** Fotolia / pio3